Kunst-Reiseführer in der Reihe DuMont Dokumente

Zur schnellen Orientierung – die wichtigsten Orte und Sehenswürdigkeiten auf einen Blick:

(Auszug aus dem ausführlichen Ortsregister S. 378–383)

In der vorderen Umschlagklappe: Karte der Lombardei mit den oberitalienischen Seen

In der hinteren Umschlagklappe: Stadtplan von Mailand

Lydia L. Dewiel

Lombardei
und
Oberitalienische Seen

Kunst und Landschaft
zwischen Adda und Po

DuMont Buchverlag
Köln

Auf der Umschlagvorderseite: Certosa di Pavia, Kleiner Kreuzgang

Auf der vorderen Umschlagklappe: Mailand, Mittelteil des Paliotto aus S. Ambrogio

Auf der Umschlagrückseite: Lago Maggiore, Isola Bella

Frontispiz: Die Wallfahrtskirche Madonna del Sasso bei Locarno nach einem Stich von 1834

CIP-Kurztitelaufnahme der Deutschen Bibliothek

Dewiel, Lydia L.:
Lombardei und oberitalienische Seen : Kunst u.
Landschaft zwischen Adda u. Po / Lydia L. Dewiel.
– Köln : DuMont, 1987.
  (Kunst-Reiseführer in der Reihe DuMont-Dokumente)
  ISBN 3-7701-1861-8

© 1987 DuMont Buchverlag, Köln
Alle Rechte vorbehalten
Satz und Druck: Rasch, Bramsche
Buchbinderische Verarbeitung: Bramscher Buchbinder Betriebe

Printed in Germany   ISBN 3-7701-1861-8

Inhalt

Italienischer Reisetag

»Mir scheint, das Unterwegssein auf Reisen ersetzt unsereinem nicht nur im allgemeinen ein Stück Leben, das wir, intellektueller geworden, blasser erleben, es ersetzt uns speziell jene Betätigung des rein ästhetischen Triebes, der unseren Völkern beinahe völlig abhandengekommen ist, den die Griechen und die Römer und die Italiener der großen Zeiten hatten und den man noch etwa in Japan findet, wo kluge und keineswegs kindische Menschen es verstehen, am Betrachten eines Holzschnitts, eines Baumes oder Felsens, eines Gartens, einer einzelnen Blume die Übung, Reife und Kennerschaft eines Sinnes zu genießen, der bei uns selten und schwach ausgebildet erscheint. Das reine Schauen, das von keinem Zwecksuchen und Wollen getrübte Beobachten, die in sich selbst begnügte Übung von Auge, Ohr, Nase, Tastsinn, das ist ein Paradies, nach dem die Feineren unter uns tiefes Heimweh haben, und beim Reisen ist es, wo wir dem am besten und reinsten nachzugehen vermögen... Ich glaube, das, worauf jener ästhetische Trieb hinausgeht, ist keineswegs ein Loskommen von uns selbst, sondern nur ein Loskommen von unseren schlechten Instinkten und Gewohnheiten, und eine Bestätigung des Besten in uns, eine Bestätigung unsres heimlichen Glaubens an den Menschengeist. Denn wie ein wohliges Bad im Meere, ein frohes Ballspiel, eine tapfere Schneewanderung mein leibliches Ich bestätigt, ihm in seinen besten Gelüsten und Ahnungen recht gibt und durch Wohlbefinden auf sein Verlangen antwortet, so antwortet beim reinen Schauen der große Schatz menschlicher Kultur, geistiger Leistung auf unseren fordernden Glauben an die Menschheit überhaupt.«

Hermann Hesse, 1913

Landschaften – Geschichte – Kunst

»Die Po-Ebene steht mit Unrecht im Rufe, eine langweilige Landschaft zu sein.
Auf den ersten Blick freilich erschließt sie sich nicht. Und wahrscheinlich gibt es
gar keine langweiligen Landschaften, nur vom Menschen verdorbene und ver-
ödete. Wenn die jungen Reishalme aus dem von Spiegelbildern wandernder
Wolken gezeichneten Wasser der großen, rechteckigen, von Silberpappeln
umsäumten Felder aufsprießen, dann ist hier alles unbeschreiblich leicht und
zart.«

Eckart Peterich, Italienisches Tagebuch

Die Landschaften

Die Lombardei wird häufig mit der Poebene gleichgesetzt, und diese wiederum weckt die
Assoziationen ›monoton‹, ›langweilig‹ und ›neblig‹. In der Tat setzt die schleifenreiche
Flußlandschaft im Süden Mailands sowie in den Provinzen Pavia, Cremona und Mantua den
entscheidenden geographischen Akzent für die gesamte Region. Andere Bilder treten vor
dieser Szenerie in den Hintergrund: hohe und schroffe Berge, sanfte bewaldete Hügel,
Seeufer mit üppigster Vegetation. Es fällt nicht leicht, den Reisenden davon zu überzeugen,
daß die Lombardei ganz anders ist als das Bild, das man sich von ihr macht. Sicherlich,
quantitativ nehmen die Ebenen von den 23 834 km² dieser Region etwa 48 % ein. Doch
werden weitere 40 % von Bergen beherrscht und der verbleibende Rest von vielfältigen
Übergangslandschaften, wie etwa dem Oltrepò Pavese südlich von Pavia. So zeichnet sich,
ganz im Gegensatz zur allgemein verbreiteten Meinung, die Lombardei nicht durch land-
schaftliches Einerlei aus, sondern durch überraschenden Abwechslungsreichtum. Das Veltlin etwa, das den größten Teil der Provinz Sondrio einnimmt, ist noch ganz alpenländisch-
schweizerisch und hat auch über Jahrhunderte hinweg zum Kanton Graubünden gehört. Im
oberitalienischen Seengebiet, in das sich die Provinzen Varese, Como, Bergamo und Brescia
teilen, setzen die Gebirge einen herben Akzent, doch sprießt an den Seeufern selbst üppigste
Vegetation in mediterraner Pracht. Im Süden dieser Provinzen finden wir dann die weiten
Hügellandschaften – etwa die Brianza südlich von Como –, die zu den satten, grünen
Flußtälern überleiten, dem Tessintal im Westen und dem Addatal im Herzen der Lombardei. Vielfalt zeichnet schon die Grenzen der Region aus: im Norden die Berge der Alpen und
im Südwesten die Höhen des Apennin, im Westen der Lago Maggiore und der Fluß Ticino
mit der ihm landschaftlich zugehörigen Lomellina, im Süden der Po und im Osten schließlich der Lauf des Mincio sowie der Gardasee.

An den Südhängen der Lepontinischen Alpen im Westen und der Rätischen Alpen im
Osten beginnt das Territorium der Lombardei. In ihren Formen großartiger, höher auch,
sind die Rätischen Alpen, wie die Lepontinischen aus kristallinem Gestein gebildet, entstanden im erdgeschichtlichen Altertum. Sicher ist es diese Gebirgszone, die am wenigsten mit

Como nach einem Stich des 19. Jahrhunderts

dem Begriff Lombardei in Zusammenhang gebracht wird. Bei uns jedenfalls – doch was täte der Norditaliener ohne die Berge des Veltlin und des Valcamonica, ohne die Täler um Bergamo, die im Sommer und Winter zur Flucht aus den stickigen, nebligen Städten – vor allem Mailand – einladen? Es ist allgemein auch wenig bekannt, daß die zwei ausgedehntesten Naturschutzgebiete der Alpen, der Parco Nazionale dello Stelvio und der Parco Naturale Adamello-Brenta, in wesentlichen Teilen der Lombardei angehören. Hier finden wir auch den größten Gletscher Italiens, den Ghiacciaio dei Forni, mit einer Oberfläche von 12,70 km² (östlich von Bormio, Cevedale-Gruppe).

In ihren Formen schöner, da reicher gegliedert, sind die lombardischen Voralpen, die zu den südlichen Kalkalpen gehören. Die Kalke, die im erdgeschichtlichen Mittelalter entstanden, sind feiner strukturiert als die kristallinen Gesteine, und die Gebirge, die sie aufbauten, sind in ihren Formen klarer. Die harmonische Klarheit mancher Berge um die oberitalienichen Seen haben wir den Kalken zu verdanken. Allerdings können sie in einer besonderen mineralischen Gruppe, dem Dolomit, auch wilde Felsbildungen hervorbringen, wie etwa bei den Grigne östlich des Comer Sees.

Dem Schutz der hohen Berge gegen Norden verdanken die oberitalienischen Seen ihr mildes Klima, ihre merkwürdige längliche Form den großen Gletschern der Eiszeit, die hier ihre Täler modellierten. Auch die Hügel, die den Seen vorgelagert sind, gehen auf die Eiszeitgletscher zurück, das heißt auf ihre Moränen. Bei aller Übereinstimmung in der Form sind diese schlangenartigen Seengebilde doch in ihrem landschaftlichen Charakter, zum Teil auch im Klima verschieden. Der Lago Maggiore etwa ist fast ausschließlich von kristallinen Gebirgen des Erdaltertums umgeben. Dies bedeutet hinsichtlich der Vegetation, daß sich hier die Edelkastanie besonders wohl fühlt. Als kalibedürftiger Baum braucht sie kieselsäurehaltige Böden, die den Kali absorbieren. Kalk dagegen schätzt die Edelkastanie nicht, und daher ist sie in der östlichen Lombardei, am Fuß der Kalkalpen, weniger verbreitet als im Tessin, dessen Landschaft sie prägt. Wir treffen sie hier oft in Gesellschaft mit Eichen, Farnen, Ginster und Erika an, manchmal auch begleitet von der Birke, was den Wäldern oberhalb von Ascona ihre unvergleichliche lichte Anmut gibt. Der Kiesel, der den Pflanzen Licht und Wärme vermittelt, hat auch in seiner Wirkung auf den Menschen etwas Aufhellendes, im Gegensatz zum Kalk, der Licht und Wärme saugend an sich bindet. Schon am Luganersee kann man spüren, daß hier mehr Kalk vorhanden ist als am Lago Maggiore, der atmosphärisch viel heller und heiterer wirkt und vielleicht gerade aus diesem Grund seit Jahrhunderten die Menschen in seinen Bann gezogen hat.

Was für das Tessin die Kastanie, das ist für den östlichsten der lombardischen Seen, den Gardasee, der Ölbaum. Er gedeiht hier bis zu einer Höhe von über 600 m zusammen mit Feigen, Zitronen, Lorbeer und Magnolien, mit Zypressen, Schirmpinien, Lavendel und Rosmarin und prägt das mediterrane Kolorit dieser Landschaft. Von allen oberitalienischen Seen ist der Gardasee sicherlich der italienischste. Mittelmeerische Vegetation allerdings finden wir an jedem dieser Seen, besonders an den Westufern. Über die grundsätzliche Verschiedenheit des Landschaftscharakters berichtet Eckart Peterich in seinen »Entwürfen zu einer Landeskunde«: »Ein wesentlicher Unterschied zwischen dem Garda und den lombardischen Seen ist auch der, daß die Gardalandschaft Kulturlandschaft ist, die jener Seen weitgehend Park- und Gartenlandschaft. Am Garda haben die Venezianer schöne, doch nicht allzu üppige Villen in Ölbaumhaine, Rebberge und andere Kulturen hineingestellt. Am Comersee und am Lago Maggiore haben die Mailänder, später die Deutschschweizer und andere Nordeuropäer leidenschaftlich gegärtnert und exotische Pflanzen gesammelt. Gärten und Parkanlagen wie die der Isola Madre und Isola Bella im Lago Maggiore, der Villa Taranto in Pallanza, der Villen Carlotta, Taverna, Serbelloni, d'Este am Comersee, der Villa Ciani in Lugano sind botanische Gärten.«

Kleine, in ihrer Form rundliche Seen sind in die subalpine, hügelige Landschaft eingebettet, die sich den großen Seen im Süden anschließt. Zu ihnen gehören der Lago di Varese, der Lago di Comabbio, der Lago di Pusiano und der Lago di Annone. Nur zwischen Bergamo und Brescia greifen die Kalkalpen weit nach Süden vor. Das »Amphitheater der Moränen«, die sanft geschwungenen Hügellandschaften des Varesotto und der Brianza, gehört für den Lombardeireisenden zu den schönsten Natureindrücken, ist darüber hinaus auch kunstgeschichtlich ergiebig. Castiglione Olona und Castelseprio südlich von Varese sind nicht nur durch ihre Architektur und Malerei gesegnet, sondern liegen dazu auch noch in einsamer, wenig besiedelter Umgebung.

Die Lombardei ist nicht nur die seen-, sondern auch die flußreichste Region Italiens. Direkt oder indirekt tragen alle fließenden Gewässer des lombardischen Territoriums zur Mächtigkeit des gewaltigsten italienischen Stromes bei, des Po. Er gehört zwar nicht in seiner vollen Länge von 676 km der Region an, doch sind die Schleifen, die er um Cremona und Mantua zieht, optisch spektakulärer als alles, was er außerlombardisch vollbringt. Neben ihm wirken seine aus den West- und Ostalpen kommenden Zuflüsse Ticino (248 km), Adda (313 km) und Oglio (280 km) fast bescheiden, doch tragen auch sie zu der sprichwörtlichen Fruchtbarkeit der lombardischen Ebene bei. Entwässerung und Bewässerung – seit Jahrhunderten in der Lombardei praktiziert – sorgten vor allem für die großartigen Ergebnisse, die die Landwirtschaft dieser Region auch heute noch vorweisen kann. Zuerst waren es die großen Reformorden des Mittelalters, vor allem die Zisterzienser, die begannen, das weite, sumpfige Gebiet urbar zu machen. Kanalbauer folgten, die seit dem 12. Jahrhundert das weitgestreckte Netz der Navigli anlegten, jener schnurgeraden Wasseradern, die dem Reisenden westlich und südlich von Mailand immer wieder begegnen. Diese Kanäle, die zum Teil schiffbar waren – und sind – dienen auch heute noch den Bauern zur Bewässerung der Felder, vor allem beim Reisanbau. Reisfelder, die wie kleine Seen wirken, prägen das Bild der Landschaft vor allem um Mortara und Vigevano. Früher war es ein gewohnter Anblick: Landfrauen, *mondine*, bis zu den Knien im Wasser stehend und jätend. Heute wird ihnen die Arbeit weitgehend von Maschinen abgenommen – wenn man hier von abnehmen sprechen kann, denn es waren jedes Jahr Zehntausende, die in die Reisanbaugebiete zogen, um sich ihr Brot zu verdienen. Ein anderes Bild, das die Landschaft der westlichen Lombardei prägt: lange Reihen von Pappeln, die der Melancholie der weiten Ebenen etwas Heiterkeit beimischen. Es sind nicht die bei uns heimischen kräftigen Pyramidenpappeln, denen wir hier begegnen, sondern die anmutigen Schwarz- und Silberpappeln mit ihrem zarten, feinen Blattwerk. Besonders verbreitet ist die Kanadische Pappel als wertvoller Nutzholzlieferant.

Wärme und regelmäßige Regenfälle sind Voraussetzungen für ein gutes Gedeihen des Wasserreises. Diese Voraussetzungen sind in der Poebene allerdings gegeben – damit kommen wir aber zu einem der mißlicheren Punkte unserer Schilderung, dem Klima. An erster Stelle der klimatischen Güteskala der Lombardei steht natürlich das Gebiet der oberitalienischen Seen, von den Geographen als Insubrien bezeichnet. Hier schützen die Alpen vor Nordwinden und auch die Seen selbst wirken mildernd. Die Sommer sind nicht zu heiß, die Winter meist sehr angenehm und nicht zu kalt. In Bellano am Comer See etwa liegt die mittlere Temperatur im Januar bei 4,3° C, in Salò am Gardasee bei 4° C. Die lombardischen Alpen unterscheiden sich klimatisch kaum von den schweizerischen, deutschen und österreichischen. Die Winter sind kalt und schneereich, die Sommer kühl und feucht. In der Padania, der Klimazone der Poebene, hingegen sind die Sommer heiß, die Winter schneereich und neblig. Wenn die Regenmengen auch hier nicht unbeträchtlich sind, bleiben sie doch deutlich hinter denen Insubriens zurück. Je weiter man in das Voralpengebiet kommt, desto mehr regnet es: In Brescia sind es im Jahresdurchschnitt 880 mm, in Bergamo bereits 1140 mm und in Como schließlich 1275 mm. Verhältnismäßig gering hingegen sind die

1 Fortezza
2 Capella di Bartolomeo Colleoni
3 Torre di Campale antica
4. Porta S. Giacomo
5 La Madonna alla Porta S. Giacomo
6 S. Gruta Monache Benedittine
7 S. Maria Maggiore

Bergamo nach einem Stich des 17. Jahrhunderts

Niederschläge im Veltlin (Sondrio 1088 mm), dem vor Nordwinden geschützten Tal, in dem sich selbst Reben wohlfühlen.

Ein weiterer mißlicher Punkt – warum es verschweigen – ist die traurige Zersiedlung und Verödung der Landschaft, vor allem nördlich von Mailand, aber auch im Umland von Pavia. Im Tessintal ist man dieser Entwicklung inzwischen durch die Schaffung einer riesigen

Naturschutzzone Parco Naturale della Valle del Ticino entgegengetreten. Es ist zu hoffen, daß die dort seit 1978 gemachten Erfahrungen auch anderen Gebieten der Lombardei zugute kommen, etwa der durch die Industrialisierung landschaftlich bedrohten Brianza – einst das bevorzugte Erholungsgebiet der Mailänder, reich an barocken und klassizistischen Villen und Palästen.

Die Geschichte

»Dieses Herzogthumb wird für das beste Herzogthumb der ganzen Christenheit, wie Flandern für die beste Grafschaft geacht.«

Aus einer Weltbeschreibung des Jahres 1576

Wenn auch bereits in der Bronzezeit (2. Jahrtausend v. Chr.) nachweislich Menschen in der Lombardei siedelten, bleiben doch die Ligurer das erste Volk, das wir hier namentlich fassen können (7. Jahrhundert v. Chr.). Im 6. Jahrhundert v. Chr. dann drangen die Etrusker bis in das Gebiet von Mantua. Wenig weiß man jedoch über diese frühgeschichtliche Phase, und erst mit dem Erscheinen der Kelten beginnt sich die Geschichte der Region deutlicher abzuzeichnen. Die Insubrer kamen im 5. Jahrhundert v. Chr. von Norden durch das Tal des Ticinus (Tessin) und gründeten Mediolanum, das spätere Mailand. Bergamo (Bergomum) und Como (Comum) sind Gründungen der Cenomanen, eines weiteren keltischen Stammes. Dem Vordringen dieser Völker nach Süden stellten sich im 3. Jahrhundert v. Chr. die Römer entgegen. Zusammen mit der Überwindung der Karthager im Zweiten Punischen Krieg (218–201 v. Chr.) unterwarfen sie Oberitalien und machten es zur Provinz Gallia cisalpina. Die Romanisierung der keltischen Gebiete ging jedoch nur langsam voran und erst im Jahr 42 v. Chr. wurde den Bewohnern von Mediolanum das römische Bürgerrecht verliehen. Neben dem antiken Mailand entwickelten sich Pavia (Ticinum), Como (Novum Comum), Lodi (Laus Pompeia), Cremona, Mantua und Brescia (Brixia) zu wichtigen Stützpunkten. Unter Augustus wurde Mailand im Jahr 15 v. Chr. Hauptort der Region. Als Knotenpunkt innerhalb des Straßennetzes in Richtung Venedig, Gallien, Spanien und Rom wuchs die Bedeutung der Stadt während der Kaiserzeit. Nach der Reichsreform Kaiser Diokletians (286 n. Chr.) erhielt sie den Rang einer Hauptstadt des westlichen Reichsteiles. Im Jahr 313 verkündete Kaiser Konstantin der Große (reg. 306–337) von hier aus das Toleranzedikt zum Schutz der Christen. Sein Nachfolger Constantius II. (reg. 337–340) erhob den Arianismus zur für die Gesamtkirche verbindlichen Lehre. Zum Kampf gegen diese Lehre, die Gott und Christus im Gegensatz zum orthodox katholischen Glauben nicht wesensgleich, sondern nur wesensähnlich sah, rief Ambrosius auf, der 373 Bischof von Mailand wurde. Dieser große Kirchenlehrer kämpfte zugleich für die Unabhängigkeit der Kirche von der Staatsgewalt und scheute sich nicht, selbst Kaiser Theodosius I. (reg. 379–395) wegen der grausamen Behandlung seiner Feinde mit dem Kirchenbann zu belegen. Noch im 4. Jahrhundert stellte Mailand Rom in den Schatten. Die Kaiser Gratian (reg. 375–383) und Valentinian II. (reg. 383–392) machten die Stadt zu ihrer Hauptresidenz und selbst Theodosius I. regierte zeitweise hier.

Im Verlauf der Völkerwanderung drangen seit dem Beginn des 5. Jahrhunderts in mehreren Wellen fremde Völker in Italien ein. Im Jahr 412 wurde Mailand durch die Westgoten zerstört, 40 Jahre später fielen die Hunnen in die Poebene ein, konnten jedoch von Papst Leo I. zur Umkehr bewegt werden. Der Ostgotenkönig Theoderich (reg. 493–526) machte

Der Luganer See nach einem Stich des 19. Jahrhunderts

nach dem Sieg über Odoaker (493), der den letzten weströmischen Kaiser vertrieben hatte, Pavia zu einer seiner Residenzstädte. In der letzten Phase der Völkerwanderung kam dann ein Volk aus Pannonien (Ungarn), das für die Lombardei zum Schicksal werden und ihr ihren Namen geben sollte: die nordgermanischen Langobarden. Im Jahr 569 erreichten sie Mailand und eroberten schnell den größten Teil der Region. Nach dreijähriger Belagerung bezwangen sie Pavia (572) und machten es zur Hauptstadt des Königreichs der Langobarden. Bis ins 11. Jahrhundert hinein blieb Pavia das Zentrum Norditaliens, bevorzugter Krönungsort langobardischer und nicht-langobardischer Könige. Mit Mailand, das sich seiner Hauptrolle beraubt sah, entspann sich ein Machtkampf, der über Jahrhunderte anhielt.

Für die einheimische Bevölkerung, vor allem die Oberschicht, war die Langobardenherrschaft in der ersten Phase der Expansion sehr hart. Mit König Authari (reg. 584–590) und seinem Nachfolger Agilulf (reg. 590–616) begann nach Jahren der Gewalttätigkeit eine Periode friedlicher Konsolidierung. Kirchengut, anfangs von den Eroberern eingezogen, wurde größtenteils wieder zurückgegeben. Die volle persönliche Freiheit behielten allerdings nur Bischöfe und Klerus. Die Großgrundbesitzer, soweit sie das Gemetzel der ersten Jahre überlebt hatten, wurden als Halbfreie behandelt und mußten den Langobarden ein Drittel ihrer Einkünfte als Tribut entrichten. Verwaltung und Recht waren langobardisch, d. h. germanisch. Mit Authari begann auch ein allmählicher Prozeß der Assimilierung. Die

Die antike Statue der Vittoria aus Brescia

Langobarden, die als Arianer ins Land gekommen waren, wurden im Verlauf des 7. Jahrhunderts zu Katholiken. Theodelinde (gest. 627), die Gemahlin von König Authari, die nach dem Tod des Königs seinen Nachfolger Agilulf heiratete, stammte aus bayerischem Herzogsgeschlecht und war Katholikin. Sie sorgte für die Ausbreitung des Katholizismus unter den arianischen Langobarden. Die Entstehung des Klosters Bobbio (612), das von dem iroschottischen Mönch Kolumban gegründet wurde, geht wesentlich auf die Vermittlung der Theodelinde zurück. In der Folge des Friedensschlusses mit Byzanz (680) gewann das römische Recht mehr und mehr an Bedeutung. Zu Ende des 7. Jahrhunderts war der langobardische Adel sprachlich und kulturell völlig romanisiert.

Unter König Liutprand (reg. 712–744) begannen weitere kriegerische Vorstöße nach Osten und Süden – der Beginn einer Entwicklung, der das Langobardenreich schließlich zum Opfer fallen sollte. 739 wandte sich Papst Gregor III. erstmals an die Franken um Hilfe, doch erst seinem Nachfolger Stephan II. war bei diesen Bemühungen Erfolg beschieden: Im Jahr 754 wurde der Frankenkönig Pippin zum Schutzherrn der Stadt Rom und der römischen Kirche ernannt. Mit zwei erfolgreichen Feldzügen zwang er den Langobardenkönig Aistulf (reg. 749–756) zur Rückgabe der von ihm eroberten Gebiete, deren Übereignung an den Papst als Pippinische Schenkung in die Geschichte einging. Die damit ins Leben gerufene Verbindung der fränkischen und später der deutschen Herrscher mit dem Papst sollte für Jahrhunderte zum bestimmenden Faktor der abendländischen Geschichte werden. Ein letztes Mal flammte der Konflikt mit den Langobarden unter Papst Hadrian I. auf. Karl der Große (reg. 768–814) eilte ihm 774 zu Hilfe und belagerte erfolgreich Verona und Pavia. Den letzten Langobardenkönig Desiderius (reg. 756–774) schickte er ins Kloster und gliederte dessen Herrschaftsbereich in einer Art Personalunion dem fränkischen Reich an. Er selbst nahm den Titel eines ›Rex Francorum et Langobardorum‹ an, König der Franken und Langobarden. Die politische Dreiteilung der Apenninhalbinsel war damit bis ins 19. Jahrhundert festgeschrieben: Im Norden und Süden wechseln die Macht- und Besitzverhältnisse häufig, in Mittelitalien entsteht und konsolidiert sich langsam der Kirchenstaat.

Nach dem Tod Kaiser Ludwigs II. (reg. 855–875), des Enkels Karls des Großen, entwickelten sich in Norditalien anarchische Zustände. Herrscher aus verschiedenen Adelsgeschlechtern, von den Historikern als ›italienische Nationalkönige‹ bezeichnet, lösten einander in schneller Folge und nicht immer unblutig ab. Schließlich rief Adelheid, die Witwe König Lothars, wieder einen deutschen König, Otto I. (reg. 936–973), zu Hilfe – auf wirksamste Weise gleich, indem sie ihn heiratete. Otto erschien 951 in Oberitalien und ließ sich in Pavia als König der Franken und Langobarden huldigen. Für 300 Jahre gehörte der Norden Italiens von da an als ›Reichsitalien‹ zum kaiserlichen Herrschaftsbereich.

Das frühe 11. Jahrhundert stand in der Lombardei im Zeichen stärkster sozialer Spannungen. Wie der hohe Adel (Capitanei), der zumeist fränkischer oder deutscher Herkunft war und aus dem sich die hohe Geistlichkeit rekrutierte, versuchte auch der niedere (Valvassores), die Erblichkeit seiner Lehen durchzusetzen und damit die bestehenden Abhängigkeitsverhältnisse aufzubrechen. Daneben drängten auch die zu Wohlstand gekommenen Städte danach, sich am politischen Leben zu beteiligen. Als der Mailänder Erzbischof Ariberto d'Intimiano einem dem Ritterstand angehörigen Bürger der Stadt das Lehen entzog, kam es 1035 zum Aufstand. Man rief nach dem Kaiser, und Konrad II. (reg. 1024–1039) bekundete: »Wenn Italien nach dem Gesetze hungert, so will ich es damit sättigen.« Er kam nach Mailand und erklärte 1037 in der Constitutio de feudis die Lehen der Valvassores für erblich. Rittertum und Bürgerschaft hatten über Fürsten und Bischöfe den Sieg davongetragen.

In der Jahrhundertmitte begannen die Kämpfe der Pataria, einer revolutionären Volksbewegung, die sich gegen den Feudaladel und den bischöflichen Stadtherren richtete, aber auch kirchliche Mißstände wie Priesterehe und Simonie (Ämterkauf) bekämpfte. Die Bewegung ging von Mailand aus und gewann schnell zahlreiche Anhänger. In Arnold von Brescia fand sie ihren bedeutendsten Führer und Märtyrer. Für das Reformpapsttum wurde die Pataria zum machtvollen Bundesgenossen. Im Streit um die simonistische Besetzung des Mailänder Bischofsstuhls und ihre kaiserliche Anerkennung kam es zum Bruch zwischen Heinrich IV. (reg. 1056–1106) und Papst Gregor VII. Der gegenseitigen Absetzung folgte der berühmte ›Gang nach Canossa‹ des deutschen Königs.

Die Schwächung des kaiserlichen Einflusses in Italien durch den Ausgang des Investiturstreits war ein geeigneter Nährboden für die Entwicklung der Stadtrepubliken (Kommu-

Stadtsiegel der freien Kommune Cremona (um 1250)

nen). Ihre Grundlage war der Machtzuwachs des städtischen Bürgertums infolge der Ausweitung der Geldwirtschaft. Dem bischöflichen Stadtherrn wurden mehr und mehr Rechte abgetrotzt oder abgekauft, bis er schließlich nur noch eine eher repräsentative Stellung einnahm. Die Entscheidungsbefugnis lag von nun an bei einem Exekutivorgan, das in Anlehnung an die römisch-antike Tradition aus Konsuln bestand. Die kommunale Bewegung setzte am frühesten und nachhaltigsten in der Lombardei ein. In Pavia gab es bereits im Jahr 1084 Konsuln, in Mailand 1097, in Como 1109.

Selbständigkeit und Selbstbewußtsein, das sich bald in Territorialansprüchen äußerte, führten zum Streit mit den Nachbarkommunen. So stritt sich Mailand mit Pavia, Lodi, Como und Crema; Brescia wurde zur Rivalin von Bergamo, Mantua geriet in Konflikt mit Verona. Diese internen Kämpfe gaben wiederum dem Kaiser Gelegenheit, seine Oberhoheit in Erinnerung zu bringen. Friedrich I. Barbarossa (reg. 1152–1190) zog deshalb nach Italien, um die Kommunen zu zwingen, die Rechte des Reichs zu achten. 1162 eroberte und zerstörte er Mailand. Unterstützt von Venedig und dem Kirchenstaat bildete sich daraufhin die Lombardische Liga, die mit vereinten Kräften 1176 bei Legnano gegen den Kaiser einen großen Sieg errang. Auch auf seinen weiteren Italienzügen gelang es Barbarossa nicht mehr, den Widerstand der in Städtebünden organisierten Kommunen zu brechen. Im Frieden von Konstanz (1183) bestätigte er schließlich den Städten ihr Recht auf freie Wahl der Konsuln sowie die Regalien innerhalb der Stadtmauern. Dafür schworen sie dem Kaiser Treue und räumten ihm eine grundsätzliche Oberhoheit sowie fiskalische Rechte ein. Kaiserliche Heere mußten wie bisher bei ihrem Durchzug unterstützt werden.

Der Machtausweitung Friedrichs II. (reg. 1212–1250) in Italien trat Papst Gregor IX. energisch entgegen. Zwar gelang es dem Kaiser, die dem Papst verpflichteten Städte der erneuerten Lombardischen Liga in Cortenuova bei Brescia zu besiegen (1237), doch behielt der Bund letztlich durch den erfolgreichen Ausgang der Schlacht von Parma (1248) die Oberhand. Es begann nun in den Städten ein erbitterter Kampf zwischen den päpstlich gesinnten Guelfen und den kaiserlichen Ghibellinen. Die lombardischen Guelfen ernannten Martino della Torre zu ihrem Anführer im Kampf gegen Ezzelino da Romano, den Schwiegersohn des Kaisers. Mit der Herrschaft der Torriani in Mailand ab 1257 ging die Ära der Konsulatsverfassung der Stadt zu Ende. Napo Torriani kontrollierte nach 1268 auch Lodi, Como, Bergamo und Brescia. Ihm erwuchs in Ottone Visconti, vom Papst zum Erzbischof von Mailand ernannt, ein mächtiger Gegner. In der Schlacht von Desio (1277) setzte sich der Erzbischof siegreich durch und wurde zum Stadtherrn auf Lebenszeit ernannt. Mit ihm begann für die Lombardei – mit Ausnahme von Mantua, wo zuerst die Bonacolsi (1272–1328), dann die Gonzaga an die Macht kamen - eine anderthalb Jahrhunderte dauernde Herrschaft der Visconti. Die neue Herrschaftsform der Signoria (die Herrschaft eines einzelnen oder eines Geschlechts über ein Stadtgebiet) löste nun endgültig die der Kommune ab. Die neuen Stadtherren, die Signori, gingen meist aus den Ämtern des Podestà oder des Capitano del Popolo (Führer der bürgerlichen Miliz) hervor. Das Reich war nicht stark genug, um dieser Entwicklung entgegenzuwirken, ebensowenig wie der Papst.

Die züngelnde Viper im Wappen der Visconti, die man so oft auf lombardischen Kunstwerken sehen kann, ist das bezeichnende Symbol für die Verschlagenheit und Grausamkeit dieses Geschlechts, das nun begann, eine oberitalienische Stadt nach der anderen mit Gewalt an sich zu bringen. Matteo Visconti und sein Sohn Galeazzo eroberten zwischen 1311 und 1328 Como, Bergamo, Piacenza, Pavia, Cremona, Vercelli, Tortona und Alessandria. Bald wurden Architekten, Bildhauer, Maler und Dichter herbeigeholt, um den Ruhm des jungen Herrscherhauses zu mehren. Azzone und Giovanni Visconti bedienten sich der Campioneser Meister, und auch Giotto folgte ihrem Ruf. Petrarca war Gast von Luchino und Giovanni Visconti. Galeazzo II. gründete die Universität von Pavia (1361). Gian Galeazzo, der sich 1395 von König Wenzel den Herzogstitel kaufte, beschloß die gewaltigen Bauprojekte des Doms von Mailand und der Certosa di Pavia. Seiner Expansionspolitik fielen Verona, Padua, Pisa, Siena, Perugia, Assisi und Bologna zum Opfer. Unter seiner Herrschaft reichte der Visconti-Staat von den Alpen bis nach Bologna und von Alessandria bis Belluno. Nur sein gewaltsamer Tod bewahrte Florenz vor dem Schicksal, ebenfalls von Mailand verschlungen zu werden (1402). Seine Söhne, Giovanni Maria und Filippo Maria, hatten Mühe, sich zu behaupten. Lokale Signoren rissen die Macht an sich: In Cremona regierten nun die Cavalcabò, in Brescia die Malatesta, in Bergamo die Suardi und in Como die Rusca. Es begann die Zeit der Condottieri, der Söldnerführer, ohne deren Hilfe die Fürsten machtlos waren. Filippo Maria sah sich den Angriffen von Venedig ausgesetzt. Schon 1405/06 hatte die Inselrepublik die einstigen Scaligerstädte Verona, Vicenza und auch Padua in ihre Gewalt gebracht und war dadurch zum Nachbarn Mailands geworden. Der Condottiere Francesco Carmagnola, anfangs im Dienst der Visconti, verdingte sich später an Venedig, das eine Liga gegen Mailand mobilisierte. Der Sieg der Liga (1428) bedeutete den Verlust der Städte Brescia und Bergamo.

Nach dem Tod Filippo Marias (1447), der keinen männlichen Erben hinterlassen hatte, erwachte in Mailand noch einmal der republikanische Geist. Die Bürger der Stadt riefen die ›Ambrosianische Republik‹ aus, die jedoch nur drei Jahre bestand. Der Condottiere Francesco Sforza, Schwiegersohn des letzten Visconti-Herrschers, wurde 1450 zum Herzog ausgerufen. Mit seiner Herrschaft begann eine lange Periode des Friedens, nicht nur für Mailand, sondern für ganz Italien. Die drohende Türkengefahr (1453 Eroberung von Konstantinopel) zwang zur schnellen Lösung interner Probleme: Der Friede von Lodi (1454) stellte ein Gleichgewicht zwischen den fünf größten Mächten Italiens (Mailand, Venedig, Florenz, Kirchenstaat, Neapel) her. Die folgenden 40 Jahre der Ruhe waren zugleich eine Zeit intensiver wirtschaftlicher und kultureller Entwicklung. Unter Francesco Sforza entstand der größte Krankenhausbau jener Zeit, das Ospedale Maggiore, das von Filarete entworfen wurde. Die Arbeiten an der Certosa di Pavia wurden mit neuer Intensität fortgesetzt, mit den Bauten am Mailänder Castello Sforzesco wurde begonnen.

Francesco II. Gonzaga, 1. Herzog von Mantua

Ludovico Sforza, genannt ›il Moro‹, der sich nach der Ermordung seines älteren Bruders Galeazzo Maria unter Ausschaltung von dessen unmündigem Sohn der Herrschaft bemächtigte, führte die Prachtentfaltung am Mailänder Hof zu ihrer höchsten Blüte. Seine Frau Beatrice d'Este, kunstverständige Tochter des Ercole, Herzog von Ferrara, und Schwester der Isabella, Markgräfin von Mantua, stand ihm zur Seite. Leonardo da Vinci und Bramante standen im Dienst des Moro, ebenso der Musiker Gaffurio, Schöpfer einer Harmonielehre auf der Grundlage neuplatonischer Theorien. Vincenzo Calmeta, Sekretär der Herzogin, schilderte das Leben an diesem Hof: »Zu dieser Zeit wurde Ludovico Sforza mit dem Herzogtum Mailand belehnt; um das Ereignis zu feiern, befahl er, daß ein großes und denkwürdiges Fest stattfinden solle. Alle Fürsten der Lombardei waren anwesend, darunter auch der Markgraf von Mantua... Es gab Spiele, Bankette und die verschiedensten Vergnügungen, Rezitationen und Schaustellungen... Ludovicos Gemahlin war Beatrice d'Este, Tochter des Herzogs Ercole von Ferrara, und obwohl sie noch sehr jung war, so war sie doch von solch lebhafter Intelligenz, Freundlichkeit, Anmut, Freigebigkeit und von solchem

Edelmut, daß sie mit jeder gefeierten Dame der Antike zu vergleichen war; sie war bemüht, ihre Zeit nur mit würdigen Beschäftigungen zuzubringen. Der Hof war angefüllt mit Männern jeden Geschicks und Talents; vor allem waren es Musiker und Poeten. Kein Monat verging, in dem sie nicht unter anderem einige Eklogen oder Komödien und Tragödien oder andere neue Stücke vorstellen mußten. Regelmäßige Lesungen von Dantes Komödie wurden bei passenden Gelegenheiten von einem gewissen Antonio Grifo abgehalten..., und Ludovico Sforza zerstreute sich durch das Anhören dieser Lesungen, wenn er sich von den Staatsgeschäften Erholung gönnte... Die Herzogin Beatrice gab sich nicht damit zufrieden, nur die hervorragenden Männer ihres eigenen Hofes zu loben und zu belohnen, sondern ließ in ganz Italien elegante Dichtungen sammeln, die sie in ihren Gemächern aufbewahrte und als göttliche und heilige Besitze verehrte... Also wurde die volkssprachliche Poesie und Prosa, die seit Petrarca und Boccaccio entwürdigt worden war, zuerst von Lorenzo de' Medici und seinen Zeitgenossen wieder zu Ehren gebracht und dann durch diese und andere bemerkenswerte Damen unserer Zeit wieder zu ihrer ursprünglichen Würde erhoben.«

Der kulturellen Blüte stand die wirtschaftliche nicht nach. Am Po standen 30 Häfen zur Verfügung, am Ticino elf. Die Navigli, die schon im 12. Jahrhundert angelegt worden waren, wurden nun so weit ausgebaut, daß die Steine, die für den Bau des Mailänder Doms benötigt wurden, vom Lago Maggiore aus über den Ticino bis ins Zentrum der Stadt herangeschafft werden konnten. Ludovico gab den Anstoß für den Reisanbau und die Anpflanzung von Maulbeerbäumen. Die Seidenraupenzucht eröffnete neue Märkte. Man begann mit Lucca zu konkurrieren, dem italienischen Zentrum der Seidenweberei. Mailänder Seide wurde schnell in ganz Europa berühmt, ebenso auch seine Wollstoffe, deren Ausgangsprodukte aus England und Frankreich eingeführt wurden. Mailand wurde zur Hauptstadt der Mode; es war die bevölkerungsreichste Stadt Europas, noch vor Paris und London.

Nach 19 Jahren ungetrübter kultureller und wirtschaftlicher Entfaltung war dann das Ende um so furchtbarer. Um einer Machtausweitung des Hauses Aragon in Neapel zu begegnen, verbündete sich der Moro mit dem französischen König Karl VIII. (reg. 1483–1498). Sein Nachfolger Ludwig XII. (reg. 1498–1515), mit den Visconti verwandt, erhob auch Erbansprüche auf das Mailänder Herzogtum. 1499 zog er in die Stadt ein und nahm den Moro gefangen, der 1508 in Frankreich starb.

Der drohenden Fremdherrschaft in Italien suchte Papst Julius II. durch ein Bündnis mit Spanien und einem Vertrag auf militärische Hilfe durch die Eidgenossen entgegenzutreten. 1512 zwangen die Schweizer die Franzosen zum Rückzug über die Alpen; doch schon 1515 triumphierte Franz I. von Frankreich (reg. 1515–1547) über sie in der Schlacht von Marignano. Erst Kaiser Karl V. (reg. 1519–1556) gelang es 1525 in der Schlacht von Pavia, die Franzosen endgültig aus Italien zu vertreiben. Francesco II. Sforza wurde 1529 zum Herzog von Mailand erklärt. Doch bereits sechs Jahre später starb er ohne Erben. Mailand wurde vom Kaiser als erledigtes Reichslehen eingezogen und ging mit Karls Sohn Philipp in den Besitz der spanischen Habsburger über. Auch das kurze Zwischenspiel eidgenössischer Kraftentfaltung führte zu Gebietsverlusten: Die Distrikte von Bellinzona, Locarno und Lugano – der heutige Kanton Tessin – fielen an die Schweizer, ebenso bis 1798 das Veltlin.

Carlo Borromeo, Erzbischof von Mailand, Kunstförderer und leidenschaftlicher Gegner der Reformation (Denkmal auf der Piazza Borromeo in Mailand)

Zwar bedeutete die Zeit der spanischen Herrschaft, die bis 1706 dauerte, die Verschonung vor größeren Kriegen, doch fiel das Land unter den spanischen Vizekönigen wirtschaftlich in Provinzialität zurück. Die Pestjahre 1576/77 brachten zudem einen beträchtlichen Bevölkerungsschwund. Auch die sich nördlich der Alpen ausbreitenden religiösen Kämpfe griffen auf lombardisches Gebiet über. Die katholische Bevölkerung des Veltlin rebellierte gegen die protestantischen Graubündner und griff zu den Waffen. In Carlo Borromeo, Erzbischof von Mailand, erwuchs den Protestanten ein unnachgiebiger Gegner. Er machte die Lombardei zum Bollwerk der Gegenreformation und setzte als ideologisches Mittel auch die Künste ein, die unter ihm eine erneute Blüte erlebten.

Bergamo, Brescia und Crema, die zum Herrschaftsbereich von Venedig gehörten, gediehen in diesen Zeiten besser als die mailändischen Nachbarstädte. Mantua, das mit den Gonzaga seit 1328 das langlebigste italienische Fürstenhaus besaß, geriet über die Linie Gonzaga-Nevers in den Einflußbereich Frankreichs (1631). Mit dem Spanischen Erbfolgekrieg (1701–1714) gingen die Lombardei und Mantua in die Herrschaft der österreichischen Habsburger über. Die Regierung der Kaiserin Maria Theresia (1740–1780) und ihres Sohnes Joseph II. (1765–1790) war für die Lombardei segensreich. Man bemühte sich, die schweren Schäden wiedergutzumachen, die die spanische Zeit hinterlassen hatte. Der Geist der Aufklärung sorgte allerorten für soziale und wirtschaftliche Reformen. Neue Straßen und Kanäle wurden gebaut, um den Verkehr zu fördern; Bewässerungsanlagen verhalfen der Landwirtschaft zu neuer Blüte. Schon unter Maria Theresia wurde eine Steuerreform durchgeführt, ein Katasteramt geschaffen und für das Gedeihen von Ackerbau, Handel und Gewerbe 1765 ein oberster Wirtschaftsrat gegründet, aus dem 1786 die erste italienische Handelskammer entstand. In Mailand lehrte der Staatsrechtler Cesare Beccaria, der 1764 in seinem Werk »Dei delitti e delle pene« (Über die Verbrechen und die Strafen) mehr Menschlichkeit im Strafvollzug forderte. Ihm ist es zu verdanken, daß die Folter abgeschafft und die Todesstrafe stark eingeschränkt wurde. In seinen Meditationen über die Staatsökonomie schreibt Graf Pietro Verri, einer der führenden Männer der italienischen Aufklärung, über diese Periode lombardischer Geschichte: »Unter der Regierung Maria Theresias lebte man im Mailändischen so glücklich, wie man es unter absoluter Herrschaft eben sein kann, denn der leidenschaftliche Wunsch der Kaiserin, einen guten Namen zu hinterlassen, trieb sie an, ausgezeichnete Maßnahmen jeder Art zu treffen und mit der altertümlichen Barbarei aufzuräumen.«

1796 wurde die österreichische Herrschaft in der Lombardei zum erstenmal bedroht, als Napoleon Bonaparte mit seiner Armee in Italien eindrang. Die Truppen des Kaisers erlagen dem Ansturm der Franzosen bei Lodi, und 1797 fiel auch die Festung Mantua. Die Lombardei, Modena, Emilia und Romagna wurden zur Cisalpinischen Republik zusammengefaßt. Nur sieben Jahre später ließ sich Napoleon mit der Eisernen Langobardenkrone zum König von Italien krönen und bestimmte seinen Stiefsohn Eugène de Beauharnais zum Vizekönig.

Nach dem Sturz Napoleons kamen die Lombardei und Venetien durch die Beschlüsse des Wiener Kongresses (1815) erneut an Österreich. Inzwischen aber waren die Österreicher nicht mehr willkommen. Die zehn Jahre eines italienischen Königreichs – wenn auch unter napoleonischer Herrschaft – erschienen wie eine Vorwegnahme der italienischen Einigung, deren Realisierung von nun an für ein halbes Jahrhundert die Geschichte der Halbinsel bestimmen sollte. Literarisch wurde die Idee nationaler Unabhängigkeit vor allem durch Giacomo Leopardi, Alessandro Manzoni und Silvio Pellico artikuliert. Die 1847 gegründete Zeitschrift »Il Risorgimento« gab der Bewegung ihren Namen; ihr glühend verehrter Held war der Freischarführer Giuseppe Garibaldi. Durch die Märzrevolution in Wien ermutigt, trieben die Mailänder 1848 im Aufstand der ›Cinque Giornate‹ (Fünf Tage) die Truppen des Generals Radetzky aus der Stadt, Karl Albert von Piemont setzte sich an die Spitze der nationalen Bewegung und erklärte Österreich den Krieg. Radetzky vermochte es zunächst, die Italiener bei Custozza (südöstlich des Gardasees) zu schlagen und Mailand zurückzuerobern. Erst in den schweren Schlachten von Magenta und Solferino im Jahr 1853 konnten die Truppen des Piemontesen den endgültigen Sieg erringen. Im Frieden von Zürich trat Österreich die Lombardei an Napoeon III. von Frankreich ab, der sie an Piemont weitergab. Am 14. März 1861 nahm Vittorio Emanuele II. von Piemont den Titel ›König von Italien‹ an.

Für die Lombardei, die mit ihren fruchtbaren Ebenen vor allen anderen Regionen Italiens gesegnet ist, begann nun der kontinuierliche Aufstieg zu einem der ökonomisch stärksten Gebiete Europas. Wichtig war vor allem der Bau des Gotthardtunnels, der ab 1882 den Warenverkehr nach Norden entscheidend erleichterte. Mit der Eröffnung der Wertpapierbörse im Jahr 1901 wurde Mailand zur wirtschaftlichen Hauptstadt Italiens. Der Fleiß ihrer Bewohner trug ihr zu Anfang unseres Jahrhunderts den Ehrentitel einer ›moralischen Hauptstadt‹ des Landes ein.

Mit rund 1,6 Millionen Einwohnern ist Mailand heute die zweitgrößte italienische Stadt nach Rom. Sie ist die Hauptstadt der Region Lombardei, zu der neben der Provinz Mailand noch Sondrio, Varese, Como, Bergamo, Brescia, Pavia, Cremona und Mantua gehören. Mit 23 834 km² nimmt die Region etwa 8 % der Fläche Italiens ein, und mit etwa 9 Millionen Einwohnern leben hier über 15 % aller Italiener.

Die Kunst

»Caravaggio, Borromini – diese Namen bringen uns zum Bewußtsein, daß der unausgeglichene Gesamtcharakter der lombardischen Kunst entstehen muß, weil die einzelnen Künstler problematische Naturen von Haus aus sind. Von hier aus gesehen kann es auch nicht als Spiel des Zufalls erscheinen, daß Leonardo da Vinci so lange Jahrzehnte in der Lombardei gearbeitet hat.«

Harald Keller, Die Kunstlandschaften Italiens

Uneinheitlich wie die Landschaft, spannungsreich wie die Geschichte sind von Anfang an die künstlerischen Äußerungen in dem Gebiet, das uns heute als Lombardei vertraut ist. Bereits das Bild der frühzeitlichen Kulturen ist hier heterogener und rätselhafter als in den übrigen Regionen Italiens. Zwar deuten Funde aus allerjüngster Zeit auf menschliches Leben bereits vor 400000 Jahren hin, doch erst relativ spät – vor allem im Vergleich zum benachbarten Ligurien, das reich an Funden aus dem Jungpaläolithikum ist – begegnen wir in der Lombardei deutlichen Anzeichen vorgeschichtlicher Kulturen. Im mittleren Neolithikum (4000–3000 v. Chr.) tauchen die ersten Spuren der Donaukultur (Bandkeramik) auf, ebenso die ersten Pfahlbausiedlungen (die wichtigsten Funde auf dem Isolino des Lago di Varese). Eine selbständige Kulturgruppe bildete sich im Gebiet südlich von Varese, nach dem Fundort Lagozza bei Besnate Lagozzakultur genannt. Charakteristisch für diese Gruppe sind Gefäße aus feiner schwarzer Keramik. Die Boccaquadratakultur – benannt nach Keramikgefäßen mit viereckiger Öffnung – ist sowohl im Osten als auch im Westen der Lombardei vertreten. Im Äneolithikum (3. Jahrtausend v. Chr.) bildete sich die – wiederum nach ihrem Hauptfundort bei Brescia benannte – Remedellokultur, die in einer Umgebung seßhafter Ackerbauern von einer Gemeinschaft kriegerischer Händler getragen wurde. Ihre Dolche und Äxte aus Kupfer sowie ihre Pfeilspitzen aus Silex zeigen Verwandtschaft zu gleichzeitigen Kulturen des nördlichen Balkan; ebenso sind Einflüsse der iberischen Glokkenbecherkultur feststellbar. Gleichzeitig begegnen wir im Valcamonica und im Veltlin dem Stamm der Camunen, dessen Herkunft bis heute ungeklärt ist. Die Felsgravierungen dieser Siedler sind vor allem um Capo di Ponte zahlreich erhalten und können bis in die frühe Römerzeit hinein weiterverfolgt werden.

Während der Bronzezeit (2000–1000 v. Chr.) entwickelte sich in der östlichen Lombardei und in Venetien eine Variante der Pfahlbaukultur, die Poladakultur, benannt nach einem Fundort bei Lonato. Die Funde (Sicheln, Hornhacken, Mahlsteine) deuten darauf hin, daß die Wirtschaft auf Ackerbau beruhte, der durch Jagd und Fischfang ergänzt wurde. Die frühe Eisenzeit (900–500 v. Chr.) ist durch die Golaseccakultur vertreten. Ihre wichtigsten Fundstätten liegen in der Nähe des namengebenden Ortes Golasecca südlich von Sesto Calende (Lago Maggiore), wo in einer Nekropole über 1000 Urnengräber entdeckt wurden, und bei Como, das mit der Ca' Morta ebenfalls über ein ausgedehntes Gräberfeld verfügt. Im 6. Jahrhundert v. Chr. drangen die Etrusker, deren Kultur in Südetrurien schon um 700 v. Chr. in hoher Blüte stand, in das Gebiet von Mantua vor. Ihr Einfluß und der zuneh-

Die Grotte di Catullo am Gardasee

mende Handelsverkehr mit den Ländern nördlich der Alpen gaben der Golaseccakultur, die in dieser Zeit ihre Hochblüte erlebte, entscheidende neue Impulse.

Die keltischen Insubrer, die im 5. Jahrhundert v. Chr. über den Ticino nach Oberitalien eindrangen, siedelten zwar nicht im Seengebiet der Westlombardei, doch nahmen auch sie, wie Grabfunde (Waffen und Fibeln) beweisen, Einfluß auf die Golaseccakultur. In der Ostlombardei drangen die keltischen Cenomanen in das bis dahin wenig besiedelte Gebiet zwischen Oglio und Mincio ein und brachten die La-Tène-Kultur nach Italien. Besonders reich an Funden aus dieser Zeit ist das Gebiet südlich des Gardasees (Lonato, Ponti sul Mincio und Remedello).

Obwohl die Römer, die im frühen 3. Jahrhundert v. Chr. nach Norditalien vordrangen und das Gebiet der Lombardei nach gewohntem Muster durchorganisierten, Straßen bauten und neue Städte gründeten, sind aus ihrer Zeit nur wenige bemerkenswerte Spuren erhalten geblieben. Die Verheerungen der Völkerwanderungszeit waren zu groß, und auch im Mittelalter ging man mit den Überresten der Antike nicht immer sorgsam um. Die bedeutenden Denkmäler jener Zeit kann man an einer Hand aufzählen: die Reste des Kapitols und des Theaters in Brescia, die Säulen von S. Lorenzo in Mailand, die Grotte di Catullo in Sirmione, die Mosaiken der Villa Romana von Desenzano.

*Die Geburt Christi,
Freskenfragment aus
S. Maria foris portas
in Castelseprio*

Auch die künstlerischen Spuren der Langobarden sind in der Lombardei wenig auffällig – vor allem im Vergleich mit dem benachbarten Venetien (Friaul), das mit der Palastkapelle von Cividale das Hauptwerk langobardischer Kunst in Italien besitzt. Wie alle germanischen Völker hatten auch die Langobarden eine besondere Begabung für die abstrahierende Kunst des Ornaments. Eines ihrer bevorzugten Motive war das Flechtband, dessen dynamische, spannungsgeladene Ausgestaltung im Gegensatz steht zum gleichmäßigen, ruhevollen Fluß des antiken Bandgeflechts, wie man es z. B. in der erwähnten Villa in Desenzano sehen kann. Die Lust an überreicher und oft unruhiger Dekoration, die als eines der Hauptcharakteristika lombardischer Kunst angesehen werden kann, hat hier sicher eine ihrer Ursachen. Das langobardische Erbe macht sich in karolingischer und frühromanischer Zeit vor allem auf dem Gebiet der Goldschmiede- und Steinmetzkunst bemerkbar. Daneben ist jedoch auch ein byzantinisches, der Spätantike verpflichtetes Element nicht zu übersehen. Es äußert sich am reinsten im Freskenzyklus von Castelseprio. Von den wenigen erhaltenen Bauwerken aus karolingischer Zeit sei S. Satiro in Mailand genannt (um 868), dessen vierpaßförmiger Grundriß ebenfalls an byzantinische Vorbilder erinnert.

Architektur und Steinmetzkunst des 11. und 12. Jahrhunderts sind in der Lombardei vor allem mit den Maestri comacini oder Comasken verbunden, so benannt nach ihrer Herkunft aus dem Gebiet des Comer Sees. Zu ihnen gehören auch die Maestri Intelvesi des Intelvitales und die Campionesen aus Campione am Luganer See. Sie alle arbeiteten in genossenschaftlichen Verbänden und zogen von ihren Heimatdörfern aus durch halb Europa, waren im Rheinland ebenso tätig wie in Schweden, Frankreich und Spanien. Neue architektonische Motive wie die Zwerggalerie wurden im 11. Jahrhundert maßgeblich in der Lombardei entwickelt. Lombardische Architekturvorbilder beeinflußten den Bau des Doms von Speyer, der wiederum Vorbild für den Dom von Lund wurde, dessen Baumeister Donatus ebenfalls Comaske war. In Frankreich waren so viele Lombarden als Baumeister beschäftigt, daß man die Maurer schließlich als *maçons* bezeichnete, abgeleitet von comacinus.

Die romanische Baukunst der Lombardei selbst zeigt ein wenig einheitliches Bild; es entwickelten sich lokale Stile und auch das Baumaterial war unterschiedlich. In den Ebenen entstanden Bauten aus Backstein, am Alpenrand bevorzugte man Steinquader und in den abgelegenen Bergtälern Bruchsteinmauerwerk. Vorbildlich für die Umgebung von Mailand wurde S. Ambrogio, wo zum erstenmal innerhalb Italiens Kreuzrippengewölbe konstruiert wurden (um 1128). Charakteristisch für den Mailänder Raum ist auch die Bevorzugung der Basilikaform und das Versetzen der Backsteine im Fischgrätverband. In Como, das als Grenzort nach Norden besonders stark Impulsen von jenseits der Alpen ausgesetzt war, bevorzugte man offene Dachstühle. Unter rheinischem Einfluß entstanden hier die Osttürme von S. Abbondio und die Dreikonchenanlage von S. Fedele.

Die zentrale Bedeutung von S. Ambrogio zeigt sich auch in der Malerei und Bildhauerkunst der gesamten mailändischen Diözese. Civate – das Exil des Mailänder Erzbischofs Arnolfo de' Capitanei – wurde von Freskanten ausgestattet, die in Mailand an byzantinischer Tradition geschult waren. Das Ziborium von Civate wiederholt in vielen Einzelheiten dasjenige von S. Ambrogio. Auch die Kapitellplastik der Mailänder Basilika wurde vielfach nachgeahmt, etwa in der Kirche von Rivolta d'Adda, deren Stifter ein Neffe des Erzbischofs Ariberto d'Intimiano war.

Zisterziensermönche brachten die Gotik, den Stil des Nordens, in die Lombardei. Ihre ornamentreichen Formen fanden hier einen fruchtbareren Boden als im übrigen Italien. Andernorts als barbarisch abgelehnt und bald überwunden, wurde dieser Stil in Norditalien bis weit in die Renaissancezeit beibehalten. Die Malerei, für die in der Toskana Giotto schon im frühen 14. Jahrhundert völlig neue Wege einschlug, verharrte in der Lombardei noch bis über die Mitte des 15. Jahrhunderts hinaus auf dem Stand der Internationalen Gotik. Und während die Florentiner Baumeister, voran Brunelleschi, mit Riesenschritten dem neuen Zeitalter der Renaissance entgegengingen, machte man sich in Mailand noch Gedanken darüber, wie man den Dombau am besten mit den Vorbildern der französischen Kathedralgotik in Übereinstimmung bringen könnte. Der Mailänder Dom, bis an die Schwelle zum 20. Jahrhundert in gotischen Formen schwelgend, ist das beste Beispiel für den lombardischen Hang zur Kunst des Nordens. Die Höhentendenz vieler Bauten der Region legt davon ebenso Zeugnis ab wie die Liebe zum ornamentalen Detail, das architektonische Strukturen verdeckt und überwuchert. Die Certosa di Pavia und die Colleoni-Kapelle – zeitlich der Renaissance zugehörig – sind in ihrer Kleinteiligkeit und ihrem ornamentalen Reichtum geradezu antiklassisch und unitalienisch. Auch der als beispielhafter Bau der Renaissance immer wieder genannte Ostteil von S. Maria delle Grazie in Mailand wurde letztlich durch seinen kleinteiligen Außendekor, der sicher Bramantes Intentionen widersprach, lombardisiert. Leonardo da Vinci wirkte 17 Jahre lang vielbestaunt, jedoch letztlich unverstanden am Hof Ludovico il Moros. Seine Schüler – voran der sehr produktive Bernardino Luini – übernahmen nur Äußerlichkeiten seines Stils. Auch Luini blieb bis zuletzt (gest. 1532) immer ein geheimer Gotiker.

Die Blüte der Renaissancekunst am Hofe der Gonzaga, wo Leon Battista Alberti und Andrea Mantegna wirkten, ist die berühmte Ausnahme von der Regel. Bereits Giulio Romanos außerordentlich fruchtbare Tätigkeit in Mantua, dazu auch die Maler des nahen Sabbioneta, weist wieder auf das Hereindringen eines neuen antiklassischen Stromes, des Manierismus, als dessen berühmtester lombardischer Vertreter Giuseppe Arcimboldi anzusehen ist. 1530 in Mailand geboren, wirkte dieser frühe Surrealist – wie so viele lombardische Talente – jenseits der Grenzen seiner Heimat. Doch die Zahl bedeutender manieristischer Künstler in der Lombardei ist groß, von den Quadraturmalern in Brescia bis zu Pellegrino Tibaldi, dessen Werk – voran das herrliche Collegio Borromeo in Pavia – viel zu wenig bekannt ist. Die vielschichtige, spannungsreiche und exklusive Kunst des Manierismus kam lombardischem Wesen offensichtlich sehr entgegen.

Extreme, bis zur Verquältheit angespannte Gebärden erleben wir in der lombardischen Malerei häufiger als sonstwo in Italien, bei Morazzone etwa, einem Vareser Künstler des Seicento. Und auch die bizarren Architekturen von Francesco Borromini, dem Sohn eines Maurers aus Bissone am Luganersee, können als charakteristisch lombardisch gelten. Wo sich die Kunst hier schlicht und unkompliziert zeigt, wurde sie meist von Nichtlombarden geschaffen. Dies gilt für Bergognone, den Piemontesen, dies gilt noch für die klassizistischen Bauten von Giuseppe Piermarini aus Foligno und Leopold Pollak aus Wien.

Schließlich fand auch der von Romanen zumeist als charakteristisch nordisch abgelehnte Expressionismus in der Lombardei eine explosive zeitliche Parallele. Wenn auch zum Teil von auswärtigen Künstlern getragen, wurde Mailand doch zum Zentrum des Futurismus. Nur im Norden Italiens konnten die provokativen Töne des »Futuristischen Manifests« geäußert werden: »Alle Gegenstände, die bisher wiedergegeben wurden, müssen weggeschwemmt werden, damit unser stürmisch bewegtes Leben aus Stahl, Stolz, Fieber und Schnelligkeit zur Darstellung komme, damit der allgemeine Dynamismus auch in der Malerei als eine dynamische Kraft zum Ausdruck komme.«

Die Provinz Sondrio

»Wer noch nie im Veltlin gewesen ist, sollte dort hinfahren. Und das sofort, ehe es zu spät ist. Nicht weil diese Landschaft schwerer und unmittelbarer gefährdet wäre als die Landschaften der übrigen Welt. Sondern weil es sich hier um eine so außerordentliche und so unwahrscheinlich unversehrte Schönheit handelt, daß ich kaum glaube, sie kann noch lange dauern. Irgend etwas könnte eintreten, was sie von heute auf morgen trübt.«

Mario Soldati, 1969

Was Mario Soldati, der italienische Erzähler, vor nahezu 20 Jahren ahnungsvoll sagte, ist eingetroffen: Die Schönheit des Veltlin wurde auf furchtbare Weise versehrt. Die Naturkatastrophe des Sommers 1987, die vielen Menschen das Leben kostete, ganze Dörfer vernichtete und Teile des oberen Veltlin unpassierbar machte, hat diesem herrlichen Tal eine tiefe Wunde geschlagen.

Das Unglück kam nicht von ungefähr: Seit dem Jahr 1945, so wurde berichtet, hat es in diesem Gebiet 255 Erdrutsche gegeben. Die Warnungen der Geologen wurden jedoch nicht beachtet – die Verlockung, das Veltlin noch weiter für den Tourismus zu erschließen, es vielleicht dem benachbarten und beneideten schweizerischen Engadin nachmachen zu können, war zu groß. In einem Gebiet, das sowieso als geologisch unstabil galt, mußten sich Sünden gegen die Natur – Mißachtung der Bannwaldregion, Kahlschläge und Geländeplanierungen für Skipisten, Wildbachverbauungen und Gewässerbegradigungen – doppelt verheerend auswirken. Die anhaltenden Regenfälle, die Mitte Juli 1987 im gesamten Alpengebiet zu schweren Schäden führten, bedeuteten für das Veltlin die Jahrhundertkatastrophe. Die Unglücksserie begann mit einem Erdrutsch in Tartano, einem Bergort südwestlich von Sondrio, wo ein Hotel – unterhalb eines abgeholzten Waldes gebaut – durch eine Schlammlawine zerstört wurde; sie fand ihren Höhepunkt Ende Juli mit dem gewaltigen Erdrutsch am Pizzo Coppetto, nördlich Sondalo, wo die Geröllmassen mehrere Dörfer begruben und das Wasser der Adda stauten, so daß sich dort ein neuer See bildete. Die Gefahr, daß der 100 m hohe Damm aus Geröll und Schlamm dem Druck der Wassermassen nicht standhalten wird, ist heute (Nov. 1987) noch nicht gebannt. Alle Bemühungen, das Wasser des Sees soweit abzupumpen, daß die bei einem Dammbruch zu befürchtende Sturzwelle nicht entstehen kann, blieben bisher erfolglos. Zwar hofft man, durch die Installierung eines Alarmsystems die Bevölkerung rechtzeitig warnen zu können, doch ist dies ein schwacher Trost angesichts des drohenden Unheils. Selbst wenn der Damm nicht bricht, wird es Jahre dauern, bis man des neuen Sees – des Lago di Pola – Herr geworden ist und bis man der Allgemeinheit wieder den Weg zwischen Sondalo und Bormio eröffnen kann. Von einem »vernichteten Veltlin« allerdings, wie es in der Presse hieß, kann man nicht sprechen. Zugänglich – auch für Touristen – ist das gesamte Tal zwischen Comer See und Grosio, und

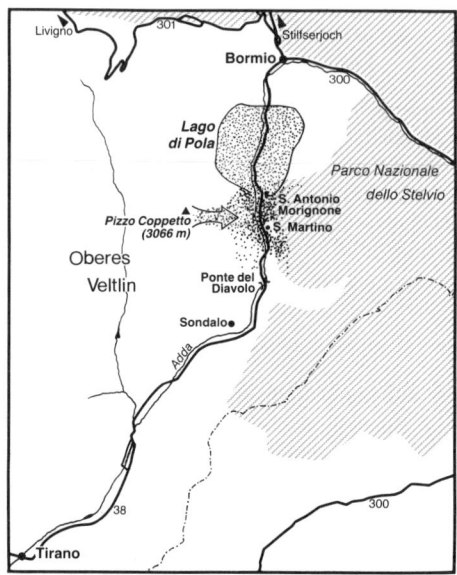

Karte des oberen Veltlin mit dem von der Umweltkatastrophe des Sommers 1987 besonders betroffenen Gebiet

gerade auf dieser Strecke finden wir die schönsten Kunstwerke. Zugänglich ist auch Bormio, allerdings vorläufig nur von Norden her über Livigno oder das Stilfserjoch.

Unter Veltlin versteht man das lange Ost-West-Tal der Adda zwischen Rätischen und Bergamasker Alpen, das vom Comer See bis etwa nach Bormio reicht. Zusammen mit den Tälern Valchiavenna, Valmasino, Valmalenco, Val Grosina, Valdidentro, Valle di Braulio und Valfurva bildet es die Provinz Sondrio. Ganz gleich aus welcher Richtung man kommt, ob von Nordwesten über den Splügen- oder den Malojapaß, von Nordosten über den Berninapaß oder das Stilfserjoch oder von Süden über den Comer See – der Einstieg in die nördlichste Provinz der Lombardei ist immer gleichermaßen beeindruckend.

Beginnen wir die Erkundungsfahrt mit der Stadt **Chiavenna** (Farbt. 7) und dem Valchiavenna. Die Schlüsselposition am Fuß der Alpenpässe Maloja, Septimer und Splügen soll der Stadt ihren Namen gegeben haben (*chiave* = Schlüssel). Genua, Mailand und Venedig waren durch viele Jahrhunderte über diesen Ort mit Graubünden, dem Rheinland und Flandern verbunden. Erst der Bau der Stilfserjochstraße (1820–1825) und vor allem aber des Gotthardtunnels (1882) sorgten dafür, daß Chiavenna an Bedeutung verlor. Die Berge wirken hier in ihrer Schroffheit ein wenig unwirtlich. Leonardo da Vinci vermerkte nach einer Reise durch diese Gegend: »Man findet hier unfruchtbare und sehr hohe Berge mit großen Felsen. Es gibt Tannen, Lärchen, Fichten, Damhirsche, Steinböcke, Gemsen und schreckliche Bären. Man kommt hier nur vorwärts, wenn man auf allen vieren geht.« Doch schon wenige Kilometer südlich, wo der Fluß Mera, nachdem er das enge Bett des Bergell verlassen hat, seinen Weg zum Comer See hin nimmt, wird das Tal weiter und die Sicht freier. Hier erst hat man das Gefühl, im Süden zu sein.

Chiavenna, das wegen seiner strategisch günstigen Lage für viele Herren interessant war, bewahrt aus seiner Geschichte einige, wenn auch nicht immer gut erhaltene Denkmale. Vor allem die lange Zeit der graubündischen Herrschaft (1512–1797) hat ihre Spuren hinterlassen. Kunstgeschichtlich am ergiebigsten ist die Pfarrkirche *S. Lorenzo* (Via G. Picchi). Der Bau – eine barockisierte Saalkirche der Renaissance (1538) – ist nicht besonders auffallend, gewinnt aber durch den eleganten Campanile (1597) und den weiten Arkadenhof an Großzügigkeit. Von hier aus hat man einen schönen Blick auf den Paradiso, einen Felsen am nordöstlichen Stadtrand, auf dem einst eine Burg der Visconti stand, die Chiavenna 1335 dem Mailänder Herrschaftsbereich einverleibten.

Nördlich neben der Kirche, im barocken *Baptisterium*, ist eines der großartigsten plastischen Kunstwerke der Lombardei zu sehen, das romanische *Taufbecken*. Es ist aus einem monolithischen Block Pietra ollare gehauen, einem grünlich-grauen Stein, der heute noch im Valmalenco nördlich von Sondrio abgebaut wird. Als Entstehungszeit wird das Jahr 1156 angegeben. Die eindringlichen Relieffiguren stellen eine Taufprozession dar. Neben den kirchlichen Würdenträgern sieht man auch die Repräsentanten der weltlichen Stände des Mittelalters: der Adlige, der Krieger, der Handwerker. Gotteshaus und Baptisterium zeigt der Pfarrer dem Interessierten gern, doch ist er mit dem Kirchenschatz zurückhaltender, da er vor nicht allzu langer Zeit brutal überfallen und gezwungen wurde, Teile des Schatzes her-

Die »*Pace di Chiavenna*«, ein romanischer Evangeliardeckel, aus dem Kirchenschatz von S. Lorenzo in Chiavenna

auszugeben. Zum Glück ist die berühmte *Pace di Chiavenna*, für die man gegenwärtig einen einbruchsicheren Raum baut, erhalten geblieben. Allein schon dieses Objekts wegen lohnt die Reise nach Chiavenna. Es handelt sich um einen romanischen Evangeliardeckel, von dem es heißt, ein Erzbischof im Gefolge Kaiser Barbarossas, dem Chiavenna freundlich gesonnen war, habe dieses prachtvolle Werk mittelalterlicher Goldschmiedekunst zum Dank überreicht. Die strenge symmetrische Klarheit der Evangelistensymbole, die aus dem Goldblech herausgetrieben wurden, der figuralen Emailarbeit und der vielen Edelsteine deutet auf eine rheinische Werkstatt des 12. Jahrhunderts.

Sehenswerte Profanarchitektur findet man in Chiavenna an der Piazza Castello am anderen Ende der Via G. Picchi. Hier steht der spätgotische *Palazzo Balbiani*, ein burgartiger Bruchsteinbau mit zylindrischen Ecktürmen – Erinnerung an das Grafengeschlecht, das die Visconti hier 1403 in ihrer Herrschaft ablöste. Am südlichen Ende des Platzes, etwas zurückversetzt, finden wir den barocken *Palazzo Salis* mit stattlicher Schauseite, der jedoch so schlecht erhalten ist, daß seine einstige Schönheit nur noch trübe durchscheint. Er wurde von dem bedeutenden Graubündner Geschlecht der Salis im 18. Jahrhundert errichtet.

Die gesamte Lombardei ist dicht besetzt mit Zeugnissen romanischer Architektur. Die Provinz Sondrio macht davon keine Ausnahme. Eine der hübschesten Kirchen dieser Epoche finden wir an dem kleinen Lago di Mezzola, in den der Fluß Mera sich ergießt, bevor er schließlich im Comer See mündet. *S. Fedelino* bei **Novate Mezzola**, ein Bau aus der zweiten Hälfte des 11. Jahrhunderts, liegt sehr idyllisch am Westufer des Sees. Das Kirchlein war früher innen gänzlich mit Fresken ausgestattet. Heute sieht man nur noch in der Apsis einen Christus Pantokrator zwischen zwei Engeln, darunter Fragmente von Aposteldarstellungen, deren Gesichter und Füße noch zu erkennen sind. Ein weiterer Tip für Freunde der Romanik: die Kirche *S. Martino di Aurogo* in **Piuro** nördlich von Chiavenna, deren Inneres etwa gleichzeitig freskiert wurde.

Das eigentliche Veltlin beginnt erst dort, wo die Adda im Piano di Spagna in den Comer See mündet. Der Name Veltlin – oder besser Valtellina – wird auf den römischen Ort Tellium östlich von Sondrio zurückgeführt, der heute Teglio heißt. Diese Gemeinde war für die Geschichte des Tales von größter Bedeutung, und wenn es nur einen einzigen Ort gibt, den man auf seiner Reise durch das Tal besuchen kann, so sollte es dieser sein.

Die erste sehenswerte Station in Richtung Sondrio ist **Morbegno**. Günstig am Zugang zum Passo di S. Marco gelegen, kam dieser Ort einst zu Bedeutung durch die Kontrolle des Handelsweges nach Venedig. Der Stadtkern – obschon weitgehend hinter barocken Fassaden verborgen – ist mittelalterlich, doch prägen moderne Industrieansiedlungen (Textilien, Nahrungsmittel, Mechanik) das Gesamtbild des Ortes. Das Zentrum beherrscht die prächtige Fassade der Pfarrkirche *S. Giovanni Battista* an der Piazza S. Giovanni. Baumeister war Pietro Ligari, der nicht nur im Veltlin, wo er geboren wurde, sondern auch in Mailand, Venedig und Chur tätig war. Die Kirche wurde zwischen 1680 und 1714 erbaut, die Fassade jedoch erst 1779 vollendet. Der auch als Maler tätige Baumeister war zugleich für die nur zum Teil fertiggestellte Freskierung verantwortlich.

Auf noch bekanntere Künstlernamen trifft man in den beiden Kirchen S. Antonio und S. Lorenzo. *S. Antonio* (Piazza S. Antonio), ein Frührenaissancebau, der 1794 mit barocker Fassade und Campanile versehen wurde, enthält in der Vorhalle ein Renaissanceportal mit einer Pietà der Gebrüder Rodari und einem Fresko von Gaudenzio Ferrari, das die Anbetung der Könige darstellt. Dieselben Künstler waren auch in *S. Lorenzo (Assunta)* tätig, einer Renaissancekirche, die am östlichen Ortsausgang zu finden ist. Tommaso Rodari schuf hier am Portal die feinen Reliefs von Adam und Eva (um 1517) und Gaudenzio Ferrari entwarf den Hochaltar, den er zusammen mit Fermo Stella und Angelo del Maino, der den reichen Rahmen hinzufügte, ausgeführt hat (1515–1526). Sowohl die Brüder Rodari als auch G. Ferrari sind in der Lombardei sehr produktiv gewesen. Hauptarbeiten der Familie Rodari, die aus dem Tessiner Ort Maroggia stammt, finden sich im Dom von Como, ein Hauptwerk des Piemontesers Gaudenzio Ferrari in der berühmten Wallfahrtskirche Madonna dei Miracoli in Saronno.

Je weiter man das Tal in Richtung Sondrio hinauffährt, links und rechts die steilen Hänge der Weinberge, in der Mitte der breite Fluß, im Hintergrund die hohen und ausdrucksvollen Berge, desto mehr verstärkt sich der Eindruck: So etwas Ähnliches hat man schon einmal gesehen. Man hat es gesehen, vorausgesetzt man war in der Schweiz, im Kanton Wallis, und hat dort das Rhônetal durchquert. Beide Täler verlaufen in Ost-West-Richtung, was im

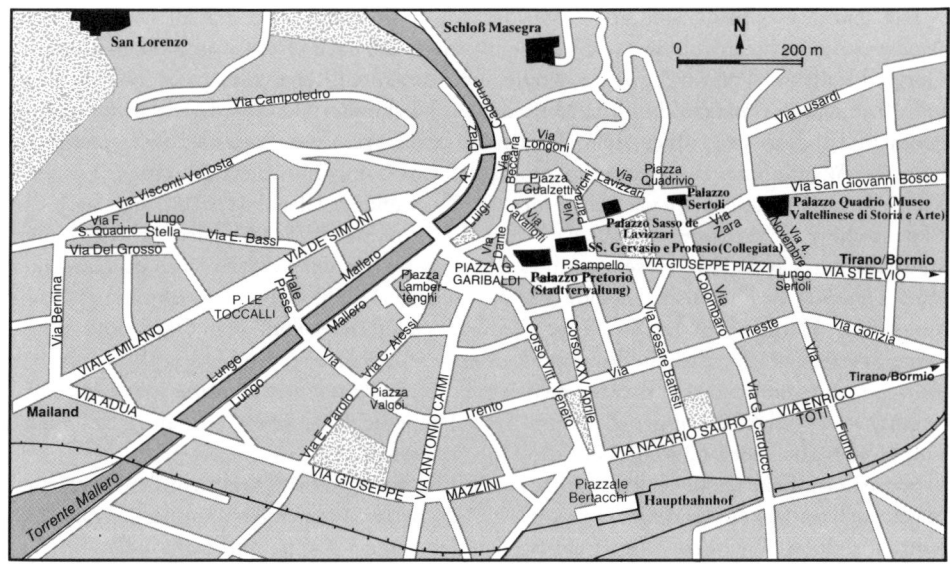

Stadtplan von Sondrio

Bereich der Alpen selten ist, beide sind Weinbaugebiete und im Veltlin wie im Wallis finden sich mächtige Dreitausender und Viertausender. Dies alles ergibt ein sehr ähnliches Landschaftsaroma, wenn auch im Veltlin vielleicht mit einem etwas herberen Beigeschmack. Nur schade, daß sich hier nicht auch ein Dichter vom Rang eines Rainer Maria Rilke gefunden hat, der fähig war, seine Großartigkeit zu preisen.

Sondrio, die Hauptstadt der Provinz, ist an historischen Monumenten nicht übermäßig reich. Die Visconti und die Graubündner haben hier – wie in Chiavenna – ihre Spuren hinterlassen, doch was heute ins Auge fällt, gehört anderen geschichtlichen Zusammenhängen an. Es ist vor allem das kantige *Schloß Masegra,* das oberhalb der Stadt, mitten in den Weinbergen thront. Der Bau geht auf eine Burg des Geschlechtes de Capitanei vom Anfang des 11. Jahrhunderts zurück, doch seine heutige Gestalt verdankt er dem 15. Jahrhundert. In der Betonung der Horizontalen und mit seinen flachen Dächern wirkt das Schloß gleich auf den ersten Blick wie ein Renaissancebau. Unter Graubündner Herrschaft, am Ende des 16. Jahrhunderts, residierte hier die Familie Salis, von der bereits im Zusammenhang mit Chiavenna die Rede war. Wenn Masegra heute einen etwas verwahrlosten Eindruck macht, so liegt es daran, daß dort eine Kaserne untergebracht ist. Geplant ist eine Renovierung und Nutzung als Museumsbau, was nur zu begrüßen wäre. Der Aufstieg ist in jedem Fall lohnend, denn nicht nur Sondrio ist von hier aus in seinem ganzen Umfang zu überblicken, sondern auch das gesamte mittlere Tal der Adda, und weit im Osten ragt die mächtige Adamello-Gruppe mit ihren prächtigen Dreitausendern auf.

Die Piazza Garibaldi, eine großzüge Platzanlage im Zentrum der Stadt, ist der ideale Ausgangspunkt für Erkundungsgänge. Wendet man sich nach Osten, kommt man über den Corso d'Italia zur Piazza Campello, wo in einem eleganten Renaissancepalast mit arkatiertem Brunnenhof (*Palazzo Pretorio*, Mitte des 16. Jahrhunderts) die Stadtverwaltung untergebracht ist. Ihm gegenüber steht die Kirche SS. *Gervasio e Protasio (Collegiata)*, ein barocker Wandpfeilerbau mit schlankem, isoliertem Campanile, der nach einem Entwurf Pietro Ligaris errichtet wurde (Mitte des 18. Jahrhunderts; Fassade 1838), der auch die Pfarrkirche von Morbegno erbaut hat. Östlich davon, in der Via Quadrio, gibt es einige stattliche barocke Paläste zu sehen, unter denen vor allem der *Palazzo Sasso de Lavizzari* (Nr. 27) auffällt. Die anschließende Piazza Quadrivio beherbergt den schönen *Palazzo Sertoli* (Nr. 8) mit einem von Giuseppe Coduri freskierten Saal und dem Oratorio S. Francesco Saverio (1716). Über die Via Zara kommt man von hier aus in die Via IV Novembre zum *Palazzo Quadrio*. Hier ist das sehenswerte *Museo Valtellinese di Storia e Arte* untergebracht, wo es neben wichtigen Zeugnissen der Frühgeschichte sowie Gemälden des Früh- und Hochbarock auch hübsche Veltliner Möbel zu sehen gibt.

Sondrio ist mehr als alle anderen Orte des Veltlin ein Weinort. Direkt vor den Toren der Stadt wachsen Sassella und Grumello, die zu den besten Weinen der Lombardei gehören. Mitten in dieses Weingebiet führt ein Besuch der kleinen Kirche *Madonna della Sassella*. Dort wird die Marmorlunette mit der Darstellung der Weihnachtskrippe der Familie Rodari zugeschrieben und Christi Geburt am Hauptaltar Gaudenzio Ferrari.

Der direkte Weg nach Teglio, dem kunsthistorisch interessantesten Ort des Veltlin, führt über die Hauptstraße in Richtung Bormio. In dem kleinen Dorf S. Giacomo zweigt eine Bergstraße ab, die in etwa einer halben Stunde (kurvenreich!) nach Teglio führt. Meist wird jedoch nicht diese Route empfohlen, sondern die landschaftlich sehr viel reizvollere *Strada Panoramica dei Castelli*. Sie führt zunächst in Richtung auf das Dorf Montagna durch das Weinanbaugebiet des Grumello. Man hat von hier einen wunderbaren Ausblick auf das weite Tal der Adda und die steil sich dahinter auftürmenden Bergamasker Alpen. Einer der vielen begeisterten englischen Alpinisten des letzten Jahrhunderts, Douglas Freshfield, beschrieb diese bereits klassische Straße als »eine der schönsten der Welt«.

Von den angepriesenen Burgen ist eigentlich nur eine besonders bemerkenswert: das *Castel Grumello* vor **Montagna,** das allerdings nur noch eine – wenn auch pittoreske – Ruine ist. Wie vieles andere in diesem Tal wurde auch dieser Wehrbau des 14. Jahrhunderts von den Graubündnern zerstört, denen 1512 das Veltlin zugefallen war. Folgt man von Montagna der Strada Panoramica, erreicht man als nächstes die Ortschaft **Poggiridenti,** die wegen ihres prachtvollen Blickes vom Platz vor der Pfarrkirche aus einen Aufenthalt lohnt. Es folgt **Tresivio** mit seiner monumentalen Loretokirche und schließlich **Ponte in Valtellina,** das mit seinem intakten alten Ortskern zum Verweilen einlädt. Hier stoßen wir erstmals auf ein Werk Bernardino Luinis, der aus Luino am Lago Maggiore stammte und als Maler in der Nachfolge von Leonardo da Vinci steht. Zu seinen Hauptwerken gehören die Fresken in der Wallfahrtskirche von Saronno. In *S. Maurizio*, der Pfarrkirche von Ponte, schuf er das Tympanonfresko der Madonna mit dem hl. Mauritius am Fassadenportal (um 1520/30). Die

Ansicht von Sondrio um 1700

Legende will wissen, daß Luini sich nach Ponte flüchtete, weil er im Mailändischen einen Probst getötet hatte. Daraufhin wurde es in Ponte zum geflügelten Wort: »Weshalb hat Bernardino nicht gleich zwölf Pröbste getötet – dann hätten wir zwölf solcher Bilder von ihm.« Sehenswert ist auch die Trikonchosanlage *Madonna di Campagna* in der Nachfolge der Kathedrale von Como aus der zweiten Hälfte des 16. Jahrhunderts am westlichen Ortsausgang.

Es wäre nicht recht, **Teglio** nur wegen seiner Kunstschätze zu rühmen. Der Ort in 856 m Höhe, an den talnahen Hängen des Monte Combolo gelegen, wird heute wegen seiner günstigen Ausgangsposition für Wanderungen und Skiabfahrten (Prato Valentino) gern besucht. Davon zeugen auch die zahlreichen Hotels dort oben, die bei aller Modernität so landschaftsbezogen gebaut wurden, daß sie das Auge nur selten stören. Das antike Tellium gab, wie bereits bemerkt, dem Veltlin seinen Namen. Der lateinische Name erinnert daran, daß hier einst eine Statue des antiken Gottes Tyllino stand, den man in der heutigen Forschung mit Herakles gleichsetzt. Funde, die an die außerordentliche Bedeutung der Gegend von Teglio bereits in der Vorgeschichte erinnern, werden heute in einem Raum des Palazzo Besta gezeigt.

Am östlichen Ortsrand ist die kleine profanierte Saalkirche *S. Pietro* ein Zeugnis aus romanischer Zeit (Anfang des 11. Jahrhunderts), das dem Bau von S. Fedelino bei Novate Mezzola noch vorausgeht. Die Pfarrkirche *S. Eufemia* steht im Zentrum des Ortes. Die ernste, klar gegliederte Basilika mit der kleinen Vorhalle stammt aus der Renaissance (Ende des 15. Jahrhunderts), wurde jedoch im Barock verändert. Die kleinteilige Fensterrose erinnert noch an die Gotik, was in der Lombardei, wo man sich weniger schnell von gotischen Formen trennte als in anderen italienischen Landschaften, keine Seltenheit ist. Die Basilika enthält im Innern Fresken aus der Erbauungszeit; die Portalplastik wird dem Umkreis der Familie Rodari zugeschrieben. Etwa gleichzeitig entstand das *Oratorium der Confraternità dei Bianchi* gegenüber der Kirche. Die Fassadenfresken des 15. Jahrhunderts sind schlecht erhalten, was bedauerlich ist, denn die Darstellung des Totentanzes, der Danza macabra, ist beachtlich.

Auf dem Weg von S. Eufemia zum Palazzo Besta kommt man an der *Torre de li belli miri* vorbei, dem Überrest einer romanischen Burganlage der einheimischen Familie Lazzaroni, die während der guelfisch-ghibellinischen Auseinandersetzungen 1265 von dem Ghibellinen Stefano Quadrio zerstört wurde. Sehr viel heiterer gibt sich der prachtvolle *Palazzo Besta* (Abb. 3), der im Veltlin nicht seinesgleichen hat: Musterbeispiel des Palastbaus der Renaissance in Norditalien. Azzo I. Besta und sein Sohn Azzo II. errichteten ihn in der ersten Hälfte des 16. Jahrhunderts auf den Mauern einer feudalen Burg. Die L-förmige Fassade mit Sgraffito-Quaderimitation erhebt sich mit eindrucksvoller Eleganz entlang der Straße; die Silhouette des mächtigen Gebäudes wird durch Kaminaufsätze spielerisch aufgelockert. Sie bekommen den Bauten der Renaissance, die so oft streng und abweisend wirken, besonders gut. Vergleichbares findet man an den berühmten Loggien des Palazzo Ducale in Vigevano. Wenn schon die Straßenfront erstaunlich ist, so ist es der Innenhof noch viel mehr. Nicht nur die schlanken und feinen Arkadenbogen erfreuen hier das Auge, sondern auch die Fresken in reizvoll bläulich- grauem Chiaroscuro. Während die untere Arkadenreihe mit einem bräunlich getönten Groteskenfries abgeschlossen wird, in den die Porträtmedaillons der Bauherren und ihrer Frauen eingefügt sind, ziert die noch elegantere Arkadenreihe des Obergeschosses ein breites bläuliches Freskenband mit der Darstellung einiger Szenen zu Vergils »Aeneis«. Die Fresken sind, da der Palast rechtzeitig restauriert wurde (1914), recht gut erhalten. Während man früher als ausführenden Künstler einen Maler aus dem Umkreis von Gaudenzio Ferrari annahm, denkt man heute an Marcello und Matteo Fogolino, ein Brüderpaar, das sich auf die Ausmalung von Burgen und Schlössern spezialisiert hatte und auch bei der Freskierung des Schlosses der Fürstbischöfe von Trient, dem Castello di Buon Consiglio, tätig war. Beide stammen aus dem Umkreis von Pordenone und Romanino.

Vom Innenhof führt der Kustode den Besucher zumeist direkt in das *Antiquarium*. Wie das benachbarte Valcamonica südlich Edolo, das der Provinz Brescia angehört, ist auch das Veltlin reich an vorgeschichtlichen Zeugnissen. Berühmt sind die beiden Stelen, die 1941 in der Nähe von Teglio gefunden wurden, die sogenannte zweite und dritte *Stele von Caven*, die heute im Palazzo Besta gezeigt werden. Die Stele II ist bedeckt mit feinen Felsgravierungen, unter denen Jagdwild und ein Sonnensymbol auffallen; die Stele III zeigt eine mächtige Sonnenscheibe im Relief und spiralige Symbole. Diese und weitere vergleichbare Bildsteine aus Valgello, Cornal, Lovero gehören dem Neolithikum an (4. und 3. Jahrtausend v. Chr.).

Außer dem Antiquarium werden mehrere Räume im Erd- und Obergeschoß gezeigt, die fast ausnahmslos freskiert sind. Der *Salone d'Onore*, ein Festsaal im Piano nobile, ist mit Szenen zu Ariosts »Orlando Furioso« ausgestattet, die *Sala della Creazione* mit Szenen zur Schöpfungsgeschichte und einer Weltkarte (1549). Auffallend ist die dichte Aneinanderreihung der Fresken in dem schön gewölbten Saal. Jede einzelne Stichkappe ist bemalt und man

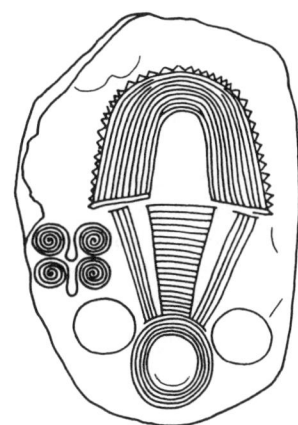

Teglio, Stelen II und III von Caven

bedauert, daß man nicht mehr Zeit bekommt, um jedes Detail betrachten zu können, den Turmbau zu Babel zum Beispiel, der an eine ähnliche Darstellung von Pieter Brueghel im Wiener Kunsthistorischen Museum erinnert.

Charakteristisch für die großen Häuser des Veltlin ist die *Stüa* (Stube), ein ganz mit Holz vertäfelter Raum, der im Palazzo Besta aufgrund des warmen Brauntons des Zirbelkieferholzes besonders schön ist. In solche Zimmer zog man sich im Winter zurück, wenn die übrigen zu kalt wurden. Einer der Räume des zweiten Obergeschosses ist nicht original ausgestattet. Seine Fresken stammen aus der Casa dell'Oro in Traona bei Morbegno. Es sind Arbeiten aus der ersten Hälfte des 16. Jahrhunderts, meist profanen Inhalts.

Auch die kleine Kirche *S. Lorenzo* schräg gegenüber dem Eingangsportal des Palastes ist ein Zeugnis der Familie Besta. Die um 1500 erbaute Grablege des Geschlechts beherbergt die Sarkophage von Azzo II. Besta, seinem Sohn Carlo I. und Andrea Guicciardi. Die Apsisfresken werden Fermo Stella zugeschrieben, einem Schüler von Gaudenzio Ferrari (1528; Kreuzigung, Legende des hl. Laurentius, Zwölf Apostel).

Doch nicht nur der Kunstliebhaber, sondern auch der Freund herzhafter italienischer Vorspeisen kommt in Teglio auf seine Kosten: Hier ist die Heimat der Pizzoccheri, einer Art Nudeln aus Weizen- und Buchweizenmehl, die mit zerlassener Butter, Knoblauch und geriebenem Käse serviert werden.

Neben dem Palazzo Besta wird immer wieder die Wallfahrtskirche von **Tirano** (Abb. 2) als künstlerischer Glanzpunkt des Veltlin genannt. Der ockergelbe Sandsteinbau mit seinem extrem hohen Campanile ist schon von weitem sichtbar und wenn man vor der Kirche ankommt, fühlt man sich etwas bedrängt durch ihre Gewaltigkeit. Dieses Gotteshaus, das 1504 an der Stelle einer Marienvision erbaut wurde, spielte durch Jahrhunderte eine bedeutende Rolle im katholischen Veltlin. Vor allem in der Zeit, als die protestantischen Graubündner das Tal beherrschten, konnten die Veltliner durch die Wallfahrten zur *Madonna di Tirano* Glaubenstreue dokumentieren.

Die aus dem Tessin stammenden Brüder Jacopo und Tommaso Rodari, die nicht nur im Veltlin, sondern auch im Gebiet von Como mit großem Geschick den Wünschen ihrer zahlreichen Auftraggeber nachkamen, gelten als Baumeister der Kirche. Alessandro della Scala – ebenfalls ein Tessiner – schuf das großartige Hauptportal, in dessen Ädikulabekrönung die Marienvision des Mario degli Omodei erscheint. Der Renaissancecharakter des Baues in seiner klaren Symmetrie und kraftvollen Geschlossenheit ist eher von den Seiten aus zu erkennen als an der Westfassade, die durch ihre Erhöhung (1676) um einen halbkreisförmig übergiebelten Auszug, beidseitig flankiert von Ausschwüngen und Obelisken, eine barocke Gestalt angenommen hat. Der steil proportionierte Innenraum hinterläßt einen eher erdrückenden Eindruck. Er ist von Künstlern des Manierismus und des Frühbarock derartig ausfernd mit Fresken und Stuck ausgestattet worden, daß schließlich keine Stelle mehr frei von Dekor und Ornament blieb. Im Wunsch, der verehrten Stätte das Beste zu geben, hat man offensichtlich des Guten zuviel getan (Fresken: Cipriano Valorsa, 1575–1578; Stuck: Pompeo und Giuseppe Bianchi, Domenico Fontana, 1590–1608). Die überreich geschnitzte Orgel und Kanzel (Giuseppe Bulgarini, 1607–1617) vervollständigen den Gesamteindruck.

Sucht man beim Verlassen der Kirche nach einem Ruhepunkt fürs Auge, so wird der Blick auf den gegenüber der Fassade 1780 errichteten Nischenbrunnen fallen, der – wenn auch nicht allzu gut erhalten – durch seine harmonischen Proportionen erfreut.

Ein weiterer lohnender Gang führt den Besucher zum *Palazzo Salis,* einem der schönsten Paläste des Veltlin (Piazza Salis). Der Bau selbst stammt aus dem 16. Jahrhundert, doch eines der Portale ist prächtigstes Barock, ebenso die Fresken des großen Saales. Wie so viele Häuser in Norditalien ist auch dieses eine Erinnerungsstätte an den Freiheitshelden Garibaldi, der 1859 hier wohnte, zugleich aber auch Sitz der Società Storica Valtellinese, der Historischen Gesellschaft des Veltlin.

Gleich hinter Tirano ändert sich der Charakter der Landschaft. Die Adda, deren Quelle bei Livigno man sich nun in Richtung Norden nähert, wird schmaler und auch die Berge rücken zu beiden Seiten der Straße näher zusammen. Wenige Kilometer hinter Tirano sieht man noch die letzten Weinberge, die Straße wird steiler und in **Grosio** hat man bereits eine Höhe von 656 m erreicht.

Ähnlich beherrschend wie das Castello Masegra in Sondrio und mit seinem mittelalterlichen Zinnenkranz sogar noch romantischer, ist hier das *Castello Venosta-Visconti.* Der Bau auf quadratischem Grundriß wurde in der zweiten Hälfte des 14. Jahrhunderts von den mächtigen Herren Venosta-Visconti errichtet, denen Grosio 1355 von den Bischöfen von Como zu Lehen gegeben worden war. Heute ist das Kastell nur noch Ruine, wirkt jedoch durch seine Ausmaße und seine Lage immer noch beeindruckend.

War diese Burg noch bis vor kurzem die Hauptattraktion des Ortes, so kann man heute auf eine viel spektakulärere hinweisen. In den letzten Jahren sind an 36 verschiedenen Stellen im Veltlin vorgeschichtliche Felsgravierungen entdeckt worden und Grosio hat mit der *Rupe Magna,* dem großen Felsen unterhalb des Schlosses, das attraktivste Objekt dieser Art zu bieten. Es ist ein faszinierendes Abenteuer, auf dem mäßig steilen Felsen herumzuklettern und auf die Suche zu gehen nach den eingeritzten Figuren von Kriegern, Tänzern, Betenden. Da das Valcamonica nicht weit ist, das vergleichbare vorgeschichtliche Dokumente aufweist, nimmt man an, daß im späten Neolithikum – etwa im 2. Jahrtausend v. Chr. – von dorther auch Teile des Veltlin besiedelt wurden.

Und noch etwas sollte man in Grosio nicht auslassen: die Kirche *S. Giorgio* hinter dem – ebenfalls sehenswerten – Palazzo Venosta-Visconti am östlichen Ortsrand. Weniger das Bauwerk selbst, eine Saalkirche des 11. Jahrhunderts, erweckt jedoch das Interesse als vielmehr seine Fresken. Zwar ist es sicherlich eine lokalpatriotische Übertreibung, ihren Schöpfer, Cipriano Valorsa, als ›Raffael des Veltlin‹ zu bezeichnen, doch muß man zugeben, daß seine Werke durchaus ansprechen. Zwischen Sondrio und Bormio – herausragend vor allem die Arbeiten in S. Abbondio in Vione – hat dieser Maler unzählige Kirchen und Häuser freskiert. Auffallend sind seine lieblichen und immer etwas melancholischen Frauengesichter, noch ganz vom Geist der Frührenaissance erfüllt, obwohl sie erst um die Mitte des 16. Jahrhunderts entstanden. Nicht nur die Totenkapelle hinter der Kirche hat Valorsi 1555 freskiert, sondern es ist anzunehmen, daß auch die hübschen Außenfresken von S. Giorgio selbst, das sich inmitten eines ungemein malerischen ummauerten Bezirks erhebt, von ihm stammen. Von der Innenausstattung ist der geschnitzte und vergoldete Altar von Andrea de Passeris aus dem Jahr 1494 hervorzuheben, das früheste Werk im Stil der Renaissance im Veltlin.

Die Pfarrkirche *S. Giuseppe* am südwestlichen Ortsrand wirkt dagegen eher nüchtern. Sie entstand in Anlehnung an die Wallfahrtskirche von Tirano in der ersten Hälfte des 17. Jahrhunderts und wirkt wie diese in ihrer Monumentalität ein wenig erdrückend.

Es ist tragisch für die Einwohner des Veltlin, die zum guten Teil vom Fremdenverkehr leben, daß ausgerechnet die schönste, bisher landschaftlich am wenigsten versehrte Strecke des Tales von der Katastrophe Ende Juli 1987 getroffen wurde. Hinter **Sondalo** beginnt die Adda immer mehr den Charakter eines übermütigen Wildbaches anzunehmen. Die Luft schien hier immer reiner und erfrischender als im unteren Tal, der Bergwald duftete würziger als anderswo. In zwei Bahnen stürzte die gesamte Ostflanke des 3066 m hohen Pizzo Coppetto ins Tal und begrub mehrere Dörfer und Weiler zwischen Ponte del Diavolo und S. Antonio Morignone. Auch die Kirche S. Martino bei S. Antonio Morignone, eine der schönsten des Veltlin, wurde zerstört. Es entstand ein gewaltiger Damm aus Geröll, Erde und Schlamm in einer Höhe von 100 Metern, einer Breite von 400 Metern und einer Länge von etwa 2 km. Die Statale 38, die den Hauptort Sondrio mit Bormio verband, wird in Zukunft einen anderen Verlauf nehmen müssen, und man überlegt den Bau einer Galerie oberhalb des Tales. Der See, in dem sich das Wasser der Adda gestaut hat, reicht bis über Cepina hinaus und bedroht die Einwohner der Dörfer vor Bormio und Sondalo.

Hier, in diesem einst so friedlichen Gebiet, begann das Gelände des *Parco Nazionale dello Stelvio*, des Nationalparks Stilfserjoch. Mit 134620 ha ist dieses Naturschutzgebiet das größte Italiens. Es umfaßt nicht weniger als 103 Gletscher – am großartigsten der Ghiacciaio dei Forni, der über Bormio und das Valfurvia zu erreichen ist. Mit 2000 ha ist er der größte im italienischen Alpengebiet.

Mit Aprica und Livigno war *Bormio* der besuchteste Skiort des Veltlin. Es wird noch eine Weile dauern, bis die Wintertouristen hier wieder in größerer Anzahl erscheinen, denn die Paßstraßen, die von Norden her kommen, sind steil. Die Cresta di Reit, der westliche Ausläufer der Ortler-Gruppe, ist der Hausberg von Bormio. Der kahle, schroffe Felskamm bildet den passenden Hintergrund zum Ortskern mit der ebenso schroffen *Torre del Comune* an der Piazza Cavour. Die Bajona, die große Glocke, die nicht nur zu öffentlichen Versammlungen rief, sondern auch bei Gefahr geläutet wurde, hatte in dieser Stadt viel zu tun. Die günstige Lage am Ende des Addatals (Valdisotto) und als Ausgangspunkt des Aufstiegs zu mehreren Pässen hat Bormio, das schon in römischer Zeit besiedelt war, immer wieder in den Mittelpunkt heftiger Fehden gestellt. Hier herrschten im Mittelalter die Visconti und Sforza, hier herrschten zwischen 1512 und 1797 die Graubündner. Doch das schlimmste Gedächtnis bewahrt man den Spaniern, die 1621 den Ort in Brand steckten, nachdem er ein Jahr zuvor von den Schweizern geplündert worden war. Einen großartigen Eindruck muß Bormio vor dieser Zeit gemacht haben, denn 1616 konnte ein Reisender, Guler von Weineck, noch berichten: »Gegen Mittag, an den Abhängen der Berge, erhebt sich die herrschaftliche und berühmte Ortschaft Worms, auf lateinisch Bormium genannt und auf italienisch Bormio … Es ist ein sehr alter Ort und kann wegen seiner Türme und seiner Größe mit einer kleinen Stadt verglichen werden; es ist mit Burgen und Festungen bewehrt und ist ein ziemlich reicher und bevölkerter Ort. Man zählt in Bormio viele adelige und berühmte Familien, die in ihrem Vaterland und im Ausland ein Beispiel für Anstand und Ehrbarkeit sind.«

Von dem alten Glanz zeugt an der Piazza Cavour neben der Torre del Comune der *Cuerc*, die kleine, schiefergedeckte offene Halle, in der sich einst der Große Rat der Stadt versammelte, und die Pfarrkirche SS. *Gervasio e Protasio (Collegiata)*. Über den Mauern eines karolingischen Vorgängerbaus wurde sie 1621 errichtet. Der tonnengewölbte Wandpfeilersaal ist reich ausgestattet, doch waren keine bekannten Meister hier tätig.

Der bereits genannte Cipriano Valorsa wirkte auch in Bormio, und eines seiner Häuserfresken ist erhalten, eine Mariendarstellung am Haus Nr. 82 der Via Roma. Diese Straße, in der es besonders viele alte Häuser mit prachtvollen Portalen gibt, ist einen Rundgang wert. Von den Geschlechtertürmen, die Guler von Weineck erwähnt, hat sich die *Torre degli Alberti* erhalten, der letzte von ehemals 30.

Kunst und Leben der Stadt in der Vergangenheit sind gut dokumentiert in dem auch sonst sehenswerten *Palazzo De Simoni* aus dem 18. Jahrhundert, wo heute nicht nur das *Museo Civico*, sondern auch die Stadtverwaltung untergebracht ist.

Bormio ist nicht nur Wintersportort, sondern auch Badeort. Die *Bagni di Bormio* liegen nördlich der Stadt, an der Straße zum Stilfserjoch. Sie haben eine lange Tradition vorzuweisen, denn bereits im 6. Jahrhundert riet der Ostgotenkönig Theodat (gest. 536) dem Statthalter von Pisa zu einer Kur mit »acque burmiae«. Nicht nur der Winter ist hier also sehr lohnend, sondern auch das übrige Jahr. Überhaupt ist das Klima allgemein sehr mild. In immerhin 1200 m Höhe gedeihen, Äpfel, Birnen, Kirschen, Pflaumen, Erdbeeren und es gibt Kartoffeln, die zu den aromatischsten von ganz Europa gehören sollen.

Bormio, Portal an der Via Roma

Die wichtigste Zufahrtsstraße von Norden, die Stilfserjochstraße, wurde zu Anfang des 19. Jahrhunderts gebaut (1820/25), und seit dieser Zeit hat Bormio, das seit dem Brand des 17. Jahrhunderts immer mehr verfiel, an Bedeutung gewonnen. Über diesem Paß, der sicherlich zu den schönsten der Alpen gehört, sollte man jedoch die Seitentäler Bormios nicht vergessen: Das *Valdidentro,* das nach Livigno führt, und das *Valfurva,* das den Zugang zum grandiosen Ghiacciaio dei Forni eröffnet. Beide stehen in ihrer landschaftlichen Schönheit ihrem berühmten Schweizer Nachbarn, dem Engadin, in nichts nach. Allein sie zu entdecken, lohnt eine Reise ins Veltlin.

Die Provinz Varese

>»›O Gott!‹ rief er selig erschrocken, als alle Türen des neuen Himmels aufsprangen und der Olymp der Natur mit seinen tausend ruhenden Göttern um ihn stand. Welch eine Welt! Die Alpen standen wie verbrüderte Riesen der Vorwelt fern in der Vergangenheit verbunden beisammen und hielten hoch der Sonne die glänzenden Schilde der Eisberge entgegen – die Riesen trugen blaue Gürtel aus Wäldern – und zu ihren Füßen lagen Hügel und Weinberge und zwischen den Gewölben aus Reben spielten die Morgenwinde mit Kaskaden, wie mit wassertaftnen Bändern und an den Bändern hing der überfüllte Wasserspiegel des Sees von den Bergen nieder und sie flatterten in den Spiegel und ein Laubwerk aus Kastanien faßte sie ein.«
>
> *Jean Paul, Titan*

Betrachtet man eine Karte der Lombardei, so fällt zuerst das Herzstück Mailand auf und dann die großflächigen Provinzen Brescia, Bergamo und Sondrio. Die Provinz Varese dagegen scheint sich klein und bescheiden in die nordwestliche Ecke zu drücken. Cremona, Mantua, Pavia, aber auch Como, Bergamo und Mailand sind die Städte, die immer wieder wegen ihrer großartigen künstlerischen Zeugnisse gerühmt werden. Die Stadt Varese dagegen ist bestenfalls als Industrieort bekannt. An den Lago Maggiore fährt man, um sich in seinem milden Klima zu erholen, doch wer kennt schon das Varesotto, die Provinz, die sich vom See aus nach Osten erstreckt. Wie erstaunlich reich gerade diese kleine Provinz an außerordentlichen künstlerischen Eindrücken ist, wird jeder zugeben müssen, der sich hier gründlich umgesehen hat. Angera, Castiglione Olona und Castelseprio sind nur drei Namen von den vielen, die man sich als Kunstfreund merken sollte. Auch Varese selbst ist mit dem überwältigenden Sacro Monte nicht zu unterschätzen, so daß man sich zu Recht fragt, warum gerade diese Provinz als Kunstlandschaft bisher noch kaum entdeckt ist.

Der Lago Maggiore

Natürlich kann man den Lago Maggiore – in Italien Verbano genannt – nicht ganz und gar für die Provinz Varese oder die Lombardei in Anspruch nehmen. Bereits zu Beginn des 16. Jahrhunderts haben sich die Schweizer des kleinen Zipfels zwischen Brissago und dem nördlichen Ende des Sees bemächtigt, eines seiner landschaftlich schönsten und klimatisch begünstigsten Teile. Das westliche Ufer fiel in der Mitte des 18. Jahrhunderts an Savoyen und gehört noch heute zu Piemont. Auch dieses Stück, man muß es zugeben, ist landschaftlich und klimatisch dem Ostufer überlegen. Hier, inmitten subtropischer Vegetation, findet man die bedeutenden Villen und Gärten, und auch die großen und kleinen Inseln, die diesen

See so reizvoll machen, sind dem Westufer vorgelagert. Geringschätzig blicken manche auf den Teil, der der Lombardei verblieben ist, und man spricht etwas mitleidig vom »armen lombardischen Ufer«. Geschichtlich und geographisch wäre es jedoch sicherlich verfehlt, wollte man diesen See nach Ländern und Provinzen aufteilen. Man muß ihn als Ganzes sehen, zusammen mit dem kleinen Lago di Orta im Westen und dem Lago di Varese im Osten.

Beginnen wir unsere Rundfahrt um den See einmal nicht im Norden, wie es die meisten Touristen machen, sondern im Süden. Die Halbinsel **Angera** reicht so weit in den See hinein, daß das gegenüberliegende Ufer mit der Stadt Arona ganz nahe rückt. Der See ist hier nur zwei Kilometer breit, es ist seine schmalste Stelle. Von der Uferpromenade in Arona aus zeigt sich Angera von seiner besten Seite, neben sanfte Hügel gebettet, überragt von der mächtigen *Rocca,* der zinnenbekrönten gotischen Burg. Diese besticht nicht nur durch ihre malerische Lage, sondern hält auch in ihrem Innern Erstaunliches bereit. Schon beim Aufstieg hinauf wird man mit der Geschichte der Siedlung aufs eindringlichste konfrontiert: Etwa auf halber Höhe führt ein kleiner Pfad zum *Antro di Mitra,* einer Grotte, die einst dem Mithraskult gedient hat. Im zweiten Jahrhundert haben römische Soldaten hier diesem aus Persien stammenden Lichtgott gehuldigt. Prähistorische Funde zeigen zudem, daß die Höhle schon viele Jahrtausende zuvor, im mittleren Paläolithikum, Menschen Zuflucht gegeben hat. Neben Locarno ist Angera der Ort mit den meisten prähistorischen und archäologischen Funden am Lago Maggiore. Die Römer überwachten von hier aus die Täler des Simplon und des Gotthard, um das Imperium vor den Einfällen der Germanen zu schützen. Schließlich blieben aber doch die Langobarden siegreich, die Angera befestigten und es zum Sitz eines Herzogs machten, der fast den ganzen See kontrollierte. Die Rocca zeugt jedoch nicht von den Langobarden, sondern von der Zeit, da das mächtige Geschlecht der Visconti Mailand beherrschte. Der mächtige Bau besitzt mit seinem Bergfried noch ein Relikt aus der Herrschaftszeit der Torriani, die mit den Visconti blutige Fehden ausfochten und schließlich unterlagen. Giovanni Visconti ließ die Burg in der Mitte des 14. Jahrhunderts bis auf einige Teile abreißen und neu errichten. Ende des 15. Jahrhunderts ging sie in den Besitz des Mailänder Geschlechts der Borromeo über.

In der *Sala della Giustizia* wird der Besucher Zeuge der Kämpfe, die Ottone Visconti, ein Ahnherr von Giovanni II., gegen die Torriani ausfocht und die 1277 mit seinem Herrschaftsantritt in Mailand endeten. Der Freskenzyklus feiert die Siege der Visconti unter Zugrundelegung eines Epos, das am Ende des 13. Jahrhunderts von Stefanardo da Vimercate zu Ehren des Erzbischofs Ottone verfaßt wurde. Jede Kampfszene wird – gemäß dem Glauben des Mittelalters an die wirkenden Kräfte der Planeten und des Tierkreises – von astrologischen Symbolen begleitet. Man schreibt diese Fresken einem anonymen Maler zu, der romanische und spätbyzantinische Anregungen verarbeitete. Datiert ist der Zyklus in das Jahr 1314. Von größerer Qualität sind die Fresken der *Sala delle Cerimonie,* die einst die Wände des Mailänder Palazzo Borromeo schmückten. Zu den Meistern dieser Darstellungen zu Geschichten von Aesop und Petrarca gehört auch Michelino da Besozzo, der aus dem nahen Varese stammte (zweite Hälfte des 14. Jahrhunderts).

An klaren Sonnentagen, von denen es ja hier am Lago Maggiore so viele gibt, ist die zweite Attraktion der Rocca die umgebende Landschaft. Der Blick von der Burg hinunter zur Südspitze des Sees und die kleine Insel **Partegora** ist bestechend und gehört zu den schönsten, die der Lago Maggiore zu bieten hat. Auch Partegora, das heute mit seinen idyllischen Pappeln so unschuldig wirkt, hat eine tragische Geschichte. Arialdus, ein Kleriker, der zur Pataria, einer Reformbewegung, die den Klerus zu Zölibat und Armut zurückführen wollte, gehörte, wurde hier 1066 von Anhängern des Mailänder Bischofs getötet. Erst spät spürte man Reue, und 1904 wurde Arialdus heilig gesprochen.

Über **Ispra,** das heute vor allem als Sitz eines Forschungszentrums der EURATOM bekannt ist, führt die Uferstraße nach **Reno.** Die Wallfahrtskirche S. *Caterina del Sasso* gehört zu den reizvollsten Kunststätten dieses Sees. In ihrer malerischen Schönheit sind die Bauten, die sich um das Gotteshaus gruppieren, nur vom See aus wirklich zu erleben. Zwar führt vom Ort aus ein schmaler, recht abenteuerlicher Fußweg zur Steilküste, zu deren Füßen das Heiligtum liegt, doch wird man enttäuscht sein, wenn man hinunterkommt und zunächst nur vor kahlen Mauern steht. Die Kirche wird zur Zeit restauriert, die Fresken wurden zum Teil von den Wänden genommen und werden in den Städtischen Museen von Varese aufbewahrt. Sicher wird es noch einige Jahre dauern, bis man den Komplex in seiner Gesamtheit bewundern kann.

Daß der vor allem als ruhig und heiter im Bewußtsein der Touristen lebende See auch ganz andere Seiten hat, beweist die Geschichte der Wallfahrt nach S. Caterina. Alberto Besozzo, ein reicher Kaufmann, geriet hier im 13. Jahrhundert bei einem Sturm in Seenot und gelobte, den Rest seines Lebens als Einsiedler zu verbringen, wenn er aus seiner schlimmen Lage befreit würde. Er wurde erhört, stand zu seinem Gelübde, verschenkte seinen Besitz und zog sich in eine Grotte zurück. Als die Pest das Land bedrohte, ließ er eine Kapelle zu Ehren der hl. Katharina bauen, in der er dann auch bestattet wurde. Das Grab des verehrten Eremiten wurde zum Ziel zahlloser Pilger, und es entstand zuerst eine Marienkapelle, dann ein Dominikanerkloster. Die alte Katharinenkirche war einst ganz mit Fresken ausgestattet, der Kreuzgang des Klosters mit Totentanzszenen bemalt, doch alles verfiel mit der Zeit, so daß eine Restaurierung dringend notwendig wurde.

Eine Möglichkeit, den Borromeischen Golf mit seinen berühmten Inseln ohne viel Zeitverlust zu erreichen, bietet sich in **Laveno,** da von dort aus eine Autofähre direkt nach Intra geht. Abseits der üblichen Touristenpfade führt von Laveno aus eine Straße ins Hinterland, die besonders den Freunden zeitgenössischer Kunst ein erstaunliches Ziel eröffnet: **Arcumeggia.** Bei Casalzuigno führt eine schmale gewundene Straße zwischen dem Monte Nudo und dem Monte della Colonna hinauf in das Dorf, das seit der Mitte der fünfziger Jahre in Kunstkreisen im Gespräch ist. Man kam hier auf die Idee, die alte Freskokunst durch moderne Künstler neu zu beleben und bat die Elite der zeitgenössischen italienischen Maler, sich an den alten verfallenen Häusern dieses weitgehend entvölkerten Dorfes zu versuchen. Künstler wie Remo Brindisi, Achille Funi, Aligi Sassu, Giuseppe Migneco, Giuseppe Montanari, Enzo Morelli, Gianfranco Usellini sind in Arcumeggia vertreten, und es ist ausgesprochen interessant, durch das Dorf zu schlendern, um ihre Werke zu studieren.

Rocca di Angera,
Freskendetail aus der
Sala della Giustizia

In touristischer und wirtschaftlicher Hinsicht ist **Luino** der Hauptort des lombardischen Seeufers. Einmal in der Woche strömen hier die Einkaufslustigen aus allen Richtungen herbei zu einem der größten Märkte Europas. Es sollen über 400 Zeltbuden sein, die an jedem Mittwoch aufgeschlagen werden, entlang des Seeufers und in den kleineren Straßen des Stadtzentrums. Wer an diesem Tag hier parken will, wird nach 8 Uhr morgens kein Glück mehr haben. Man muß den Wagen sehr weit außerhalb des Ortes abstellen, und so ist es zu empfehlen, mit dem Bus oder dem Schiff zu kommen.

Immer wieder wird Luino in Zusammenhang mit einem Renaissancemaler genannt, der hier geboren wurde: Bernardino Luini. Allerdings wird man enttäuscht, wenn man in diesem Ort auf die Suche nach Werken des Künstlers geht. Ein einziges Fresko, das jedoch noch nicht einmal für ihn als gesichert angesehen wird, kann in der kleinen Kirche *S. Pietro in Campagna* betrachtet werden, eine Anbetung der Könige. Luini hat die Botschaft Leonardos aufgenommen, besaß jedoch nicht annähernd dessen Genie. Bernard Berenson bedachte ihn in seinem heute bereits klassischen Werk »Die italienischen Maler der Renaissance« mit den nicht gerade sehr schmeichelhaften Worten: »Luini wirkt immer anmutig, zart und reizvoll. Man könnte aus seinen Werken unschwer eine Galerie schöner und bezaubernder Frauen zusammenstellen, die blühend, doch nicht allzu gesundheitsstrotzend und voller Liebreiz sind, und, da sie anlehnungsbedürftig scheinen, dem echt männlichen Instinkt schmeicheln. In seinen Jugendjahren erzählte er, vom phantasiegeladenen Bramantino angeregt, biblische Geschichten oder mythologische Szenen mit Frische und angenehmer Zurückhaltung. Zudem sind ihm im rein Malerischen, besonders in seinen frühen Fresken, warme Farbenklänge und eine sorgfältige, dabei manchmal nicht allzu eingehende Ausführung eigen. Er ist hingegen der wenigst geistige unter den berühmten Malern und zweifellos aus diesem Grund der langweiligste. Man wird der immer gleichen Elfenbeinwangen, des gleichen süßen Lächelns, der gleichen anmutigen Gestalt, der gleichen Ereignislosigkeit reichlich müde. Niemals geschieht etwas! Es gibt keine Bewegung, Hände greifen nicht zu, Füße stehen nicht, keine Gestalt leistet Widerstand. Von einem Atom zum nächsten geht nicht mehr Spannung über wie zwischen den Fasern eines schlaffen Seiles.«

Von Luino aus kann man auf einer bequemen, von lichten Kastanienwäldern gesäumten Straße Ponte Tresa erreichen und damit den Luganer See. Da die Grenzstation Fornasette nur in den Spätnachmittagsstunden (Berufsverkehr) stark frequentiert ist, sei dieser Abkürzungsweg empfohlen, der sehr viel weniger mühsam ist als die sehr befahrene Strecke über den Monte Ceneri.

Im Hinterland zwischen Luino und Locarno gibt es einen einzigen Ort, den man unbedingt gesehen haben muß, der allerdings nicht ganz einfach zu erreichen ist: **Indemini.** Von Maccagno aus führt eine schmale und kurvenreiche Straße hinauf zu dem kleinen Bergnest, das trotz seiner kargen Häuser so malerisch wirkt, daß sogar Busse von Ascona aus hier hinauffahren, um den Touristen etwas Besonderes zu bieten. Wir befinden uns hier bereits auf Tessiner Gebiet, denn der Ort gehört politisch zum Bezirk Locarno. Wie so viele andere Tessiner Bergdörfer ist auch dieses vom Aussterben bedroht. Zwischen 1970 und 1980 ist hier ein Drittel der Bevölkerung abgewandert und heute leben nur noch etwa 60 Menschen dort. Ein guter Grund, Indemini zu unterstützen, zumal es neben den steinplattengedeckten Häusern auch eine hübsche Kirche *(S. Bartolomeo)* zu sehen gibt, ein kleines Heimatmuseum und auf der nahen Alp Cedullo eine Kapelle mit einem spätgotischen Fresko der Maria lactans. Für Wanderungen ist dieser Ort des Valle Vedasca ein idealer Ausgangspunkt.

Die Uferstraße zwischen Maccagno und dem Piano di Magadino zieht sich im Schatten des Monte Gambarogno entlang, der diesem Landstrich den Namen Gambarogno gab. Etwas geringschätzig spricht man manchmal von einem »Tessiner Sibirien«, doch kann der Vergleich nicht allzu ernst gemeint sein: Immerhin sieht man eine ganze Reihe sehr hübscher Villen, die darauf hindeuten, daß es hier nicht allzu sibirisch zugehen kann.

Der Piano di Magadino, die weite Ebene, in der sich der Ticino in den Lago Maggiore ergießt, ist heute Naturschutzgebiet. In dem kleinen Ort **Magadino** selbst verdient die Pfarrkirche *S. Carlo* einiges Interesse. Dort finden sich neben zwei Gemälden, die Bernardino Luini zugeschrieben werden (hl. Berhardin von Siena, hl. Katharina; um 1512) auch moderne Fresken von Richard Seewald. Der deutsche Künstler, der vor allem als Illustrator bekannt war, ist im Tessin, wo er lebte, vielfach auch als Freskomaler anzutreffen. Seine Szenen sind zwar immer erfüllt von Poesie, doch ist sein zeichnerischer Stil nicht unbedingt für das Fresko geeignet.

Bereits vom Gambarogno aus, wo die Buchten von Ascona und Locarno fast greifbar nahegerückt sind, kann man erkennen, wie weit sich die Stadt **Locarno** nicht nur in die Breite sondern auch in die Höhe ausgedehnt hat. Wo einstmals die Wallfahrtskirche Madonna del Sasso einsam auf einem Hügel oberhalb des Stadtschlosses thronte, breitet sich

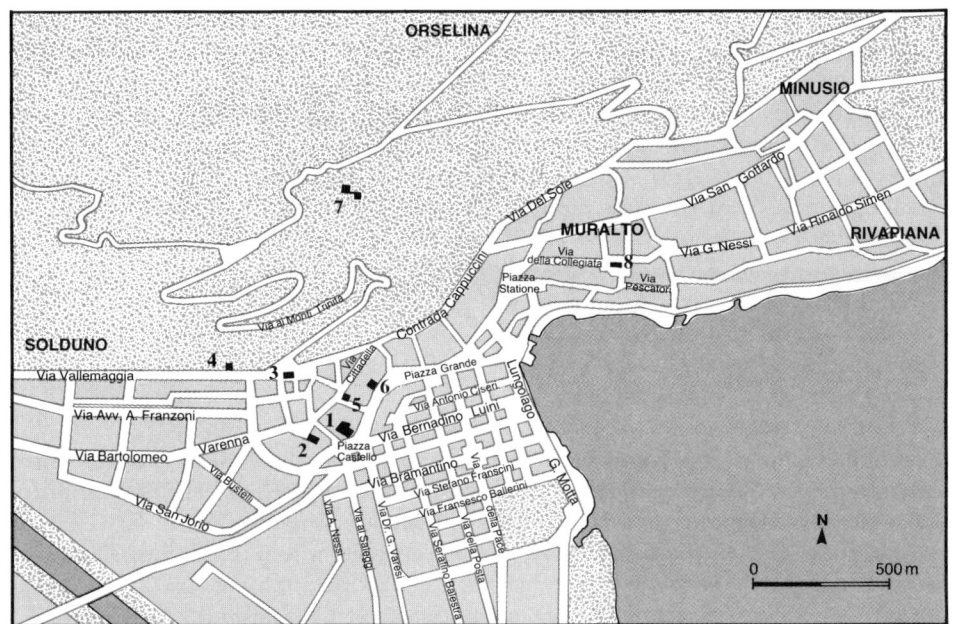

Stadtplan von Locarno   1 Castello Visconteo (Museo Civico)   2 S. Francesco   3 S. Antonio
4 S. Maria in Selva   5 S. Maria Assunta (Chiesa Nuova)   6 Torre del Comune   7 Madonna del
Sasso   8 S. Vittore

heute ein dichtes, unübersehbares Häusermeer aus. Es gibt am ganzen See keinen Ort, der so
zersiedelt ist wie dieser – Folge einer erbarmungslosen Bauwut nach dem Zweiten Weltkrieg. Nur Lugano kann mit diesem Panorama in traurige Konkurrenz treten. Dennoch –
Locarno ist noch immer ein außerordentlich anziehender Ort. Vor Nord- und Ostwinden
durch hohe Berge geschützt, kann sich hier eine üppige mediterrane Vegetation entfalten.
Kein Wunder, daß sich in dieser Umgebung ein betuchtes internationales Publikum sehr
wohl fühlt und sich allem einheimischen Widerstand zum Trotz noch immer vermehrt.

Ein guter Ausgangspunkt für den Stadtrundgang ist das *Castello Visconteo* an der Piazza
del Castello. Das heutige Schloß mit seinem kraftvollen Rundturm ist nur noch der Rest
einer einstmals ausgedehnten Anlage. Luchino Visconti, der 1432 die einheimischen Adels-
geschlechter Muralto, Magoria und Orelli bezwang, errichtete an der Stelle einer Orelli-
Burg sein eigenes Kastell. Franchino Rusca, der sieben Jahre darauf mit Herrschaft und Burg
belehnt wurde, baute den Besitz aus. Zu dem heutigen Bau mit Turm und Palas gehörte
damals auch ein befestigter Seehafen. Unter den Rusca ist der große Saal in der Westecke des
Castello entstanden, dazu weitere Gebäude um den Palas. 1513 wurde die Burg, die bis
dahin als uneinnehmbar galt, von den Eidgenossen erobert und war bis 1798 Sitz der Schweizer Landvögte. Die Festung selbst wurde allerdings 1532 geschleift. Nach einer gründlichen

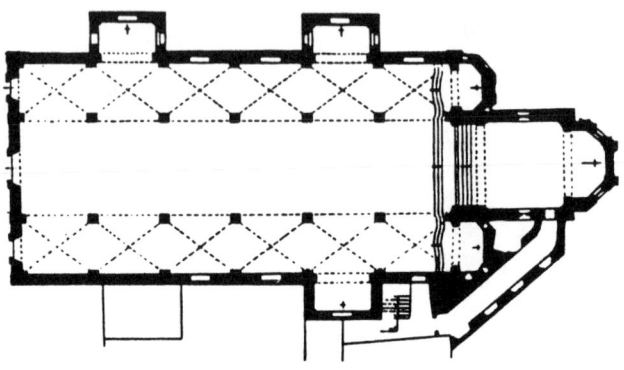

*Locarno, Grundriß von
S. Francesco*

Restaurierung in den 20er Jahren brachte man hier das Städtische Museum *(Museo Civico)* unter. Der schöne Innenhof mit Arkadenportikus, die Renaissanceloggia und das Fresko der Luini-Schule im Treppenhaus gehören zu den Attraktionen Locarnos.

Alljährlich veranstaltet das benachbarte Ascona internationale Musikwochen. Die qualitativ hervorragenden Konzerte finden zum Teil in einer Kirche statt, die vom Castello aus in wenigen Minuten zu erreichen ist: *S. Francesco.* Schon die Einfachheit der Renaissancefassade läßt auf einen Bauherrn schließen, dem Prunk und aufwendige Repräsentation fremd waren. Ein Jahr nach der Heiligsprechung des Franziskus (1229) wurde die Kirche vom hl. Antonius von Padua gegründet. Ein Nachfolgebau des frühen 14. Jahrhunderts wurde dann zwischen 1528 und 1572 durch die heutige Kirche ersetzt. Die Quaderblöcke der Fassade stammen wahrscheinlich vom Vorgängerbau, außerdem von Teilen des abgetragenen Castello. Drei spätgotische Reliefs – Lamm, Stier und Adler – wurden in die Mauer eingefügt; ihre Herkunft ist nicht bekannt. Der Baumeister, Giovanni Beretta aus Brissago, hat einen Innenraum geschaffen, der durch seine klaren Linien und edlen Proportionen überzeugt. Auch hier ist alles einfach – die toskanischen Säulen, die Holzbalkendecke, die polygonale Apsis. Nur wenige Fresken sind erhalten, einige davon fragmentarisch. Eindrucksvoll ist die monumentale Verkündigungsszene über dem Chorbogen. Die beiden tonnengewölbten Seitenkapellen des fünften Joches entstanden erst um 1620 und sind gut stuckiert. An den Seitenwänden sieht man Architekturmalereien des 18. Jahrhunderts. Durch ein Rokokoportal rechts vor der Apsis kommt man in das ehemalige Klostergebäude, das heute vom kantonalen Lehrerseminar benutzt wird. Hier ist vor allem das ehemalige *Refektorium* sehenswert, das 1716 von Antonio Baldassare Orelli mit illusionistischen Fresken ausgestattet wurde. Gegenüber der Kirche sollte man das *Grabmal des Giovanni Orelli* nicht übersehen. Eine Inschrift bezeugt, daß der Künstler ein Stefano de Vellate war, der das Grabmal 1347 errichtete.

Die Pfarrkirche *S. Antonio* (Piazza S. Antonio) ist ein monumentaler Barockbau, dessen neoklassizistische Fassade (1863) allerdings nicht recht zu überzeugen vermag. Der Bau wurde 1665–1678 an der Stelle einer gotischen Vorgängerkirche errichtet. Aus dieser Zeit stammt auch der schöne Campanile, der mit seinen fünf Geschossen schon von weitem sichtbar ist. Das Innenraumkonzept – einschiffiges Langhaus mit Querschiff und Vierungskuppel – folgt dem Schema des für gegenreformatorische Bauten vielfach vorbildlichen Gesù Vignolas in Rom. Die Ausstattung stammt zum größten Teil aus dem 19. Jahrhundert. Für eine barocke Kreuzabnahme im nördlichen Querschiff hat Giuseppe Antonio Felice Orelli 1742–1744 eine grandiose Scheinarchitektur geschaffen.

Ganz in der Nähe von S. Antonio, in der Via Vallemaggia, steht die kleine Friedhofskapelle *S. Maria in Selva*. Sie ist außerordentlich reich mit spätgotischen Fresken ausgestattet (ab 1400). Namentlich als Maler genannt wird neben anderen ein Jacobus de Vaulate, der die Grablegung Mariä an der oberen Südwand schuf. Er ist, zusammen mit dem Maler der Szenen des Gewölbes, stilistisch der eleganten Internationalen Gotik zuzuordnen, die sich in der Lombardei bis weit ins 15. Jahrhundert hinein halten konnte.

Um zur Piazza Grande zu kommen, sollte man den Weg über die Via S. Antonio und die Contrada Borghese nehmen. In diesen schmalen Straßen erhebt sich ein stattlicher Patrizierpalast neben dem andern, besonders eindrucksvoll die *Casa Rusca* (Via S. Antonio 11), die *Casa Simona* (Via S. Antonio 3) und die *Casa del Negromante* (Contrada Borghese 14). Wie großzügig man hier zu wohnen verstand, zeigt vor allem der wunderschöne Innenhof der Casa Rusca mit seinen drei Säulengalerien.

Der Weg zur Piazza führt auch an der Kirche *S. Maria Assunta* vorbei, die allgemein *Chiesa Nuova* genannt wird (Via Citadella). Da die Fassade einer sehr schmalen Straße zugewandt ist, kommt sie weniger zur Geltung als sie es verdiente, wie überhaupt diese

Locarno, Grabmal des Giovanni Orelli

kleine Kirche meist übersehen wird, obwohl sie zu den außerordentlichen Zeugnissen des Frühbarock im Tessin gehört. Sie wurde 1630 von Cristoforo Orelli gegründet und 1636 geweiht. Die imponierende Stuckfigur links an der Fassade stellt den Namensheiligen des Bauherrn, den hl. Christophorus, dar (Abb. 5). Die Heiligen Rochus und Sebastian, deren Figuren in Nischen stehen, galten als Beschützer vor der Pest. Darüber sieht man, ebenfalls in Nischen, den hl. Viktor und den hl. Michael. Alle Figuren sind aus Stuck, und wenn man den Innenraum betritt, wird man erneut mit diesem Material konfrontiert, und zwar in einer Fülle, die selbst im stuckierfreudigen Tessin nicht ihresgleichen hat. Leider ist der Name des Meisters nicht bekannt, der hier zwischen den Gurtbogen seine Putti, Rollwerkkartuschen und Perlstäbe anbrachte. Der Maler der Bildfelder und Chorfresken ist ebenfalls unbekannt, doch vermutet man einen Meister aus der Innerschweiz.

Das Kopfsteinpflaster der Piazza Grande ist zwar nicht sonderlich fußgängerfreundlich, trägt jedoch deutlich zur einladenden Atmosphäre des Platzes bei. Das langgestreckte Rechteck wird im Norden von Laubengängen begrenzt, in denen Geschäfte, vor allem aber Cafés und Restaurants untergebracht sind. Hier kann man stundenlang das sehr mediterrane Ambiente genießen, vorausgesetzt, man läßt sich durch die ebenso südliche Geräuschkulisse nicht stören. Die *Torre del Comune*, ein kraftvoller Turm des 14. Jahrhunderts, wacht über diesen sympathischen Platz, und ihr flaches Pyramidendach erinnert daran, daß wir uns hier in einer ehemals lombardischen Stadt befinden. Die hohen Häuser, die den Platz umgeben, stammen zwar im Kern auch aus alter Zeit, doch wurden sie im 18. und 19. Jahrhundert umgebaut, erhöht und mit einheitlichen Fassaden verkleidet.

Man könnte für Locarno drei Wahrzeichen nennen: das Castello, die Piazza und als drittes und sicherlich berühmtestes die Wallfahrtskirche *Madonna del Sasso* (Abb. 1). Bartolomeo d'Ivrea, ein Franziskanerbruder, hatte hier im August des Jahres 1480 eine Marienvision, die zum Bau der Kirche und ihres Prozessionsweges führte. Wie eindrucksvoll sie noch in der Mitte des 19. Jahrhunderts war, als der Ort Orselina noch nicht Opfer brutaler Zersiedlung geworden war, zeigen alte Stiche. Zu Fuß über den Kreuzweg, mit der Funicolare (der Zahnradbahn) oder über eine befahrbare Straße – es gibt mehrere Möglichkeiten, zur Madonna del Sasso hinaufzukommen. Anders als zum Beispiel in Varese, wo der Sacro Monte durch seine Kapellen beeindruckt, ist hier die Kirche selbst die Krönung der Anlage. In ihrem strahlenden Ockergelb thront sie majestätisch über dem See. Vom ursprünglichen Kreuzweg sind nur noch wenige Kapellen intakt geblieben. Zwei von ihnen wurden von Francesco Silva, der auch in Varese tätig war, mit überlebensgroßen Terrakottafiguren (um 1620) ausgestattet. Unten, am Fuß des Kreuzweges, steht die kleine Kirche *Madonna dell' Annunziata*, die noch im Todesjahr des Stifters Bartolomeo d'Ivrea (1502) geweiht wurde. Sie ist heute nicht mehr sehr ansehnlich und bedürfte der Renovierung. Die Fresken von Bramantino (oder Bernardino Luini), die sie einst sehenswert machten, sind nur noch Fragment.

Die schöne Westfassade der Madonna del Sasso scheint in ihrer ruhigen Harmonie so recht vom Geist der Renaissance durchdrungen, doch entstand sie erst zu Anfang unseres Jahrhunderts durch einen Architekten aus Lamone, Alessandro Ghezzi. Der übrige Bau wurde im 16. und frühen 17. Jahrhundert errichtet (Weihe 1616). Der Innenraum ist überreich stuckiert und auch sonst prächtig ausgestattet. Ein Werk der Renaissance ist besonders hervorzuheben, die Flucht nach Ägypten (um 1520) von Bramantino. Bernard Berenson, der von Bramantino ebenso wenig begeistert war wie von Luini ließ den Meister der ›Flucht‹ wenigstens in Einzelheiten gelten. Er schreibt: »Zunächst hatte er [Bramantino] von seinen künstlerischen Vorfahren ein wenig von jenem dichterischen Wahn der Umbro-Toskaner geerbt, den er mit seinem ganzen Mailänder Hang zum Hübschen weder verscheuchen noch zunichte machen konnte. Er nimmt einen wirklich gefangen, wie in dem Fresko der Brera mit einer Madonna und Engeln oder der Flucht nach Ägypten in Locarno. Seine Typen haben sich etwas von Melozzos Großartigkeit bewahrt und nehmen dabei viel von Parmigianinos oder Rossos Feinfühligkeit vorweg. Zudem besaß er als Schüler Bramantes ein fein entwickeltes Gefühl für Architekturumrisse, so daß viele seiner Bilder, wenn man die Figuren herausnähme, außer der allgemeinen Aufteilung in Massen im Grunde nichts verlieren würden. Seine Gewohnheit, nach Möglichkeit von unten her zu beleuchten, und seine Vorliebe für stimmungsvolle Gegensätze zwischen Licht und Schatten vervollständigen den Eindruck eines Stiles, der seinen zahlreichen inneren Mängeln zum Trotz einen starken Reiz ausübt.«

Bei der Ausfahrt in Richtung Bellinzona, im Vorort **Muralto**, ist der ernste Bau der Kirche *S. Vittore* mit ihrem wuchtigen Campanile nicht zu übersehen. Neben S. Nicolao in Giornico ist dies die wichtigste romanische Kirche im Tessin, und da sie im wesentlichen von lombardischen Meistern geschaffen wurde, ist sie in unserem Zusammenhang besonders interessant. Der Bau entstand zwischen 1090 und 1110, der Campanile erst 1524–1527. Leider wurde er 1932 noch erhöht, und das in wenig günstiger Weise. Auch das Innere wurde im 17. und 19. Jahrhundert wesentlich verändert. S. Vittore ist eine dreischiffige und

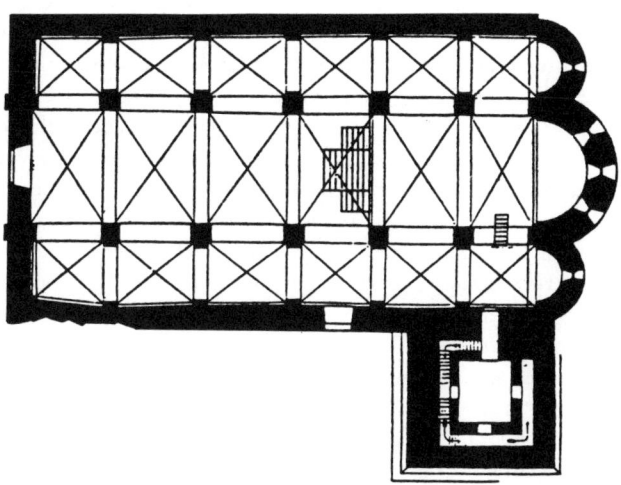

Muralto, Grundriß der Kirche S. Vittore

fünfjochige Pfeilerbasilika mit drei gestaffelten, halbrund geschlossenen Apsiden. Bedeutsamster Bauteil ist die *Hallenkrypta* (Abb. 8) – eine der besterhaltenen Krypten der Schweiz. Der figürliche und ornamentale Skulpturenschmuck der Kapitelle ist hervorragend und wird in Zusammenhang mit Steinmetzen gebracht, die auch in Como (S. Abbondio) tätig waren. Spätgotische Fresken im ersten Gewölbejoch entstanden um 1500 in der Art des Antonio da Tradate. Die Kirche selbst ist zwischen dem 12. und 17. Jahrhundert mit Fresken ausgestattet worden. Bei der Renovierung der Jahre 1970 bis 1985 kam am südlichen Lichtgaden ein großartiger romanischer Zyklus des 12. Jahrhunderts zum Vorschein. An den Chorwänden sieht man spätgotische Fresken des Jahres 1467. Ein Augsburger, Hans Schmidt, signierte 1583 seine Malerei in der Apsiskalotte, eine Darstellung des Pfingstwunders. Eindrucksvoll ist das Marmorrelief an der Südostwand des Turmes, der hl. Viktor als Reiter. Der Mailänder Martino Benzoni hatte sich hier das Gattamelata-Standbild des Donatello in Padua zum Vorbild genommen. Auf der Standarte sieht man drei bärtige Köpfe – eine Darstellung der Heiligen Dreifaltigkeit. Das Relief, das 1460–1462 entstand, gehörte einst zum Rusca-Turm des Castello und wurde nach dessen Schleifung um 1530 hierhergebracht.

Leider ist es in unserem Zusammenhang nicht möglich, auf die Kunst der Seitentäler von Locarno einzugehen. Besonders bedauerlich ist es hinsichtlich des Valle Verzasca und Valle Maggia (Farbt. 3, 4), die trotz aller ihrer Schönheit vom Tourismus verschonter geblieben sind als die Orte am See. Hier gibt es gute Fresken der Gotik und Renaissance zu sehen (u. a. **Maggia**, *S. Maria delle Grazie* und **Brione-Verzasca**, *S. Maria Assunta*), reizvolle Häuserfresken, bemalte Bildstöcke und nicht zuletzt das malerisch gelegene Dorf **Corippo** (Farbt. 5).

Von **Ascona** in gemäßigten Worten zu sprechen, ist kaum möglich. Entweder man kann es nicht leiden, oder man liebt es abgöttisch. Für beide Einstellungen gibt es gute Gründe. Sicher hat hier – wie an vielen Orten des Sees – der Tourismus viel verdorben. Die kleine Marktgemeinde von einst ist heute ein mondäner Kurort, in dem sich auch die internationale High Snobiety versammelt, die ihre Luxusvillen an die schönsten Hänge gesetzt hat. Ein beliebter Treffpunkt sind die vielen Cafés und Restaurants an der Piazza unten am See, wo man zeigen kann, wer man ist und was man besitzt.

Doch gibt es auch ein anderes Ascona. Die Lebensreformer um Henri Oedenkoven, die sich hier am Anfang unseres Jahrhunderts auf dem Monte Verità niederließen, haben Ascona berühmt und berüchtigt gemacht. Man macht es sich sicher zu leicht, all das geringschätzig abzutun, was sie und alle anderen in ihrem Gefolge – Anarchisten, linksintellektuelle Künstler und Literaten, Theosophen und Psychologen – hier in den Jahren bis zum Zweiten Weltkrieg erdachten, erstrebten und ersehnten. Ein Besuch in der Casa Anatta, die das Ascona jener Tage mustergültig dokumentiert, stimmt nachdenklich. Irgend etwas ganz Besonderes muß doch an diesem Ort sein, der es verstanden hat, Jahrzehnte hindurch Menschen anzuziehen, die – mit mehr oder weniger Erfolg – versuchten, etwas von dem zu retten, was das Leben erst sinnvoll macht.

Eines steht fest: Wenn man versteht, dem touristischen Getriebe zu entgehen, wenn man sich irgendwo auf die Collina zurückziehen kann und von dort auf stillen Wegen die Kasta-

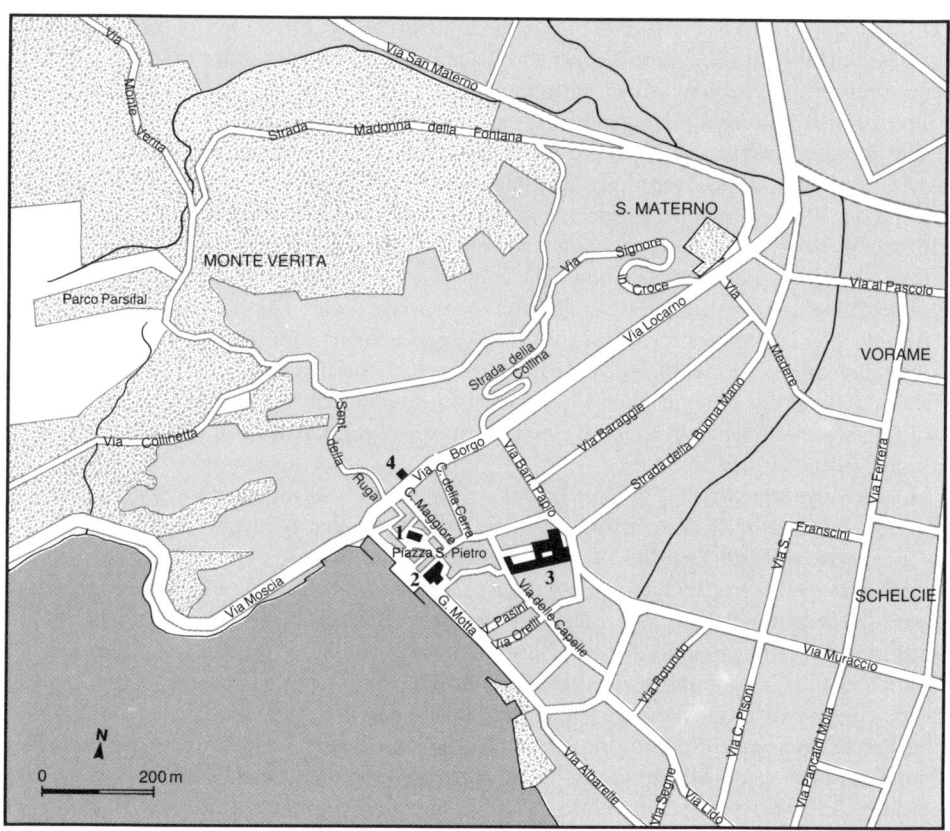

Stadtplan von Ascona   1 SS. Pietro e Paolo   2 Casa Serodine   3 S. Maria della Misericordia und Collegio Papio   4 Museo Communale

nien-, Birken- und Eichenwälder in Richtung Ronco oder Arcegno erkundet, wird man sich hier sehr wohlfühlen. Der Blick über die Brissagoinseln nach Süden hin gehört zum Schönsten, was Europa geben kann. Es ist jeden Tag wie ein Wunder, wenn sich gegen Abend die Berge rosa färben und sich über den Himmel ein schimmerndes Perlmuttergrau ausbreitet. Ähnliche Stimmungen hat auch der Luganer See, und man kann verstehen, wenn Hermann Hesse schon vor der Zeit der Verfemung schrieb: »Ihr fragt, warum ich denn nicht nach Berlin komme? Ja, es ist eigentlich komisch. Aber es gefällt mir tatsächlich hier besser. Und ich bin so eigensinnig. Nein, ich will nicht nach Berlin und nicht nach München, die Berge sind mir dort am Abend zu wenig rosig, und es würde mir dies und jenes fehlen.«

Kunsthistorisch hat Ascona mehr zu bieten als man zunächst meint. Man beginnt am besten mitten im Borgo, dem alten, noch recht intakten Ortskern hinter der Seepromenade.

53

Dort, an der Piazza S. Pietro erhebt sich die Pfarrkirche des Ortes, *SS. Pietro e Paolo*. Der hohe Campanile ist selbst inmitten der winkligen Gäßchen immer wieder zu sehen. Der Bau, eine dreischiffige Säulenbasilika, entstand im zweiten Viertel des 16. Jahrhunderts. Der dunkle Innenraum ist mit einigen hervorragenden Altarbildern der einheimischen Malerfamilie Serodine ausgestattet. Um 1625–1630 entstand die gewaltige figurenreiche Szene der Marienkrönung, die Giovanni Serodine malte. Die eindringliche Darstellung des Schweißtuches der hl. Veronika im Vordergrund wird man so schnell nicht wieder vergessen (um 1623). Zwei weitere Arbeiten des Künstlers sind rechts in der Kapelle und hinten im Schiff zu sehen, die »Jünger in Emmaus« und »Die Söhne des Zebedäus«.

Gleich neben der Kirche steht der alte Stadtpalast dieser Familie, die *Casa Serodine* (Abb. 4). Die Fassade ist reich stuckiert (1620), und man erkennt über den Segmentgiebeln lagernde Figuren, die deutlich den Mediceergräbern Michelangelos in Florenz nachempfunden sind. Auch die ornamentalen Friese gehen auf toskanische Vorbilder zurück. Die Stukkaturen sind wahrscheinlich eine Gemeinschaftsarbeit von Cristoforo, Giovanni und Giovanni Battista Serodine.

Östlich der Pfarrkirche, durch verwinkelte Gäßchen von ihr getrennt, finden wir die Kirche *S. Maria della Misericordia* mit dem anschließenden Collegio Papio. Die Kirche wurde zwischen 1399 und 1442 erbaut, der strenge und doch so schöne Turm mit seinem kegelförmigen Aufsatz entstand 1488. Es ist sehr schade, daß die Fresken dieser Kirche – einer der bedeutendsten spätgotischen Zyklen der Schweiz – bisher nicht so wiederhergestellt wurden, wie sie es verdienten. Besonders die Wandbilder des Chores – darunter 60 Bildfelder mit Szenen aus dem Alten Testament – wären eine eingehende Restaurierung wert. Dieser Zyklus entstand im frühen 15. Jahrhundert, während die Fresken des Schiffes der Renaissance angehören. Besonders eindrucksvoll ist eine Darstellung an der südlichen Langhauswand, eine Madonna mit Kind, umgeben von den Pestheiligen Sebastian und Rochus (Anfang des 16. Jahrhunderts). Das bedeutendste Ausstattungstück ist das Polyptychon des Hochaltars, gemalt von dem Asconeser Antonio della Gaia (1519). Ein reich geschnitzter Rahmen umschließt die Bilder einer Himmelfahrt Mariae zwischen Engeln und der Verkündigungsszene; darunter eine Schutzmantelmadonna zwischen den Heiligen Domenikus und Petrus Martyr. Wie S. Francesco in Locarno wird auch dieser Raum häufig für Konzerte genutzt. Man kann sich keinen stimmungsvolleren Konzertsaal denken als diesen, der sich ganz besonders für Musik der Renaissance und des Barock eignet.

Das *Collegio Papio* war eine Stiftung des Asconeser Patriziers Bartolomeo Papio und wurde 1585–1602 erbaut. Die Gegenreformation, die in den nördlichen Gegenden Italiens besonders konsequent durchgeführt wurde, um ketzerischen Bedrohungen von jenseits der Alpen zu begegnen, zog in solchen Kollegien junge Leute heran, die eine neue katholische Elite bilden sollten. Das architektonische Gewand dieser Internate ist meist sehr imposant und hier in Ascona beeindruckt vor allem der *Kreuzgang*. Er entstand nach einem Entwurf des berühmten Pellegrino Tibaldi aus dem Valsolda (Luganer See), der in der Lombardei viele monumentale Kirchen und Paläste baute, darunter auch das Collegio Borromeo in Pavia. Die beiden Arkadengeschosse mit den schlanken toskanischen Säulen vermitteln bei aller Feinheit und Eleganz den Eindruck kraftvoller Ruhe. Die Palmen, die man in dem kleinen Geviert angepflanzt hat, dazu der warme Ockerton des Verputzes vermitteln mittelmeerische Heiterkeit und lassen vergessen, daß dies ein Ort strengster meditativer Askese war.

Ascona besitzt mehrere Museen, von denen zwei besonders hoch zu bewerten sind. Das *Museo Comunale* in der Via Borgo dient Wechselausstellungen moderner Kunst, macht aber in erster Linie mit dem Werk von Marianne von Werefkin bekannt. Die russische Expressionistin des Kreises um Jawlensky und Kandinsky lebte in Ascona und starb hier im Jahr 1938.

Über die Via Borgo und die Strada della Collina kommt man hinauf zum *Monte Verità*. Statt der einstigen Hütten der Lebensreformer trifft man heute hier auf ein Hotel, das allerdings architektonisch nicht uninteressant ist, da es 1927 von Emil Fahrenkamp im Bauhausstil errichtet wurde. Im großen Park steht die theosophische Gründervilla *Casa Anatta*, die nicht nur als Bauwerk reizvoll ist. Mit ihrer Dokumentation zum Leben Asconas in den Jahren zwischen 1869 und 1981 wird sie niemanden unbeeindruckt lassen, der an der Geistes- und Sozialgeschichte dieses Jahrhunderts interessiert ist. In 18 kleinen Räumen sieht man Objekte und Fotos, beginnend mit der Zeit, als sich der russische Anarchist Michael Bakunin – ein Utopist der herrschaftslosen Gesellschaft – im benachbarten Locarno niederließ.

Es gibt viele Wege, um nach **Ronco** zu kommen. Die Uferstraße, die in zahlreichen Windungen direkt am See entlangführt, ist sicherlich der schnellste Weg. Der schönste aber führt vom Monte Verità aus über die Parzivalwiese in einstündiger Wanderung durch lichte Eichen- und Birkenhaine. Die Pfarrkirche *S. Martino* mit ihrem hohen Campanile beherrscht das höhergelegene Ronco Sopra, das sich an einem steilen Hügel entlangzieht. Der Bau verdankt seine heutige Erscheinung dem 16. bis 19. Jahrhundert. Der so urtümlich wirkende Aufsatz des Campanile wurde erst 1860 dem Unterbau der Renaissance hinzugefügt. Spätgotische Fresken im Chor – Monatsbilder und Aposteldarstellungen – sind die Schätze dieser Kirche (1492). Ihr Meister war Antonio da Tradate, den wir bereits im Zusammenhang mit S. Maria della Misericordia in Ascona erwähnten. Qualitätvoller Barockstuck und Scagliola-Altarantependien erinnern daran, daß wir uns im Tessin in einem

Stadtsiegel von Ascona

Hauptzentrum des Stuckierhandwerks befinden. In einer Taufnische neben dem Eingang entdeckt man Fresken, die Richard Seewald hier im Jahr 1949 malte.

Schräg gegenüber der Kirche ist der Eingang zur *Casa Ciseri,* die dem Werk des Malers Antonio Ciseri (1821–1891) gewidmet ist, einem Vertreter der akademischen Malerei des 19. Jahrhunderts. Sehr reizvoll sind die Wandbilder mit Szenen aus Manzonis »Promessi Sposi«.

Nur wenige Schritte sind es von hier aus zur Piazza und zur Kapelle *S. Maria delle Grazie.* Der tonnengewölbte Bau mit einer sehr hübschen Vorhalle stammt aus dem Jahr 1712. Recht interessant sind die illusionistischen Fresken der Chorkuppel von Guiseppe Antonio Felice Orelli (um 1730).

Von der Pfarrkirche aus führt ein malerischer Treppenweg hinab nach Porto Ronco. Dort kann man sich zu den **Brissagoinseln** einschiffen, vor allem nach S. Pancrazio, der größeren von beiden. Sie gehörte mitsamt ihrer schloßartigen Villa (1927) dem recht lebenslustigen deutschen Industriellen Max Emden. Die Baronin Saint-Léger, die Vorbesitzerin, machte die Insel zu dem botanischen Paradies, das es heute noch ist. Die Villa gehört dem Kanton Tessin und beherbergt ein afrikanisches ethnographisches Museum.

Brissago ist mit dem Wagen von Porto Ronco aus in wenigen Minuten zu erreichen. Die beiden Hauptkirchen des Ortes, die Pfarrkiche SS. Pietro e Paolo und S. Maria del Ponte liegen direkt am Seeufer in idyllischer Lage. *SS. Pietro e Paolo,* ein Bau von Giovanni Beretta aus den Jahren 1526 bis 1610, ist leider im Innern modernisiert. Von der ehemaligen Ausstattung blieb an Sehenswertem nur wenig übrig, darunter ein ausdrucksvoller Kruzifix im Chor (16. Jahrhundert) und ein reich geschnitzter Orgelprospekt (1696/97).

Lohnendes Ziel dürfte in wenigen Jahren wieder der *Palazzo Branca* sein, der vom Chorbau der Pfarrkirche aus über eine kurze Gasse zu erreichen ist. Man hat begonnen, diesen prachtvollen Palast, der jahrzehntelang in schlimmem Zustand war, gründlich zu restaurieren. Der Bau entstand zwischen 1680 und 1720 im Auftrag der Kaufmannsfamilie Branca. Die Hauptfassade, die sich dem See zuwendet, besticht durch eine großzügige Arkadenloggia im Obergeschoß, ein plastisch reich ausgebildetes Mezzaningeschoß und einige Fresken, darunter eine Verkündigungsszene unterhalb der Loggia (B. A. Orelli zugeschrieben).

Am Südende des Ortes finden wir die Kirche *S. Maria del Ponte,* die einladend an einem schattigen Vorplatz am Seeufer liegt. In Anlehnung an Bramantes Ostbau von S. Maria delle Grazie in Mailand hat Giovanni Beretta hier eine dekorative Kuppel mit Säulengalerie geschaffen (1526–1528). Das edle Portal (1591) mit den beiden korinthischen Säulen ist eine Arbeit seines Sohnes Pietro, der sein Werk mit einer Signatur versah. Der ehemals reich ausgestattete barocke Innenraum wurde bei der Restaurierung 1950–1957 allzu radikal ausgeräumt. Unter den verbliebenen Resten fällt der Buntmarmoraltar von G. P. Fossati (1682–1686) in der linken Seitenkapelle auf. Schön und wirkungsvoll ist das Chorfresko der Himmelfahrt Mariä (1569), das in Anlehnung an Gaudenzio Ferrari durch einen unbekannten Meister entstand.

Mit **Canobbio,** das die Römer Canobium nannten, befinden wir uns wieder auf italienischem Boden. Es gehört heute, wie das gesamte Westufer des Sees, zur Region Piemont.

Gleich am Dampfersteg erhebt sich die stattliche Wallfahrtskirche *S. Pietà,* deren bramanteske Kuppel das Werk von Pellegrino Tibaldi ist (1571). Zwei Werke in dieser Kirche sind es, die eine eingehende Betrachtung lohnen. Das Gnadenbild, ein Pergament, das den toten Christus neben Maria und Johannes darstellt, galt als wundertätig und war Anlaß zum Bau dieser Kirche. Es soll um 1400 entstanden sein und ist in seiner Klarheit und Strenge sehr eindringlich. Das figurenreiche, dramatisch bewegte Altarbild von Gaudenzio Ferrari stellt die Szene dar, wie Christus auf dem Kreuzweg Maria begegnet (1536). Es ist ein Hauptwerk des piemontesischen Malers, zu der Zeit entstanden, als er sein gewaltiges Fresko der Himmelfahrt in Saronno malte.

Die lange Strecke zwischen Canobbio und Intra wird nur einmal von einem Ort unterbrochen, der einiges Interesse verdient: **Cannero.** Selbst von Luino am gegenüberliegenden Ufer aus kann man die beiden finsteren Burgruinen auf den zwei Inselchen vor dem Ort erkennen. Finster ging es hier einst tatsächlich zu: Fünf Brüder einer Familie Mazzardi betätigten sich Ende des 14. Jahrhunderts als gewalttätige Räuber. Ihre Missetaten schrien gen Himmel, und so wurde 1414 schließlich ihre Burg geschleift und sie selbst hingerichtet. Lodovico Borromeo baute hier später sein Schloß La Vitaliana, das heute jedoch ebenfalls nur noch als Ruine steht.

Intra ist kunsthistorisch nicht ergiebig, statt dessen ist die Stadt aber als Industrie- und Handelszentrum um so wichtiger. Am schönsten nimmt sich der Ort aus, wenn man sich ihm mit der Fähre von Laveno aus nähert. Dann sieht man, wie schön er in die Hügel gebettet ist, und wenn man Glück hat, erkennt man ganz im Hintergrund den Umriß des mächtigen Monte Rosa. Wir befinden uns hier im Gebiet der Verbania, die vom Verbano (Lago Maggiore) ihren Namen erhielt. Die Landschaft erstreckt sich bis Fondo Toce, wo sich der breite Fluß Toce, aus dem Valle d'Ossola kommend, in den See ergießt.

Pallanza, das nach der Landspitze Punta della Castagnola beginnt, ist sehr villenreich und dem benachbarten Intra an Schönheit deutlich überlegen. Hier gibt es zwei wichtige Ziele: die Gartenanlagen der Villa Taranto und die Kirche Madonna di Campagna.

Die *Villa Taranto,* ein historistischer Bau, steht recht bescheiden in der Ecke eines riesigen Parkes von etwa 20 ha. Der Schotte Neil McEacharn hat 1931 den Besitz erworben und ihn bald darauf dem italienischen Staat übereignet, der die Anlage seit dem Tod des Besitzers mustergültig pflegt. Die Gartenliebe der Briten spricht aus jedem Detail dieser einzigartigen Anlage, die Prinzipien des englischen mit denen des italienischen Gartens aufs glücklichste verbindet. Berühmt ist der Park wegen seiner großartigen Buchenbestände, der fünfhundert verschiedenen Sorten von Rhododendren, der etwa 80 000 Tulpen, der Eukalypten, Magnolien und Kamelien.

Mitten in der Stadt führt der Viale Azari zu einer der schönsten Renaissancekirchen des Sees: *Madonna di Campagna.* Lange hat Bramante selbst als Entwerfer dieser Kirche gegolten, doch heute nimmt man an, daß Giovanni Beretta aus Brissago sie schuf (1519–1527). Die achteckige Kuppel mit ihrer schönen Galerie ist der von Brissago sehr ähnlich, doch wirkt sie neben dem schlanken romanischen Campanile sehr viel lebendiger. Der dreischiffige Innenraum ist reich ausgestattet. Man findet hier gute Fresken des 15. bis 17. Jahrhunderts und das

Gnadenbild der Madonna delle Grazie, das sogar noch aus dem 13. Jahrhundert stammt. Der Bologneser Camillo Procaccini gehört zu den namhaften Malern dieser Kirche (Szenen zum Leben Jesu).

Das Mailänder Geschlecht der Borromäer, das Jahrhunderte hindurch weite Ländereien am Lago Maggiore besaß – und zum Teil heute noch besitzt – gab der großen Bucht zwischen der Verbania und Stresa den Namen Borromäischer Golf. Hier erscheint der Verbano durch seine Breite von 12 km wie ein Meer – ein Eindruck, der in Oberitalien nur noch vom südlichen Gardasee übertroffen wird. Auf der Fahrt von Pallanza nach Fondo Toce kommt eine der vier berühmten Borromäischen Inseln nach der anderen in Sicht. Die kleinste von ihnen, *Isolino di S. Giovanni*, ist Pallanza direkt vorgelagert. Hier, in dem Palazzo Borromeo des 17. Jahrhunderts, hat sich der große Dirigent Arturo Toscanini lange aufgehalten.

Doch bevor wir in die ganze Pracht der Inselwelt eintauchen, wollen wir bei Gravellona noch einen Abstecher machen, denn ein weiteres großartiges Ziel ist verlockend nahe: der **Lago di Orta**. Der Weg dorthin ist allerdings nicht nur mit Schönheit gesegnet. Die wunderbar geformten, bewaldeten Berge tragen zum Teil tiefe Wunden. Im Norden kommt Candoglia in Sicht, am Eingang des Valle d'Ossola, einer der wichtigsten historischen Steinbrüche Italiens. Hier werden seit 1387 Marmor und Granit gewonnen, die über den Toce, den Lago Maggiore, den Ticino, den Ticinello und den Naviglio Grande nach Mailand gebracht wurden, Baumaterial für das gewaltigste Domprojekt Italiens bis ins 19. Jahrhundert hinein. Diese und einige andere Steinbrüche auf dem Weg von Gravellona nach Omegna werden noch heute weiter ausgebaut und modernisiert.

Gleich hinter Omegna taucht der Ortasee auf, und sofort ist man begeistert: sanfte bewaldete Hügel, kleine Dörfer, die ohne den geringsten Mißklang an die Hänge gesetzt sind. Eine Vielfalt sich überschneidender Linien und eine Heiterkeit, die entzückt. So nahe am Lago Maggiore, der von Touristen überschwemmt wird, ein solch idyllischer und stiller See.

Da wir schon ungebührlich weit in piemontesisches Gebiet vorgedrungen sind, sei nur ein Ort besprochen, der allerdings der wichtigste ist: **Orta** mit der **Isola S. Giulio** (Farbt. 11). Durch winklige Gäßchen führt der Weg hinab zum See und zur kleinen Piazza, die mit ihren Arkadengängen besonders malerisch ist. Das 17. und 18. Jahrhundert haben hier für barockes Gepräge gesorgt, doch der kleine *Palazzetto della Comunità*, der mitten auf dem Platz steht, verkörpert reinste Renaissance. Er entstand im Jahr 1582 und diente dem Großen Seerat als Versammlungsort. Sein Untergeschoß wird von einem weiten Portikus beherrscht, dessen Granitsäulen die durchfensterten und mit bunten Wappen geschmückten Mauern des großen Saales im Obergeschoß tragen. Die Insel S. Giulio ist zwar klein, doch ihre Bauten verraten schon von Ferne, daß sich hier Außergewöhnliches ereignet haben muß. Der später als Heiliger verehrte Grieche Julius aus Ägina ließ sich hier um 390 n. Chr. nieder und gründete eine Kirche, aus der sich die heutige *Basilica di S. Giulio* entwickelte. Um 500 ließ Onorato, ein Bischof von Novara, eine Burg bauen, die dann im 6. Jahrhundert von Langobardenherzögen in Besitz genommen wurde. Im Jahr 962 brachte Litulf, ein Sohn Ottos des Großen, die Insel in seinen Besitz. In dieser Zeit wurde hier Guglielmo da Volpiano geboren, einer der großen Äbte von St-Bénigne in Dijon.

Mit einem kleinen Motorboot erreicht man die Insel in wenigen Minuten. Im 8. Jahrhundert stand hier eine große einschiffige Kirche, der im Laufe der folgenden Jahrhunderte niedrigere Seitenschiffe, ein Querschiff und Apsiden hinzugefügt wurden. Erwartet man die strengen Formen des hohen romanischen Campanile auch im Innern des Gotteshauses, wird man enttäuscht sein. Für Puristen ist dieser Kirchenraum nichts, denn seine Gestaltung läßt eine stilistisch klare Linie vermissen. Spätgotische Fresken sind hier ebenso vertreten wie Stuckdekor und Marmorintarsien des Barock. Immer wieder trifft man auf Darstellungen des Heiligen, der hier verehrt wurde, besonders auf die Szene, wie er – einer Legende zufolge – Schlangen, Drachen und wilde Tiere vertrieb, um die Insel bewohnbar zu machen. Fast übersieht man bei dieser Vielfalt das erhabenste Kunstwerk der Kirche, die romanische *Kanzel* (Abb. 6). Die Härte des fast schwarzen Serpentin, aus dem die Reliefs gehauen wurden, hat es möglich gemacht, daß die Grate heute noch scharf gezeichnet sind. Ikonographisch leicht zu bestimmen sind die Evangelistensymbole, doch was sich sonst noch an figürlichen Darstellungen versammelt, hat bislang jedem Deutungsversuch widerstanden. Wahrscheinlich ist, daß die Gestalt des auf einen Wanderstab gestützten Mannes den Abt Guglielmo da Volpiano darstellt. Wer in Como war und die Bildwerke von S. Abbondio und S. Fedele gesehen hat, wird stilistische und motivliche Gemeinsamkeiten feststellen. Man nimmt an, daß auch dieses romanische Kunstwerk aus der Zeit um 1140 stammt und von einem comaskolombardischen Bildhauer geschaffen wurde. Die Krypta ist von barockem Überschwang. Die Reliquien des Heiligen werden hier in einem prunkvollen silbernen Schrein aufbewahrt. Sein Unterbau aus edelster Buntmarmorinkrustation ist ein kunsthandwerkliches Meisterwerk.

Orta, Palazzetto della Comunità

Die Insel, die etwa 300 m lang ist, kann in einer halben Stunde umgangen werden. Von der ehemaligen Langobardenburg ist nichts mehr zu sehen – an ihrer Stelle ragt der gewaltige Bau des *Priesterseminars* in die Höhe. Und wie überall, wo es an den Seen Oberitaliens schön ist, findet man auch hier, dicht aneinandergedrängt, eine herrschaftliche Villa neben der anderen. Zwar weisen Souvenirläden neben der Basilika darauf hin, daß auch hier der Tourismus eingedrungen ist, doch wie man hört, ist das Getriebe nach den Sommermonaten überstanden, und es zieht wieder mönchische Stille auf S. Giulio ein.

Zurück am Seeufer bietet sich dem Besucher ein nicht minder großartiges Ziel, der *Sacro Monte*. Ganz in der Nähe, im piemontesischen Varallo, ist das Vorbild zum heiligen Berg

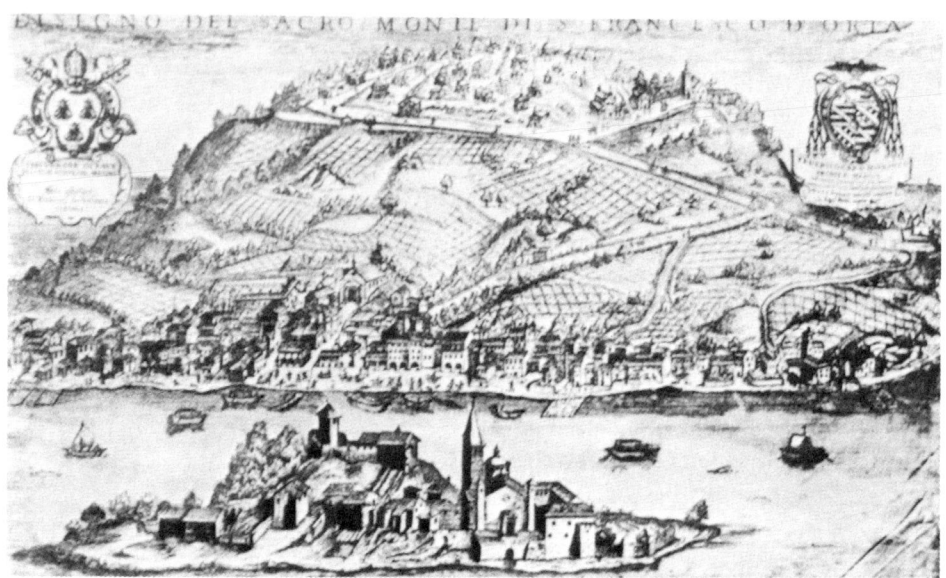

Orta, Sacro Monte und Isola S. Giulio im 18. Jahrhundert

von Orta zu suchen. Im Zuge der Gegenreformation entstanden im Piemont und in der Lombardei eine ganze Reihe großartiger Kapellenwege, von denen der beeindruckendste wohl der von Varese ist. Während dort jedoch ein Höhenunterschied von 500 m in mühseliger Wanderung über hartes Kopfsteinpflaster zu bewältigen ist, kann man hier einen nur mäßig steilen Weg durch schattige und doch lichte Wälder dahinwandern, einen Weg idyllischer Heiterkeit, dem Heiligen sehr angemessen, dem dieser Sacro Monte geweiht ist: Franz von Assisi, dem Bruder Seraphicus. Immer wieder, wenn man an das Steingeländer tritt, fällt der Blick hinab auf die Isola S. Giulio, die von oben in ihrer geometrischen Klarheit den größten Eindruck macht. Im Jahr 1583 entschloß man sich, auf dem nur etwas über 100 m hohen Hügel über der Stadt ein Kloster zu bauen und es zusammen mit der alten, dem hl. Nikolaus geweihten Kirche Kapuzinermönchen des Franziskanerordens anzuvertrauen. Ein Schüler von Pellegrino Tibaldi, der Kapuzinermönch Cleto, hat die meisten Kapellen entworfen. Die schönsten liegen oben in dem Wäldchen vor der Kirche, einem Pinien- und Buchenhain, und erinnern in ihren reinen Formen und klassischen Proportionen an toskanische Architekturen des frühen Cinquecento. Wie in Varese und Varallo sind auch hier die Kapellen mit Fresken und bemalten, bühnenmäßig installierten Terrakottafiguren ausgestattet, die die Passion Christi und Szenen aus dem Leben des hl. Franziskus darstellen (Farbt. 13). Von den ausführenden Künstlern war der Maler Pier Francesco Mazzuccheli, genannt Morazzone, der fähigste. Zwischen 1616 und 1620 stattete er die elfte Kapelle, in der die Szene mit dem Ablaß der Porziuncola dargestellt ist, mit Fresken aus.

Um wieder auf die Uferstraße in Richtung Stresa zu kommen, muß Gravellona noch einmal durchfahren werden. **Baveno,** das in der Vor-Weltkriegszeit besuchter war als heute (Thermenkur gegen Stoffwechselkrankheiten), liegt am Fuß des Monte Camoscio. Auch dieser Berg trägt Wunden, denn die Granitsteinbrüche sind seit Jahrhunderten Lieferant für wichtige Bauwerke. Man erfährt, daß die Basilika S. Paolo in Rom, S. Gaudenzio in Novara und die Galleria Vittorio Emanuele II. in Mailand mit Steinen aus Baveno erbaut wurden. Sehr hübsch ist hier die alte *Pfarrkirche (SS. Gervasio e Protasio),* ein romanischer Bau des 11. Jahrhunderts, der im 18. Jahrhundert umgebaut wurde. In der rechten Seitenkapelle befinden sich qualitätvolle Bilder von Defendente Ferrari (Geburt und Beschneidung Christi), einem piemontesischen Meister, dessen Stil auf französische und flandrische Einflüsse hinweist. Das Baptisterium ist ein Bau der Renaissance, soll aber im Kern auf das 6. Jahrhundert zurückgehen. Die Fresken des 15./16. Jahrhunderts sind nicht gut erhalten.

Die **Borromäischen Inseln,** denen wir uns nun immer mehr nähern, sind von hier, jedoch auch von Pallanza oder Stresa aus zu erreichen. Für einen Besuch der Inseln sind die Sommermonate zu meiden, da die Touristenströme dann wirklich erschreckend sind. Am schönsten ist der Herbst, wenn die Pflanzenpracht noch nicht ganz vergangen ist und sich die

Die Isola Bella nach einem Stich von F. Sorrieu

Umrisse der Berge klarer abzeichnen als im Sommer. Die Isole Borromee sind schon so oft beschrieben worden, daß man sich fast scheut, es noch einmal zu tun. Die **Isola Bella** (s. Umschlagrückseite) galt schon in der Barockzeit als eine Art Weltwunder, und niemand konnte aus Italien zurückkehren, ohne sie gesehen zu haben. Alle Dichterworte, die sie preisen, würden Bände füllen. Man kann Stendhal zitieren: »Was soll vom Lago Maggiore und den borromäischen Inseln anders gesagt werden als Worte des Bedauerns für jene Menschen, die dem Zauber dieses Ortes nicht verfallen sind?« Oder Alexandre Dumas: »Ein Ort unvergleichlichen Zaubers.« Oder Charles de Brosses: »Dieses Werk hat wirklich mit nichts auf der Welt Ähnlichkeit, außer mit den Feenschlössern im Märchen. Die Gärten gleichen den Hesperidengärten der Antike.«

Heute fällt der Blick beim Betreten der Insel zunächst auf Souvenirläden. Doch die Verärgerung über diesen Anblick verfliegt schnell, wenn man den Palast betritt, einen prachtvoll ausgestalteten Saal nach dem anderen durchschreitet. Der Garten selbst aber, mit seinen prächtigen Blumenterrassen, den grandiosen Ausblicken, den edlen Statuen grenzt ans Wunderbare. Ihn verläßt man befreit und beglückt.

Noch zu Beginn des 17. Jahrhunderts war die damalige Isola inferiore eine Fischerinsel, auf der zwei kleine Kirchen standen. Sie wird als felsiges Eiland mit eingestreuten Wiesen geschildert. Hundert Jahre zuvor hatte Lancillotto Borromeo, ein Sproß des berühmten, ursprünglich aus Padua stammenden Mailänder Grafengeschlechts, das schon lange über ausgedehnte Ländereien am Lago Maggiore verfügte, die Insel erworben, um sich hier ein Refugium zu errichten. Sein früher Tod verhinderte die Realisierung dieses Plans, der erst um 1620 von Giulio Cesare und Carlo Borromeo wieder aufgenommen wurde. Treibende Kraft des Projektes war wohl Isabella d'Adda, die Gemahlin Carlos, auf die auch der Name Isola Bella zurückgeht. Wer das Gesamtkonzept der Bauten und Anlagen entwarf, weiß man nicht. Der kühne Einfall, der Insel die Form eines Schiffes zu geben, das auf dem See unbeweglich vor Anker liegt, ist charakteristisch für die Allegoriefreudigkeit des Barock und die Vorliebe dieser Zeit für phantastische Dekorationen. Wie man die Erde beschaffte, die notwendig war, um das felsige Eiland zu einer so prächtigen Gartenanlage umzugestalten, schildert Derek Clifford in einem Kapitel seiner spannenden »Geschichte der Gartenkunst«, in der die Insel als »vollendetster der uns erhaltenen Gärten des italienischen Barock« gerühmt wird. »Felsen wurden dem Boden gleichgemacht, sehr große Mengen Erde vom Festland herübergebracht, und wo es notwendig war, hat man den Garten auf Pfeilern in den See hinausgeschoben. Zehn übereinander angelegte, immer kleiner werdende Terrassen steigen empor, und zwar auf eine Weise, die an die Hängenden Gärten von Babylon erinnert. Isola Bella gleicht jedoch mehr einem schwimmenden, mit verschiedenen Decks versehenen bizarren Blumenschiff als einem begrünten Berg. Jede Terrasse ist mit Balustraden versehen und mit Vasen und Statuen reich geschmückt. Auf der höchsten Terrasse befindet sich ein Hügel, der als Hintergrund für ein reich verziertes Wassertheater dient. Der ganze Garten ist theatralisch, eine unvergleichliche, für eine poetische Romanze eingerichtete Szenerie, die aus den quer über den See treibenden Morgennebeln wie Watteaus Einschiffung nach der Insel Cythera auftaucht.«

Nur der Bug des Schiffes – der spitz zulaufende Teil der Insel vor dem Palast – ist nicht fertiggestellt worden. Hier sollte einmal ein großer Hafen entstehen. Der Rest zeigt sich uns in vollendeter Herrlichkeit: Der Palast ist das Verdeck, die obere Terrasse die Kommandobrücke, und die rückwärtigen Terrassen bilden das Achterdeck. Und wenn man an der Reling steht, dem Schiffsgeländer, das hier von Büschen und Hecken umsäumt wird, genießt man den Ausblick auf eine der schönsten Landschaftsszenerien Italiens, die Ufer von Pallanza, Laveno und Stresa. Was soll man mehr bestaunen, die Pracht der Statuen und Vasen, der Seerosenbecken, der einherspazierenden weißen Pfauen – oder die Landschaft, die dieses künstlich geschaffene Wunderwerk wie ein natürliches Wunder umgibt?

Vielfach wird als Planer von Palast und Gärten ein Architekt aus Ponte Tresa, Antonio Crivelli, genannt. Er starb jedoch schon 1630. Die drei Architekten, die mit der Errichtung des Palastes befaßt waren – darunter auch der berühmte Carlo Fontana – haben vielleicht auf Crivellis Pläne zurückgegriffen. Die breite Hauptfront des Bauwerks zur Isola dei Pescatori hin wirkt recht würdevoll. Innen ist der Palast außerordentlich prunkvoll ausgestattet, doch vermißt man die Hand eines wirklich bedeutenden Künstlers. Es gibt zwar einen Luca-Giordano-Saal mit Werken des begabten Neapolitaners, es gibt qualitätvolle Möbel des 16. und 18. Jahrhunderts und flämische Gobelins von hohem Niveau, doch alles in allem können diese Werke mit den Schönheiten des Gartens in keiner Weise konkurrieren. Übrigens sind nicht alle Räume zu besichtigen, denn die Familie Borromeo bewohnt einen Teil des Palastes noch heute.

Blick auf den Lago Maggiore von Arona (1820)

Kaum mehr als hundert Meter weit entfernt ist die **Isola dei Pescatori,** die Fischerinsel, die immer wieder wegen ihrer malerischen Winkel gerühmt wird. Flaubert empfand sie als »ravissante«, doch wenn man heute dieses Eiland durchstreift, ist man weniger hingerissen. Zwar ist tatsächlich alles sehr bunt und pittoresk, und auch die kleine Kirche S. Vittore ist hübsch, doch ärgert man sich hier noch mehr über die Souvenirläden und vor allem über die dicht aneinandergereihten Restaurants, deren Preise in keinem Verhältnis zum Service stehen.

Und dann die **Isola Madre.** Hier empfängt uns nun kein Kunstgarten, hier ist alles Natur, allerdings gestaltete Natur, und das so großartig, daß auch diese Insel zum Kunstwerk wurde. Als größte der drei Borromäischen Inseln war die Isola Madre auch diejenige, nach der das Mailänder Grafengeschlecht die Hand zuerst ausstreckte: Im Jahr 1501 wurde sie von Lancilotto Borromeo erworben und schon zwei Jahre später stand der Palast, den man über den Mauern eines römischen Kastells errichtete. Die Insel, auf der nach einer Legende der hl. Viktor lebte und predigte, war schon im 1. Jahrtausend wegen ihrer üppigen Vegetation bekannt. Zu dem Gartenparadies, das sie heute ist, wurde sie allerdings erst im 18. und 19. Jahrhundert. Graf Vitaliano Borromeo (1792–1874) ließ sie nach Art eines englischen Gartens umgestalten. Zu diesem Zweck wurden Samen und Schößlinge von exotischen Gewächsen aus allen Teilen der Welt herbeigeschafft. Zwar ist auch diese Insel terrassenförmig angelegt, doch sind Büsche, Hecken und Bäume inzwischen so üppig herangewachsen, daß dies kaum mehr zu erkennen ist. Jede der Terrassen ist einer besonderen Pflanzenart gewidmet, und so wandelt man zwischen Frühjahr und Herbst durch wahre Wälder von Kamelien, Magnolien, Palmen, Rhododendren, Oleandern und Mimosen. Wenn man im Spätherbst hierherkommt, herrscht die tiefe Stille, die man für diese Insel braucht. Dann wirkt sie wie ein Paradies, ein Garten Eden, friedlich und urweltlich. Auch hier gibt es Pfauen, nur sind sie nicht weiß, sondern schillernd blau und grün, und neben ihnen ziehen Fasane zu Dutzenden einher. Herrlich ist die gewaltige Kaschmirzypresse, in deren Schatten sich der alte *Palast* erhebt, ein sympathischer, intimer Bau mit einem bezaubernden kleinen venezianischen Salotto, einem noblen Speisezimmer und einer Sammlung seltener Puppen. Erst 1978 wurde er der Allgemeinheit zugänglich gemacht. Der Prinzessin Bona Borromeo, der derzeitigen Besitzerin, ist es mit großem Geschmack gelungen, dieses einzigartige Beispiel aristokratischer Wohnkultur zu einem wirklichen Augengenuß zu machen. Neben dem Palast steht die kleine *Grabkapelle* der Borromeo, die erst 1858 erbaut wurde. Die außergewöhnliche Verbindung exotischer und historistischer Architektur hat ihren eigenen Reiz, vor allem wegen des mit der Naturkulisse wunderbar harmonisierenden warmen Rotbrauntons schönster Terrakotta, die die Architektur bestimmt. Das Seerosenbecken davor bezaubert mit farblicher Pracht und Üppigkeit.

Auch diese Insel hat ihre Dichter gefunden. Am schönsten sind sicherlich die Worte, die Hippolyte Taine ihr gewidmet hat: »Ganz mit zartem Rasen und blühenden Bäumen bedeckt ist sie nichts als ein schöner, morgendlicher, rosiger, weißer und violetter Strauß,

1 LOCARNO, Wallfahrtskirche Madonna del Sasso ▷

2 TIRANO, Madonna di Tirano   3 TEGLIO, Palazzo Besta ▷

4 Ascona, Casa Serodine, Detail der Fassade

5 Locarno, Christophorusfigur an der Hauptfassade der Kirche S. Maria Assunta

6 Orta, S. Giulio, romanische Kanzel

7 VARESE, Sacro Monte, Kapelle

8 LOCARNO, Muralto, S. Vittore, Krypta

9   Bisuschio, Villa Cicogna

11   Castiglione Olona, Chiesa del Corpo di Cristo (Chiesa di Villa) ▷

10   Varese, Giardino Publico

12   ARSAGO SEPRIO, S. Vittore und Baptisterium

14   TREMEZZO, Villa Carlotta, Fassade zum Comersee ▷

13   SARONNO, S. Maria dei Miracoli (Vorkriegsaufnahme)

16 Como, Villa dell'Olmo
◁ 15 Ossuccio (Comersee), S. Maria Maddalena mit der Isola Comacina
17 Gravedona, S. Maria del Tiglio, Apsiswand

18 Como, Fassade des Doms mit Broletto

19 Como, S. Abbondio, Ansicht von Osten ▷

20   Como, S. Fedele, Apsis

21   Cantù/Galliano, S. Vincenzo und Baptisterium

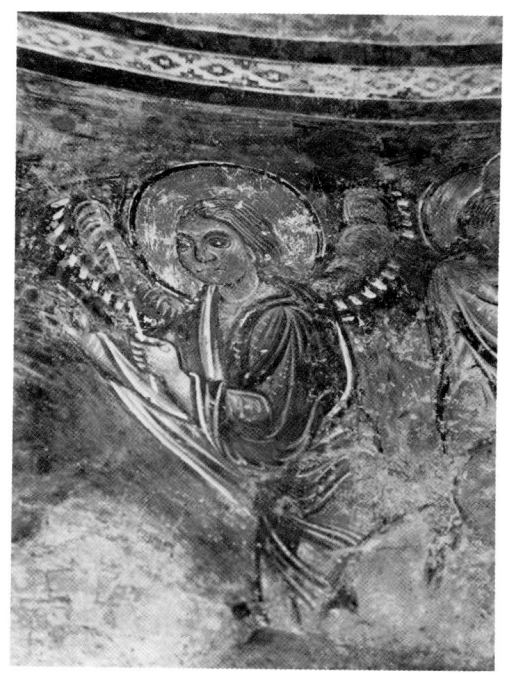

22, 23   Riva S. Vitale, Baptisterium, Freskendetails

24   Lugano, S. Maria degli Angioli, Kreuzigungsfresko von B. Luini

25   CIVATE, S. Pietro al Monte, Innenansicht nach Osten

um den die Bienen schwärmen, ihre keuschen Wiesen sind mit Primeln und Anemonen bedeckt, Pfauen und Fasanen schreiten darauf friedlich in ihren goldenen, mit Augen besternten und purpurübergossenen Kleidern einher als die unbestrittenen Herrscher über ein Volk kleiner Vögel, welche herumflattern und zwitschern.«

Die bevorzugte Lage von **Stresa** am Eingang des Borromeischen Golfes hat dazu beigetragen, daß hier im 19. Jahrhundert einer der luxuriösesten Kurorte Italiens entstand. Die Reihe der gekrönten Häupter, die sich hier aufhielten, ist kaum zu zählen, und Schriftsteller wie Flaubert, Dickens, Stendhal und Hemingway hatten keine Bedenken, die Reize dieses Ortes zu preisen. Die riesigen Hotelpaläste, die im Laufe dieser Entwicklung entstanden, sind allerdings nicht jedermanns Geschmack, doch muß man zugeben, daß der Blick hinüber zum Ufer von Laveno, auf die Hänge des Monte Nudo und den Campo dei Fiori sehr bestechend ist. Kunsthistorisch gibt es hier nur wenig Interessantes, darunter den einstigen Palast der Herzöge von Savoyen, den *Palazzo Ducale* aus dem Jahr 1770. Sehenswert ist auch der Park der *Villa Pallavicini*, der fast so groß ist wie derjenige der Villa Taranto in Pallanza und dem ein kleiner Zoo angeschlossen ist.

Auf der Fahrt nach **Arona** rückt das gegenüberliegende Ufer immer näher, bis man schließlich die Rocca di Angera – den Beginn unserer Fahrt um den See – ganz nahe vor sich sieht. Arona kam im Jahr 1439 in den Besitz der Borromäer und hier wurde das berühmteste Mitglied der Familie geboren, der später als Heiliger verehrte Carlo Borromeo. Als Erzbischof von Mailand war er einer der entschiedensten Gegner der Reformation, der unter anderem dafür verantwortlich war, daß auf dem Konzil von Trient alle Vorschläge, sich mit den Protestanten zu verständigen, abgelehnt wurden. Seine Heimatgemeinde hat diesem ehernen Mann ein ehernes Denkmal gesetzt, hoch über dem See und von kolossalen Ausmaßen. 1614–1687 errichtet, erhebt sich der **S. Carlone** über einem 11 m hohen Granitsockel weitere 21 m hoch. Offenbar von solcher Kolossalität beeindruckt, schrieb Stendhal: »Mit einer majestätischen Geste der Hand zeigt er auf den Hafen, während er mit der anderen einen Zipfel seines Gewandes hält: durch diesen Zipfel kommt man in das Innere der Statue. In seiner Nase kann ein Mann aufrecht stehen.« Die Beobachtungsgabe des Franzosen muß allerdings am Tag der Besichtigung leicht getrübt gewesen sein, denn deutlich ist die erhobene Hand als Segensgestus zu erkennen und ebenso deutlich sieht man, daß er in der Linken ein Buch hält, die Beschlüsse des Konzils von Trient.

Neben dem Carlone steht der schön rustizierte Bau des *Bischöflichen Seminars*, zwischen 1620 und 1643 von Francesco Maria Richini erbaut und 1907 vergrößert. Vom gleichen Architekten stammt auch die Kirche *S. Carlo* (1614). Lohnender als sie ist allerdings die Pfarrkirche *S. Maria Nascente* unten im Ort. Der Bau aus dem 15. und 17. Jahrhundert wurde leider im 19. Jahrhundert stark verändert. Von der Innenausstattung sticht besonders Gaudenzio Ferraris »Anbetung des Kindes« (1511) hervor, umrahmt von reichem, sehr dekorativem Schnitzwerk. Die Szenen aus dem Leben Mariens in der linken Seitenkapelle sind Arbeiten von Morazzone aus der Zeit um 1617.

Sesto Calende gehört bereits wieder zur Provinz Varese und damit zur Lombardei. Hier hat sich ein romanischer Bau des frühen 12. Jahrhunderts erhalten, *S. Donato*, der allerdings im Barock stark verändert wurde. Die Vorhalle und einige skulpierte Kapitelle sind romanisch, ebenso Teile der Hallenkrypta. Die illusionistische Ausmalung des Chores stammt aus der Zeit um 1750. In der Nordapsis sind Fresken der Spätgotik zu sehen, darunter ein thronender Christus in der Mandorla mit den Heiligen Ambrosius und Nikolaus von Bari.

Die Stadt Varese

Diese Stadt – man muß es zugeben – ist keine Kunststadt. Man findet hier weder eine großartige Kirche noch ein überdurchschnittliches Werk der Malerei oder Skulptur. Selbst der Palazzo Ducale, der immer wieder als Attraktion gerühmt wird, ist letztlich wenig originell. Nur einen einzigen wirklich überwältigenden Eindruck gibt es, den man von Varese mitnehmen kann: den Sacro Monte. Doch auch er gehört schon fast nicht mehr zum engeren Stadtbereich, braucht man doch an die 20 Minuten Fahrzeit, um ihn vom Zentrum aus zu erreichen. Trotzdem – auch die bescheidenen Schönheiten sollten nicht unbeachtet bleiben. Sie sind allerdings ziemlich verstreut.

Das Stadtbild wird im wesentlichen vom 19. und 20. Jahrhundert geprägt. Zwar herrschten auch hier, wie fast überall in der Lombardei, die Visconti und Sforza, doch was aus ihrer Zeit erhalten blieb, ist wenig bedeutend. Erst Barock und Klassizismus brachten Künstler von mehr als lokaler Bedeutung herbei, darunter auch den Wiener Leopold Pollack.

Der Stadtrundgang beginnt am besten bei der Stadtpfarrkirche *S. Vittore,* am gleichnamigen Platz mitten im Zentrum von Varese. Der Bau wurde 1580–1615 nach Entwürfen von Pellegrino Tibaldi unter der Leitung von Giuseppe Bernascone errichtet. Bernascone, der aus Varese stammte, hat wahrscheinlich nur in seinem Heimatort gewirkt. Hier allerdings hat er das geschaffen, was wirklich von einiger Bedeutung ist: den Campanile von S. Vittore und die Kapellen des Sacro Monte. Die Fassade der Kirche, die Leopold Pollack 1788 entwarf, wirkt dank der mächtigen ionischen Säulen trotz ihrer klassizistischen Kühle recht beeindruckend. Der Innenraum ist reich ausgestattet. Zu beachten sind die Fresken der Rosenkranzkapelle, die Morazzone 1615 malte, eine Darstellung im Tempel und ein Marienverlöbnis (Sposalizio). Diesem Maler, der ebenfalls aus Varese stammte und eigentlich Pier Francesco Mazzucchelli hieß, begegnet man in seiner Heimatprovinz, aber auch in Piemont sehr oft. Er schulte sich an Gaudenzio Ferrari. Die Fresken in der Cappella del Rosario malte er anschließend an einen Aufenthalt in Rom. Im krassen Gegensatz zu der relativ niedrigen, breit gelagerten Kirche erhebt sich der Campanile zu einer Höhe von 77 m. Mit seinen alternierenden Geschossen und palladianesken Schallarkaden wirkt das Werk Bernascones ebenso kraftvoll wie elegant.

Das romanische *Baptisterium* hinter der Kirche entstand um 1185. Sein quadratisches Schiff und eingezogener Chor stehen auf den Mauern eines sechseckigen Zentralbaus des 8./ 9. Jahrhunderts. Einziger Schmuck der kargen Fassade sind eine Statue Johannes des Täufers und Fresken des 14. Jahrhunderts im Tympanon. Auch der Innenraum war freskiert (13. und 14. Jahrhundert), doch sind nur noch wenige Darstellungen gut erhalten, darunter

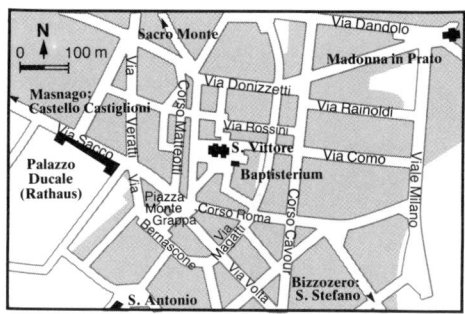

Plan der Innenstadt von Varese

eine thronende Madonna und ein heiliger Bischof. Das oktogonale Taufbecken des 13. Jahrhunderts ist unvollendet. Wahrscheinlich ist es die Arbeit eines Campioneser Meisters aus dem Umkreis von Guglielmo da Modena.

Über die *Piazza Monte Grappa*, deren Umbauung zwischen 1927 und 1935 durch Marcello Piacentini, einem der führenden Architekten des Faschismus, erfolgte, erreicht man die Kirche *S. Antonio* an der Piazza della Motta im Süden der Stadt. Giuseppe Bernascone war auch hier der Baumeister (1593–1613), doch standen offenbar weniger Mittel als beim Campanile zur Verfügung, denn die Fassade ist recht kärglich. Interessant ist die architektonische Illusionsmalerei von Giuseppe Baroffio im Chorbereich (1756). Es ist übrigens ratsam, seinen Wagen hier abzustellen, denn im Stadtzentrum sind Parkplätze rar.

Wendet man sich wieder nach Norden, erreicht man den *Palazzo Ducale* (Palazzo Estense; Via Sacco). Er ist ein »Stück Österreich in der Lombardei«, denn er entstand mitsamt seinem Park nach dem Vorbild des Wiener Schlosses Schönbrunn. Von ungefähr geschah dies nicht, denn der Bauherr, Francesco III. d'Este, war kaiserlicher Statthalter der Lombardei und zugleich Herzog von Modena und Reggio. Es ist allerdings ein Schönbrunn en miniature, das hier zwischen 1766 und 1773 unter der Leitung des Architekten Giuseppe Bianchi entstand. Es gibt einige sehr prunkvolle Säle – reich stuckiert und mit mythologischen Fresken ausgemalt – doch die eigentliche Attraktion ist der Park (Abb. 10). Es lohnt sich, den Weg zur Grotte hinaufzusteigen, denn der Blick auf die Schloßanlagen, den charaktervollen Campanile der Pfarrkirche und die Hügel des Hinterlandes ist bestechend.

An diesen Park grenzt ein schöner Garten im englischen Stil, in dem sich die *Villa Mirabello* erhebt, heute *Städtisches Museum (Museo Civico)*. Die lombardische Malerei ist hier mit hervorragenden Beispielen vertreten und man findet sogar einige Freskenreste aus Castelseprio. Gut bestückt sind auch die prähistorische und die archäologische Abteilung, vor allem interessant wegen der Funde von der Insel Virginia (Lago di Varese).

Auch die Kirche *Madonna in Prato* (Via Dandolo) im Nordwesten der Stadt ist ein architektonisches Plagiat. Sie ahmt in einigen Teilen die Wallfahrtskirche von Saronno nach. Die Madonnina entstand ab 1678 innerhalb von sieben Jahren – damals noch vor den Toren der Stadt, inmitten von Wiesen, weshalb man sie ›in Prato‹ nannte. Die mächtigen Atlanten der Vorhalle, die Figuren der Heiligen Joachim und Josef in den Nischen des ersten Geschosses, dann die Madonna mit zwei musizierenden Engeln auf der abschließenden Balustrade – dies alles wirkt sehr malerisch. Das Innere überrascht durch eine reiche illusionistische Freskierung zu mythologischen Themen von Antonio Busca.

Varese ist von sieben Hügeln umgeben, die zwar nicht so berühmt sind wie die römischen, jedoch einladend genug waren, um im Laufe der Jahrhunderte reiche Aristokraten und

Der Sacro Monte von Varese nach einem Stich des 18. Jahrhunderts

Kaufleute anzuziehen, die sich hier ihre Villen bauten. Die Mailänder, denen offenbar die Brianza und der Comersee nicht ausreichten, waren ganz besonders erpicht auf Varese, das ihnen ein mildes Klima bot. Der Hügel von *Biumo Superiore*, oberhalb von Biumo Inferiore, wo Madonna in Prato liegt, gehört zu diesen verlockenden Orten. So baute sich dort der Marchese Paolo Antonio Menafoglio in der Mitte des 18. Jahrhunderts seinen bezaubernden Landsitz im Stil der Palladio-Villen. Heute ist die *Villa Panza* im Besitz des Grafen Giuseppe Panza, eines Kunstsammlers, der hier im Lauf von 20 Jahren mit großer Kennerschaft eine der bedeutendsten italienischen Sammlungen moderner Kunst zusammentrug. Die 100 Werke der internationalen Moderne sind der Öffentlichkeit zugänglich.

Auch die *Villa Ponti* befindet sich auf dem Hügel von Biumo Superiore. Der prunkvolle historische Bau aus dem Jahr 1858 wurde von einem Mailänder Architekten, Luigi Balzaretto, entworfen. Heute ist die Villa im Besitz der Handelskammer. Man benutzt ihre repräsentativen Räume für Kongresse und Konferenzen. Der Park von über 60 000 m^2 ist der Öffentlichkeit zugänglich.

Außer dem Baptisterium in der Innenstadt gibt es im Bereich von Varese ein zweites romanisches Bauwerk, das man gesehen haben sollte. Es liegt etwa 3 km südöstlich von Varese, nahe an der Straße nach Malnate und Como: *S. Stefano* in **Bizzozero**. Der einfache Bau, der durch seine klaren Linien erfreut, entstand im 11. oder 12. Jahrhundert. Restaurierungsarbeiten zwischen 1969 und 1975 brachten einige Entdeckungen. So fand man unter dem Renaissancealtar seinen romanischen Vorgänger mit Fresken, die zwei Heilige (Ambrosius, Stefanus) darstellen. Auch die Apsis ist freskiert, doch stammen diese Malereien aus späterer Zeit (15. und 16. Jahrhundert). Ähnliches gilt für die Ausstattung der als Säulentabernakel ausgebildeten Kapelle in der Südwand. Gleich zweimal sieht man hier das Motiv der thronenden Madonna, dazu einen stehenden Heiligen. Als ihr Schöpfer ist Galdino da

Varese überliefert, der die Fresken im Jahr 1498 malte. Ihm werden auch die Darstellungen der Sibyllen, Propheten und Kirchenväter in der Wölbung zugeschrieben.

Varese wird immer wieder als grüne Stadt gepriesen. Sicherlich nicht zu unrecht, denn weitläufige Parkanlagen gibt es nicht nur auf den umgebenden Hügeln, sondern auch in der Stadt selbst. Ein besonders schönes Beispiel ist der große baumreiche Park, der das *Castello Castiglioni* in **Masnago**, am nordwestlichen Stadtrand, umgibt. Das burgartige Schloß der Familie Castiglioni stammt im Kern aus dem 15. Jahrhundert. Es ging dann im späten 16. Jahrhundert an die Visconti über, und noch im 18. Jahrhundert war es im Besitz eines Zweiges dieser Familie, den Litta-Visconti-Arese. Während dieser Zeit wurde es ständig erweitert, was zur Folge hat, daß die Nordseite noch mittelalterlich wirkt, die Gartenseite jedoch barock. Das Schloß ist bekannt wegen seiner großartigen Fresken aus der Zeit der Internationalen Gotik um 1440. Leider kann man sie auf absehbare Zeit nicht besichtigen, denn der Bau zeigt schlimme Verfallserscheinungen und bedarf dringend der Restaurierung.

Das unbezweifelbare Hauptreiseziel Vareses ist der *Sacro Monte* (Farbt. 8), der »Heilige Berg« im Nordwesten der Stadt, auf dessen Gipfel ein 2 km langer, mit Kopfsteinpflaster bedeckter Weg führt. Wallfahrtsberge sind nicht jedermanns Sache, doch dieser ist so einzigartig, daß man alle Vorbehalte beiseite schieben und sich auf den steinigen Weg machen sollte. Das Ziel der Wallfahrer ist die Kirche S. Maria del Monte in 880 m Höhe. Wenn man bedenkt, daß Varese nur 328 m hoch liegt, sind also immerhin noch über 500 m zu überwinden.

Der heilige Berg von Varese hat eine lange Geschichte. Die Legende berichtet, daß sich dorthin, in eine römische Bergfestung, eine Gruppe von Arianern geflüchtet hatte, die dann vom hl. Ambrosius, dem unerbittlichen Bekämpfer des arianischen Glaubens, vertrieben wurde. Der Heilige soll auf dem Berg eine Marienkapelle gestiftet haben, der dann im Hochmittelalter eine Marienwallfahrt folgte und 1475 ein Nonnenkonvent. Der Sieg über die Türken bei Lepanto (1571), der im Zeichen der Gottesmutter geschah, löste im katholischen Europa eine neue Welle der Marienverehrung aus. Der Mailänder Erzbischof Carlo Borromeo, einer der unnachgiebigsten Gegner der Reformation, sorgte dafür, daß der Norden Italiens – ein natürliches Einfallstor für ketzerische Ideen – zum religiösen Bollwerk wurde. Er legte deshalb großen Nachdruck auf die Förderung des Marienkults, der von den Protestanten abgelehnt wurde. Auch der Sacro Monte von Varese lag ihm aus diesem Grund sehr am Herzen. Seine Stationen sind den Geheimnissen des Rosenkranzes gewidmet – 14 Kapellen auf dem Weg und oben auf der Höhe die Wallfahrtskirche selbst mit dem Gnadenbild der schwarzen Madonna. Sie sind zu Fünfergruppen zusammengefaßt, markiert jeweils durch eine Triumphbogenarchitektur, entsprechend der thematischen Dreiteilung der Rosenkranzmysterien.

Die prunkvollen Kapellen wurden von Giuseppe Bernascone entworfen. Zur Herbeischaffung des für die Bauarbeiten notwendigen Wassers bedurfte es umfangreicher hydraulischer Maßnahmen. Tausende von Röhren aus feinster Terrakotta wurden verlegt, die ein Handwerker aus Riva S. Vitale am Luganer See lieferte. Die Bauarbeiten begannen im Jahr 1604. Bernasconis Architektur – kleine überkuppelte Zentralbauten auf rundem, quadratischem oder achteckigem Grundriß (Abb. 7) – nimmt sich in der sanften, heiteren Hügellandschaft etwas melancholisch aus. Sehr viel lebensvoller geht es im Innern zu. Die Szenen – in der ersten Kapelle die Verkündigung an Maria – werden durch überlebensgroße Gestalten aus bemalter Terrakotta dargestellt. Es sind Tableaux vivants, lebende Bilder, die man zu sehen bekommt, sehr volksnah, sehr realistisch und oft recht drastisch. Die meisten Kapellen sind zusätzlich mit Fresken ausgestattet, deren Themen die figürlichen Darstellungen ergänzen. Den Namen der Künstler begegnet man auch in den Kapellen der heiligen Berge von Orta und Varallo, zum Beispiel dem Maler Morazzone und dem Bildhauer Dionigi Bussola. Die dritte Kapelle, die der Flucht nach Ägypten gewidmet ist, fällt infolge ihrer zusätzlichen Dekoration durch einen zeitgenössischen Künstler etwas aus der Reihe. Ein riesiges Gemälde in plakativen, grellen Farben, das Renato Guttuso 1983 schuf, soll an die Flüchtlinge unserer Zeit erinnern, dargestellt am Beispiel der Palästinenser, die aus ihrer Heimat vertrieben wurden. Der Aufstieg zum Wallfahrtsheiligtum beginnt mit einer der Immaculata geweihten Kapelle. Erst danach folgen die eigentlichen Rosenkranzstationen: Verkündigung, Heimsuchung, Geburt Jesu, Darbringung im Tempel, Disput mit den Schriftgelehrten (Freudenreicher Rosenkranz); Gebet in Gethsemane, Geißelung, Dornenkrönung, Aufstieg nach Golgatha, Kreuzigung (Schmerzensreicher Rosenkranz); Auferstehung, Christi Himmelfahrt, Ausgießung des Hl. Geistes, Mariä Himmelfahrt (Glorreicher Rosenkranz).

Gegenüber der letzten Kapelle, umgeben von einem gepflegten Garten, steht die *Casa Pogliaghi*. In der historistischen Villa ist heute ein kleines Museum untergebracht. Lodovico Pogliaghi, ein Mailänder Bildhauer, der bis 1950 hier lebte, brachte von seinen Reisen zahlreiche Kunstschätze mit, die nun hier versammelt sind. Von ägyptischer Kunst bis zum Barock ist jede Epoche vertreten.

Leider ist auch der Sacro Monte nicht von Souvenirläden frei, ebenso nicht von unattraktiven Lokalen, die den schönen Anblick der Kirche *S. Maria del Monte* etwas trüben. Anstelle einer romanischen Bergkirche entstand hier ab 1473 eine spätgotische Basilika. Der Chor wurde 1532 in Formen der fortgeschrittenen Renaissance hinzugefügt. Im Barock wurde dann der Bau nach Westen erweitert und ausgestattet. Der zuerst ins Auge fallende kraftvolle Campanile stammt aus dem 17. Jahrhundert. Der sehr dunkle Innenraum erinnert mit seinen reichen Stukkaturen an eine andere berühmte Marienwallfahrt: Madonna del Sasso über Locarno. Dort wie hier waren die ausführenden Meister Tessiner Stukkatoren. Das zentrale Gewölbefresko des Langhauses von den Brüdern Giovanni Mauro und Giovanni Battista della Rovere (gen. Fiammenghini) gilt der Himmelfahrt Christi. Der Hochaltar ist zugleich der Ort, an dem des 15. Rosenkranzgeheimnisses gedacht wird, der Krönung Mariä. Der Altar ist ein prächtiges Werk der Jahre um 1660, das Gnadenbild stammt aus dem 14. Jahrhundert. Interessantester Teil der Kirche ist die *Krypta* aus der ersten Hälfte des 11. Jahrhunderts. Hier sind wunderbare spätgotische Fresken freigelegt worden, darunter ein Gnadenstuhl, die Darstellung Gottvaters mit dem Kruzifix. Der ehemalige *Konvent*, der die Kirche umgibt, ist ein schlichter Bau, der im Kern noch auf das Mittelalter zurückgeht. Einige Räume sind barock freskiert, darunter der Kapitelsaal.

Das *Museo Baroffio,* nördlich unterhalb der Kirche, zeigt neben Handschriften des Mittelalters und altem Kunsthandwerk auch gute Gemälde von Meistern der lombardischen Schule aus dem 17. und 18.Jahrhundert.

Immer wieder, wenn man den Weg zu S. Maria del Monte hinaufsteigt, fällt der lange, bewaldete Bergrücken auf, der sich im Westen erstreckt. Es ist der **Campo dei Fiori,** der Hausberg von Varese, zugleich Naturpark mit herrlichen Kastanien- und Buchenwäldern. Auch der Kunstfreund wird dort fündig: Zwischen 1910 und 1912 baute der Mailänder Architekt Giuseppe Sommaruga auf der Kuppe der Tre Croci das *Grand Hotel.* Es ist eines der bedeutendsten Beispiele des Stile Liberty, wie man in Italien den Jugendstil nennt.

Das Varesotto

Die Landschaft, die Varese umgibt, das Varesotto, ist in ihrem nördlichen Teil am reizvollsten. Es ist die Gegend zwischen dem Lago Maggiore und dem Lago di Lugano, in der Mitte der langgestreckte Rücken des Campo dei Fiori, die waldreiche Lunge der Industriestadt Varese. Kunsthistorisch ergiebiger ist allerdings der südliche Teil der Provinz.

Direkt vor den Toren der Stadt, über die Hauptstraße in Richtung Gravirate in einer Viertelstunde zu erreichen, liegt der **Lago di Varese** mit seinen beiden Begleitseen, dem **Lago di Monate** und dem **Lago di Comabbio.** Daß die Gegend schon im Neolithikum bewohnt war, beweisen die Reste einer Pfahlbausiedlung, die man 1863 auf der kleinen *Insel Virginia* im Lago di Varese fand. Die archäologischen Arbeiten sind noch heute im Gange; die bisherigen Funde wurden in Museen von Varese, Como und Mailand gebracht.

S. Michele in **Voltorre** bei Gravirate wird wegen seines idyllischen Kreuzganges gern besucht. Die Kirche, die zu einem Cluniazenserkloster des 12. Jahrhunderts gehörte, ist barockisiert. Von der einstigen Bedeutung der Anlage zeugt der wuchtige Campanile aus derbem Bruchsteinmauerwerk. Die Bogen des Kreuzganges ruhen auf unterschiedlich hohen Säulen, deren Kapitelle plastisch sehr fein ausgebildet sind (um 1200). Der warme Terrakottaton des Architravs wirkt im Zusammenspiel mit dem satten Grün des Rasens und dem Rot der Geranien und Rosen sehr stimmungsvoll.

Das Varesotto ist nicht sehr reich an wirklich bedeutender Villenarchitektur. Eine einzige jedoch braucht aufgrund ihrer Lage, Größe und Ausstattung den Vergleich mit den berühmten Prachtbauten am Comersee nicht zu scheuen: Die *Villa Cicogna-Mozzoni* in **Bisuschio** (Abb. 9). Den freundlichen, bewaldeten Bergen und Hügeln des Val Ceresio, in dessen Mitte der Ort liegt, sieht man es nicht an, daß hier einst grimmige Bären hausten. Als der Mailänder Herzog Galeazzo Maria Sforza hier im Jahr 1476 seiner Jagdpassion frönte, wurde er von einem Bären angefallen. Ein einheimischer Landadliger, Agostino Mozzoni, rettete ihn aus der Gefahr und wurde daraufhin mit Dank und Ehren überhäuft. Sein Ansehen wuchs ebenso wie sein Vermögen. Als im folgenden Jahrhundert der Graf Ascanio Cicogna Angela Mozzoni heiratete, beschloß man, das bestehende Jagdschlößchen zu einer Residenz auszubauen. Die Mozzoni scheuten offenbar keine Kosten, denn es entstand in der

Mitte des 16. Jahrhunderts eine Anlage, die von einem zeitgenössischen Historiker als »eines der Kleinode des Varesotto« gepriesen wurde. Der Baumeister des Dreiflügelbaus, der sich nach Süden zum Garten hin öffnet, ist nicht bekannt. Einst war die Fassade ganz mit Fresken bedeckt, die jedoch nur noch fragmentarisch erhalten sind. Ein monumentales bossiertes Portal führt in den Arkadenhof. Auch hier sind viele Freskenreste zu sehen, Arbeiten, die mit den bekannten Malern Campi aus Cremona in Verbindung gebracht werden. Die Gewölbe der Loggien sind mit wunderschönen Girlandenmotiven bemalt, wie man sie bei den Campi öfter antreffen kann, etwa in S. Maria delle Grazie bei Soncino. Die Innenräume sind zeitgenössisch ausgestattet, am beeindruckendsten ist die prächtige Bibliothek. Die größte Überraschung aber ist der exquisite Terrassengarten mit Wasserbecken, Statuen und Grotten, zu dem auch eine kleine Anhöhe mit Kaskade gehört. Es lohnt sich, dort hinaufzusteigen, denn der Blick von der Balustrade auf die großzügige Anlage und die sanften Berge des Val Ceresio ist bemerkenswert.

Die Hauptstraße Varese–Saronno führt an dem Ort vorbei, der bei Kunstinteressierten bekannter ist als jeder andere in dieser Provinz: **Castiglione Olona.** Kardinal Branda Castiglione, kunstsinniger päpstlicher Legat und Mäzen, hatte es sich in der ersten Hälfte des 15. Jahrhunderts in den Kopf gesetzt, seine ländliche Residenz zu einem ›Klein-Florenz‹ auszubauen. Dazu holte er sich bedeutende Florentiner Künstler heran, voran Masolino da Panicale, der auch den Freskenzyklus seiner Titularkirche S. Clemente in Rom schuf. Heute empfängt den Besucher nur noch ein matter Abglanz der einstigen Pracht, ein einsames, verfallenes Bergdorf, das sich allerdings reizvoll über dem Ufer des Olona erstreckt. Schuld am Niedergang des Ortes waren die Mailänder Sforza. Da die Castiglione sich auf die Seite König Ludwigs XII. von Frankreich geschlagen hatten, wurde ihr Besitz 1513 zerstört.

An der kleinen Piazza, an der Ecke der Via Cavour, steht der *Palazzo Castiglione,* der Familiensitz des hier seit dem Mittelalter ansässigen Geschlechts Castiglione, den Kardinal Branda ab 1436 prachtvoll ausbaute. Vom Eingangsportal führt ein Korridor ins Innere des Palastes und in den Arkadenhof. Die Räume des Kardinals sind freskiert. In der ehemaligen Bibliothek findet man ein wenig bekanntes Werk Masolinos, die Ansicht der ungarischen Stadt Veszprém (um 1436). Dort amtierte der Kardinal 1412–1424 als Bischof.

Wenige Schritte von dem Palast entfernt steht die kleine *Chiesa di Villa (Corpo di Cristo),* ein Zentralbau aus den Jahren 1422–1443 (Abb. 11). Die Ähnlichkeit mit Architekturen von Brunelleschi in Florenz, etwa der Pazzi-Kapelle in S. Croce, gaben Anlaß zu Spekulationen, daß dieses Gebäude nach einem Entwurf des berühmten Florentiners entstand. Die beiden riesigen Heiligenfiguren zu seiten des Portals – Antonius Abbas und Christophorus – werden Jacopino da Tradate zugeschrieben (um 1425). Das Innere – ein kubischer Zentralraum mit Pendentifkuppel – ist mit qualitätvollen Arbeiten aus der Mitte des 15. Jahrhunderts ausgestattet.

Der Weg hinauf zur *Collegiata (S. Maria)* ist sehr idyllisch und angenehm schattig. Auch diese Kirche wurde von Branda Castiglione gestiftet, doch ließ ihr Baumeister sich nicht von toskanischen Vorbildern leiten, sondern orientierte sich an den gotischen Backsteinbauten der Lombardei. Unter dem schönen Radfenster der Fassade, im Tympanon des einfachen

Castiglione Olona, Gastmahl des Herodes, Fresko des Masolino im Baptisterium

Portals, sieht man den knienden Kardinal als Stifter vor der thronenden Madonna. Die Kirchenpatrone Stephanus, Laurentius, Ambrosius und Clemens begleiten die Szene. Das Relief ist 1428 datiert. Die dreischiffige Stufenhalle ist innen reich mit Fresken ausgestattet. Diejenigen an den Schildwänden des Chores – Szenen aus dem Marienleben – stammen wieder von der Hand Masolinos (1435). Die Darstellungen aus dem Leben der Kirchenpatrone Laurentius und Stephanus wurden nach Masolinos Tod im Jahre 1440 von seinem Schüler Paolo Schiavo und dem Sienesen Lorenzo Vecchietta vollendet. Links im Chor steht das Marmorgrabmal des Kardinals (gest. 1443), eine veneto-lombardische Arbeit aus der Mitte des 15. Jahrhunderts. Die Kreuzigungsdarstellung des Altares wird Paolo Schiavo zugeschrieben.

Ein kleiner Weg führt im Norden am Pfarrhaus vorbei zum *Baptisterium.* Der Bau selbst, der auf den Fundamenten eines alten Burgturms entstand, ist weniger bemerkenswert als sein Inneres, das von Masolino mit Szenen zum Leben Johannes des Täufers freskiert wurde (1435 vollendet). Der Maler, der als Lehrer von Masaccio, einem der entscheidenden Meister der Frührenaissance, und als dessen Mitarbeiter bei der Freskierung der Florentiner Brancacci-Kapelle in die Kunstgeschichte einging, zeigt sich hier von seiner liebenswertesten

89

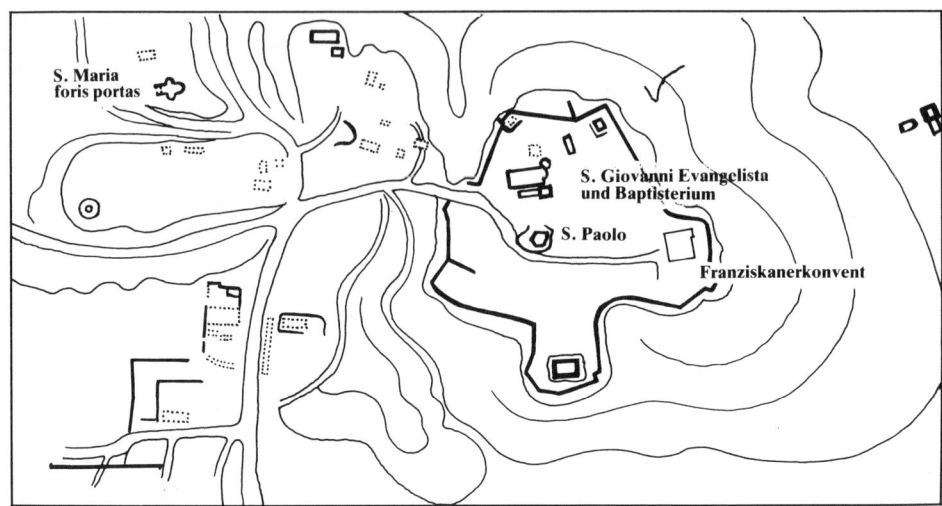

Lageplan von Castelseprio

Seite. Als einer der letzten italienischen Maler der Internationalen Gotik bezaubert er durch seine lyrische Auffassung, die höfische Eleganz der Gebärden und die Zartheit seiner Gestalten.

Ganz in der Nähe von Castiglione Olona liegt ein weiterer kunsthistorisch außerordentlich interessanter Ort des Varesotto: Castelseprio. Die Hauptstraße in Richtung Saronno, die Varesina, verläßt man bei Tradate und fährt zunächst nach **Torba (Gornate Olona),** das einen kurzen Aufenthalt lohnt. Hier steht die Ruine eines Benediktinerklosters mit der Kirche *S. Maria.* Der Bau ist im Kern karolingisch und wurde im 12. Jahrhundert erweitert. An der Nordwand sind noch Freskenreste erhalten, die den byzantinischen der Kirche S. Maria foris portas von Castelseprio stilistisch zur Seite zu stellen sind. Den größten Eindruck hinterläßt der quadratische *Wehrturm* im Osten der Kirche. Er gehörte zur einstigen Klosterbefestigung und stammt im Kern noch aus dem 9. Jahrhundert. Auch hier, in der Cappella Palatina des Obergeschosses, sind noch Freskenreste erhalten. Die Wände waren einst ganz ausgemalt, heute ist nur noch eine Szene deutlich erkennbar, eine Madonna mit Heiligen und Stifter in den strengen Formen der karolingischen Zeit.

Castelseprio ist eine Gründung der keltischen Insubrer, die die strategisch günstige Lage des Hügels über dem Olonatal nutzten. Im Römerreich wurde aus der keltischen Siedlung das Castrum Sibrium – eine Festung zur Verteidigung gegen die vordringenden germanischen Stämme. Als die Langobarden sich siegreich durchsetzten, machten sie Sibrium zum Hauptort einer Provinz, die sich vom Lago Maggiore bis nach Mailand erstreckte. Ihre Burg wurde zum Stützpunkt des arianischen Glaubens, dem sie ursprünglich anhingen. Auch nach der

Eroberung des Langobardenreiches durch Karl den Großen verlor der Ort nicht an Bedeutung. Im Mittelalter wuchs er zu einer mächtigen Kommune heran, die den Mailändern schwer zu schaffen machte. In den Kämpfen zwischen den Torriani und den Visconti wurde Castelseprio schließlich zerstört (1287) und bis auf die Sakralbauten dem Erdboden gleichgemacht. Doch auch die Kirchen verfielen, da die Visconti den Wiederaufbau der Stadt verboten. Es ist kein Wunder, daß der einst mächtige, in den Wäldern versteckte Ort im Laufe der Jahrhunderte Gegenstand phantastischer Sagen und Legenden wurde. So berichtete im 14. Jahrhundert der Mönch Galvano Fiamma, man habe hier unter einem großen, vom Wind entwurzelten Baum ein merkwürdiges Grab entdeckt. Man fand dort angeblich das Skelett eines Waffenträgers, der in der rechten Hand ein Schwert hielt, dessen französische Inschrift auf Tristan, den Geliebten Isoldes, hinwies, dem es einst gehört haben soll: »Cel est le spee de meser Tristan un il ocist Lamoyrot de Yrlant.« In der linken Hand trug das Skelett eine Inschrift, die es als einstigen Langobardenkönig auswies: »Roy de Lombard incoronez/so les altres barons aprexies.« Noch bis ins 20. Jahrhundert blieb der Ort geheimnisumwoben, bis ihn schließlich Partisanen wiederentdeckten, die sich am Ende des Zweiten Weltkrieges dort oben aufhielten. Seit dieser Zeit bemüht man sich um seine systematische Ausgrabung und Restaurierung.

Das *Ruinenfeld im Osten* umfaßt Reste einer Burg, von Wehrtürmen, Graben und Mauern, vor allem aber von zwei Kirchen und einem Baptisterium. Großartig ist der Komplex um die einstige Basilika *S. Giovanni Evangelista*. Bis ins späte 18. Jahrhundert hinein müssen diese Bauten noch weitgehend intakt gewesen sein, denn erst seit dieser Zeit wurden sie als Steinbruch genutzt und zerstört. Die Basilika, deren Gründung auf das 5./6. Jahrhundert zurückgeht, war dreischiffig und hatte eine Länge von mehr als 26 m. In der Frühromanik wurden eine Haupt- und eine Südapsis hinzugefügt. Das nördlich angrenzende oktogonale *Baptisterium* erstaunt durch seine zwei Taufbecken. Wahrscheinlich hat man hier die arianischen und athanasianischen Christen getrennt getauft. Auch in Ravenna gab es ja zwei getrennte Baptisterien für die beiden Glaubensgemeinschaften. Südlich dieses Komplexes findet man die Ruinen einer sechseckigen Kirche, *S. Paolo*. Sie stammt aus der Frühromanik (11. Jahrhundert) und hatte einen gewölbten Umgang mit darüberliegender Empore, die auf den sechs Säulen ruhte, die den Mittelraum begrenzten. Ein hexagonaler Grundriß ist für jene Zeit nicht außergewöhnlich und etwa von deutschen Hofkirchen bekannt. Im östlichen Teil des Befestigungsringes sind Reste eines ehemaligen Franziskanerklosters aus dem 15. Jahrhundert zu sehen.

Während dieser Ruinenbezirk nicht von Bäumen umgeben und die Wanderung oft in gnadenloser Hitze zu bewältigen ist, führt der Weg zur Kirche *S. Maria foris portas* durch schattigen Wald. Das zarte Fiederblattwerk der Akazien, dazwischen der kleine Bau aus rohem Bruchsteinmauerwerk mit dem weiten Zugang seiner Vorhalle – es ist ein schönes Bild. Die Kirche, die wahrscheinlich noch aus dem 7. Jahrhundert stammt, wurde häufig umgebaut, doch hat man ab 1944 den ursprünglichen Zustand wiederhergestellt. Der Bau besteht aus einem einfachen gewölbten Saal, dem im Norden, Süden und Osten Apsiden angefügt sind, die eine Dreikonchenanlage bilden, mit offener Vorhalle im Westen. Es ist

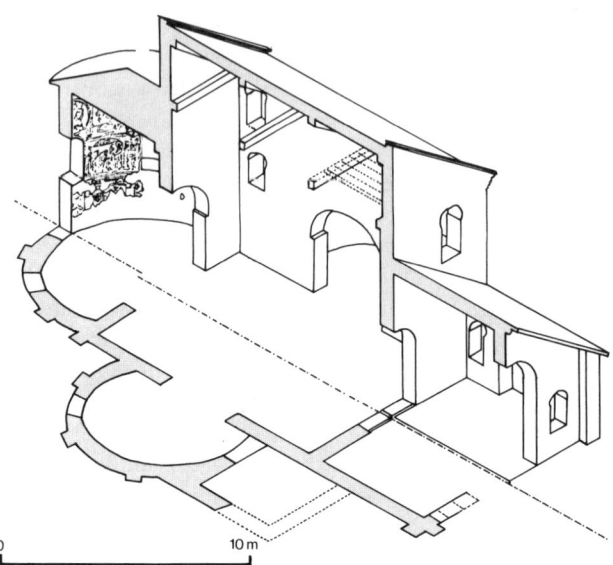

Castelseprio, S. Maria foris portas, Isometrie

möglich, daß S. Maria als Pilgerkirche entstand, neben einem Hospiz, direkt an der Straße, die von Novara nach Como führte. Berühmt geworden ist die Kirche wegen ihrer Fresken, die vor allem die Wände der Hauptapsis bedecken. Wie ganz Castelseprio voller Rätsel steckt, so ist auch hier vieles ungeklärt. Niemand kann genau sagen, wann dieser *Freskenzyklus,* der dem Geschehen um die Geburt Christi gewidmet ist, entstand. Stilistisch weisen die sehr routiniert gemalten Wandbilder auf einen Maler der spätrömisch-byzantinischen Tradition hin. Wahrscheinlich war es ein byzantinischer Wanderkünstler, der sich hier in Castelseprio verdingt hat. Die Datierungen schwanken zwischen dem 7. und 9. Jahrhundert. Folgt man dem Urteil der Paläographen, die vorhandene Inschriften untersuchten, muß eine Entstehung nicht nach dem 8. Jahrhundert angenommen werden.

Die Szenen folgen nicht dem Text der kanonischen, sondern der apokryphen Evangelien. Diese meist griechisch oder lateinisch in den ersten nachchristlichen Jahrhunderten verfaßten Texte waren wegen ihrer erzählerischen Ausschmückungen sehr populär und wirkten auf die Kunst der frühchristlich-byzantinischen Zeit stark ein. So sieht man zum Beispiel bei der Geburtsszene das Hebammenmotiv aus dem Protoevangelium des Jakobus. Dieser Erzählung zufolge hatte Josef vor der Geburt vorsorglich eine Hebamme herbeigerufen. Deren Freundin Salome zweifelte an der Jungfräulichkeit Marias. Daraufhin verdorrte ihre Hand und wurde erst durch die Berührung des Christuskindes wieder geheilt.

Die Bilderfolge beginnt links oben: Verkündigung – Heimsuchung – Wasserprobe Marias vor dem Hohepriester – der Pantokrator – Josefs Traum; darunter die Darbringung im Tempel und die Flucht nach Ägypten; darunter schließlich die Geburt mit der Verkündigung an die Hirten. Über dem Triumphbogen erscheint das frühchristliche Motiv der Hetoimasia – zwei Engel und in ihrer Mitte ein Medaillon mit Thron, Krone und Kreuz – der für Christus als Weltenrichter vorbereitete Thron. Darunter sieht man die Anbetung der Könige. Der Zyklus, der wahrscheinlich einst alle Wände bedeckt hat, ist unvollständig erhalten, doch selbst diese Reste genügen, um die erstaunliche Qualität der Malereien erkennen zu lassen. Mit Recht spricht man hier vom »qualitativ bedeutendsten Zyklus« der Zeit vor 1000.

Tief in das Industriegebiet des Varesotto hinein führt eine zweite Kunstfahrt, die über die Autobahn Varese–Mailand möglich ist. Es ist ein Trost, daß der Zersiedlung und Naturzerstörung dieses Gebietes seit 1978 energisch entgegengearbeitet wird – wenigstens, was den westlichen Teil betrifft. Damals wurde der *Parco Naturale della Valle del Ticino* gegründet, der Naturpark des Tessintals. Die Initiatoren haben es sich zur Aufgabe gemacht, das weite Gebiet des Tessinlaufes zwischen Sesto Calende und Pavia wieder einem naturnahen Zustand zuzuführen. Der noch existierenden, sehr reichhaltigen Flora und Fauna werden ihre Lebensräume erhalten, und an manchen Stellen der einst hochbedrohten Landschaft beginnt sich wieder ein ökologisches Gleichgewicht einzustellen.

Die erste Station ist **Albizzate** – landschaftlich noch in das idyllische hügelige Hinterland des Lago di Varese eingebunden. Hier ist es nicht die Pfarrkirche, die interessiert, sondern das danebenstehende *Oratorio Visconteo*, auch *S. Venanzio* genannt. Die Saalkirche des Jahres 1380 enthält Fresken im Stil der Internationalen Gotik. Man weiß nicht, von wem die Malereien stammen, doch nimmt man Künstler aus dem Kreis der mailändischen Hofmaler an. In der Apsis erscheint ein thronender Christus in der Mandorla, am Triumphbogen sieht man Heiligenmedaillons und Wappen der mailändischen Herrscherfamilie Visconti. Die Fresken der Wände – jeweils drei Streifen übereinander – gelten dem Leben der Heiligen Johannes der Täufer und Ludwig von Toulouse.

Über Nebenstraßen kommt man von hier aus nach **Arsago Seprio**. Hier findet man die einzige bedeutende romanische Kirche der Provinz Varese, *S. Vittore* mit dem dazugehörigen *Baptisterium* (Abb. 12). Im Gegensatz zur üblichen Anordnung erhebt sich hier das Baptisterium gegenüber der Fassade, was dem Komplex machtvolle Geschlossenheit verleiht. Arsago war schon in vorrömischer Zeit besiedelt und wurde dann – an der Straße von Mailand an den Lago Maggiore gelegen – ein wichtiger römischer Stützpunkt. Es ist eine der ältesten Pfarreien der Lombardei und gehörte unter die Jurisdiktion Mailands, woraus sich Ähnlichkeiten mit gleichzeitigen mailändischen Bauten erklären. Die dreischiffige Basilika wird im Osten von drei Apsiden abgeschlossen. Der einzige äußere Schmuck sind die umlaufenden Rundbogenfriese. Merkwürdig nimmt sich der Campanile aus, dessen Glockenstuhl 1872 zugemauert wurde, weil man die Zahl der Glocken vermehren wollte. Die sind nun sehr unschön im Freien auf der den Turm abschließenden Plattform plaziert. Die Datierung des Bauwerkes schwankt, doch werden von den meisten Fachleuten die Jahre um 1130 als Entstehungszeit angenommen. Der Innenraum von S. Vittore wirkt recht nüchtern, weil man die Wände zu Anfang unseres Jahrhunderts verputzt hat. Wahrscheinlich waren sie einst mit Fresken bemalt. Auffallend ist der Wechsel von kräftigen Pfeilern und extrem schlanken Säulen, die offenbar römischen Ursprungs sind.

Ästhetisch befriedigender ist der Innenraum des *Baptisteriums* gestaltet, das um 1150 datiert wird. Dem kantigen Oktogon des Außenbaues entspricht im Innern ein wunderbar durchgliederter Raum: Sieben rechteckige und eine halbrunde Nische umgeben den Mittelraum im Untergeschoß. Über ihnen öffnet sich ein von Säulen getragener, arkadenbegrenzter Emporenumgang. Der Kuppeltambour – auch von außen mit seinem Nischenkranz sehr dekorativ – ist innen als Sechszehneck ausgebildet. Kleine Öffnungen – Rundbogenfenster, Kreuzfenster und runde Okuli – sorgen für rhythmische Spannung.

Über Besnate, Gallarate und Busto Arsizio kommt man zum Industrieort **Saronno**. Die Kirche *Madonna dei Miracoli* (Abb. 13), am südöstlichen Ortsrand gelegen, gehört zu den eindrucksvollsten Bauten der Provinz Varese. Die monumentale Barockfassade steht in ihren wuchtigen Formen in krassem Gegensatz zu dem feingegliederten Vierungsturm der Renaissance mit seiner anmutigen Zwerggalerie. Die Kirche entstand ab 1498 als Zentralbau am Ort einer Marienerscheinung. Der Plan stammt wahrscheinlich von Giovanni Antonio Amadeo nach Vorbild der Mailänder Kirche S. Maria delle Grazie. Der schlanke, reich gegliederte Campanile ist ein Werk von Paolo della Porta (1516). Anschließend an eine basilikale Erweiterung wurde erst in der Mitte des 17. Jahrhunderts nach Entwürfen von Pellegrino Tibaldi die Fassade vorgelegt. Berühmt ist die Kirche vor allem wegen ihrer Ausstattung. Zwei der bedeutendsten Maler Oberitaliens, Bernardino Luini und Gaudenzio Ferrari, sind hier mit Hauptwerken vertreten: Die Kuppel erfüllt das gewaltige *Engelskonzert* von Gaudenzio Ferrari, in dem sich sämtliche Heerscharen des Himmels versammelt zu haben scheinen, so daß man den Gottvater, der in der Mitte oben als plastische Figur sichtbar wird, fast übersieht, ebenso wie die gen Himmel auffahrende Maria am Rand. Die *Kapelle der Madonna* im Chor ist mit Fresken von Bernardino Luini ausgestattet – Szenen zum Leben Christi und Marias. Der Zyklus entstand um 1525 und trägt noch Züge der Frührenaissance, während Ferraris Kuppelmalerei von 1534 stilistisch bereits eindeutig der Hochrenaissance angehört.

Die Provinz Como

> »I ask myself, is this a dream?
> Will it all vanish into air?
> Is there a land of such supreme
> And perfect beauty anywhere?«

*Henry Wadsworth Longfellow,
Cadenabbia, 1874*

Der Comer See

Der Lacus Larius, wie die Römer ihn nannten, der Lario, wie man ihn heute oft noch nennt, gilt als der schönste der oberitalienischen Seen. Wie jeder Superlativ ist auch dieser fragwürdig, doch muß gestanden werden, daß dem Zauber dieses Sees, der südliche Pracht mit nördlicher Herbheit verbindet, kaum zu widerstehen ist. Zwar ist er mit einer Flächenausdehnung von 146 km² nur der drittgrößte der oberitalienischen Seen, doch hat er dank seiner beiden südlichen Ausläufer die größte Uferlänge. Auch hier ist es das Westufer, das mit einer besonders üppigen Vegetation gesegnet ist. Die Landschaft zwischen Cernobbio und Menaggio, dazu auch die kleine Halbinsel Bellagio, ist in ihrer klassischen Schönheit und Harmonie fast überirdisch. Hier finden wir auch die meisten Villen des 18. und 19. Jahrhunderts, von denen die Villa Carlotta die berühmteste ist. Der nördliche Teil des Lario, der in seiner Stimmung sehr viel ernster ist, versammelt auch die ernstere Kunst. Die edle romanische Kirche von Gravedona, S. Maria del Tiglio, ist hier das herausragende Bauwerk.

Beginnen wir unsere Rundfahrt jedoch nicht mit dem üppigen westlichen Ufer bei Cernobbio, sondern setzen wir die Stadt an den Anfang, die literarisch wie keine andere hier Ruhm und Glanz auf sich versammelt hat: **Lecco.**

»Der Arm des Comersees, der sich zwischen zwei ununterbrochenen Bergketten je nach ihrem Vorspringen und Zurücktreten in lauter Buchten und Busen gen Mittag hinwindet, verengt sich zwischen einem Vorgebirge auf der rechten und einem ausgedehnten Uferlande auf der andern Seite gleichsam mit einem Ruck und nimmt Lauf und Aussehen eines Flusses an; und die Brücke, die dort die beiden Ufer verbindet, scheint diese Veränderung dem Auge noch deutlicher zu machen und bezeichnet den Punkt, wo mit dem Aufhören des Sees die Adda wieder anfängt, freilich nur, um sofort wieder den Namen eines Sees anzunehmen, wo die Ufer, sich von neuem voneinander entfernend, gestatten, daß sich das Wasser ausbreitet und in neuen Busen und Buchten verläuft.«

Jeder gebildete Italiener kennt diese Zeilen, mit denen Alessandro Manzonis berühmter Roman »I promessi sposi« (Die Verlobten) beginnt. Als Kind eines italienischen Aristokraten, des Grafen Pietro Antonio Manzoni, wuchs der Dichter in Lecco auf. Die Landschaft des südlichen Comer Sees, die sich ihm von früh auf einprägte, wurde zur wichtigsten

Der Comer See nach einem Stich des 19. Jahrhunderts

Szenerie seines Epos. Was Shakespeare für Verona ist, das ist Manzoni für Lecco. Ebenso romantisch und auch ebenso dramatisch wie die Geschichte von Romeo und Julia ist die von Renzo und Lucia, deren Liebe harten Prüfungen ausgesetzt wird, bis nach überlanger Verlobungszeit schließlich doch die Hochzeit folgt. Immer wieder begegnet man in Lecco den Spuren des berühmten Dichters und der Gestalten seines Romans, doch leider wird man hier – im Gegensatz zu Verona – nicht mit soviel malerischen Winkeln, großartigen Plätzen, Kirchen und Gärten konfrontiert, denn die Stadt am Comer See ist keine Schönheit. Hochhäuser und rauchende Schlote erinnern stets daran, daß wir uns hier in einer regen Geschäfts- und Industriestadt befinden. Die wenigen alten Bauten sind nicht bedeutend. Was Lecco auszeichnet, ist seine Umgebung: vor allem die Valsassina, ein herrliches, grünes Voralpental am Fuß der beiden Grigne – ein Dorado für Bergwanderer. Auch hier begegnet man wieder dem Namen Manzoni, denn in Barzio wurde Graf Pietro Antonio Manzoni geboren.

Die erste kunsthistorisch lohnende Station am Ostufer ist **Varenna.** Noch vor dem Ortseingang im Süden, direkt am Seeufer, finden wir die *Villa Monastero.* Der langgestreckte Bau, der durch großzügige Loggien auf der Gartenseite auffällt, geht in seinem Kern auf einen Nonnenkonvent zurück. Zisterzienserinnen der Isola Comacina gründeten 1208 das Kloster. Im Lauf der Jahrhunderte scheint sich hier ein Verfall der Sitten eingestellt zu haben, was angesichts der betörenden Szenerie kein Wunder ist. Der hl. Karl Borromäus sah sich schließlich gezwungen, das Kloster aufzulösen (1567) und der Besitz ging an Paolo

Mornico, einen Aristokraten aus der Valsassina. Ihm und seinem Sohn Lelio hat man die prächtigen Gartenanlagen und einige Umbauten zu verdanken. Es gab dann im 18. und 19. Jahrhundert einige Besitzerwechsel, bis schließlich ein wohlhabender Deutscher namens Kess die Villa erwarb und sie in historistisch-prunkvollem Stil ausstattete. Seit 1953 gehört sie dem italienischen Staat, der sie für wissenschaftliche und literarische Tagungen zur Verfügung stellt. Der terrassierte Park mit exotischen Pflanzen und Bäumen ist der schönste des Ostufers.

Der See ist auf dieser Seite nirgends so reich mit romantischen Ausblicken gesegnet wie hier, wo die Halbinsel Bellagio fast greifbar nahe ist. Die Pfarrkirche *S. Giorgio* mitten im Ort ist eine Basilika der Jahre um 1300, doch stammt der Campanile aus der Mitte des 17. Jahrhunderts. Die Ausstattung geht größtenteils auf die Renaissance zurück. Hervorzuheben ist das Altarbild mit der Taufe Christi von Sigismondo de Magistris (1553).

Der Nachbarort **Bellano** kann sich zwar nicht einer bedeutenden Villa rühmen, doch besitzt er eine imponierende Pfarrkirche, *SS. Nazaro e Celso*. Die Fassade mit einer großen Fensterrose und ausdrucksvoller Streifeninkrustation stammt von einem Meister aus Campione, Giovanni di Ugo, dem Meister aus dem Intelvital zur Seite standen. Die Basilika wurde 1342–1350 erbaut. Das Langhaus ist mit Fresken der Zeit um 1530 ausgestattet.

Fragt man sich nach einer Fahrt am Ostufer entlang, was hier den größten Eindruck hinterlassen hat, so fällt die Antwort nicht schwer: Es ist die *Abtei von Piona*, 6 km südwestlich von **Colico**, mitsamt der sie umgebenden landschaftlichen Szenerie. Hinter Olgiasca führt eine schmale holprige Straße durch lichten Mischwald hinab zum ehemaligen Benediktinerkloster und seiner Kirche S. Nicolò. Die kleine hügelige Halbinsel am Laghetto di Piona wäre auch ohne das Kloster einen Abstecher wert. Unterhalb der Kirche führt ein kleiner Weg direkt ans Ufer. Der Blick vom Schiffslandesteg aus ist bestechend, denn Gravedona ist ganz nahe gerückt, dessen Kulisse zu den schönsten des Sees gehört. Das Kloster geht auf eine Gründung des Bischofs Agrippino von Como zurück (7. Jahrhundert). Die heutigen Bauten entstanden jedoch bedeutend später. Die Kirche wurde im Jahr 1138 geweiht, der Kreuzgang sogar erst in der Mitte des 13. Jahrhunderts (1252–1257) hinzugefügt. Im 15. Jahrhundert wurde Piona in eine Kommende umgewandelt, heute ist es wieder Zisterzienserkloster. *S. Nicolò* ist ein einfacher Hallenbau mit halbrunder Apsis und offenem Dachstuhl. Im Chor sind noch Freskenreste des 13. Jahrhunderts zu sehen, ein thronender Christus in der Mandorla, darunter in einem Fries die Apostel. Die beiden Marmorlöwen, die den Besucher gleich beim Eintreten empfangen, gehörten zur ehemaligen Portalvorhalle. Im Süden umschließen die in dekorativer Streifenquaderung errichteten Klostergebäude den kleinen schattigen *Kreuzgang*. Die Crochetkapitelle der Arkaden sind außerordentlich fein gemeißelt, die schlanken Säulen sind von großer Eleganz. Auch hier sind Freskenreste erhalten, darunter ein hl. Benedikt mit strengen, ausdrucksvollen Gesten.

Der Ort Colico selbst ist von hohen Bergen umgeben, die in ihrer schroffen Kahlheit dem nördlichen Seende einen herben Akzent geben. Die Straße in Richtung Gravedona führt quer durch den Piano di Spagna, einst unwegsames Sumpfgebiet an der Mündung der Adda, heute eine fruchtbare Ebene mit vielen Wiesen und Obstbäumen.

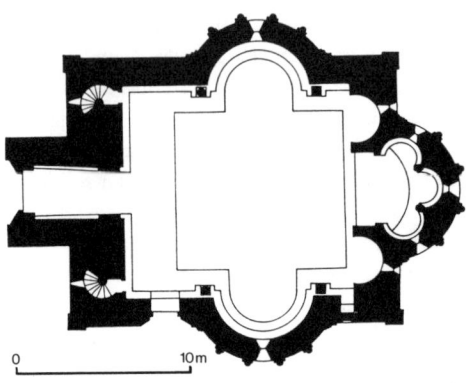

Gravedona, Grundriß der Kirche S. Maria del Tiglio

Gravedona, auf einer Halbinsel am Alto Lario gelegen, ist kunsthistorisch einer der ergiebigsten Orte des Sees. Es gehörte zu den Gemeinden, die sich im Mittelalter mit Mailand verbündet hatten. Die daraus resultierende Feindschaft Friedrich Barbarossas führte zur Zerstörung des Kastells am See. Im 16. Jahrhundert wurde der Ort Zentrum der drei oberen Pfarrsprengel, zu denen auch Dongo und Sorico gehörten. Diese *tre pievi* wurden während der spanischen Herrschaft dem Kardinal Tolomeo Gallio übertragen, der auf den Grundmauern des mittelalterlichen Kastells einen Palast errichtete.

Mit der Kirche *S. Maria del Tiglio* besitzt Gravedona einen der wichtigsten romanischen Bauten am Lario. Sie liegt am südlichen Ortsrand, direkt neben einer zweiten Kirche romanischen Ursprungs, S. Vincenzo. Der schöne Name »Heilige Maria zur Linde« paßt in seiner Sanftheit wenig zu dem strengen, ernsten und außerordentlich monumentalen Bau. Der hohe Turm, der direkt aus der Fassade emporwächst, ist für diese Gegend ungewöhnlich. Wie an den beiden bedeutenden romanischen Kirchen Comos, S. Abbondio und S. Fedele, sind auch hier Einflüsse der deutschen Romanik zu erkennen.

Dem heutigen Bau vom Ende des 12. Jahrhunderts ging ein frühchristliches Baptisterium (5./6. Jahrhundert) auf quadratischem Grundriß mit drei Apsiden voraus. Auf dieser Grundlage entstand der romanische Bau, dessen Zentralbaucharakter jedoch erst im Innern deutlich wird: Seine Wände umschließen ein Quadrat, das an drei Seiten von Konchen durchbrochen ist. Dabei ist die dem See zugewandte Hauptapsiswand mit ihren ausschwingenden Nischen besonders phantasievoll gestaltet (Abb. 17). Nischen, Apsiden, Emporen und Fensteröffnungen scheinen die Wände aufzulösen und verleihen dem Raum einen überraschenden Rhythmus. Der monumentale romanische Christus (13. Jahrhundert) in der Hauptapsis ist das einzige Ausstattungsstück. Die noch erhaltenen Freskenreste des 13. bis 15. Jahrhunderts deuten auf einen einst sehr umfangreichen Zyklus. Die rechte Seite der der Apsis gegenüberliegenden Wand nimmt eine Darstellung des Jüngsten Gerichts ein, in der Mitte erscheint die Gestalt Christi in der Mandorla. Im Fußboden sieht man noch den Umriß des frühchristlichen Taufbeckens.

S. Vincenzo ist im Kern ein romanischer Bau (1072), der allerdings 1627 und 1726 völlig barockisiert wurde. Nur die Außengliederung der Seitenschiffe und die siebenschiffige Hallenkrypta blieben vom ursprünglichen Bau erhalten.

Beherrschender Baukomplex am Seeufer ist der *Palazzo Gallio,* der 1583 auf den Grundmauern des zerstörten mittelalterlichen Kastells entstand. Das prächtige Gebäude mit Ecktürmen und doppelgeschossiger Loggia entstand nach dem Entwurf Pellegrino Tibaldis, dem man in der Lombardei hervorragende Architekturen zu verdanken hat (Pavia: Collegio Borromeo; Mailand: Palazzo Arcivescovile; Monza: Campanile des Doms).

Hoch über dem Ort thront *S. Maria delle Grazie*, eine der wenigen gotischen Klosterkirchen im Gebiet des Comer Sees. Die Saalkirche entstand in den Jahren nach 1467 und ist mit schönen Fresken lombardischer Meister des 15. und 16. Jahrhunderts ausgestattet. Die Klostergebäude sind nicht mehr original erhalten und wurden überdies zu einem Bauernhof umfunktioniert.

Der nächste Ort, **Dongo**, besitzt mit der barocken Pfarrkirche *S. Stefano* das größte Gotteshaus des Seegebietes, das allerdings nicht auch das schönste ist. Der Innenraum wurde von Meistern des nahen Intelvitals überreich mit Fresken und Stuck ausgestattet.

Menaggio, auf einer kleinen Landzunge gelegen, gehört wegen seines milden Klimas zu den meistbesuchten Orten des Sees. Kunsthistorisch ist das elegante Menaggio allerdings wenig ergiebig. Von hier aus führt eine Bergstraße an den Luganer See nach Porlezza, doch wenn man mit dem landschaftlichen auch den Kunstgenuß verbinden will, sollte man bis Argegno warten. Von dort aus führt eine Straße durch das sehr interessante Intelvital ebenfalls an den kleineren Nachbarsee.

An der alten Via Regina, auf halber Wegstrecke zwischen Como und Sorico, liegt **Tremezzo**, dessen Name (*mezzo* = halb) schon auf diesen Sachverhalt hinweist. Die Riviera della Tremezzina hat man auch »Azaleenriviera« genannt, denn die Blütenpracht, die Azaleen und Rhododendren hier im Frühjahr entfalten, ist überwältigend. Die Berühmtheit des Comer Sees gründet sich in erster Linie auf diese von der Natur verschwenderisch ausgestattete mittlere Partie des Lario, zu der auch noch die Halbinsel Bellagio zu zählen ist. Diese Gegend ist es, die von den reisenden Künstlern und Literaten des 18. und 19. Jahrhunderts emphatisch gepriesen wurde, und man kann Franz Liszt, der hier entscheidende Wochen verbrachte, nur recht geben, wenn er sagt: »Ich kenne keine Gegend, die so wie diese sichtlich vom Himmel gesegnet ist.«

Kein Wunder, daß die schönsten der schönen Villen gerade hierhergesetzt wurden. Oft liegen sie an den Seeufern einander gegenüber, denn man wollte den Rivalen ärgern, wollte zeigen, daß man selbst auch fähig war zu größter Prachtentfaltung. Einem solchen Konkurrenzdenken verdanken wir die Ausstattung der berühmtesten Villa dieses Sees, der *Villa Carlotta* (Farbt. 11; Abb. 14).

Der Bau, der in seiner ruhigen Gliederung so durchaus klassizistisch wirkt, hat eine barocke Vergangenheit. Marchese Giorgio Clerici, ein Mailänder Senatspräsident, ließ die Villa im Jahr 1747 errichten. Bereits 1801 ging sie an den Grafen Gian Battista Sommariva über, der sie im Stil des Klassizismus umbauen ließ und mit prächtigen Empiremöbeln und einer Skulpturensammlung ausstattete. Sein Hauptziel war es, seinen Erzfeind Francesco Melzi d'Eril zu ärgern, der in jenen Jahren am gegenüberliegenden Ufer von Bellagio eine aufwendige Villa erbauen ließ. 1856 wurde das herrschaftliche Gebäude an die Prinzessin Marianne von Preußen verkauft, die sie ihrer Tochter Charlotte zu ihrer Hochzeit mit Prinz Georg von Sachsen-Meiningen schenkte. Damals erst erhielt sie den Namen Villa Carlotta.

Tremezzo, Villa Carlotta im 18. Jahrhundert (Kupferstich von M. Dal Re)

Der Ära Sachsen-Meiningen ist die Ausgestaltung des prächtigen Parks zu verdanken, dem dieser Besitz vor allem seinen Ruhm verdankt.

Den Besucher empfängt ein großzügig angelegter Terrassengarten im italienischen Stil des 18. Jahrhunderts, dem sich eine Parkanlage im englischen Stil anschließt. Der repräsentativste Raum der Villa selbst ist der Große Marmorsaal, dessen noble blaue Wände die geeignete Folie für die klassizistischen Statuen und Reliefs abgeben, die hier versammelt sind. Der Wandfries von Berthel Thorwaldsen, »Triumphaler Einzug Alexanders des Großen in Babylon« (1811–1812), wird durch die große Marmorgruppe »Mars und Venus« in der Mitte des Saales unverdient in den Hintergrund gedrängt. Deren Bildhauer war Luigi Acquisti, der auch eine Büste des Grafen Sommariva schuf. Hauptanziehungspunkt für die meisten Besucher ist die Gruppe »Amor und Psyche«, die jedoch nicht, wie oft behauptet wird, ein Original von Antonio Canova ist – dieses befindet sich vielmehr in Leningrad –, sondern eine Kopie von Adamo Tadolini, einem Schüler des Meisters. Original Canova sind jedoch der »Palmedes« und die »Büßende Magdalena«.

Wenig beachtet neben der strahlenden, berühmten, jedoch durch all ihre Attraktionen auch recht turbulenten Villa Carlotta führt eine Nachbarvilla ein Schattendasein: *La Quiete* – das bedeutet: die Ruhe. Wenn man aus Richtung Lenno kommt und sie kurz vor Tremezzo in ihrer klassischen Schönheit liegen sieht, umgeben von einem gepflegten italienischen Park mit einem prachtvollen Gartentor, könnte man sie fast mit der Carlotta verwechseln. Der Mittelbau ist sehr ähnlich strukturiert, doch besitzt La Quiete zwei Seitenflügel und ist außerdem nicht von einem Terrassengarten umgeben. In ihrer zurückhaltenden Noblesse ist sie vielleicht sogar die reizvollere Anlage – übrigens auch die frühere, denn der Mitteltrakt entstand bereits zu Beginn des 18. Jahrhunderts für die Herzöge Del Carretto. Erst 1768 wurden die Seitenflügel für die Grafen Serbelloni angebaut. Heute ist die schöne Ruhevolle im Besitz der Familie Sola Cabiati, weswegen man sie oft auch Villa Sola nennt.

Bei **Lenno** zeigt sich der See von seiner verführerischsten Seite, und man kann den Literaten des Barock nur zustimmen, die in dieser Bucht »den Spiegel der Diana und Venus« sahen. Beginnen wir gleich mit dem attraktivsten Punkt, dem Dosso di Lavedo und der ihn bekrönenden *Villa del Balbianello*. »Dosso« bedeutet Rücken, doch eigentlich handelt es sich hier nur um eine kleine Landzunge, die sich südlich von Lenno in den See hineinschiebt. Angelo Maria Durini, einer der lebenslustigsten italienischen Kardinäle des 18. Jahrhunderts, der in Rom wegen seiner galanten Neigungen nicht in allerbestem Ruf stand, ließ im Jahr 1787 auf den Ruinen eines ehemaligen Franziskanerklosters eine Villa bauen. Die großartige Szenerie – nahe der Isola Comacina, die der Kardinal allzu gern auch gekauft hätte – wurde Hintergrund rauschender Feste für die illustre Gesellschaft jener Tage. Bereits nach knapp zehn Jahren mußte Durini seine arkadische Halbinsel jedoch verlassen, da die französische Invasion drohte. Sein Nachfolger Luigi Porro Lambertenghi, ein Patriot des frühen Risorgimento, versammelte hier seine politischen Freunde im Kampf gegen Österreich. Unter ihnen war auch der Dichter Silvio Pellico, der später zu fünfzehnjähriger Kerkerhaft auf dem Spielberg bei Brünn verurteilt wurde – eine Zeit, die in seinen Aufzeichnungen »Le mie prigioni« (Meine Gefängnisse) dokumentiert ist. Die Villa ging dann in andere Hände über, kam in unserer Zeit in amerikanischen Besitz, und wenn man heute die Einheimischen befragt, reden sie von der »Villa misteriosa«, der geheimnisvollen Villa, von der eigentlich kein Mensch weiß, was in ihr vorgeht. An einem Tag der Woche ist der Garten zu besichtigen, der von einer prächtigen barocken Steinbalustrade umsäumt wird. Von hier aus geht der Blick hinüber nach Bellagio und zur Villa Melzi, die eine ebenso interessante Vergangenheit hat.

Mit der Kirche S. *Stefano* besitzt Lenno ein sehr vielschichtiges Bauwerk. Der Ursprung ist wahrscheinlich langobardisch – jedenfalls lassen die Kapitelle in der dreischiffigen Hallenkrypta, die selbst auf eine romanische Basilika des 11. Jahrhunderts zurückgeht, dies vermuten. Viele neigen dazu, antike Mauerreste dieser Krypta mit einer der beiden berühmten Villen des Plinius, der Comoedia, in Verbindung zu bringen. Das Schiff der barockisierten Kirche ist mit guten illusionistischen Fresken versehen, und ein Fresko aus dem Umkreis von Bernardo Luini versöhnt mit den Ungewißheiten antiker Herkunft. Das *Baptisterium*, ein Kuppeloktogon mit Apsis, gehört dem Ende des 11. Jahrhunderts an.

Im Gegensatz zum inselreichen Lago Maggiore ist der Lario kein Insel-See. Eine einzige besitzt er nur, die **Isola Comacina,** die allerdings historisch von einiger Bedeutung ist. Dem kleinen stillen Eiland sieht man es heute nicht mehr an, daß hier im Mittelalter eine große Gemeinde mit fünf Kirchen und einer Burg existierte. Die erste Besiedlung erfolgte durch die Römer. Nach der Reichsteilung entschied man sich für die Partei Ostroms, das hier wegen der strategisch günstigen Lage einen Militärstatthalter (magister militium) einsetzte. Im Krieg gegen Byzanz wurde die Insel von den Langobarden erobert und der Statthalter mußte weichen. Die ehemals befestigte Stadt war für viele reiche Flüchtlinge ein Zufluchtsort, in dem sie ihre Schätze in Sicherheit brachten. Man nannte die Insel daher eine Zeitlang Crisopoli – Goldene Stadt. Der Bund mit Mailand im 12. Jahrhundert bekam der Gemeinde nicht gut, denn die Zerstörung Comos durch die Mailänder, an der die Inselbewohner Anteil hatten, wurde von der vordem unterlegenen Stadt später blutig gerächt: 1169 wurde die Inselgemeinde zerstört, die Überlebenden flüchteten aufs Festland. Von der großen Vergangenheit zeugen heute nur noch die Ruinen der romanischen Basilika *S. Eufemia*.

Ossuccio ist eine große Gemeinde, zusammengesetzt aus den Ortschaften Ospedaletto, Spurano, Isola und dem ursprünglichen Ossuccio oberhalb der Uferstraße. Von den vier Kirchen, die den Ort für den Kunstfreund zum lohnenden Aufenthalt machen, sind zwei schon in ihrem Außenbau so eigenwillig, daß man sie auch beim Vorbeifahren nicht übersehen kann: S. Maria Maddalena und S. Giacomo. *S. Maria Maddalena* (Abb. 15) gehört zu Ospedaletto – eine romanische Saalkirche mit Apsis, deren Campanile wohl zu den ungewöhnlichsten der gesamten Lombardei gehört. Einem Turm aus der Erbauungszeit der Kirche (Mitte des 12. Jahrhunderts) wurde während der Gotik ein mit Dreipaßbogen, Flechtbändern und Bildnismedaillons reich gegliedertes Glockengeschoß aus Backstein aufgesetzt, das bei aller Disproportionalität doch sehr eindrucksvoll ist. Einst gehörte zu der Kirche ein Hospiz, das dem Ort seinen Namen gab.

Ebenso erstaunlich ist *S. Giacomo*, das zu Spurano gehört. Auch bei dieser Saalkirche des 12. Jahrhunderts wurde der Turm später erhöht, so daß die schöne steile Glockenwand entstand. Im Innern haben sich Fresken aus romanischer (Passionsszene) und aus gotischer Zeit erhalten.

Das eigentliche Ossuccio liegt oberhalb von Ospedaletto über der Uferstraße. Von dort aus kann man nach etwa 2½ km die Wallfahrtskirche *Madonna del Soccorso* erreichen. Wie in Varese, Orta und Locarno ist hier eine Via crucis angelegt, ein Wallfahrtsweg mit Wegkapellen, die im Barock von Tessiner Malern und Bildhauern ausgestattet wurden (ab 1635). Die Saalkirche selbst, deren reiche Ausstattung mit Votivgaben auf die Beliebtheit dieser Wallfahrt deutet, stammt aus dem 16. Jahrhundert.

Argegno ist der Ausgangspunkt für eine Fahrt ins **Intelvital,** von dem aus der Luganer See zu erreichen ist. Steinmetzen und Baumeister, die unter dem weiteren Begriff der Comasken zusammengefaßt werden, da sie aus der Umgebung von Como stammten, prägten die Baukunst und Bauplastik der Lombardei und angrenzender Länder durch viele Jahrhunderte. Viele von ihnen stammten aus dem Intelvital, weswegen man sie auch Maestri intelvesi nannte. Es gibt kaum einen Ort in diesem Tal, der nicht mit dem Namen einer oder mehrerer bedeutender Kunsthandwerkerfamilien verbunden wäre. Der bedeutendste Vertreter des Hochmittelalters ist Benedetto Antelami, der um 1220 die bildhauerische Ausstattung des Baptisteriums von Parma schuf. Zwischen dem 14. und 19. Jahrhundert befruchteten die Maestri intelvesi die Baukunst, die Bildhauerkunst und zeitweise auch die Freskokunst vieler Länder Europas. Aus Laino stammte Lorenzo degli Spazzi, der Ende des 14. Jahrhunderts Baumeister an den Domen von Mailand und Como war; von hier stammten auch die Quaglio – in Deutschland vor allem bekannt durch Domenico Quaglio, der für den bayerischen Kronprinzen Maximilian ab 1832 die Ruine Hohenschwangau wiederherstellte. In Scaria waren die Carlone ansässig, unter ihnen Carlo Carlone, der in Einsiedeln, Schloß Ludwigsburg, Schloß Ansbach und Wien großartige barocke Freskenzyklen schuf, und Carlo Antonio Carlone, der den Dom zu Passau baute, eines der bedeutendsten Bauwerke des Frühbarock nördlich der Alpen. Wollte man eine vollständige Liste der bedeutenden Künstler dieses Tales aufstellen – sie würde weit über hundert Namen enthalten.

Man muß jedoch nicht halb Europa bereisen, um die Intelvi-Künstler studieren zu können. In der *Pfarrkirche* von **Scaria** etwa sind Stukkaturen von Diego Carlone zu sehen und Fresken von Carlo Carlone. Weniger bekannt ist Giovanni Battista Barberini, der 1667 die Kirche *S. Lorenzo* in **Laino** stuckierte. Die frühen Comasken sind mit einem anonymen Baumeister vertreten, der in der zweiten Hälfte des 12. Jahrhunderts in **S. Fedele** eine sehr schöne Saalkirche errichtete *(S. Antonio)*.

Cernobbio, Villa d'Este um 1840

Über der Kunst wird hier die Natur nie zu kurz kommen, da sie von unübersehbarem Reiz ist. Vor allem die Ausblicke auf den Luganer See sind bezaubernd. An Großartigkeit nicht zu überbieten ist der *Sighignola*, ein Bergrücken bei Lanzo, von dem aus man den See fast vollständig überblicken kann.

Zu den bedeutenden Comasker Architekten der Renaissance gehört auch Pellegrino Tibaldi, der in Puria (Valsolda/Luganer See) geboren wurde. In **Cernobbio** schuf er zwischen 1565 und 1570 die berühmte *Villa d'Este*. Wie schon beim Palazzo Gallio in Gravedona war auch hier Kardinal Tolomeo Gallio – Staatssekretär unter Papst Gregor XIII. – der Bauherr. Nach seinem Tod wechselte die Villa öfter den Besitzer, bis sie schließlich im Jahre 1814 an die Prinzessin Karoline von Wales fiel, eine geborene Herzogin von Braunschweig. Ihre unglückliche Ehe mit ihrem Vetter, dem späteren englischen König Georg IV., beschäftigte die Klatschbedürftigen der damaligen Zeit nachhaltig. Ihr Unglück war auch der Grund, sich diese Villa zu kaufen, sie umzugestalten und sich dort mit einem glänzenden Hofstaat zu umgeben. Nach ihrem Tod (1821) ging der Bau an die Torlonia, dann die Orsino, bis schließlich Baron Ippolito Ciani den Besitz zu einem Zentrum der nationalen Verschwörung gegen Österreich machte. Auch er war jedoch nicht der letzte in der Reihe von Besitzern: 1873 wurde die Villa von einer Gesellschaft erworben, die sie zu dem machte, was sie heute ist – ein Luxushotel. Diesem Umstand ist es zu verdanken, daß die noch erhaltenen schönen Empireräume Hotelgästen zur Verfügung stehen. Der nur kunstinteressierte Besucher jedoch wird bereits am Parktor abgewiesen, so daß er die herrliche *barocke Gartenanlage* nur auf Abbildungen kennenlernen kann.

Äußerlich weniger glanzvoll, jedoch historisch ebenso reich wie die anderen Villen des Comer Sees, ist die *Pliniana* bei **Torno,** schräg gegenüber von Cernobbio. Auch wenn der klangvolle Name zu der Vermutung verleitet: die Pliniana ist keine der beiden berühmten Villen, die Plinius der Jüngere am Comer See besaß. Die Tragoedia vermutet man an der Stelle der heutigen Villa Serbelloni in Bellagio und die Comoedia unter den Mauern von S. Stefano in Lenno. Dennoch steht die Villa in Torno mit Plinius in Zusammenhang, denn hier finden wir noch heute die intermettierende Quelle, von deren Merkwürdigkeit der antike Autor in einem Brief an seinen Freund Licinius berichtet: »Ich habe Dir statt eines kleinen Geschenks aus meiner Heimat eine Frage mitgebracht, die deiner großen Gelehrsamkeit würdig ist. Es gibt da eine Quelle auf einem benachbarten Berg, die aus dem Felsen entspringt; das Wasser wird in einem kleinen Becken eine Weile aufgehalten und fließt dann in den Larischen See. Das Verhalten dieser Quelle ist sehr merkwürdig; sie steigt und fällt regelmäßig dreimal am Tage. Dieses Steigen und Fallen ist deutlich sichtbar und sehr vergnüglich. Sitzt man vor dem Brunnen und ruht ein wenig aus und trinkt von dem Wasser, das sehr kühl ist, sieht man es allmählich ansteigen und dann wieder verebben. Legt man einen Ring oder etwas Ähnliches auf den Boden des Beckens, wenn es trocken ist, so wird er nach und nach überspült und schließlich ganz zugedeckt, und dies kann man dreimal am Tag beobachten. Gibt es hier einen heimlichen Luftzug, der die Quelle öffnet und wieder schließt, wie man es bei Flaschen und ähnlichen Gefäßen sieht, die keine weite Öffnung haben? Denn auch bei diesen wird, selbst wenn man sie am Hals nach unten hält, die

Öffnung durch die Luft versperrt, so daß der Inhalt nur in Stößen ausfließen kann. Oder ist es hier das gleiche Prinzip wie bei Ebbe und Flut am Meer? Oder wie bei den Flüssen, die sich ins Meer ergießen, aber durch Gegenwinde und die einsetzende Flut in ihr eigenes Bett zurückgedrängt werden? Könnte nicht etwas Ähnliches diese Quelle regelmäßig in ihrem Abfluß hemmen? Oder gibt es ein verborgenes Becken, das dieses Wasser im Innern der Erde sammelt und – während es sich wieder ergänzt – den Strom langsamer fließen, dann aber, nachdem es sich gesammelt hat, das Wasser wieder mit gewöhnlicher Stärke und Menge abfließen läßt? Oder gibt es vielleicht eine verborgene Waage, welche das Wasser hochbringt, wenn die Quelle trocken ist und den Abfluß verhindert, wenn sie gefüllt ist? Du, der Du die Gabe hast, diese Fragen zu lösen, wirst wohl die Gründe dieser merkwürdigen Erscheinung erkennen. Mir genügt es, Dir diese deutliche Beschreibung gegeben zu haben.«

Die Quelle des Plinius ist auch heute noch nicht versiegt. Das Phänomen des Auf- und Absteigens, das durch eine Siphonwirkung im Felsinnern erklärt wird, hat die Forscher immer wieder beschäftigt, unter ihnen auch Leonardo da Vinci.

Der mächtige, etwas karge Block der Pliniana erinnert an den Palazzo Gallio in Gravedona, denn auch hier war wieder Pellegrino Tibaldi der entwerfende Architekt. Graf Giovanni Anguissola, Statthalter von Como, ließ sich 1575 den Palast bauen. Er sollte ein Zufluchtsort für ihn werden, denn man fahndete nach dem Grafen, weil er den Herzog Piero Luigi Farnese, einen Sohn Papst Pauls III., umgebracht hatte. Da das Opfer allerdings einer der größten Missetäter der Renaissance war, wird Anguissola der Aufenthalt nicht allzu schwer geworden sein. Von den vielen bekannten Künstlern und Literaten, die in späteren Jahrhunderten hier zu Gast waren, seien nur Byron, Stendhal, Liszt, Bellini und Rossini genannt, der hier seine Oper »Tankred« komponierte.

Die schmale Uferstraße führt – vorbei an langgezogenen, malerisch an den Hängen gelagerten Ortschaften – nach **Bellagio**. Man sollte zwar im allgemeinen Superlative vermeiden, doch dieser Ort, an der Spitze der Halbinsel zwischen den beiden südlichen Armen des Sees gelegen, ist an Schönheit kaum mehr zu übertreffen und verdient seinen Beinamen »Perle des Lario« vollauf. Schon die Römer hatten seine strategisch günstige Position erkannt. Sie nannten ihre Siedlung Bilacus, was auf die Lage zwischen den beiden Seen hinweist. Lokalpatrioten lassen es sich jedoch nicht nehmen, im Namen Bellagio die Worte »bello« und »Lago« zu erkennen, womit die Schönheit des Sees gepriesen wäre. Doch Bellagio gehört nicht nur landschaftlich, sondern auch kunsthistorisch zu den Glanzpunkten des Sees. Die Stadt lebt heute in erster Linie vom Tourismus, doch verbreiten die Hotels, die sich an der Uferstraße reihen, eine angenehme Atmosphäre altmodisch-gediegener Eleganz, wie man sie auch aus der Schweiz und Österreich kennt. Der Traghetto – das Fährschiff – verbindet den Ort mit Tremezzo und Varenna. Ausflüge führen von hier vor allem in die Valsassina hinter Varenna – nicht zu verwechseln mit der Vallassina, dem hügeligen Hinterland von Bellagio selbst, das ebenfalls sehr lohnend ist.

Für den Kunstfreund sind es vor allem die großartigen Villen, die in Bellagio verlocken, voran die Villa Serbelloni und die Villa Melzi. Hat man das Glück, die Landspitze von

Bellagio mit dem Schiff anzufahren, sieht man auf der Höhe den breit hingelagerten, von vielen Zypressen umrahmten Komplex der *Villa Serbelloni,* ein Stück Toskana in der Lombardei, von heiterer Anmut und einladender Großzügigkeit. Der heutige Bau entstand in zwei Phasen während der Renaissance und des Klassizismus. Einst soll an dieser Stelle eine der Villen des Plinius gestanden haben, die Tragoedia. Einem Freund erklärte er in einem Brief die überraschenden Namen seiner beiden Landhäuser: »Jenes [Landhaus] nenne ich meine Tragödie, weil es sozusagen auf hohem Kothurn steht, dies meine Komödie, da es sich sozusagen auf Pantoffeln erhebt.« Neben diesen beiden Villen – die zweite fanden wir in Lenno – besaß Plinius der Jüngere noch einige andere, die er zum Teil so genau beschrieb, daß man ihren Grundriß bis ins Detail rekonstruieren konnte. Wie vielgestaltig diese Baukomplexe sein konnten, sieht man an den großartigen Ruinen der Grotte di Catullo in Sirmione, man erfährt es auch durch einen Brief, den Plinius an einen Freund schrieb, der ebenfalls der glückliche Besitzer einer Villa am Comer See war: »Wie steht es mit Como, Deinem und meinem bevorzugten Aufenthalt? Was wird aus der freundlichen Villa, dem ewigen Frühling des Portikus, dem schattigen Platanenhain, den kristallenen Kanälen, die sich so angenehm an den blühenden Ufern entlangziehen, mit dem bezaubernden See, der sowohl nützlichen Zwecken wie gleichzeitig der Schönheit dient? Was hast Du mir zu sagen über die Allee, über das nach allen Seiten dem vollen Sonnenschein ausgesetzte Bad, den Gesellschaftsraum, das private Speisezimmer und all die eleganten Räume, die angelegt wurden, um sich dort bei Tag und bei Nacht der Muße und Stille zu erfreuen?... Überlasse anderen, mein Freund – es ist höchste Zeit – das niedrige und selbstsüchtige Alltagsleben und mache Dich frei, um in diesem sicheren und behaglichen Zufluchtsort Deinen Studien zu leben!«

Die Geschichte der Villa Serbelloni begann mit Plinius, sie endete mit der Rockefeller-Stiftung, die sie heute für kulturelle Zwecke nutzt. Dazwischen liegt ein abwechslungsreiches Geschick, zahlreiche Besitzerwechsel, wie bei fast allen der großen Villen am Comer See. Der antiken Bebauung folgte eine Langobardenburg, dann ein Herrensitz der Familie Stanga (1492) – jenem Geschlecht aus Cremona, das dort einen der schönsten lombardischen Frührenaissancepaläste errichtete. 1538 kaufte Francesco Sfondrati, ein Neffe von Papst Gregor XIV., die Villa und baute sie aus. 1788 ging sie an die Serbelloni über, die sie klassizistisch veränderten. Damals entstand der herrliche Park im italienischen Stil, der ihr erst einen angemessenen Rahmen gab.

Der Weg hinab zur Uferpromenade und zur Villa Melzi führt vorbei an der stattlichen Pfarrkirche *S. Giacomo,* einer romanischen Basilika der Zeit um 1150, deren Campanile in der Barockzeit erhöht wurde. Es lohnt sich, hier zu verweilen, besonders wegen einer sehr ausdrucksvollen Grablegung, die Perugino zugeschrieben wird (um 1500).

Es gibt kaum eine Villa am Comer See, die nicht mit einer romantischen Liebesgeschichte – meist mit tragischem Ausgang – in Verbindung gebracht wird. Die Villa dell'Olmo besitzt ihren Garibaldi, die Villa d'Este ihre Karoline von Braunschweig, die *Villa Melzi* schließlich hier in Bellagio beherbergte eines der skandalumwittertsten Liebespaare des 19. Jahrhunderts: Franz Liszt und die Gräfin d'Agoult. Der ausgedehnte Park – eine Mischung aus englischem Garten und italienischer Terrassenanlage mit Statuenschmuck – ist öffentlich zugänglich. Schon nach wenigen Schritten sieht man auf der rechten Seite einen reizenden kleinen maurischen Tempel in der Art, wie sie die Romantik liebte. Auch Liszt und die Gräfin liebten ihn und verweilten dort oft. Sie hatten sich im Sommer 1837 nach Bellagio geflüchtet, um dem Klatsch zu entgehen, den ihr Verhältnis in Paris entfacht hatte. Am 25. Dezember kam dann ihr Kind zur Welt: Cosima, die spätere Frau Richard Wagners, die ihrerseits nicht weniger Anlaß zum Gesellschaftsklatsch gab.

Der Park ist wegen seiner Azaleenpracht im Frühjahr ebenso attraktiv wie derjenige der Villa Carlotta. Wir müssen damit zufrieden sein, nur ihn zu bewundern, denn die Villa selbst ist nicht zugänglich. Der Bauherr der etwas phantasielosen klassizistischen Anlage war Francesco Melzi d'Eril, Vizepräsident der italienischen Republik, Herzog von Lodi und Günstling Napoleons. Giocondo Albertolli, damals Professor der Accademia di Brera in Mailand, wurde 1808 mit dem Bau beauftragt, der 1815 vollendet wurde. In einem anderen Zusammenhang werden wir dem Namen Melzi noch einmal begegnen: Einer seiner Vorfahren war Francesco da Melzi, Schüler und Freund von Leonardo da Vinci, der den alternden Meister nach Amboise begleitete und von ihm als sein Testamentsvollstrecker eingesetzt wurde.

Die Stadt Como

Die Lage von Como ist mit der von Lecco zu vergleichen: Die eine Stadt beherrscht den westlichen Arm des Lago di Como, die andere – fast auf gleicher Höhe – den östlichen. Beide sind von einem Kranz schützender Berge umgeben. Doch während der Lago di Garlate dem Wachstum Leccos eine deutliche Grenze setzt, scheint sich die Ausdehnung Comos ins Uferlose fortzusetzen. Die hügelige Brianza, die sich im Süden der Stadt erstreckt, bildet keinen sperrenden Riegel, im Gegenteil, sie scheint zu ausuferndem Wachstum geradezu einzuladen.

Das Como von heute – eine rege Industrie- und Handelsstadt – hat zwei Gesichter. Eine Fahrt aus Richtung Chiasso mit der Bahn, die Weiterfahrt dann in Richtung Mailand, räumt schonungslos mit manchen Illusionen auf. Diese Stadt in gesegneter Lage, an einem der schönsten Seen unserer Welt, wird bedrängt und fast erstickt von einem Gürtel häßlichster Industriebauten: ›Paradiso‹ und ›Inferno‹ dicht und ohne Übergang nebeneinander.

Die Illusion bleibt dann intakt, wenn man von Norden kommt, aus Richtung Cernobbio, und wenn man es schafft, an den großartigen klassizistischen Villen vorbei, auf der Uferstraße direkt in den Stadtkern um den Dom vorzudringen. Sie bleibt weniger intakt, wenn man – etwa aus Gründen kunsthistorischer Chronologie – im Süden mit der Kirche S. Abbondio beginnt, denn der ehrwürdige Bau, eines der Meisterwerke romanischer Architektur in Italien, steht direkt an der Bahnlinie, umgeben von trostlosen Vorstadtbauten.

Como ist für den Kunstfreund eine Stadt der kurzen Wege, denn hier hat man fast alles Wichtige auf engem Raum beisammen. Nimmt man einen Stadtplan zur Hand, fällt sofort

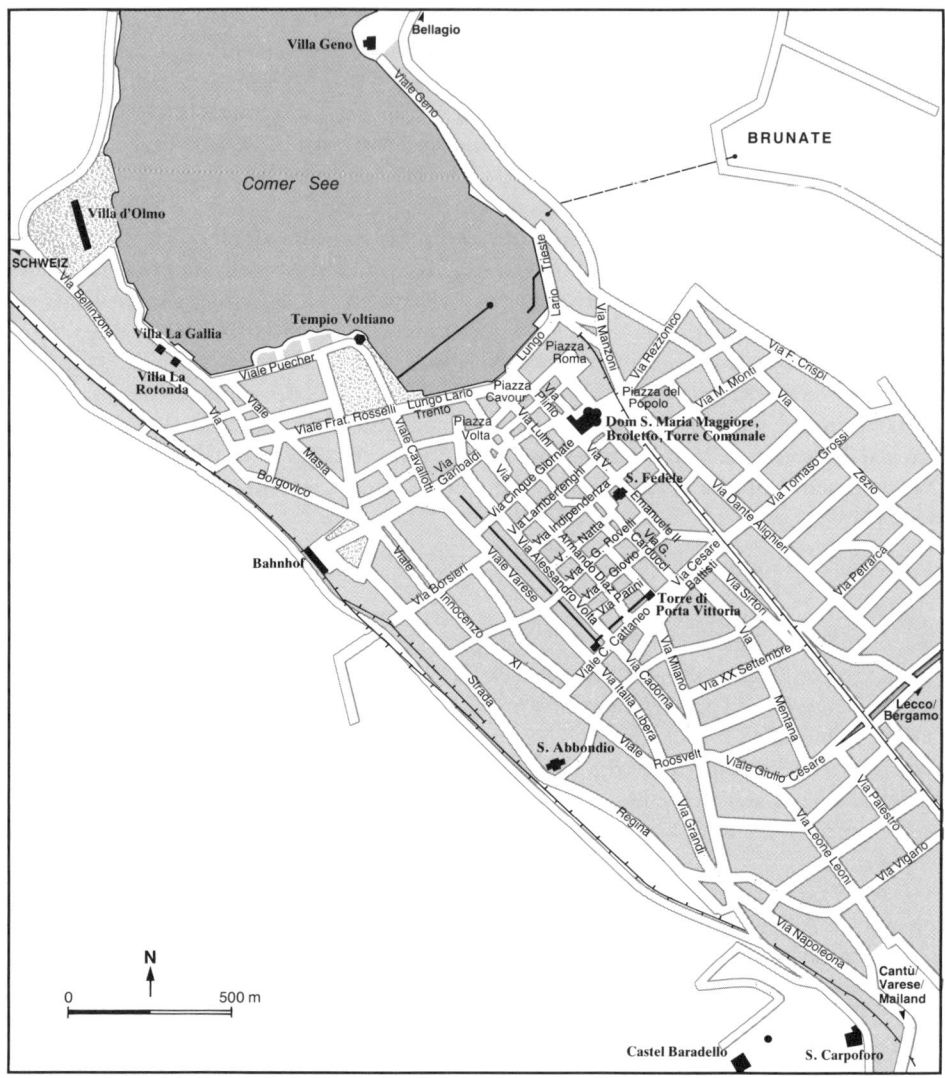

Stadtplan von Como

der regelmäßige rechteckige Grundriß des historischen Stadtkerns auf. Die Grenzen des alten römischen Castrum sind noch deutlich abzulesen, ebenso die Ausdehnung der mittelalterlichen Stadt, die der alten römischen in ihrem Mauerverlauf folgt.

Dem römischen Novum Comum ging eine Besiedlung durch keltische Stämme voraus, die im 2. Jahrhundert v. Chr. durch Marcus Claudius Marcellus besiegt wurden. Die weitere

Entwicklung der Geschichte der Stadt im Mittelalter wurde wie fast überall in der Lombardei von den Langobarden und den Franken, später von den streitenden Parteien der Guelfen und Ghibellinen bestimmt. Da man die Macht des nahen Mailand als bedrohlich empfand, stellte man sich auf die Seite des Reiches, was jedoch nicht viel nützte: Ein Krieg mit Mailand in den Jahren 1118–1127 führte zur weitgehenden Zerstörung der Stadt. Trotz der Förderung durch Kaiser Friedrich Barbarossa, trotz der Blüte der freien Kommune im späten 12. Jahrhundert, entging auch Como nicht der Herrschaft der übermächtigen Mailänder Visconti (1335) und Sforza (1450). Die dunkelsten Zeiten brachte jedoch erst das 16. Jahrhundert, als die Stadt von den Truppen Kaiser Karls V. verheert wurde (1521) und an die spanischen Habsburger geriet. Erst das 18. Jahrhundert brachte mit der Herrschaft der österreichischen Habsburger eine friedliche und kulturell fruchtbare Entwicklung.

Ein Rundgang durch die Stadt beginnt am besten am Domplatz. *Dom, Broletto* und *Torre Comunale* riegeln den Platz als mächtiger Block nach Osten hin ab – ein Bild seltener Großartigkeit und Harmonie. Die Torre – der Stadtturm – und der Broletto, das ehemalige Rathaus, sind Bauten des frühen 13. Jahrhunderts (1215). Am Dom wurde mehrere Jahrhunderte hindurch gearbeitet, beginnend mit der Gotik (1396), deren Spätphase sein Erscheinungsbild am entscheidendsten prägte. Zusammen mit den Bischofskirchen von Mailand, Monza und Bologna gehört der Dom von Como zur Reihe der letzten bedeutenden italienischen Bauten der Gotik. Die Comasken oder Maestri comacini haben als Baumeister und Steinmetzen das Bild dieser Kirche geprägt. Einer von ihnen, Lorenzo degli Spazzi, begann 1396 mit dem Bau nach eigenem Entwurf; Mitglieder der Familie Rodari setzten im 15. und 16. Jahrhundert mit ihrer Bauplastik die entscheidenden dekorativen Akzente. Unter Tommaso Rodari wurde 1513 mit dem Chorbau begonnen, doch erst 1731–1744 wurden die Bauarbeiten mit der Errichtung der Vierungskuppel – nach Entwurf von Filippo Juvarra – abgeschlossen.

Die *Fassade* (Abb. 18) gehört zusammen mit der Colleoni-Kapelle in Bergamo und der Certosa di Pavia zu den dekorativen Meisterleistungen der lombardischen Frührenaissance.

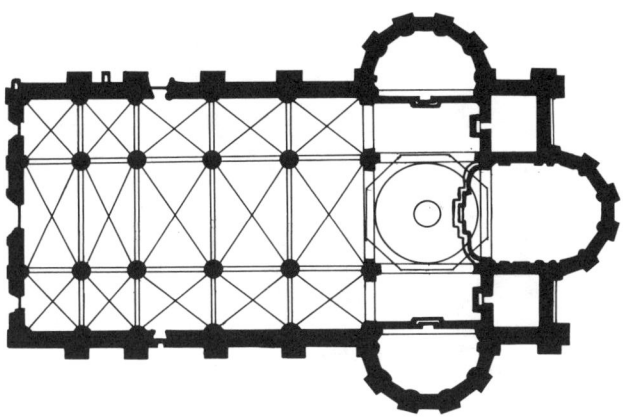

Como, Grundriß des Domes

Como, Längsschnitt und Grundriß der Kirche S. Fedele

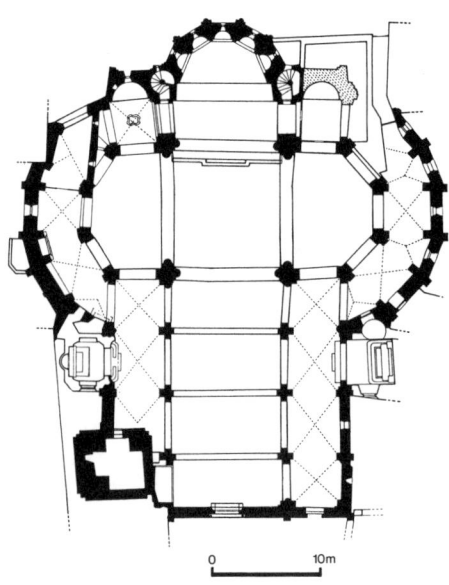

Die Arbeiten begannen 1457 nach Entwurf des Comasken Fiorino da Bontà. Der plastische Schmuck des Hauptportals und der Speichen des Radfensters gehen auf Amuzio da Lurago zurück, das feine Relief der Anbetung der Könige in der Lünette ist eine Arbeit von Tommaso Rodari. Innerhalb eines der Maria und den Heiligen gewidmeten Bildprogramms muten die beiden sitzenden Gestalten links und rechts vom Hauptportal recht heidnisch an. Plinius der Ältere und Plinius der Jüngere, die beide in Como geboren wurden, sind hier von den Brüdern Tommaso und Jacopo Rodari verewigt worden – Reverenz des Humanismus vor den beiden römischen Literaten und Naturkundlern. Noch schmuckreicher als das Hauptportal ist die berühmte Porta della Rana (Froschportal) im Norden, die ihren Namen einem heute kaum noch sichtbaren eingemeißelten Frosch verdankt. Ein Verlust, für den man reichlich entschädigt wird durch die eleganten Figuren, die Tommaso Rodari in die Nischen stellte, und durch die feinen ornamentalen Friese.

Der Innenraum ist zunächst enttäuschend, denn die als besonders prachtvoll gerühmte Ausstattung ist nur in Umrissen zu erkennen: Der Dom S. Maria Maggiore ist besonders dunkel. Hat sich das Auge jedoch erst an diesen Umstand gewöhnt, beeindruckt der Raum durch monumentale Kraft und Würde. Einem weiten dreischiffigen spätgotischen Langhaus ist im Osten eine Dreikonchenanlage des 16. bis 18. Jahrhunderts angeschlossen. Die Ausstattung stammt größtenteils aus dem 17. Jahrhundert, doch sind auch einige sehr gute Arbeiten der Frührenaissance, vor allem aus der Werkstatt der Rodari zu sehen. Prachtvoll sind die großen zwischen den Pfeilern des Mittelschiffs gespannten Gobelins – Arbeiten von Werkstätten in Ferrara, Florenz und Flandern aus dem 16. und 17. Jahrhundert. Im *rechten (südlichen) Seitenschiff* fallen einige schöne Altarbilder auf, darunter eine Flucht nach Ägypten von Gaudenzio Ferrari, eine Anbetung der Könige und eine Sacra Conversazione von Bernardino Luini. Die Innendekoration des Südportals geht wieder auf die Brüder Rodari zurück. Im Tympanon sieht man eine Pietà, im Rundbogen die Darstellung der Tugenden, im Portalgewände zwölf Heiligenfiguren. Das *linke (nördliche) Seitenschiff* enthält eine weitere gute Arbeit von Tommaso Rodari, eine Kreuzabnahme (1498). Dem Altarbild Luinis im rechten Seitenschiff mit der Anbetung der Könige entspricht hier eine Anbetung der Hirten; auch Gaudenzio Ferrari begegnen wir noch einmal mit einer Verlobung der Maria. Im *Mittelschiff* beeindrucken die säulentragenden Löwen der beiden Weihwasserbecken, die von der Vorhalle eines Vorgängerbaus des 11. Jahrhunderts stammen.

Das bedeutendste romanische Bauwerk Comos neben S. Abbondio liegt nicht weit vom Dom entfernt. Nimmt man den Weg über die Via Vittorio Emanuele, stößt man direkt auf die Apsis der Kirche *S. Fedele*. Kunsthistorisch betrachtet ist diese Partie mit ihrer schönen Zwerggalerie sicherlich der lohnendste Teil des Außenbaues (Abb. 20), dessen Fassade erst 1914 rekonstruiert wurde. Der heutige Bau entstand im 12. Jahrhundert in den Formen der Romanik auf den Mauern eines Vorgängers aus karolingischer Zeit. Bemerkenswert ist vor allem seine Grundrißdisposition: Die zentralisierende Dreikonchenanlage rückt die Kirche in die Nähe der Pfalzkapelle Karls des Großen in Aachen und fügt sie so in die lange Tradition abendländisch-christlicher Zentralbauten ein, die bis zu S. Vitale in Ravenna und S. Lorenzo Maggiore in Mailand zurückreicht.

Die Dekoration von S. Fedele entstand größtenteils nach dem 15. Jahrhundert, doch sind einige mittelalterliche Reste hervorragender Qualität enthalten. Vor allem der plastische Schmuck des Nordportals ist überragend. Links unten ist Daniel in der Löwengrube dargestellt, darüber Habakuk mit einem Engel. Das geflügelte Tier rechts wird manchmal als kämpfender Drache erklärt, manchmal auch als Löwe mit apotropäischer Bedeutung. Außerordentlich sind auch die im Innern links von der Nordapsis erhaltenen Fresken des 12. und 13. Jahrhunderts, darunter unten rechts eine Maria in der Mandorla, die von vier Engeln getragen wird. Forscher haben Übereinstimmungen in der Darstellung dieses seltenen Themas mit einem Fresko im Baptisterium von Riva S. Vitale im Tessin festgestellt (12. Jahrhundert). Alle weiteren Fresken stammen aus dem 13. Jahrhundert: der Gnaden-

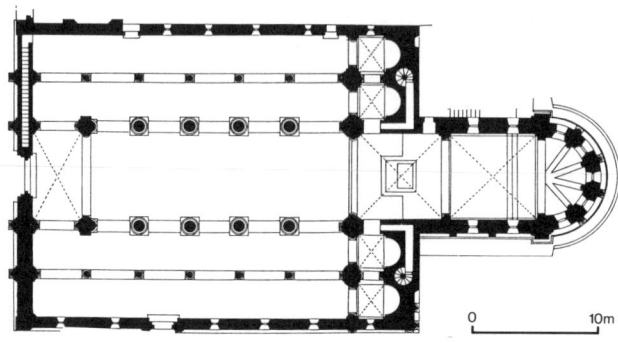

Como, Grundriß der Kirche S. Abbondio

0 ⊢———⊣ 10m

stuhl oben rechts, die Anna Selbdritt, die Madonna mit Kind, die Darstellung der Enthauptung des hl. Fidelis.

Das eindrucksvollste Zeugnis der ehemaligen Stadtbefestigung haben wir in der *Torre di Porta Vittoria* am Ende der Via Cantù. Zusammen mit der Torre S. Vitale und der Torre Porta Nuova entstand dieser mächtige Turm nach dem Ende des Krieges gegen Mailand (1192). Auffallend sind die vier Reihen übereinander angeordneter großer Doppelfenster. Wegen des fehlenden Zinnenkranzes wirkt der obere Abschluß des Turmes etwas abrupt.

Nicht mehr weit ist es von hier aus nach *S. Abbondio,* der bedeutendsten Kirche der Stadt neben dem Dom. Als der Bischofssitz 1007 von S. Abbondio nach S. Maria Maggiore verlegt wurde, schenkte man die alte Kirche den Benediktinern. Durch eine Reihe weiterer Schenkungen war es dem Orden möglich, den heutigen Bau zu errichten, der 1095 geweiht wurde. Im 15. Jahrhundert wurde das Kloster aus Mangel an Mönchen als Kommende säkularisiert, im 16. Jahrhundert zogen Augustinerinnen ein, im Jahr 1834 entstand ein bischöfliches Seminar. S. Abbondio ist eine fünfschiffige Basilika ohne Querhaus. Einige Elemente, wie die beiden Chorflankentürme, weisen auf stilistische Einflüsse von Bauten nördlich der Alpen hin. Der gesamte Außenbau der Kirche ist durch Lisenen und Rundbogenfriese gegliedert und rhythmisiert (Abb. 19). Der Reliefschmuck (geometrisch-abstrakt und figurativ) ist nicht sehr reich, doch wo er angebracht wurde – wie an den Fenstern der Apsis – von hervorragender Qualität. Der hohe, steile Innenraum erinnert an frühe romanische Architekturen des Nordens, vor allem an den ersten Dom von Speyer, der gleichzeitig entstand. Beherrschender Raumteil ist die Apsis, die von hohen Fenstern hell beleuchtet wird. Hier hat sich ein Zyklus hervorragender Fresken aus der Zeit um 1350 erhalten. Die Szenen aus dem Leben Christi und der Apostel Petrus und Paulus werden einem sienesischen Meister zugeschrieben. Der *Kreuzgang* im Norden entstand erst in der Renaissance, hinterläßt jedoch durch die monumentale Kraft seiner zweigeschossigen Arkaden einen ähnlich starken Eindruck wie der Außenbau der Kirche.

Zu den erfreulichsten Szenerien der Stadt gehört die westliche Uferpromenade, beginnend mit der Piazza Cavour, endend mit den ausgedehnten Parkanlagen der Villa dell'Olmo. Bevor man die Reihe der prächtigen klassizistischen Villen erreicht, wird man allerdings mit einem Bauwerk konfrontiert, das zunächst ebenso prächtig wirkt, sich dann aber bald als schales Gehäuse des Neoklassizismus entpuppt: der *Volta-Tempel (Tempio Voltiano)*. Neben den beiden Plinius ist der Naturwissenschaftler Alessandro Volta, der hier 1745 geboren wurde, der Stolz der Stadt. Der kleine Tempel, 1927 erbaut, ist für naturwissenschaftlich Interessierte lohnend, denn er enthält eine Reihe von Objekten zu Voltas Entdeckerlaufbahn, darunter die ersten von ihm erfundenen Batterien.

Es wäre ungerecht, neben der Villa dell'Olmo ihre Nachbarinnen nicht zu nennen, die zwar weniger berühmt sind, zum Teil aber architektonisch von größerer Qualität. Die *Villa La Rotonda (Villa Resta-Pallavicini)*, die in der Via Borgovico 84 den Anfang macht, ist ein außerordentlich harmonischer Bau des Wieners Leopold Pollak vom Ende des 18. Jahrhunderts. Sie wurde für die Familie Saporiti errichtet, und man sagt, daß hier eine Reihe illustrer Persönlichkeiten zu Gast war, darunter Kaiser Alexander II. von Rußland und Napoleon. Den Namen La Rotonda verdankt sie ihrem halbrunden Vestibül auf der Seeseite. Heute ist die Villa Sitz der Provinzialverwaltung.

Es schließt sich die *Villa Gallia* an (Via Borgovico 92) – ein Landhaus des Frühbarock (1615), das allerdings im 19. Jahrhundert verändert wurde, erbaut für Marco Gallio, den Neffen des hier am Comer See mehrfach als Bauherr auftauchenden Kardinals Tolomeo Gallio, vermutlich nach einem Entwurf von dessen Hausarchitekten Pellegrino Tibaldi. Im Innern ist ein sehr guter Stuck des frühen 17. Jahrhunderts erhalten und Fresken von Morazzone, dessen Arbeiten man vor allem im Raum von Varese begegnet.

Einer Ulme, die angeblich Plinius der Jüngere gepflanzt haben soll, verdankt die *Villa dell'Olmo* (Abb. 16) ihren Namen. Der Baum ist heute nicht mehr vorhanden, doch trösten die kunstvollen Gartenanlagen, die sich zum See in einem geometrisch angelegten Parterre öffnen, über diesen Verlust hinweg. Der Bau entstand 1782–1787 für den Marchese Innocenzo Odescalchi nach einem Entwurf des Tessiners Simone Cantoni. Vor allem der um ein Geschoß erhöhte Mittelteil der rechteckigen Gesamtanlage, dessen zwei Hauptgeschosse von einer ionischen Kolossalordnung aus Säulen und Pilastern gegliedert und von einer mit Statuen und Wappengiebel gezierten Dachbalustrade bekrönt werden, weist den Bau als ein Meisterwerk des Klassizismus aus. Die Villa, die heute im Besitz der Stadt Como ist, wurde im Innern verschwenderisch mit Fresken und Stuck ausgestattet. Ein Spiegelsaal, der in keinem repräsentativen Schloß des 18. Jahrhunderts fehlen durfte, ist auch hier vorhanden, und es fehlt selbst ein Theater nicht – ein reizender kleiner Raum mit 92 Plätzen. Der Garibaldi-Saal erinnert an den Aufenthalt des italienischen Volkshelden Giuseppe Garibaldi, der hier im Jahre 1859 eine späte und unglückliche Romanze mit Giuseppina, der Tochter des damaligen Besitzers Marchese Giorgio Raimondi, erlebte.

Die östliche Uferpromenade – der Lungo Largo Trieste – hat kunstgeschichtlich wenig zu bieten, dennoch wird wohl kein Besucher der Stadt den Weg zur Piazza Funicolare versäumen. Von dort aus fährt die Zahnradbahn in gut fünf Minuten hinauf nach **Brunate.** Der kleine Ort in 716 m Höhe ist ein beliebtes Ausflugsziel, und so sollte man es vermeiden, am Wochenende hinaufzufahren. Hotels und Villen deuten an, daß es sich hier oben gut leben läßt – besser als unten in dem manchmal stickig-heißen Como. Der Blick von Brunate aus bis ins schweizerische Wallis hinein ist allein schon lohnend. Eine kleine Pfarrkirche mit Fresken von Gian Paolo Recchi wartet auf den Kunstfreund und selbst hier oben werden wir mit dem Namen Volta konfrontiert: Ein Gedenkstein erinnert an Elisabetta Pedraglio, die Amme des Physikers und ihren Mann, einen Barometermacher, der dem kleinen Alessandro die ersten Einblicke in seine spätere Wissenschaft gab.

Zwei lohnende Ziele liegen außerhalb der Stadt: die Kirche S. Carpoforo und das Castel Baradello. Man erreicht beide Bauten über die Via Milano und die Via Teresia Rimoldi. *S. Carpoforo*, im 4. Jahrhundert gegründet, war die erste Kathedrale von Como. Der frühchristlichen Anlage folgte 1025 die Errichtung einer frühromanischen Basilika, von der heute noch das Langhaus und das Querhaus erhalten sind. Der Bau wurde bis ins 12. Jahrhundert hinein ergänzt. So entstanden in der ersten Hälfte des 11. Jahrhunderts der Campanile und gegen Ende dieses Jahrhunderts die Hallenkrypta. Hauptchor und Apsis gehören der Mitte des 12. Jahrhunderts an.

Das *Castel Baradello*, das im Süden oberhalb von Como auf einem Hügel thront, wurde nach dem Krieg gegen Mailand um 1158 unter Friedrich I. Barbarossa zur Sicherung der Stadt gebaut. Palas und Bergfried sind zwar nur noch als Ruinen erhalten, jedoch gut erkennbar. Mit dem Mailänder Geschlecht der Visconti, das im 13. Jahrhundert die Burg übernahm und ausbaute, verbindet sich eine schaurige Geschichte: Ottone Visconti, in ständiger Fehde mit den Torriani, genügte es nicht, Napo Torriani in der Schlacht bei Desio (1277) zu schlagen und gefangenzunehmen. Seine Grausamkeit kannte offenbar keine Grenzen, denn er steckte den Gegner kurzerhand in einen Gitterkäfig, den er an den Bergfried hängte. Der Unglückliche soll dort ganze 19 Monate ausgehalten haben, bis er schließlich verhungerte. An die Kämpfe der Visconti gegen die Torriani erinnert übrigens ein Freskenzyklus in der Burg Angera am Lago Maggiore, die von Como aus schnell zu erreichen ist.

Die Brianza

Das südliche Hinterland von Como – die Brianza – war seit der Römerzeit die Region, die von den vermögenden Einwohnern der schon damals dicht besiedelten Stadt Mailand für ihre Landsitze bevorzugt wurde. Ausgrabungen haben die Reste einer Reihe antiker Villen zutage gebracht und man weiß, daß zwei der am meisten verehrten Heiligen der Christenheit, Augustinus und Ambrosius, sich hier Stätten der Ruhe und Besinnung schufen: in Cassago südlich von Oggiono, und in Brugherio bei Monza.

Eine Kunstfahrt in der nördlichen Brianza – denn nur sie gehört der Provinz Como an – muß in erster Linie den zwei bedeutenden romanischen Kirchen von Galliano und Civate gelten, außerdem den beiden großen Villen bei Inverigo.

Galliano ist ein kleiner Ort in der Nähe von **Cantù**, inmitten einer weiten Hügellandschaft. Auch die Basilika *S. Vincenzo* liegt zusammen mit dem *Baptisterium S. Giovanni* auf einem Hügel (Abb. 21) – eine einfache Baugruppe, der man auf den ersten Blick die einstige

Bedeutung nicht ansieht. Es fehlt hier zum Beispiel der Campanile, es fehlt auch die typische lombardische Vorhalle. Beide wurden Opfer der Vernichtungswut in der Säkularisation. Auch das Innere der Kirche wurde arg in Mitleidenschaft gezogen, als der Bau zeitweise als Bauernhof genutzt wurde. Der heutigen Basilika, 1007 geweiht, ging eine frühchristliche Kirche des 5. Jahrhunderts voraus. Die Fassade ist schlicht und ungegliedert, während das Äußere der Hauptapsis durch flache Blendbogen rhythmisiert wird. Das Langhaus ist durch den Abbruch des rechten Seitenschiffs nach Süden hin offen und an dieser Seite verglast. Trotzdem ist der Innenraum mit seinem angehobenen Chor, dem weiten Triumphbogen und den dunklen Zugängen zur Krypta immer noch eindrucksvoll. Vor allem aber sind die Reste der Ausmalung aus dem frühen 11. Jahrhundert

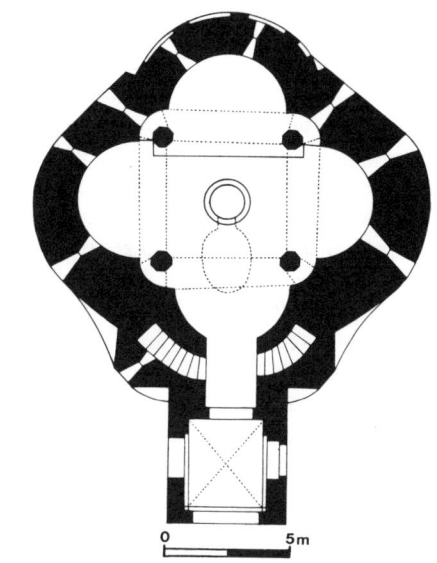

Grundriß des Baptisteriums von Galliano

bemerkenswert. In der Apsiskalotte erscheint ein monumentaler Christus in der Mandorla zwischen den Erzengeln Michael und Gabriel, darunter die Propheten Jeremias und Ezechiel. Besonders die Darstellung des Jeremias ist gut erhalten – gemalt nach byzantinischen Vorbildern, die dem unbekannten Künstler offenbar vertraut waren. Die Hochschiffwände sind in drei Streifen bemalt: im Süden mit der Darstellung aus der Geschichte Samsons und der Legende des Christophorus; im Norden mit Szenen aus der Schöpfungsgeschichte und der Legende der hl. Margarete. Der hl. Christophorus ist, ostkirchlicher Ikonographie folgend, ohne das Christuskind dargestellt. Das Fresko der Chorbrüstung, eine Madonna zwischen Heiligen, stammt aus späterer Zeit (14. Jahrhundert), ebenso die Fresken der Krypta.

Im Osten ist S. Vincenzo der vierpaßförmige Bau des *Baptisteriums S. Giovanni* vorgelagert, der von einem achteckigen Kuppeltambour bekrönt ist. Auch die Taufkirche wird in die ersten Jahre des 11. Jahrhunderts datiert. In ihrem Innern grenzen vier Säulen in den Ecken des Vierpasses einen quadratischen Mittelraum aus, dem sich an jeder Seite eine halbkreisförmige Nische anschließt. Die westliche Nische ist zugleich Eingang des Baptisteriums. Der Bau erinnert an S. Satiro in Mailand, wo jedoch – anders als hier – keine Empore vorhanden ist.

Über Nebenstraßen ist **Inverigo** zu erreichen, wo zwei bedeutende Villen zu finden sind, die Villa Crivelli und die Villa La Rotonda. Die ältere ist die *Villa Crivelli*, im späten 17. Jahrhundert an der Stelle eines ehemaligen Kastells erbaut. Imponierender als der Bau selbst ist die ausgedehnte Gartenanlage, zu der eine fast 2 km lange Zypressenallee gehört. Sie kreuzt zwei große Straßen und zieht sich durch weite Felder, hügelab- und hügelaufwärts

hin, bis sie schließlich in einem kleinen
Wäldchen endet. Außerordentlich reprä-
sentativ ist dagegen die *Rotonda*. Luigi Cagnola, einer der fähigsten Architekten des
italienischen Klassizismus, hat diese Villa ab
1813 errichtet. Die Haupträume sind um
einen runden Salon gruppiert, und das Ganze wird von einer Kuppel bekrönt. Das gesamte Erscheinungsbild erinnert deutlich an
Palladios Villa Rotonda bei Vicenza. In die
Schauseite nach Norden wurden Propyläen
einbezogen, was einen Zeitgenossen zu der
Äußerung veranlaßte: »Von der Straße, die
aus Arosio hinführt, meint man, vor sich so
etwas wie die Akropolis von Athen zu sehen.« Cagnola sind übrigens in der Lombardei noch zwei andere bekannte Architekturen zu verdanken: die Kuppel des Domes
von Brescia und die Porta Ticinese, der
Triumphbogen am Mailänder Naviglio
Grande. Weniger bekannt ist ein Kirchenbau in Ghisalba (Provinz Bergamo), ein
Zentralbau, den man wegen seiner runden
Form ebenfalls Rotonda nennt.

Die kleinen Seen der Brianza liegen wie
eine Perlenschnur nebeneinander aufgereiht,
von Westen nach Osten immer ein wenig
größer werdend: der Lago di Montorfano,
der Lago di Alserio, der Lago di Pusiano und
der Lago di Annone. Der Lago di Garlate,
der dann folgt, ist schon als Teil des Comer

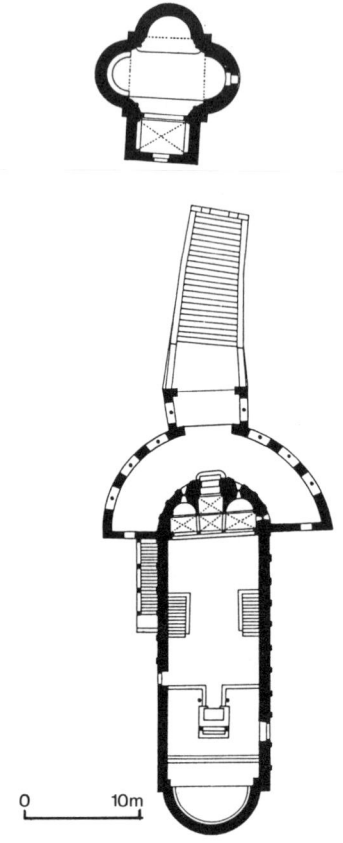

*Civate, S. Pietro al Monte und Oratorio
S. Benedetto, Grundriß*

Sees, d. h. seines östlichen Arms, des Lago di Lecco, anzusehen. Von Inverigo aus ist es nicht
weit nach **Oggiono,** einem kleinen Ort am Südende des Lago di Annone. In der Pfarrkirche
S. Eufemia findet man ein Polyptychon von Marco d'Oggiono, Maria mit acht Heiligen. Der
Leonardo-Schüler hat seinem großen Vorbild manches abgeschaut – die Typen, das Chiaroscuro, bisweilen auch die Motive – doch fehlte es ihm am wichtigsten, am Genie.

Das *Baptisterium* südlich der Pfarrkirche ist rund ein Jahrhundert nach dem in Galliano
entstanden, gegen Ende des 11. Jahrhunderts. Der achteckige Bau mit halbrunder Apsis ist
innen mit Fresken ausgestattet, die allerdings erst dem 16. Jahrhundert entstammen.

Die Provinz Como besitzt mit S. Abbondio in Como und mit S. Maria del Tiglio in
Gravedona hochrangige Werke der romanischen Architektur. Die romanische Malerei ist

mit S. Vincenzo in Galliano, vor allem aber mit *S. Pietro al Monte* bei **Civate** ebenfalls hervorragend dokumentiert. Leider ist es nicht ganz einfach, die kleine Kirche zu erreichen. Von Civate aus, einem kleinen Dorf nördlich des Lago di Annone, führt ein steiler Bergpfad hinauf zum Monte Pedale, an dessen Abhang das einstige Benediktinerkloster liegt. Man braucht über eine Stunde, um dort hinzukommen – eine Wanderung, die am besten nicht in der heißen Jahreszeit unternommen werden sollte, da der Weg sonst zur Qual werden kann. Drei Legenden kann man zur Hilfe nehmen, um zu erklären, wie es zur Gründung eines bedeutenden Benediktinerklosters inmitten dieser unwegsamen Gegend kam. Die plausibelste ist diese: Adalchis, der blinde Sohn des Langobardenkönigs Desiderius, sei von einem Eremiten geheilt worden, der auf dem Berg von Civate lebte. Als Dank dafür habe der König diese Kirche gestiftet und sie den Heiligen Petrus und Paulus geweiht. Wenn auch der Ursprung der Gründung im Dunkeln liegt, sicher ist, daß hier (sowie im Kloster S. Calogero in Civate selbst) bereits in der Mitte des 9. Jahrhunderts 35 Mönche lebten. Eine Gründung durch König Desiderius (reg. 756–774) ist also durchaus möglich. Als der Mailänder Erzbischof Arnolfo de' Capitanei mit dem Papst in Streit geriet, zog er sich nach S. Pietro al Monte zurück, wo er auch starb und begraben wurde. Auf jene Zeit (um 1093) geht der Umbau einer in der Mitte des 11. Jahrhunderts erbauten romanischen Klosterkirche zurück. Ende des 15. Jahrhunderts wurde S. Pietro in eine Kommende umgewandelt und 1611 siedelten die letzten Mönche nach S. Calogero um – das Kloster in Civate, von dessen romanischer Basilika heute nur noch Teile der Apsis und der Krypta erhalten sind.

Der Bau war als einfache Saalkirche mit Ostkrypta angelegt. Erst Ende des 11. Jahrhunderts wurde der Eingang nach Osten verlegt, um eine direkte Verbindung zum Oratorio S. Benedetto zu schaffen. Zu diesem Zweck wurde die Außenmauer der mittleren der drei Nischen der Ostapsis durchbrochen. Den nunmehrigen Hauptzugang umgab man mit einem halbkreisförmigen Vorbau, von dem ein Treppenaufgang hinunter zu S. Benedetto führt. Der gesamte Bereich der Ostapsis wurde narthexartig umgestaltet und der Altar nach Westen verlegt, wo man aus diesem Grund eine zweite Apsis anfügte. Der Narthex, im frühchristlichen Sakralbau für Büßer, Täuflinge und Katechumenen bestimmt, ist besonders aufwendig mit Fresken ausgestattet (Abb. 25). Das Thema ist das Jüngste Gericht. Die Forschung meint, daß hier fünf verschiedene Maler am Werk waren, die sich wahrscheinlich in Mailand an byzantinischer Kunst geschult hatten. Großartig ist das Lünettenfresko, der Kampf der Engel mit dem siebenköpfigen Drachen, in der Mitte die Majestas Domini. Nach Steinmetzarbeiten wird man in dieser Kirche vergeblich suchen. Der gesamte plastische Dekor besteht aus Stuck, ähnlich wie in Cividale und in Brescia (S. Salvatore). Die herausragende Arbeit der unbekannten Stukkatoren ist der Schmuck des *Altarbaldachins*. Architektonisch folgt er demjenigen von S. Ambrogio in Mailand fast in allen Einzelheiten. In den vier Giebelfeldern der Stirnseiten sieht man je ein Stuckrelief (Kreuzigung, Auferstehung, Himmelfahrt, Schlüsselübergabe an Petrus) an den Ecken über den Säulenkapitellen nahezu vollplastische Evangelistensymbole. Das Baldachingewölbe über dem Altar ist freskiert (die Gerechten mit dem Lamm und die Fesselung der vier Winde). In der Krypta sind ebenfalls Stuckreliefs erhalten: Darbringung im Tempel, Kreuzigung und Marientod.

Der eigentümliche kleine Zentralbau des *Oratorio S. Benedetto al Monte*, etwa gleichzeitig mit S. Pietro erbaut, war wohl ursprünglich als Totenkapelle gedacht. Die Fresken sind hier weniger gut erhalten als in der Nachbarkirche, doch sind vor allem die Darstellungen am gemauerten Altar (Segnender Christus mit Maria und Johannes, Hl. Andreas, Hl. Benedikt) in ihrer feierlichen Strenge sehr schön.

Eine Fahrt an den Luganer See

Eingezwängt liegt der Lago di Lugano zwischen seinen beiden bedeutend größeren westlichen und östlichen Nachbarn, dem Lago Maggiore und dem Lago di Como. Mit seinen knapp 50 km² ist er sogar über 10 km² kleiner als der Lago d'Iseo, den man im Vergleich zum Gardasee fast als Pfütze bezeichnen kann. Klein ist er also – doch welcher Glanz geht von seinem Namen aus! Es ist vor allem **Lugano** selbst, das diesen See so berühmt gemacht hat, so berühmt und beliebt, daß diese Stadt, die durch ihre Umgebung in ihrem Wachstum wenig beschränkt ist, heute zu einem der schlimmsten Beispiele moderner Zersiedlung in der Schweiz gehört. Der herrliche Monte Brè, der einst so gemütlich bewaldete Bergkegel am Nordende der Bucht von Lugano, ist fast bis zu seinem Gipfel mit Hotelkomplexen, Appartementhäusern und Villen besetzt – ein trauriges Bild für alle, die diesen Berg noch in den 30er Jahren kannten, als nur wenige und meist sehr sinnvoll und organisch an den Hang gesetzte Häuser das Grün belebten. Wie grauenhaft unsere Zeit die Landschaft zerstörte, wird immer wieder schmerzhaft bewußt, wenn man alte Reisebeschreibungen liest. Heinrich Zschocke, der sein Werk »Die klassischen Stellen der Schweiz« im Jahre 1842 veröffentlichte, konnte damals noch von Lugano berichten: »An den Seebusen des schönen Ceresio geschmiegt, in anmutiger Nachläßigkeit, ruht Lugano, das schönste Städtchen des Landes, schon mit ganz italienischer Physiognomie. Erblickt man es zuerst vom See her, vom Halbmond seiner duftigen Hügel umkränzt; die Küste mit Dörfern malerisch bestreut, und mit Landhäusern und Gärten, wo Mandel- und Olivenbäume, Pfirsich- und Citronenbäume ihr mannigfaltiges Grün vermengen, und Weinlauben längs den Ufern ihre üppigen Zweige über dem stillen Wellenspiel ranken lassen, während westwärts, gleich einem erloschenen Vulcan, der San Salvatore den Gipfel seiner Pyramide zu den Wolken streckt, man möge mit Bertoletti glauben, das niedlichste Kleinbild von Neapel zu finden. Die Stadt selbst, mit nur fünf und einem halben hundert Gebäuden und fünf und einem halben tausend Bewohnern, sechs Klöstern, mehreren Kirchen, Pallästen und öffentlichen Plätzen, trägt bei der Mäßigkeit ihres Umfanges, das Gepräge einer gewissen großartigen Behaglichkeit.«

Aus dem dichten Konglomerat von Hotels, Bankgebäuden, Hochhäusern und Wohnblocks gilt es nun auf einem Rundgang das alte Lugano zu entdecken, das wirklich sehr deutlich von »italienischer Physiognomie« ist. Kein Wunder, denn Lugano teilte – wie der gesamte Kanton Tessin – die lombardische Geschichte mit ihren Kämpfen zwischen Ghibellinen und Guelfen, mit der Herrschaft der Visconti und Sforza, bis zum Jahr 1516, als es von den Eidgenossen erobert wurde.

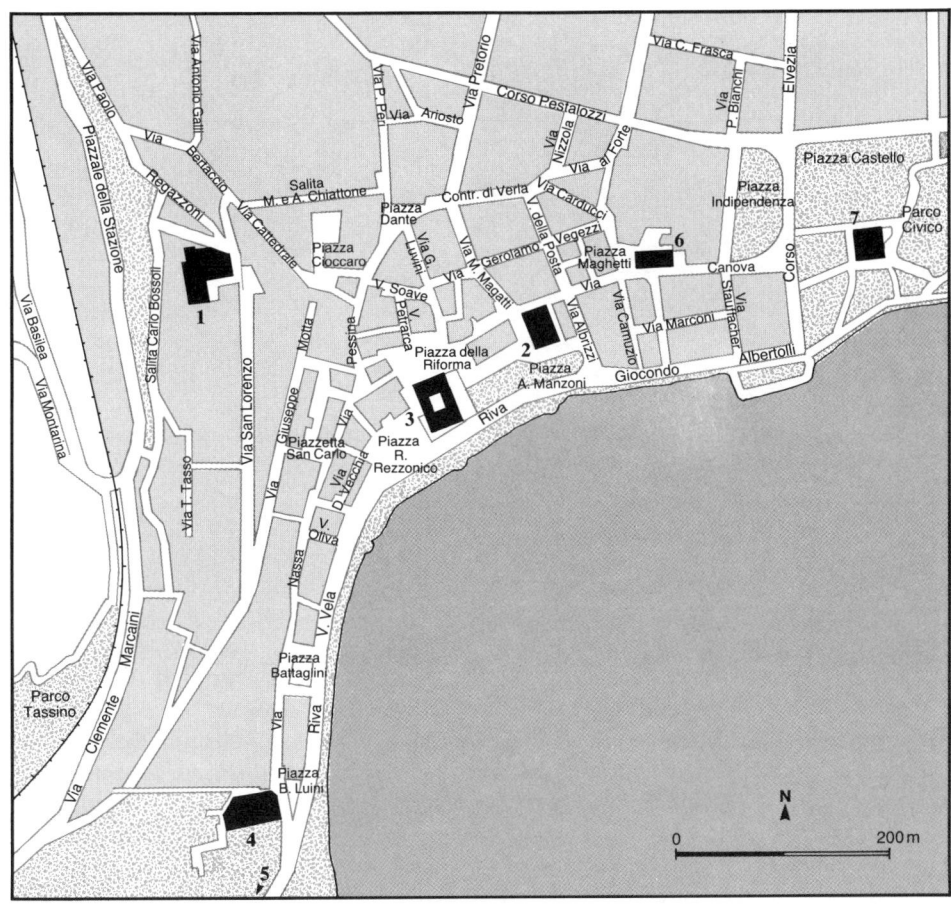

Stadtplan von Lugano   1 S. Lorenzo   2 Palazzo Riva   3 Palazzo Civico (Rathaus)   4 S. Maria degli Angioli   5 S. Maria di Loreto   6 S. Rocco   7 Villa Ciani

Beginnen wir einmal den Rundgang nicht mit dem kommunalen Zentrum am Seeufer, sondern in etwas erhöhter Position mit *S. Lorenzo*, der Hauptkirche der Stadt. Dies bietet sich auch insofern an, als der Bahnhof ganz nahe ist und mit ihm einer der größten Parkplätze in dieser nicht besonders autofreundlichen Stadt. Es bietet sich auch an, weil von den Terrassen von S. Lorenzo die Stadt in allen Einzelheiten zu überblicken ist.

»Das schönste Bauwerk der Stadt ist die Vorderseite von San Lorenzo, eine viereckige Wand von gelbem Marmor, etwas breiter als hoch, durch ein prachtvolles Gesimse gekrönt; ein zweites Gesimse teilt die Fassade in eine obere kleine Hälfte, die in der Mitte ein einfaches Rundfenster hat, und in eine untere, höhere, welche die drei Türen enthält. Das zweite

Lugano, Hauptportal von
S. Lorenzo

Gesimse ist mit einer Reihe von Medaillons geziert, die abwechselnd Brustbilder von Propheten und Sibyllen haut-relief, sämtlich von hohem Kunstwert, enthalten. Über der Mitteltüre findet sich noch eine Reihe von Medaillons, und zwar sind dies die noch wertvolleren: Maria mit dem Kinde, St. Hieronymus, St. Antonius der Abt, St. Bernhard und das schönste: ein weinender Petrus. Die Türpfosten selbst sind überaus im edelsten Renaissancestil verziert; zwischen den Türen finden sich noch Hautreliefbüsten in viereckigen Einfassungen; es sind die vier Evangelisten nebst David und Salomo.«

Jacob Burckhardt, der die Landschaft und Kunst um den Luganer See präzise und liebevoll schilderte, beschrieb auch die mächtige *Schaufassade* von S. Lorenzo bis ins Detail. Wer der Meister dieses prächtigen Werkes lombardischer Renaissance war, weiß man nicht. Burckhardt selbst nahm noch die Rodari an, die Meister der Fassade des Doms von Como, doch heute tendiert man eher zu Gian Gaspare Pedoni aus Carona, der auch die Fassade von S. Maria dei Miracoli in Brescia entwarf. Der heutige Bau – eine mehrfach veränderte Pfeilerbasilika des 13. Jahrhunderts – enthält im Innern einige Reste gotischer Freskenzyklen. Beherrschend ist jedoch die Ausstattung durch Künstler des 17. und 18. Jahrhunderts – insgesamt allerdings nur zweitrangige Arbeiten. Der freistehende Tempietto-Hochaltar aus Marmor ist nach einem Entwurf von Andrea Biffi um 1690 entstanden. Die beiden Heiligenstatuen des Laurentius und des Stephanus schuf Francesco Pozzi im Jahr 1708.

Über die Via Cattedrale und die Piazza Cioccaro (Station der Funicolare) führt der Weg in die Innenstadt und zum Lebensnerv von Lugano um die Piazza della Riforma, Piazza Manzoni und Piazza Rezzonico. Hier spätestens wird dem Reisenden bewußt, daß Lugano heute einer der wichtigsten Bankplätze der Schweiz ist, denn einige der imponierendsten barocken und klassizistischen Paläste der Stadt sind heute Sitze bedeutender Bankgesellschaften. Da ist vor allem der *Palazzo Riva* zu nennen (Piazza Manzoni), ein prächtiger Bau des 18. Jahrhunderts – heute Sitz der Banca della Svizzera Italiana –, innen mit Fresken und Stukkaturen ausgestattet, darunter Arbeiten von Giuseppe Antonio Orelli, dem man auch in Locarno (S. Antonio) begegnen kann. Übrigens gibt es in Lugano zwei weitere Palazzi Riva, einen am Corso Pretorio und einen wegen seiner großartigen Treppenanlage sehr sehenswerten an der Piazza Cioccaro. Beherrschender Bau an der Piazza Riforma ist der *Palazzo Civico* (Rathaus) – eine spätklassizistische Architektur des Mailänders Giacomo Moraglia (1844/45). In der Vorhalle findet man unter anderen Skulpturen einen Spartakus des Tessiners Vincenzo Vela – ein sich von seinen Fesseln befreiender Sklave, entstanden zu Ehren der italienischen Freiheitskämpfer des Risorgimento.

Um zur kunsthistorisch bedeutendsten Kirche von Lugano, S. Maria degli Angioli, zu kommen, wählt man am besten die Uferpromenade, nach dem eben genannten Bildhauer Riva Vincenzo Vela genannt. Es ist vor allem der Blick auf den zweiten, besonders geliebten Hausberg der Luganeser, den Monte S. Salvatore (Farbt. 16), der hier das Auge erfreut. Glücklicherweise ließen seine zum Teil recht steilen Wände eine Bebauung nur am unteren Ende zu. Wer Zeit hat, sollte vom Stadtteil Paradiso aus mit der Funicolare dort hinauffahren, denn der Rundblick über den See und die angrenzenden Alpen ist großartig. Wieder ist es Jacob Burckhardt, der hier mit einem der schönsten Loblieder, die der Monte S. Salvatore je erfuhr, zitiert werden kann: »Auf dem Gipfel nun entfaltet sich eine Aussicht, wie vielleicht Europa nur sehr wenige darbietet ... Von der Gotthardskette und den Rätischen Alpen sieht man zwar nur wenige beschneite Häupter über die sekundären Ketten herüberragen, aber die penninischen Alpen vom Monte Rosa bis zum Montblanc und weiter halten dich reichlich schadlos; besonders der Monte Rosa gewährt hier einen Anblick wie auf dem Rigi kein einziger Schneegipfel. Ich habe zweimal auf dem San Salvatore den Sonnenuntergang gesehen; einige Alpengipfel erhielten nach und nach die Farbe des glühenden Eisens, ein prachtvoller Anblick. Die Hauptsache ist übrigens bei dieser Aussicht nicht der Anblick der Alpen, sondern die traumhaft schöne, hochromantische Gestalt der näheren Berge und Umgebungen; fast von allen Seiten steht der San Salvatore geradezu im See, seine zum Teil schroffen Wände sind gleichwohl fast durchgängig bekleidet, nicht mit den traurigen, niemals hellen Tannen der nördlichen Schweiz, sondern mit Kastanien, Akazien und Walnußbäumen.«

Die Riva Vincenzo Vela endet in der Piazza Bernardino Luini, benannt nach einem der bedeutendsten Renaissancemaler der Lombardei, der in der Kirche *S. Maria degli Angioli* sein Hauptwerk hinterließ. Das unauffällige Äußere der Kirche läßt nicht vermuten, welche Schätze sie enthält. Um 1490 wurde hier ein Minoritenkloster gegründet, die dazugehörige Kirche 1499–1515 erbaut. Nach der Aufhebung des Konvents 1848 wurden die Klosterbau-

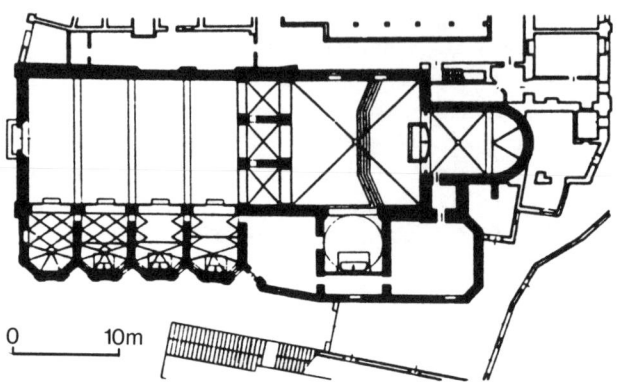

*Lugano, Grundriß der Kirche
S. Maria degli Angioli*

ten einem Hotelbau integriert. Der Innenraum gliedert sich in ein einfaches vierjochiges Langhaus mit vier nördlichen Seitenkapellen und einem quadratischen Mönchschor mit eingezogenem Altarhaus. Langhaus und Mönchschor werden durch einen gewaltigen Lettner voneinander getrennt – Schauplatz von Luinis Fresko des Geschehens von Golgatha (1529; Abb. 24). Die Kreuze Christi und der beiden Schächer beherrschen, streng symmetrisch angeordnet, den Vordergrund, wo sich das detailliert geschilderte Hauptgeschehen abspielt. Der Hintergrund erinnert an die vorangegangene Passion, gibt jedoch auch einen trostreichen Blick auf die Zukunft mit der Darstellung der Himmelfahrt Christi. Bis auf die beiden großen Gestalten des hl. Sebastian und des hl. Rochus zwischen den Arkaden, die körperhaft und gelöst in Hochrenaissancemanier dargestellt sind, erweist sich Luini im figurenreichen Hauptfresko noch als verspäteter Gotiker. Für den ehemaligen Kreuzgang und das Refektorium malte der Künstler ein Jahr später drei weitere Fresken, die inzwischen ins Kircheninnere übertragen wurden, eine Abendmahlsszene in enger Anlehnung an seinen Lehrer Leonardo da Vinci, eine Beweinung Christi mit dem hl. Franz von Assisi und Bernhardin von Siena sowie eine Lünette mit der Halbfigur der Maria zwischen dem Jesuskind und dem Johannesknaben. Übrigens ist es aufschlußreich, diese Abendmahlsszene mit einer weiteren, in enger Anlehnung an Leonardos Werk entstandenen, zu vergleichen, die in Ponte Capriasca (S. Ambrogio) zu sehen ist.

Neben den Fresken Luinis sind in dieser Luganer Kirche auch diejenigen der ersten Seitenkapelle, der Cappella dell'Immacolata, sehr sehenswert. Von einem Zyklus, der um 1520 entstand, sind hier nur noch die Flucht nach Ägypten und die Anbetung der Hll. Drei Könige erhalten. Der Meister, Domenico Sursnico, hat sich bei der Fluchtszene offenbar die Darstellung des gleichen Themas in der Kirche Madonna del Sasso bei Locarno, die Bramantino malte, zum Vorbild genommen.

Wenig bekannt, doch im Außenbau bedeutend attraktiver als die Angioli-Kirche, ist *S. Maria di Loreto,* eine Wallfahrtskirche ganz in der Nähe, die mit ihren einladenden Arkaden wie ein kleiner toskanischer Renaissancepalazzo wirkt. Der Bau entstand ab 1524, der Turm erst 1623–1633, die Casa Santa im Osten 1728. Die Fassade ist zwischen den

Fensterachsen mit Passionsszenen bemalt, das Kreuzgewölbe des Portikus mit marianischen Motiven und zusätzlich stuckiert. In der Casa Santa – der Gnadenkapelle von Loreto nachgebildet – sind einige gute Renaissancefresken aus dem Umkreis Luinis erhalten.

Der Gang an der Uferpromenade entlang in umgekehrter Richtung eröffnet nun den Blick auf den Monte Brè. Die Piazza Manzoni ist der Ausgangspunkt für weitere Kunststreifzüge, die nun in den östlichen Stadtbereich führen. Nördlich vom Palazzo Riva führt die Via Canova zur Kirche *S. Rocco*. Die neubarocke Fassade (1909–1910) ist wenig ansprechend, doch enthält der Innenraum der Ende des 16. Jahrhunderts gebauten Kirche ein beachtliches Fresko. Im Tonnengewölbe erscheinen inmitten einer reichen Scheinarchitektur die Darstellungen der Himmelfahrt Mariä und der Apotheose des hl. Rochus. Der Maler war wahrscheinlich Salvatore Pozzi aus dem Valsolda. Der Bruderschaftschor ist mit Fresken von Carlo Carlone dekoriert (um 1760), zusätzlich mit Stuck von Muzio Camuzzi (um 1650).

Für Liebhaber des Klassizismus ist die *Villa Ciani* interessant, zumal sie von einem großzügig angelegten Park mit reichem exotischen Baumbestand *(Parco Civico)* umgeben ist. Einst stand hier das alte Kastell der Sforza, das 1512 von den Eidgenossen zerstört wurde. Ihm folgte im 17. Jahrhundert ein Palast der Familie von Beroldingen und schließlich um 1840 der heutige Bau – errichtet von Luigi Clerichetti für die Familie Ciani. Die Gartenfassade ist außerordentlich nobel gegliedert und die schöne Kuppellaterne des Treppenschachtes, die den Bau überragt, tut ein übriges, um diesen Palast als einen der hübschesten des Tessin erscheinen zu lassen. Heute ist in den schönen Räumen das *Museo Civico* untergebracht – eine gute Sammlung vor allem Tessiner Meister des 17. bis 19. Jahrhunderts.

Eine übermächtige Konkurrenz hat die Villa Ciani in der *Villa Favorita* in **Castagnola** östlich von Lugano, deren Sammlung Weltruf besitzt. Auch hier ging ein Palast der Familie von Beroldingen voraus (1687), die damals die Landschreiber der Vogtei Lugano stellte. 1732 ging der Besitz an die Familie Riva und schließlich 1932 an Baron Heinrich von Thyssen-Bornemisza. In den damals hinzugefügten Flügelbauten wurde die Sammlung Stiftung Schloß Rohoncz untergebracht, die dann in den folgenden Jahrzehnten von Baron Heinrich Thyssen und seinem Sohn zu einer der großartigsten Privatsammlungen der Welt ausgebaut wurde. Die Sammlung, die von April bis Oktober freitags, samstags und sonntags öffentlich zugänglich ist, enthält Werke der bedeutendsten Meister europäischer Malerei des 15. bis 18. Jahrhunderts, hochrangige Skulpturen und vortreffliches Kunsthandwerk. Die Ausstellungen moderner Kunst aus eigenen und fremden Beständen machen diesen Ort zu einem der wichtigsten kulturellen Zentren der Schweiz. Schnell erreicht man von hier aus das idyllische Fischerdorf **Gandria** (Farbt. 15), das sich vor allem durch seine malerische Lage am Berghang auszeichnet und besonders vom Schiff aus einen imponierenden Anblick bietet.

Kunsthistorisch ist Lugano sicherlich der wichtigste Ort an diesem See, doch gibt es vor allem am südlichen See-Ende noch weitere lohnende Ziele. Beginnen wir mit einer Fahrt zur landschaftlich so gesegneten **Collina d'Oro** (Goldener Hügel), die sich als Teil einer kleinen Halbinsel südlich von Lugano in den See hineinschiebt. Die erste Station sei **Gentilino**. Wenn auch nicht in der architektonischen Qualität, so doch in der Großzügigkeit der

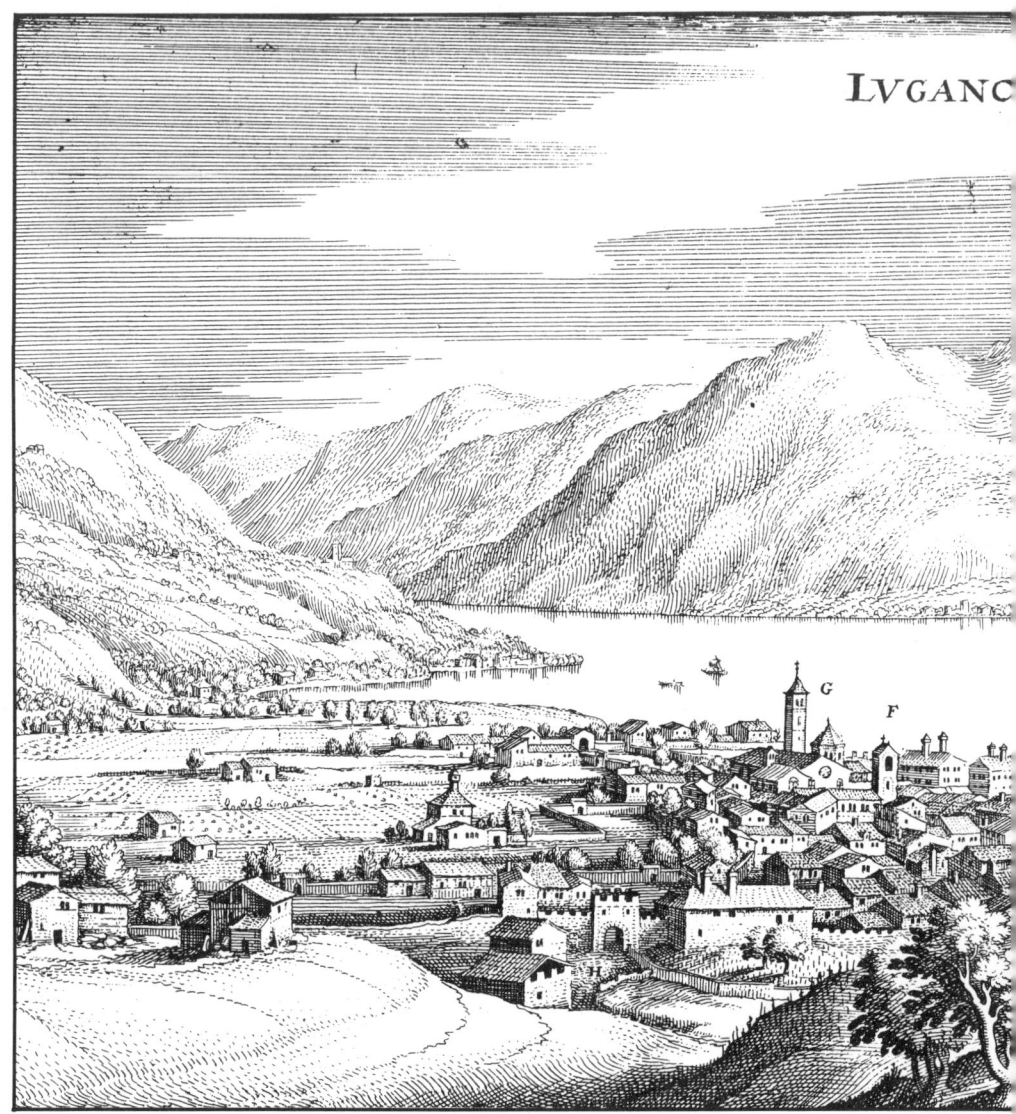

Lugano nach einem Kupferstich von Matthäus Merian

Gesamtanlage gehört *S. Abbondio* zu den eindrucksvollsten Baukomplexen dieses Sees. Eine melancholische Zypressenallee führt zu der Kirche mit ihrem hohen, freistehenden Campanile. S. Abbondio entstand im 16. Jahrhundert, wurde dann aber von 1653–1658 durchgrei-

Lowertz.

A. S. Laurentio.   E. Cafa de rafo   H. Porte S. Catharina.
B. Porte S. Laurent.   B. Come.   I. Compion D.
C. L. del Madame.   F. Hofpitale.   K. Lago de Lugano.
D. S. M. Angel.   G. S. Francifco.   L. S. Saluator.

fend barockisiert. Davon zeugt vor allem der prächtige Deckenstuck der Brüder Antonio und Eugenio Camuzzi, die zu den tüchtigsten Stukkatoren des Tessin gehörten. Der Vorplatz der Kirche fällt durch eine Reihe wirkungsvoll angelegter Kreuzwegstationen entlang der Mauer auf. Interessant ist das Beinhaus, ein kleiner kubischer Bau mit bemalten Arkadennischen (G. A. Petrini), der um 1723 entstand. Gegenüber der Kirche, auf der anderen Straßenseite, liegt der weitläufige *Neue Friedhof.* Vor allem deutsche Besucher trifft man hier oft an, denn hier finden wir die Gräber von Hermann Hesse, Bruno Walter und Hugo Ball. Hesse hatte sich bereits 1919 in **Montagnola** niedergelassen. Dort lebte er bis 1931 in der Casa Camuzzi, dem ehemaligen Domizil der eben genannten Stukkatorenfamilie. Ein Züricher Freund, Hans Bodmer, bot ihm nach der Heirat mit seiner dritten Frau Ninon eine Villa am Ortsende an, die er dann bis zu seinem Tod im Jahr 1962 bewohnte. Nicht nur ein großer Teil seiner Dichtungen entstand hier oben in Montagnola, sondern auch viele der heiteren, farbenfrohen Aquarelle – Zeugnisse seiner Liebe zu der wahrhaft paradiesischen Landschaft der Collina d'Oro. Man kann fast froh sein, daß dieser optisch so sensible Mensch nicht mehr erleben mußte, wie grauenhaft sich das moderne Lugano entwickelt hat, das besonders von hier oben aus in jeder Einzelheit mit dem Blick zu erfassen ist.

Fast jeder Ort dieser Gegend kann mit einer bekannten Kunsthandwerkerfamilie in Zusammenhang gebracht werden. In **Carona** ist es die Familie Solari, die in Oberitalien außerordentlich fruchtbar gewirkt hat. Da auch in Campione und im Intelvital Mitglieder dieser reichverzweigten Sippe lebten, ist es jedoch nicht immer ganz einfach, einen bestimmten Künstler einem bestimmten Ort zuzuordnen. Doch sei hier vor allem Cristoforo Solari erwähnt, der Schöpfer des herrlichen Doppelgrabmals für Ludovico il Moro und Beatrice d'Este in der Certosa di Pavia. Mit der Pfarrkirche *S. Giorgio* besitzt Carona einen eindrucksvollen Bau, umgeben von einer gewaltigen Bergkulisse. Einer romanischen Vorgängerkirche folgte Ende des 16. Jahrhunderts ein Neubau, der 1598 fertiggestellt wurde. Die Ausstattung geht größtenteils auf diese Zeit zurück. Vor allem die Fresken sind interessant – Werke, die zum Teil auf große Vorbilder der italienischen Renaissance zurückzuführen sind. So orientiert sich das »Jüngste Gericht« von Domenico Pezzi an der rechten Chorwand an Michelangelos Darstellung in der Sixtinischen Kapelle; das Allerheiligenbild an der Nordseite kann ohne das Vorbild von Raffaels »Disputà« im Vatikan nicht entstanden sein; und die Abendmahlsdarstellung an der Westwand bezieht sich deutlich auf Leonardos Fresko in Mailand. Daneben enthält die Kirche guten plastischen Schmuck: ein Marmor-Antependium mit Rankenwerk in Opus sectile; einen Kruzifix mit gemalten barocken Begleitfiguren; ein Relief mit Darstellung der Taufe Christi. Da man natürlich an diesem Ort die Solari nicht vergessen soll, wird ihnen das Triptychon einer Madonna mit den Heiligen Sebastian und Rochus (15. Jahrhundert) zugeschrieben.

Oberhalb des Dorfes liegt die Kirche *S. Marta* – ein Bau des späten Mittelalters mit barockem Anbau. Hier findet man ausgezeichnete spätgotische Fresken der Zeit um 1468, darunter eine thronende Madonna unter dem Baldachin, umgeben von den Heiligen Paulus, Johannes dem Täufer, Petrus und Franziskus.

Noch etwas weiter außerhalb – in südwestlicher Richtung – befindet sich die Wallfahrtskirche *S. Maria d'Ongero,* die verschwenderisch barock ausgestattet ist. Der Aufstieg zur Kirche wird von Kreuzwegstationen begleitet. Der Bau entstand im zweiten Viertel des 17. Jahrhunderts und aus dieser Zeit stammt auch die prächtige Stukkierung, die zum Teil auf den Einheimischen Alessandro Casella zurückgeht. Auch ein weiterer Künstler aus Carona war hier tätig, Giuseppe Antonio Petrini. Sehr schwungvoll malte er eine Darstellung des zwölfjährigen Jesus im Tempel, die um 1750 datiert wird.

Ein Waldweg führt von hier zur romanischen Kirche *S. Maria Assunta di Torello.* Der einfache, aus unverputzten Porphyrquadern gefügte Bau entstand Anfang des 13. Jahrhunderts zusammen mit den Konventsgebäuden eines Augustinerchorherrenstifts. Guglielmo della Torre, Bischof von Como, stiftete das Kloster, in dessen Kirche er auch begraben liegt. Sein Bild findet sich auf einem Fresko neben dem Säulenportal.

Eine ebenso kurven- wie aussichtsreiche Straße führt hinab nach **Morcote** – neben Gandria wegen seiner malerischen Reize wohl der meistfotografierte Ort des Sees (Farbt. 28). Stefano Franscini, dessen Werk »Der Canton Tessin, historisch, geographisch, statistisch geschildert« (1835) jedem Freund gründlicher historischer Information empfohlen sei, vermerkt unter dem Stichwort ›Morcote‹: »Die Örtlichkeit ist gegen Mittag gelegen, vor den Nordwinden geschützt, höchst reich an Reben und zugleich ungemein malerisch. Morcote hat, außer der Pfarrkirche, eine andre kleine Kirche mit schönen Fresco-Malereyen von unserem Carloni. Zur Pfarrkirche steigt man auf einer Treppe von mehr als 300 Stufen. Daneben sind die Citronengärten des Pfarrers Mola, welche wohl die schönsten und beträchtlichsten des Cantons sind, und Zeugniss von der Betriebsamkeit des Bebauers ablegen. In einem Gute der alten und berühmten Paleari sieht man die Ueberbleibsel des Schlosses, welches nach dem Jahr 1000 gebaut wurde, und in den folgenden Jahrhunderten bis zur schweizerischen Herrschaft nicht geringe Wichtigkeit hatte. In der Nachbarschaft, zwischen Morcote und Melide, befinden sich die Keller und Felsengrotten, welche zu den besten für die Erhaltung des Weins gehören.«

Zumindest der Ortskern selbst, der von der Gemeinde liebevoll gepflegt wird, hat seinen dörflichen Charakter, wie ihn Franscini beschrieb, bewahren können. *S. Maria del Sasso*, die berühmte Wallfahrtskirche, entstand in zwei Bauphasen während der Frührenaissance (1462) und des Barock (1758). Vorausgegangen war ein Bau des 13. Jahrhunderts. Prachtvoll ist der Campanile, der neben der Kirche steht. Auch an ihm kann man mehrere Bauphasen unterscheiden: eine spätromanische (Unterbau), eine des 16. (Obergeschosse) und eine des 18. Jahrhunderts (oktogonaler Aufsatz mit Haube). Im Innern der Kirche sind ausgezeichnete Fresken des 16. Jahrhunderts erhalten, darunter eine sehr drollige Darstellung der Vertreibung aus dem Paradies. Westlich der Kirche, über eine Terrasse zu erreichen, steht die Kapelle *S. Antonio di Padova*, ein schöner kleiner Zentralbau des Jahres 1676. Die Kuppel ist von einem Mitglied der berühmten Familie Carlone, Gian Andrea, mit biblischen Szenen ausgemalt. Wie kein anderer im Tessin ist der *Friedhof* von Morcote berühmt – eine malerische Terrassenanlage, deren unvermeidliche Zypressen hier besonders effektvoll sind. Ein sentimentales Marmorgrabmal reiht sich an das andere, darunter auch Gedenktafeln, die sich einprägen: Der Komponist Eugène d'Albert ist hier begraben und auch der Schauspieler Alexander Moissi.

Hier ist es einmal an der Zeit, auch der Schönheiten des Lago di Lugano zu gedenken, der in seiner Beurteilung neben seinen Nachbarseen meist weniger gut abschneidet. Eine der emphatischsten Schilderungen verdanken wir wieder Franscini: »Er hat nicht wie der Comer See jene paradiesischen Ufer voll Myrthen und Orangen, wo sanfte Winde balsamisch hauchen, wo Flora sich mit immerwährenden Blumenkränzen schmückt, wo eine Empfindung reiner Lust von Allem ausgeht und sich verbreitet. Er hat nicht wie der Lago Maggiore jene Inseln, welche von Sylphen aus den Wellen emporgehoben scheinen, und welche in ihrem Schosse alles bergen, was Natur und Kunst schaffen können, um die Seele in Bewunderung zu entzücken und durch Zauber zu verführen. Dennoch ist der Luganer See so reich an malerischen und romantischen Reizen, daß er sich auch nach den zwei berühmtesten See'n der Lombardey mit Stolz zeigen darf. Die hohen, vom Gipfel bis zum Fuß in's schönste Grün gekleideten Berge, die prächtigen Busen, welche durch die Strahlen der Sonne zu ungeheuern, den Glanz derselben zurückwerfenden Spiegeln gemacht werden, die südlichen und westlichen Gestade, wo mitten unter anmuthigen Weingärten die weissen Kirchen und Dörfer hervorblinken, die erstaunlichen fortwährenden Gegensätze zwischen angebauten und lachenden Hügeln und schauerlichen Thalschluchten und Felshängen, zwischen den dunkeln, von erhabenen Felsen geprägten Schatten und dem lebhaftesten vom Wasser zurückgeworfenen Schimmer: Alles vereinigt sich, den Luganer See höchst anziehend für jeden zu machen, der gerne das Ernste neben dem Lachenden sieht, der sich in Betrachtung jener Bilder ergötzt, welche die hehre Zeichnerin, die Natur, mit großen und freien Strichen gemalt hat. Der Luganer See hat so seltsame Wendungen, so lange Verzweigungen, so unerwartete Busen, daß die Phantasie nicht Bilder findet, welche den Bau und die Gestalt mit einigem Anschein von Wahrheit darzustellen vermögen.«

An einer dieser gepriesenen Buchten liegt **Riva S. Vitale,** dicht daneben Capolago – beide im Schatten des mächtigen Monte Generoso. Von unvergleichbarem landschaftlichen Reiz ist der Landweg von Morcote hierher, um den Südwestarm des Sees herum, vorbei an Ponte Tresa, Porto Ceresio, von wo aus Bisuschio und die Villa Cicogna sehr leicht zu erreichen sind. Durch den alten, noch sehr gut erhaltenen Borgo von Riva S. Vitale kommt man zunächst zum *Baptisterium*, dem ältesten Sakralbau der Schweiz. Der quadratische Bau aus Kleinquaderwerk ist von außen so unscheinbar, daß man ihn wahrscheinlich übersähe, wüßte man nicht um seine Bedeutung. Nur der oktogonale Kern der Taufkirche des 5./6. Jahrhunderts ist erhalten geblieben. Ein Umgang von quadratischem Grundriß, in dem sich die wartenden Täuflinge aufhielten, vielleicht auch für die heilige Handlung vorbereitet wurden, umschloß ihn einst, wie man an den am Außenbau noch sichtbaren Konsolen erkennen kann, die die Dachkonstruktion trugen. Der Umgang bekundete damals auch im äußeren Erscheinungsbild die Bedeutung der Anlage. Heute wird der außergewöhnliche Rang des Bauwerks erst in seinem Innern deutlich. Von der frühen Entstehungszeit um 500 zeugt vor allem das achteckige, in den Boden eingelassene Becken. Hier wurden die Taufen durch Untertauchen (Submersion) ausschließlich an Erwachsenen vollzogen. Erst im Frühmittelalter wurde die Immersionstaufe eingeführt, wovon das darüber stehende runde monolithische Steinbecken zeugt. Ursprünglich jedoch war alles auf die Zahl acht hin ausgerichtet. Das frühe Christentum sah in ihr ein Symbol der Vollkommenheit, der Auferstehung und der Neuschöpfung in der Taufe. Ende des 2. Jahrhunderts n. Chr. schrieb der

27   BERGAMO, Grabmal des Condottiere Bartolomeo Colleoni mit dem Reiterstandbild von Sixtus Frey in der Cappella Colleoni

◁ 26   BERGAMO, Baptisterium

28   BERGAMO, S. Maria Maggiore, Chorgestühl ▷

29 BERGAMO

30 Landschaft bei S. PELLEGRINO

31 ALMENNO S. BARTOLOMEO, S. Tomaso in
    Limine (S. Tomè)

32 ALMENNO S. SALVATORE, Madonna del Castello,
    Altarbaldachin

33 BARDOLINO, S. Severo, Apsiden

35 BOGLIACO, Treppenanlage im Garten der Villa Bettoni

◁ 34 MADERNO, S. Andrea, Fassade

36 SALÒ, Dom, Grablegung

37   BRESCIA, Loggia

38   BRESCIA, S. Maria dei Miracoli, Fassadendetail ▷

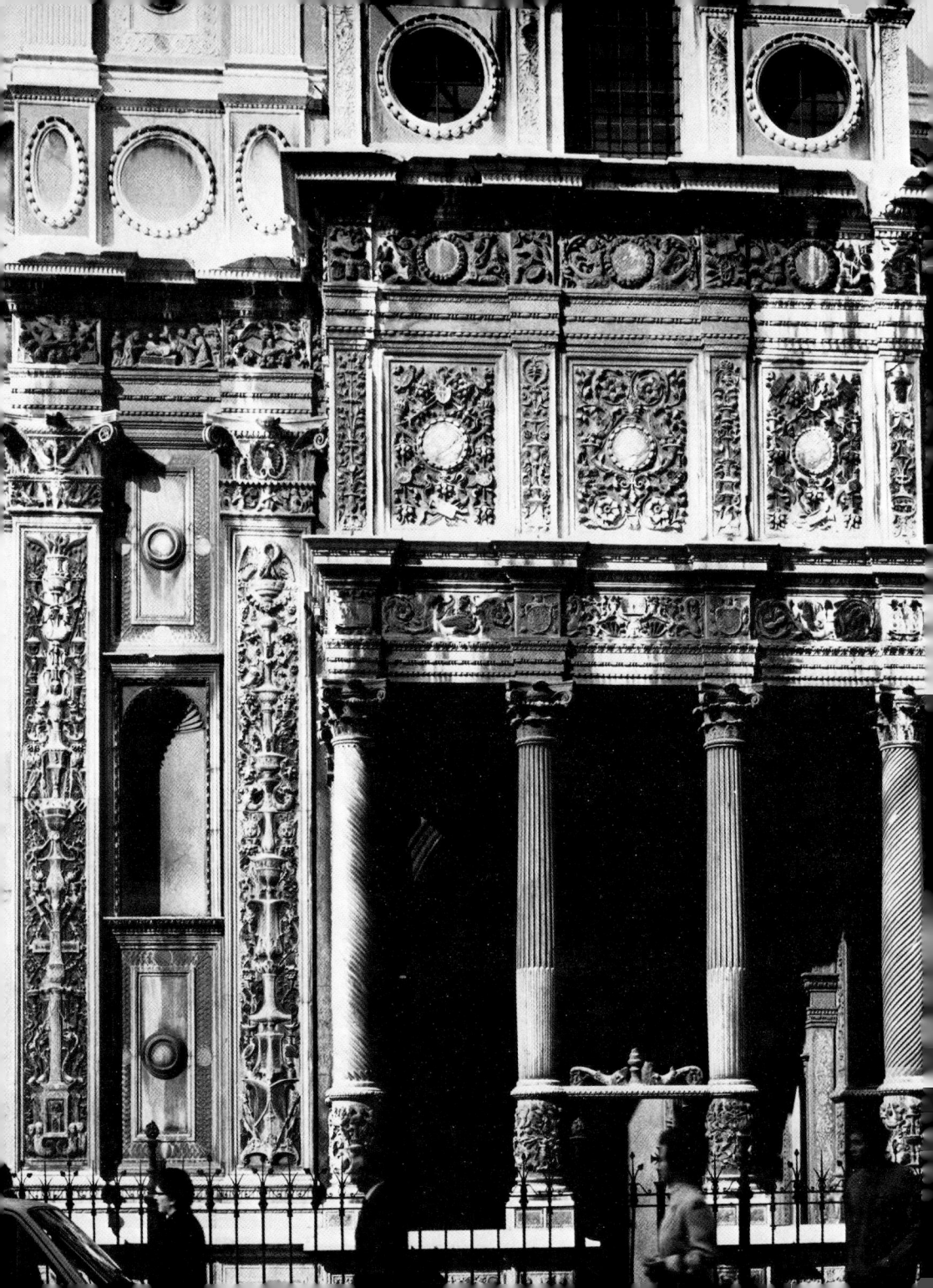

39 Brescia, Kapitol

40 Brescia, Poste e Telegrafi

41 BRESCIA, Duomo Vecchio und Duomo Nuovo

42 BRESCIA, S. Francesco, Kreuzgang

44   Brescia, SS. Nazaro e Celso, Auferstehungsaltar von Tizian

◁ 43   Brescia, SS. Faustino e Giovita, Deckenfresko

46   Capo di Ponte, S. Siro

Kirchenlehrer Clemens von Alexandria: »Wen Christus wieder zum Leben gebiert, der wird in die Achtheit versetzt.« Die acht Seiten des Innenraums sind abwechselnd durch flache und halbkreisförmige Nischen gegliedert. Die Ostapsis ist mehrfach verändert worden. Die erhaltenen Freskenreste in den Seitennischen stammen aus romanischer Zeit (Abb. 22, 23). Eine frühere Entstehungszeit (um 1000) nimmt man für die Kreuzigungsszene in der Altarapsis an. Der ursprüngliche Boden ist zum Teil noch erhalten – eine sehr schöne Arbeit in geometrischen Formen, aus verschiedenen Steinarten zusammengesetzt (Opus sectile).

Nur ein paar Schritte sind es zu der monumentalen Kirche S. Croce, die sich heute in strahlendem Gelb-Weiß darbietet. Der ebenfalls oktogonale Zentralbau wurde vielleicht von Pellegrino Tibaldi entworfen. Baumeister war Giovanni Antonio Piotto aus Vacallo im Mendrisiotto (1588–1592). Durch eine Restaurierung der Jahre 1985/86 präsentiert sich der Innenraum wieder in seiner ganzen Schönheit. Herrlich ist die weite, von acht Säulen getragene Kuppel, wunderschön auch der heitere, ornamentale Freskenschmuck. Die Groteske, eines der verspieltesten und zugleich hintergründigsten Ornamentmotive der Kunstgeschichte, wurde hier in souveräner Weise gehandhabt. Die Ornamentfriese werden den Brüdern Pozzi zugeschrieben, die Altarbilder Camillo Procaccini.

Capolago ist Ausgangspunkt für eine Fahrt mit der Zahnradbahn auf den Monte Generoso, der mit seinen 1701 m der lohnendste Aussichtsberg an diesem See ist. Kunsthistorisch ist hier wenig zu entdecken, doch ist man stolz darauf, daß in Capolago der große Barockbaumeister Carlo Maderna (1556–1629) geboren wurde. Bekannt wurde er in Rom durch seine revolutionäre Fassade von S. Susanna und die Kuppel von S. Andrea della Valle, berühmt durch die Hinzufügung des Langhauses und der Fassade an Michelangelos Zentralbau von St. Peter in Rom.

Noch berühmter als er wurde Francesco Borromini (1599–1667), der im benachbarten **Bissone** zur Welt kam und mit Maderna entfernt verwandt war. Seine römischen Bauten, vor allem S. Carlo und S. Ivo, bedeuteten zwar seinen Zeitgenossen nicht viel und wurden meist als exzentrische Spielereien verworfen, doch wurden seine Ideen später sehr fruchtbar für die Ausbildung der mitteleuropäischen Rokokoarchitektur. In Bissone selbst ist von Borrominis Kunst freilich nichts zu sehen, da er schon mit 20 Jahren nach Rom ging und dort zunächst sehr bescheiden als Steinmetz arbeitete.

Um noch einmal wirklich bedeutende Kunst zu finden, müssen wir weiter nach **Campione** fahren. Die italienische Enklave von nicht mehr als 4 km^2 ist durch ihr Spielcasino ein fragwürdiger Anziehungspunkt geworden, und da der Ort außerdem noch als Steuerparadies gilt, findet man hier eine Ansammlung prachtvoll-protziger Villen, die nicht immer mit der umgebenden Landschaft harmonieren. Wirklich erfreulich ist jedoch die Wallfahrtskirche S. Maria dei Ghirli, zumal wenn man den Bau zuerst vom See aus sieht, mit der wunderschönen, eines feudalen Schlosses würdigen barocken Treppenanlage. Die Anfänge waren allerdings nicht barock, sondern gotisch, und ihretwegen vor allem ist die Kirche so sehenswert. Drei Phasen verdankt der Bau seine heutige Erscheinung: Ein gotischer Neubau des 14. Jahrhunderts wurde 1623–1636 im Innern barockisiert; 1730–1740 fügte man eine Vorhalle hinzu. Hervorragende Wandmalereien der Erbauungszeit sowie des 15. und 16.

Jahrhunderts machen diese Kirche zu einem wichtigen Kunstziel. Am frühesten datiert (drittes Viertel des 14. Jahrhunderts) ist der Zyklus an der Südwand und der Rückwand, der dem Leben Johannes des Täufers gewidmet ist. Hier treffen sich Stileinflüsse aus der Lombardei (Giovanni da Milano) und der Toskana (Giotto). Man weiß nicht, wer der Maler war, doch handelt es sich um einen Künstler hohen Ranges. An der südlichen Außenwand des Schiffes – durch eine verglaste Vorhalle geschützt – finden wir ein von Lanfranco de Veris und seinem Sohn Filippolo signiertes Fresko aus dem Jahr 1400 – eine Darstellung des Jüngsten Gerichts in der feinen, höfischen Manier des Weichen Stils. Die auf Leinwand übertragenen Fragmente einer Vertreibung aus dem Paradies werden dem Umkreis von Bernardino Luini (um 1514) zugeschrieben.

Hier in Campione gedenkt man der Maestri campionesi, die als Steinmetze, Baumeister, Stukkatoren und Maler Jahrhunderte hindurch in die Welt zogen – ähnlich den Männern aus dem Intelvital, das von hier aus schnell zu erreichen ist. Zu ihnen gehörte Matteo da Campione, der die Marmorfassade, Taufkapelle und Kanzel des Domes von Monza schuf (1360–1390), zu ihnen gehörte aber auch ein Zweig der Familie Solari, die im 15. Jahrhundert am Mailänder Dom tätig war.

Die Provinz Bergamo

> »Drüben stand der Dom, feierlich froh und hell mit breiten königlichen Stufen
> vor dem Eingang, daneben, vor mir, Santa Maria Maggiore und, daran angebaut
> und wunderlich wild verziert und ausstaffiert, die Kapelle des Colleoni.«
>
> *Hermann Hesse, Bergamo, 1913*

Die Stadt Bergamo

Merkwürdig, daß der Massentourismus diese Stadt bisher noch nicht entdeckt hat, deren
Lage auf einem grünen Hügel oberhalb des Flusses Serio allein schon zum Schwärmen
veranlassen kann. Die »verehrungswürdige Unbekannte« hat Le Corbusier sie einmal
genannt – mit Recht, denn es gibt wohl keine zweite Stadt in der Lombardei, die bei all ihrem
Zauber unbekannter wäre als diese. Allerdings muß man unterscheiden zwischen der Unterstadt (città bassa) und der Oberstadt (città alta). Ähnlich wie in Como, wo der alte Stadtkern
von einem Meer häßlicher Häuser umschlossen wird, ist auch das industrielle Bergamo, die
Unterstadt, alles andere als einladend. Man tut gut daran, dieses stickige Häusermeer schnell
zu durchfahren und den Wagen neben dem ehemaligen Kloster S. Agostino abzustellen, von
wo aus man die Altstadt in zehn Minuten erreichen kann. Nur die Accademia Carrara ist es,
die dann einen Besuch in der Unterstadt noch notwendig macht.

Der Hügel von Bergamo ist sehr alter Kulturboden. Dem römischen Municipium Bergomum (49 v. Chr.) ging bereits eine keltische Siedlung voraus, die nach Bergimus, einem Gott
der Cenomanen, benannt worden war. Die Langobarden machten Bergamo 575 zum Herzogssitz, ab 776 folgte die Herrschaft deutscher Könige und Kaiser, als deren Vertreter der
Bischof fungierte.

Im 12. Jahrhundert wurde Bergamo freie Stadt, die sich dann als Mitglied der ersten
Lombardischen Liga Barbarossa widersetzte. Es folgten zwei Jahrhunderte innerer Kämpfe
zwischen den ghibellinischen Suardi und den guelfischen Colleoni. Das 14. Jahrhundert sah
die Stadt abwechselnd unter der Herrschaft der Torriani, Visconti und Malatesta. Im Verlauf
der Kämpfe zwischen Mailand und Venedig um die Vormachtstellung in der Lombardei
geriet Bergamo 1428 in die Hand der Venezianer. Bartolomeo Colleoni verhinderte als
Condottiere im Dienst Venedigs einen Rückeroberungsversuch der Visconti (1437). Die
Zugehörigkeit zum Herrschaftsgebiet der Inselrepublik bis in die napoleonische Ära führte
zu einer Blütezeit für Handel und Gewerbe. 1797 wurde die Stadt durch Napoleon der
Cisalpinischen Republik zugeschlagen.

Zentrum der **Oberstadt** ist die *Piazza Vecchia* (Farbt. 18), und hier sollte ein Rundgang
beginnen. Die Lombardei besitzt viele schöne Plätze – an Geschlossenheit ist die Piazza
Ducale von Vigevano nicht zu übertreffen, an monumentaler Kraft und Würde nicht die
Piazza del Comune von Cremona. Dieser hier ist in seiner harmonischen Verbindung stili-

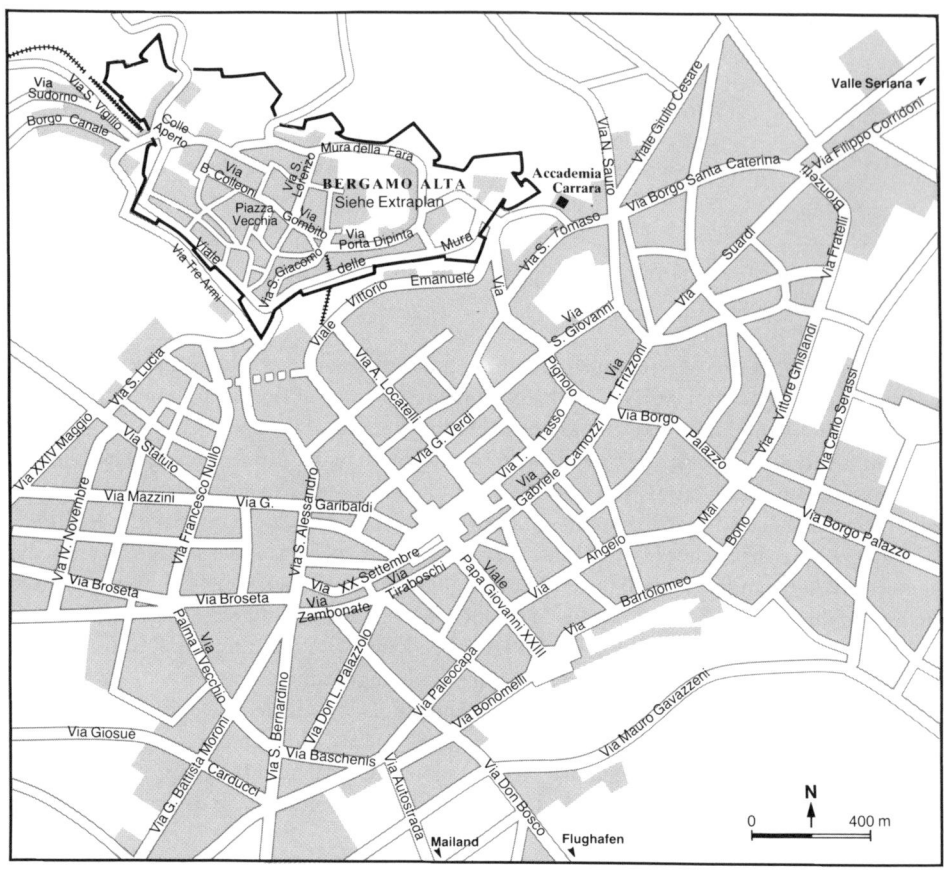

Stadtplan von Bergamo

stischer Gegensätze sicherlich der lebendigste, dazu durch seine geringe Größe noch der intimste. Die Piazza entstand in den Jahren zwischen 1440 und 1493 nach dem Abbruch mittelalterlicher Häuser – ein kommunales Zentrum, das zugleich eine Art Vorhof des sakralen Zentrums der Stadt, des Domplatzes, darstellt. Das Mittelalter beherrscht noch heute den südlichen Teil mit den Bauten des Palazzo della Ragione und der Torre del Comune. Dieser aufgelockerten Gruppe steht im Norden der geschlossene, monumentale Bau der Biblioteca Civica gegenüber, in dem sich der klassische Geist des 17. Jahrhunderts dokumentiert. Die langgestreckten seitlichen Bauten dienen heute vor allem dazu, das Ensemble in aller Muße zu genießen, denn sie beherbergen eine Reihe gemütlicher bis luxuriöser Restaurants.

Die jahrhundertelange Herrschaft Venedigs hat auch architektonisch ihre Spuren hinterlassen: Der Palazzo della Ragione mit zierlichem venezianischen Maßwerk und einem anmutigen Relief des Markuslöwen dokumentiert dies ebenso wie der klar gegliederte Bau der Bibliothek, der dem venezianischen Vorbild des Sansovino weitgehend folgt. Die Geschichte des *Palazzo della Ragione* allerdings reicht noch bis in die vorvenezianische Zeit zurück. Nach dem Sieg, den die Lombardische Liga 1176 bei Legnano erfocht, entstand ein erster Stadtpalast, der durch einen Brand Ende des 13. Jahrhunderts zerstört wurde. Ein umgehend errichteter Neubau fiel 1513 spanischen Truppen zum Opfer. Die heutige Erscheinung des Palastes geht weitgehend auf den Wiederaufbau der Jahre 1538 bis 1554 zurück. Nur die seitliche Flanke und eine Giebelfront blieben damals unverändert. Die überdachte Außentreppe, die zum Obergeschoß führt, stammt noch aus dem Jahr 1385. Der große Saal enthält Fresken des 14. und 15. Jahrhunderts, die von Kirchen und Häusern Bergamos abgenommen und hierhergebracht wurden. Darunter ist auch das Fresko »Drei Philosophen« von Bramante, das einst die Fassade des Palazzo del Podestà schmückte (1477). Unter den Arkaden des Portikus hat Giovanni Albricci 1798 eine riesige Sonnenuhr konstruiert, die immer noch ausgezeichnet funktioniert. Nicht weit davon entfernt, vor der linken Frontseite des Palastes steht ein *Denkmal für Torquato Tasso*, der einer Bergamasker Familie entstammte (G. B. Vismara, 1681).

Der Stadtturm, die *Torre del Comune*, geht auf einen Wehrturm der ghibellinischen Familie Suardi aus dem 12. Jahrhundert zurück. Ein Lift führt zum ersten Obergeschoß, von wo aus man einen herrlichen Blick auf die Stadt und das Umland hat.

An der Stelle einer Renaissanceloggia entstand zwischen 1611 und 1690 der Bau der *Biblioteca Civica (Palazzo Nuovo)*. Architekt war Vincenzo Scamozzi, der sich Sansovinos Biblioteca Vecchia in Venedig zum Vorbild nahm. Der obere Fassadenteil konnte erst 1927/1928 vollendet werden. Die bedeutende Sammlung enthält großartige Werke der Buchmalerei, darunter einen Band mit frühen Tierdarstellungen des Giovannino de' Grassi (14. Jahrhundert). Der kleine *Brunnen* in der Mitte des Platzes, der von acht Löwen bewacht wird, war ein Geschenk des venezianischen Bürgermeisters Alvise Contarini (1780).

Vier außerordentliche Bauten versammeln sich um den kleinen Domplatz, die Piazza del Duomo. Der *Dom S. Vincenzo* selbst setzt mit seiner neoklassizistischen Marmorfassade (1886) einen sehr prunkvollen Akzent. Einer langobardischen Bischofskirche der Arianer folgte im Jahr 1207 eine romanische Basilika, die 1456 nach dem Entwurf des Florentiners Filarete umgebaut wurde. Erst unter der Leitung von Carlo Fontana, der die Pläne Filaretes veränderte, wurde der Bau bis auf die Fassade vollendet (1680–1688). Die über kreuzförmigem Grundriß errichtete Kirche ist sehr reich ausgestattet, doch überwiegen die Werke zweitrangiger einheimischer und venezianischer Meister des 15. bis 18. Jahrhunderts. Herausragend ist das »Martyrium des Bischofs S. Giovanni« von Giovanni Domenico Tiepolo (1743). Auch eine weitere bemerkenswerte Arbeit, das Chorgestühl von Giovanni Sanz, stammt aus dem 18. Jahrhundert.

S. Maria Maggiore, die bedeutendste Kirche von Bergamo, ist nur aus erhöhter Position – etwa von der Galerie der Torre del Comune aus – in ihrer vollen Schönheit zu erfassen. Von

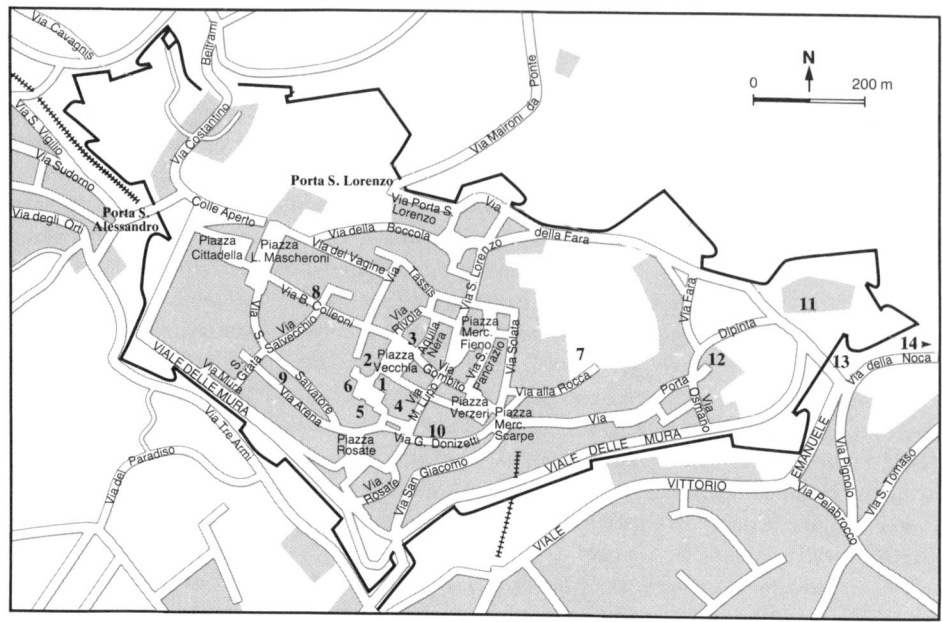

*Plan der Altstadt von Bergamo (Bergamo Alta) 1 Palazzo della Regione 2 Torre del Com-
mune 3 Palazzo Nuovo (Biblioteca Civica) 4 Dom 5 S. Maria Maggiore mit Cappella Colleoni 6 Baptisterium 7 Rocca (Museo di Risorgimento) 8 Casa Colleoni 9 Palazzo della Misericordia (Museo Donizettiano) 10 Palazzo del Arciprete 11 S. Agostino 12 S. Michele al Pozzo
Bianco 13 Porta S. Agostino 14 Accademia Carrara*

mehreren Seiten durch Anbauten verdeckt, macht diese Basilika nur durch zwei Vorhallen
und eine Apsis mit Zwerggalerie auf sich aufmerksam. Der Bau entstand in mehreren Phasen, einer ersten romanischen von 1137 bis etwa 1160 und einer zweiten romanischen von
1187 bis etwa 1210; ihnen folgte eine dritte, gotische, in der Mitte des 14. Jahrhunderts. Der
Campanile wurde im 13. Jahrhundert begonnen, doch erst in der ersten Hälfte des 15. Jahrhunderts weitergeführt und 1591 vollendet. Die Ausstattung der Kirche stammt im wesentlichen aus dem 16. bis 18. Jahrhundert. S. Maria Maggiore ist eine dreischiffige Basilika mit
stark ausladendem Querhaus, dessen Zugänge im Süden und Norden in der Mitte des 14.
Jahrhunderts durch Giovanni di Ugo da Campione mit Vorhallen versehen wurden. Den
auffälligen, säulentragenden Löwen begegnet man häufig bei lombardischen Vorhallen der
Romanik, neu jedoch ist die gestaffelte Baldachinarchitektur des Nordportals, die sich über
dem tonnengewölbten Vorbau erhebt. Sie beherbergt die Reiterstatue des hl. Alexander,
flankiert von zwei Lokalheiligen. Die Ädikula für die Figur der Maria zwischen den Heiligen
Esteria und Grata über dem Mittelbaldachin datiert erst von 1398. Von den frühen Fresken
blieben nur noch im Querhaus Reste erhalten, darunter im südlichen Arm eine Darstellung
eines anonymen Meisters in der Nachfolge von Giotto, der »Lebensbaum des hl. Bona-

ventura« (1374). Zu den Schätzen der Kirche gehört ein kürzlich restaurierter Holzkruzifix aus der Mitte des 14. Jahrhunderts. Diese Darstellung des leidenden Christus, wie sie vor allem in Deutschland unter dem Einfluß der Mystik verbreitet war, ist für Italien eine Seltenheit. Im Südschiff steht das schöne Grabmal für Kardinal Guglielmo Longhi, das Giovanni di Ugo da Campione um 1330 schuf. Auch das *Chorgestühl* ist von allergrößter Qualität (Abb. 28). Gian Francesco Capoferro und Giovanni Belli haben hier zwischen 1522 und 1555 ein Meisterwerk der Intarsienkunst geschaffen, das zum Teil nach Vorlagen von Lorenzo Lotto entstand. Besonders schön sind die vorderen Brüstungsfelder. Szenen aus dem Alten Testament wurden hier Vorwurf für eine ›Holzmalerei‹, die an Farbdelikatesse und Perfektion kaum mehr zu überbieten ist. Hermann Hesse, der zu den Bewunderern Bergamos gehörte, schrieb über dieses Gestühl: »Eines aber vergißt man nicht wieder, das sind die Chorstühle dieser merkwürdigen Kirche. Die sämtlichen Rückenfelder dieser Stühle, es sind mehrere Dutzend, sind von eingelegter Holzarbeit, Bild an Bild, nach Zeichnungen von Lorenzo Lotto und anderen von Bergamasker Künstlern geschnitten und zusammengefügt; es haben Großvater, Söhne, Enkel daran geschaffen, mehr als hundertfünfzig Jahre ist an diesen Feldern gearbeitet worden. Es ist wahrlich nicht schade um diese Zeit und Mühe. Man kann nichts Beglückenderes sehen als diese treue, feine und aparte Kunst: die Hölzer braun, gelb, grün, weiß, honigfarben, alle vom selben Duft und Altersgold, in satten warmen Tönen leise leuchtend, den Augen ein laues wohliges Bad. Da verstößt Abraham die Hagar und spricht Salomo sein Urteil, David spielt vor Saul die Harfe und erschlägt den Riesen, Judith tritt aus des Holofernes Zelt, Könige und Patriarchen wandeln und handeln in Zelten und Tempeln oder in schönen Landschaften mit ausdrucksvollen sehnsüchtigen Bäumen und felsigen Gebirgszügen.«

Dicht an die nördliche Vorhalle von S. Maria Maggiore angrenzend und optisch eine Konkurrenz, die nicht zu übertreffen ist, erhebt sich der kleine exquisite Bau der *Cappella Colleoni* (Farbt. 17). Der Bildhauer-Architekt Giovanni Antonio Amadeo, der auch die Fassade der Certosa di Pavia entscheidend prägte, wurde 1472 von Bartolomeo Colleoni beauftragt, für ihn und seine Familie diese Grabkapelle zu bauen. Colleoni, der große Condottiere im Dienst von Mailand, Neapel und Venedig, stammte aus einer alten Bergamasker Adelsfamilie. Seine Wünsche waren nicht bescheiden. Hier in Bergamo sollte eine prächtige Kapelle zu seinem Gedächtnis entstehen; der Republik Venedig, der er hunderttausend Zechinen hinterließ, machte er die Auflage, ihn durch ein Denkmal vor S. Marco zu ehren. Wie man weiß, steht das glanzvolle Reiterstandbild Verrocchios heu-

Bergamo, Grundriß der Kirche S. Maria Maggiore

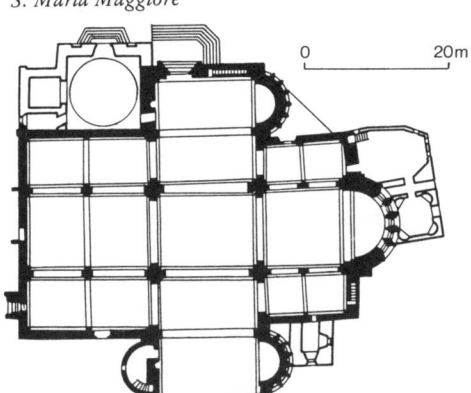

0   20m

151

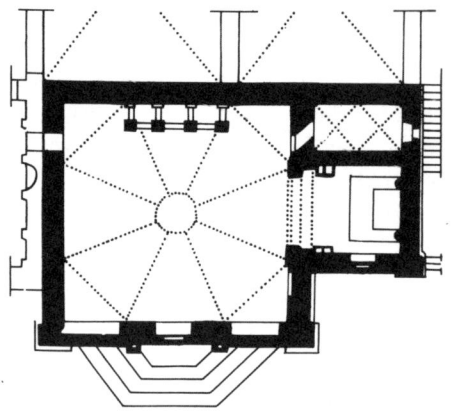

Bergamo, Grundriß der Cappella Colleoni

te auf dem sehr viel kleineren Platz vor SS. Giovanni e Paolo, da dem Senat die testamentarischen Wünsche des Condottiere doch etwas zu anmaßend erschienen. Bei seiner Beisetzung im Jahr 1475 war die Kapelle noch nicht vollendet. Die Arbeiten an der Innenausstattung wurden erst im 19. Jahrhundert abgeschlossen, und das hübsche Bronzegitter, das den Bau von außen so effektvoll umrahmt, wurde sogar erst 1913 hinzugefügt. Die schmuckreiche *Fassade* aus weißem, schwarzem und rotem Marmor paßt in ihrer Feingliedrigkeit sehr gut in die Nachbarschaft der Vorhalle von S. Maria Maggiore und des Baptisteriums. Hier wie in der Taufkapelle zeigt sich die Neigung der lombardischen Bauplastiker zu kleinteilig-dekorativer Gliederung. Die antike Mythologie diente der Renaissance sehr oft, um Macht und Glanz der Herrscher und Feldherren zu symbolisieren. Hier sind es – im Sockelfries – die Taten des Herakles, deren heldische Bezüge einem Söldnerführer der Renaissance gut anstanden. An den Eckpfeilern sieht man Medaillons mit Kaiser- und Heiligenporträts, dazwischen feines antikisierendes Ornament. Weniger einheitlich wirkt der Innenraum, doch sind die Grabmäler in ihrer Schlichtheit beeindruckend.

Jacob Burckhardt, dem diese Kapelle in Bergamo das einzig Erwähnenswerte schien, schrieb darüber im »Cicerone«: »In Bergamo enthält die Kapelle Colleoni bei S. Maria maggiore außer den reichen Fassadenskulpturen das prächtige Grabmal des Feldherrn Bartolomeo Colleoni selbst, teilweise von Antonio Amadeo. Vier auf Löwen ruhende Säulen tragen eine Basis mit Passionsreliefs, ganz von der fleissigen und saubern, aber im Ausdruck bis zur gemeinen Grimasse übertriebenen Art, welche wir bei Mazzoni werden kennenlernen. Auf der Basis sitzen und stehen fünf Heldenstatuen, die zum bedeutendsten der ganzen oberitalienischen Skulptur gehören; das Äußerliche der Behandlung ist in der Art der Lombardei, die Motive (des Sinnens) aber geistvoller und origineller als die meisten Werke derselben. Geringer sind wiederum die oberen Teile: die Reliefs am Sarkophag selbst und die Reiterstatue darüber, nebst den Tugenden zu beiden Seiten, von verschiedenen Händen. Ebenda das Denkmal der Medea, Colleonis Tochter, mit drei köstlichen allegorischen Figuren. (Die beiden Engel, welche den Altartisch tragen, bei leichter Anmut doch ernst aufgefaßt, mögen von einem trefflichen Lombarden zu Anfang des 16. Jahrhunderts gefertigt sein.)« Zu ergänzen wäre, daß das hölzerne Reiterstandbild des Condottiere von zwei deutschen Bildschnitzern, Sixtus Frey und Leonhard Syri aus Nürnberg, stammt (1501; Abb. 27). Stuck und Malerei gehören im wesentlichen dem 18. Jahrhundert an. Herausragend sind die Fresken von Giovanni Battista Tiepolo zur Geschichte Johannes des Täufers in der Kuppel (ab 1733). Von Angelika Kauffmann, der schweizerisch-italienischen Malerin, sieht man eine Heilige Familie (1789). Auch hier ist wieder ein gutes Werk der Intarsienkunst zu bestaunen, zwei Chorbänke mit geschnitzten Figuren von Giovanni Antonio Sanz und Einlegearbeiten von Giacomo Caniana (1750).

Der kleine Bau des *Baptisteriums* (Abb. 26), der sich so außerordentlich harmonisch in seine Umgebung einfügt, hat eine sehr wechselvolle Geschichte. Giovanni di Ugo da Campione errichtete diesen Bau 1340 als Taufkapelle unter der Vierung von S. Maria Maggiore. Als das Taufritual 1660 in den Dom verlegt wurde, riß man das Baptisterium ab und lagerte die Bauteile in einem Magazin. Erst in der Mitte des 19. Jahrhunderts entsann man sich wieder des Werkes von Campione, stellte es zunächst im Hof des Pfarrhauses auf, bis es schließlich 1898 seinen verdienten Platz auf der Piazza del Duomo fand. Das Marmoroktogon folgt formal dem Baptisterium von Parma. Die enge Säulenstellung im Oberbau variiert das Motiv einer Zwerggalerie. Die acht Ecken werden durch Figuren der Tugenden akzentuiert. Im Inneren finden wir ein Taufbecken, ebenfalls achteckig, mit Reliefdarstellungen zum Leben Jesu.

Ganz in der Nähe von S. Maria Maggiore liegt versteckt in einem Winkel der Altstadt die Kapelle *S. Croce*, ein kleines Juwel romanischer Baukunst. Erst 1885 wurde sie an diese Stelle südwestlich der Basilika versetzt. Über ihre ursprüngliche Funktion kann man wenig Auskunft geben, obwohl ihr vierpaßförmiger Grundriß deutlich an jenen des Baptisteriums von Cantù erinnert. Ebenso wie dort wird auch hier ein oktogonaler Kernraum von vier Konchen umgeben, die am Außenbau nicht deutlich voneinander abgehoben sind und wellenförmig ineinanderfließen. Die sparsame Dekoration aus Lisenen und einem Rundbogenfries deuten auf eine Entstehungszeit im letzten Viertel des 11. Jahrhunderts hin.

Von der Piazza Vecchia aus ist es nicht weit zur *Rocca*, die auf einem Felsplateau oberhalb der Stadt liegt (über die Via Gombito und die Via S. Lorenzo zu erreichen). Hier stand einst das römische Kapitol mit dem Jupitertempel. Ab 1331 errichtete Johann von Luxemburg eine Zwingburg, die von Azzone Visconti fertiggebaut wurde. Im Jahr 1483 fügten die Venezianer den Rundturm hinzu. Weitere Ausbauten erfolgten durch die Österreicher im Jahr 1850. Heute ist in der Rocca das *Museo del Risorgimento* untergebracht, in dem Dokumente der Geschichte Bergamos im 19. und 20. Jahrhundert zu sehen sind. Sehr schön ist von hier aus der Blick auf die Ober- und Unterstadt und das weite, hügelreiche Umland.

Von der Piazza Vecchia zweigt in westlicher Richtung die Via B. Colleoni ab. Das Haus Nr. 9–11 *(Casa Colleoni)* erinnert an den Condottiere, der hier im Jahr 1466 den *Luogo Pio della Pietà* gründete, eine Stiftung für mittellose junge Mädchen. Ein Saal im Erdgeschoß diente religiösen Versammlungen. Die Fresken der Jahre um 1480 (philosophisch-theologischen Inhalts) stammen von unbekannten Malern. Im Obergeschoß ist eine kleine Sammlung zum Leben Colleonis untergebracht.

Einem weiteren berühmten Sohn der Stadt ist eine Sammlung in der Via Arena 9 (Palazzo della Misericordia) gewidmet: Gaetano Donizetti. Vom Komponisten der »Lucia di Lammermoor« und des »Don Pasquale« sind hier, im *Museo Donizettiano*, viele Erinnerungsstücke ausgestellt, darunter ein Klavier, auf dem er 1822–1844 seine Opern komponierte. »In jenem Klavier ist mein ganzes künstlerisches Leben enthalten«, schrieb er seinem Schwa-

Die Piazza Vecchia um 1700

ger. »Seit 1822 habe ich seinen Klang in meinen Ohren: dort murmeln die Annen, die Marien, die Fausten, die Lucien.«

In der Straße, die nach ihm benannt ist, der Via Donizetti (südlich des Doms), finden wir einen der edelsten Renaissancepaläste der Stadt, die *Casa dell'Arciprete* (Nr. 3). Der einheimische Pietro Isabello war der Architekt des 1520 errichteten Palastes. Die Rundbogen der wohltuend harmonisch gegliederten Fassade sind fein ornamental skulpiert.

Die malerische Via Porta Dipinta führt hinab zum Ausgangspunkt unseres Rundganges, dem ehemaligen Kloster S. Agostino. Die Straße wurde nach einem ehemaligen Stadttor benannt, das im 16. Jahrhundert bemalt wurde. Auch die Häuserfassaden zeigen noch einige Freskenreste, wie etwa die Nr. 16–18 mit der Darstellung lanzentragender Ritter.

Reich freskiert ist auch die Kirche *S. Michele al Pozzo Bianco* aus der Mitte des 12. Jahrhunderts. Die Fresken, die erst kürzlich restauriert wurden, stammen größtenteils aus dem 15. und 16. Jahrhundert. Unter dem Triumphbogen sieht man Prophetenbüsten, im Chor Gottvater und den auferstehenden Christus in der Mandorla (Mitte des 15. Jahrhunderts). Die Gestalten der Grabwächter wurden erst 1577 hinzugefügt. Die Fresken der linken Wand (Luciano da Imola, 1550) gelten dem Erzengel Michael. Die linke Kapelle, die Cappella della Madonna, wurde 1525 von dem Venezianer Lorenzo Lotto ausgemalt. Auch die rechte Kapelle, die Cappella di S. Giovanni, wurde im 16. Jahrhundert freskiert. Die

Fresken der Schiffwände, darunter einige Madonnendarstellungen, stammen aus dem 15. Jahrhundert.

Wie großartig der Komplex von *S. Agostino* ist, sieht man nur aus erhöhter Position. Steht man vor der Kirche selbst, zeugen nur die zwei großen gotischen Maßwerkfenster der Fassade von der einstigen Bedeutung dieses Baues. Das Kloster mitsamt der Kirche ist heute ziemlich verfallen, doch sind umfangreiche Restaurierungsarbeiten im Gang. Eine erste Klosteranlage der Augustiner entstand ab 1290, die Kirche wurde 1347 geweiht. 1442 übernahmen die Minoriten den Bau und erweiterten ihn. Von franziskanischer Tradition zeugt der sichtbare Dachstuhl, von zisterziensischer der gerade Chorabschluß. Von der einst reichen Freskenbemalung sind nur wenige Reste des 14. und 15. Jahrhunderts erhalten. Die beiden Kreuzgänge mit schönen Rundbogenarkaden stammen aus der Renaissance.

1561 wurde die Oberstadt von den Venezianern zu einem mächtigen Bollwerk ausgebaut und mit einem Mauergürtel umgeben. 16 *Bastionen* stoßen aus der Festungsmauer hervor, zwei von ihnen in unmittelbarer Nähe von S. Agostino. Über die *Porta S. Agostino* – von Paolo Berlendis, dem leitenden Festungsbaumeister um 1575 errichtet – kommt man in die **Unterstadt**. Auch sie wurde von den Venezianern durch Befestigungen gesichert, die jedoch heute nur noch am Straßenverlauf zu erkennen sind. Erst Ende des 19. Jahrhunderts entstand hier als Folge der Industrialisierung ein zusammenhängender Stadtteil. Zuvor bestanden verschiedene Borghi, darunter Pignolo, wo während der Renaissance und des Barock viele Patrizier wohnten.

Die Kirchen der Unterstadt sind bis auf *SS. Bartolomeo e Stefano* (Via Tasso), wo eine sehr schöne Sacra Conversazione von Lorenzo Lotto zu sehen ist, nicht sonderlich wichtig. Unumgänglich hingegen ist ein Besuch der *Accademia Carrara*, einer der bedeutendsten Gemäldegalerien Italiens (Via S. Tommaso 82). Zwischen 1807 und 1810 ließ Graf Giacomo Carrara den klassizistischen Palast bauen, der seine Privatsammlung aufnehmen sollte. Durch spätere Stiftungen wurde diese Sammlung ergänzt. Die Malerei der großen italienischen Schulen ist hier mit hervorragenden Werken vertreten. Die Lombardei ist durch die Schulen von Brescia (Foppa, Moretto), Cremona (Bembo, die Brüder Campi, Boccaccino) und Mailand (Bergognone, Luini, Proccaccini) sehr gut repräsentiert, ebenso auch durch einheimische Maler. Die Toskana und Umbrien sind mit Lorenzo Monaco, Sandro Botticelli, Alessio Baldovinetti, Luca Signorelli, Raffael und Perugino vertreten. Am reichhaltigsten aber ist der Bestand an venezianischen Bildern (Jacopo, Gentile und Giovanni Bellini, Antonio Vivarini, Carlo Crivelli, Vittore Carpaccio, Lorenzo Lotto, Tizian, Palma il Vecchio, Tintoretto, Giovanni Battista Tiepolo, Antonio Canal, Bernardo Bellotto, Francesco Guardi). Zu den Schätzen der Sammlung gehört eines der seltenen Gemälde von Pisanello, das Profilbild des Lionello d'Este.

Mit der Funicolare – aber auch mit dem Wagen – kommt man hinauf nach **S. Vigilio**, das wegen seiner Aussicht auf das Bergamasker Umland nicht ausgelassen werden darf. Hermann Hesse besuchte den Ort im Jahr 1913 und berichtete: »... eine zweite Drahtseilbahn führte nach S. Vigilio hinauf, dem höchsten Villen- und Hügelvorort von Bergamo. Das war, was ich brauchte. Ich nahm den nächsten abgehenden Wagen, und schon nach Augenblicken eröffnete sich eine ganz neue, herrliche Aussicht: über der Stadt auf der Plattform des Wagens stehend, sah ich das steile alte Bergamo von oben, mit Türmen, Kuppeln, Festungsmauern und Dächern zwischen mir und der tief unten verschwimmenden, grünen Ebene in der Silhouette stehen, geschlossen und trotzig … Über der nächsten, scharfgratigen Kette, neben einer riesigen düsteren Wolke von Drachengestalt, stand groß und milde im Duft die niedere Sonne, ihr Licht floß mit den parallelen Bergrücken abwärts in seinen Stufen und Sprüngen über Berge, terrassierte Hügel und Gartenhänge ins Land hinab, das ich nun erst in seiner Größe und mächtigen Würde liegen sah: die ungeheure Ebene Norditaliens, mächtig und ohne Ende wie ein Meer, die Nähen grün und leuchtend, die Ferne in hundert Tönen grau und bläulich und blau und blauer werdend, weiß getupft von tausend Städtchen, Dörfern, Klöstern, Weilern, Höfen, Türmen, Villen, in der Ferne tiefblau verschwimmend ohne Ende. Solche Sachen hat Turner gemalt, und so habe ich seit den Knabentagen mir Italien vorgestellt: Von Schneebergen und Felsstürzen abwärts in schönen Stufen mit Gärten und Landhäusern, reich und mannigfach und fruchtbar, und hinabwärts nach Süden die unendliche, grün und blaue, märchenhafte Ebene.«

In der Provinz Bergamo

Die Provinz Bergamo wird landschaftlich weniger von Ebenen als von Bergen geprägt. Die beiden großen Flüsse im Westen und Osten der Stadt, der Brembo und der Serio, entspringen in den Alpi Orobie, den Bergamasker Alpen. Sie haben zwei schmale, lange Täler in die Berge gegraben, die Valle Brembana und die Valle Seriana. Wegen ihrer Naturschönheiten werden diese Täler viel bereist, doch ist wenig bekannt, daß es hier auch sehr viel Kunst, zum Teil sogar große Kunst zu sehen gibt.

Der Kurort **S. Pellegrino** – auch bei uns durch sein aromatisches Tafelwasser bekannt – macht die **Valle Brembana** zu einem bevorzugten Reiseziel vieler Italiener (Abb. 30). Auftakt zu einer Kunstfahrt in dieses Tal kann ein Besuch in **Pontida** sein, einem kleinen Ort in einem Quertal zwischen Adda und Brembo. Dem nüchternen, stilistisch nicht homogenen Komplex der *Benediktinerabtei* sieht man es nicht an, daß hier einst lombardische Geschichte gemacht wurde. Das Kloster wurde in der zweiten Hälfte des 11. Jahrhunderts von Alberto da Prezzate gegründet und der Abtei Cluny in Burgund geschenkt. Bis zum 12. Jahrhundert entwickelte sich Pontida zur wichtigsten italienischen Cluniazenserniederlassung, deren Prior bei politischen Auseinandersetzungen in der Lombardei häufig eine Mittlerfunktion zukam. Am 7. 4. 1167 wurde hier nach Schlichtung interner Streitigkeiten die Lombardische Liga der freien Kommunen Bergamo, Brescia, Cremona, Mantua und Mailand zum Kampf gegen Friedrich I. Barbarossa gegründet. Bereits im 13. Jahrhundert verfielen die Klosterbauten und 1373 wurden die Gebäude von Bernabò Visconti verwüstet. Durch napoleonische Verordnung wurde der Konvent 1798 aufgelöst und erst 1910 kehrten die Mönche, Benediktiner aus Monte Cassino, zurück. Die ursprünglich romanische Klosterkirche S. *Giacomo* wurde um 1310 durch einen Neubau ersetzt. Umbauten erfolgten um

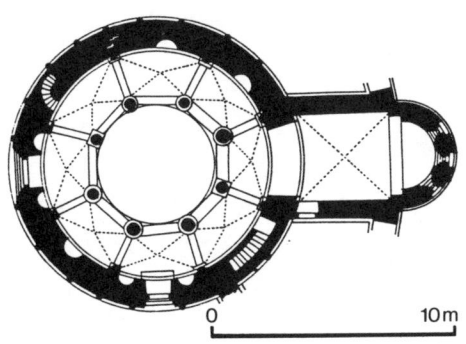

Almenno S. Bartolomeo, Grundriß der Kirche
S. Tomaso in Limine

1500 und um 1700, Restaurierungen im 19. und 20. Jahrhundert. Die Fassade und der obere Teil des Campanile stammen aus den Jahren 1826–1832. Von der mittelalterlichen Ausstattung ist wenig erhalten, darunter die bedeutenden Fragmente vom Sarkophag des Alberto da Prezzate. Die Reliefs, die stilistisch auf burgundische Einflüsse hinweisen, entstanden um 1095. Selten ist in Italien die Darstellung des hl. Michael als Seelenwäger, der dazu noch hoch zu Roß erscheint. Neben dem Christus in der Mandorla sieht man rechts den Stifter mit einem Kirchenmodell. Die Altäre stammen aus der Barockzeit, ebenso ein großer Holzkruzifix im Südschiff (1679). Den Eingang zur Sakristei schmückt ein edles Renaissanceportal. Der rechteckige Raum ist mit guten Fresken der venezianisch-lombardischen Schule (Umkreis Lorenzo Lotto) ausgestattet.

Eine zweite Gründung des Alberto da Prezzate, **Fontanella,** ist von **Sotto il Monte** aus zu erreichen. Die romanische Basilika S. *Egidio* wurde zwischen dem Ende des 11. und der ersten Hälfte des 12. Jahrhunderts errichtet. Die Fassade wurde zum Teil restauriert. Im Innern sieht man Freskenreste der Zeit um 1500, sowie spätantike korinthische Kapitelle. In einem kleinen Hof neben dem rechten Schiff steht ein spätgotischer Sarkophag für die Gebeine der Teutberga, Schwester des Alberto da Prezzate.

In einem kleinen Seitental liegt **Almenno S. Bartolomeo.** Die barocke Pfarrkirche des Ortes zeichnet sich nur durch ein Madonnenbild des Venezianers Bartolomeo Vivarini aus (1485). Wesentlich interessanter ist die kleine Rundkirche S. *Tomè (S. Tomaso in Limine;* Abb. 31), die in etwa 1 km Entfernung östlich des Dorfes auf freiem Feld steht. Die Anfänge dieser Kirche liegen im Dunkel. Stilistisch ist sie der Zeit um 1150 zuzuweisen, doch dürfte der Chor ein halbes Jahrhundert später entstanden sein. Die Gliederung des Außenbaues durch Lisenen und Halbsäulen ist außerordentlich fein und auch der Innenraum wirkt alles andere als provinziell. Der überkuppelte Raum mit doppelgeschossigen Umgängen wirkt in seinem lebendigen Rhythmus als reife Leistung eines erfahrenen Baumeisters. Die Kapitelle sind in ihrer Qualität unterschiedlich und stammen aus verschiedenen Epochen (Obergeschoß Mitte des 12. Jahrhunderts, Erdgeschoß früher, wahrscheinlich von einem Vorgängerbau). Ausgrabungen haben ergeben, daß der heutigen Kirche ein Bau des 7./8. Jahrhunderts mit ebenfalls kreisförmigem Grundriß vorausging. Die Wände des Erdgeschosses waren einst mit einem Freskenzyklus der Renaissance bedeckt. Heute ist davon nur noch ein Fragment, eine Madonna mit Kind, erhalten.

Im Nachbarort, **Almenno S. Salvatore,** finden wir eine Saalkirche der Renaissance, *Madonna del Castello.* Sie liegt in östlicher Richtung etwas außerhalb des Ortes über dem rechten Ufer des Brembo. Der Raum ist mit Fresken des 15. und 16. Jahrhunderts reich

Clusone, Totentanzfresko aus dem Oratorio dei Disciplini

ausgestattet. Sehr originell ist der oktogonale *Renaissancetempietto* über der Altarmensa (zweite Hälfte des 15. Jahrhunderts; Abb. 32). Der Dekor: gemalte Heiligenmedaillons zwischen Groteskenornament, darüber Heiligenbilder mit Schriftbändern. Die Bilder der Seitenaltäre sind Arbeiten von Gian Paolo Cavagna. Neben dem Tempietto führt ein Durchgang zum Vorgängerbau, einer romanischen Pfeilerbasilika (um 1100). Ausgezeichnet ist der romanische Ambo mit skulpierten Evangelistensymbolen. Auch dieser Raum ist freskiert (12.–16. Jahrhundert).

Südwestlich des Ortes steht die kleine romanische Friedhofskapelle *S. Giorgio* aus der zweiten Hälfte des 12. Jahrhunderts, die mit Fresken einheimischer Meister des 12.–16. Jahrhunderts ausgestattet ist.

Kunsthistorisch ebenso ergiebig wie die Valle Brembana mit ihren Seitentälern ist die **Valle Seriana.** Sie ist mit 124 km das längste unter den Bergamasker Tälern. Der kleine Industrieort **Alzano Lombardo** macht den Anfang. Die stattliche Basilika *S. Martino* entstand ab 1659 nach einem Entwurf von Girolamo Quadrio. Der Bau ist sehr üppig stuckiert und mit guten Altarbildern ausgestattet, darunter Arbeiten von Piazzetta, Tintoretto und Lorenzo Lotto. Ein Mitglied der Bildhauerfamilie Fantoni, die in der Provinz Bergamo sehr produktiv war, hat die Kanzel aus buntem Marmor (Andrea Fantoni, 1712) geschaffen, ein anderes den geschnitzten und intarsierten Sakristeischrank (Grazioso Fantoni, 1678).

Wenige Kilometer hinter Albino zweigt die Hauptstraße ab in Richtung **Gandino**. Der kleine Bergort ist stolz auf seine Geschichte, denn hier existierte zwischen 1233 und 1257 eine freie, befestigte Kommune. Von dieser Zeit zeugen noch die Reste eines Torturmes. Neben einem spätgotischen Palazzo Comunale und einem barocken Adelspalast, dem Palazzo Giovanelli, ist es hier besonders die Kirche *S. Maria Assunta*, die den Kunstliebhaber interessiert. Der vielgestaltige Barockbau entstand in der Mitte des 17. Jahrhunderts nach einem Entwurf von Giovanni Maria Bettera. Eine spätgotische Kirche war vorausgegangen. Die prächtige Fassade mit Giebelportal und bekrönenden Obelisken könnte mit jeder Stadtkirche konkurrieren, doch verrät das rustikale Mauerwerk die Landschönheit. Die Ausstattung ist nur zweitrangig, doch ist ein beachtlicher Kirchenschatz mit flämischen Tapisserien, Paramenten, Kelchen und Ostensorien im *Museo della Basilica* zu sehen.

Auch **Clusone** war im Mittelalter freie Kommune, doch geht die Geschichte dieses Ortes bis auf die Römer zurück, die sich zwischen den Alpentälern von Serio und Borlezza ansiedelten. Kirchen und Paläste zeugen von der einstigen Bedeutung des Ortes. Der *Palazzo Comunale* ist ein wuchtiger Bau aus der zweiten Hälfte des 15. Jahrhunderts, dessen verblaßte Bemalung an bessere Zeiten erinnert. Auffallend ist die große Planetenuhr, die 1583 von Pietro Fanzago konstruiert wurde.

Die Basilika *S. Maria Assunta* in beherrschender Lage über dem Ort wurde nach einem Entwurf von Giovanni Battista Quadrio gebaut und 1711 geweiht. Auch diese Kirche enthält eine aufwendige Marmorausstattung, die größtenteils auf die Brüder Andrea und Antonio Fantoni zurückgeht. Wichtiger als die Kirche selbst ist aber das daneben liegende *Oratorio dei Disciplini*, eine Totenkapelle des 15. Jahrhunderts. Der quadratische Nordteil ist als Einstützenraum ausgebildet. An seiner östlichen Außenwand sieht man das berühmte *Totentanzfresko*, um dessentwillen allein eifrige Kunstfreunde die Fahrt ins Seriotal unternehmen. Das Fresko, das 1485 entstand, zeigt den Tod als Triumphator über die Mächtigen der Welt. Man nimmt an, daß der Zyklus von einem lombardischen Künstler gemalt wurde, der unter dem Einfluß toskanischer Schulen stand. Eine Beweinungsgruppe stammt aus der Werkstatt der Fantoni. Der südliche Teil des Oratorio ist als Saal ausgebildet, in Verbindung mit einer Säulenvorhalle. Ein Freskenzyklus des Jahres 1471, der zum Teil barock ergänzt wurde, gilt dem Leben und der Passion Christi. Im Chor erscheinen eine Majestas Domini und eine Darstellung der Kirchenväter. Die spätgotische, geschnitzte Verkündigungsgruppe dürfte ihr Vorbild in der Kunst nördlich der Alpen haben.

Als Abschluß der Fahrt durch das Seriotal bietet sich **Gromo** an, ein beliebter Ferienort in der Nähe des Wintersportzentrums Spiazzi. Hier war einst ein Zentrum der Waffenschmiedekunst, das besonders in der Zeit der venezianischen Herrschaft außerordentlich produktiv war. Der Bergfried des mittelalterlichen *Castello Ginami* erinnert daran, daß Gromo einst eine wichtige Verteidigungsfunktion im oberen Seriotal besaß. Davor erhebt sich der *Palazzo Comunale*, ein Bau der Spätgotik mit Vorhalle und Loggien. Unterhalb dieses alten Zentrums steht die Kirche *SS. Giacomo e Vincenzo* aus der zweiten Hälfte des 15. Jahrhunderts, die im 16. und 18. Jahrhundert verändert wurde. Bergamos Maler des 15. und 16. Jahrhunderts sind hier mit guten Arbeiten vertreten.

Die kleine **Valle Cavallina** gehört zu den beliebtesten Ausflugszielen im Osten von Bergamo. Ein einheimischer Literat beschrieb sie als »grün, lieblich, melancholisch und zur Sammlung geeignet«. Auf einer guten Straße, die über den kleinen Lago di Endine und den Nordteil des Lago d'Iseo führt, kommt man von hier aus ins Valcamonica (Provinz Brescia), das wegen seiner prähistorischen Felsgravierungen bekannt wurde.

Auch hier ein Auftakt mit einem ehemaligen Kloster: *S. Paolo d'Argon,* im 11. Jahrhundert von Cluniazensern gegründet. Die Benediktiner von Monte Cassino übernahmen 1496 den Konvent, der im Rahmen der Säkularisation 1797 aufgelöst wurde. Heute werden die Gebäude als Gebetshaus der Vinzentiner genutzt. Die Klosterkirche des Mittelalters ist nicht mehr zu sehen, denn 1688 entstand ein barocker Neubau. Der tonnengewölbte Innenraum ist zeitgenössisch ausgestattet. Hervorzuheben sind die beiden Kreuzgänge mit Säulenarkaden, die Pietro Cleri in der ersten Hälfte des 16. Jahrhunderts errichtete.

Trescore Balneario ist nicht nur ein bekanntes Thermalbad, sondern durch das *Oratorio S. Barbara* auch ein lohnendes Kunstziel. Die kleine Renaissancekapelle steht im Park der *Villa Suardi,* einem Bau des 16. Jahrhunderts mit Fresken von Andrea Previtale. Der Venezianer Lorenzo Lotto hat die Kapelle im Jahr 1524 ausgemalt – ein Werk seiner Spätzeit, als er unter dem Einfluß von Tizian stand. An der Nordwand sieht man die Fresken zur Barbaralegende, an der Südwand ist die Geschichte der hl. Klara dargestellt. Sehr schön charakterisiert Bernard Berenson die Geistesart dieses Malers: »Es ist kaum zu verwundern, daß es sich bei dem venezianischen Künstler um jemanden handelt, den weite Reisen mit dem Elend Italiens auf eine Weise in Berührung gebracht hatten, wie es für alle, die behütet in Venedig blieben, nicht möglich war. Wo Lorenzo Lotto wirklich er selber ist, malt er niemals den Triumph des Menschen über seine Umwelt, sondern er stellt in seinen Altarbildern und sogar stärker noch in seinen Bildnissen Menschen dar, die der Tröstungen durch die Religion, durch klares Denken, durch Freundschaft und Zuneigung bedürfen. Sie schauen einen von ihrer Leinwand aus an, als flehten sie um Mitgefühl.«

Die Valle Cavallina ist reich an alten Kastellen, und eines der besterhaltenen findet man in **Bianzano.** Der kleine Ort über dem Lago di Endine ist allerdings nur über eine schmale, kurvenreiche Straße zu erreichen, doch lohnt sich die Fahrt allein schon wegen der Ausblicke auf den See. Das *Castello Suardi,* eine quadratische Anlage, entstand in zwei Bauphasen während des 13. und 14. Jahrhunderts. Die Räume des Erdgeschosses waren einst reich mit Fresken ausgestattet, von denen nur ein Zyklus übrig blieb. Man bringt ihn mit Lorenzo Lotto in Verbindung, der ja auch in Trescore Balneario für die Familie Suardi tätig war.

Lovere, der Hauptort des **Lago d'Iseo,** ist kunsthistorisch nicht sehr ergiebig. Der interessanteste Bau ist der *Palazzo Tadini* am westlichen Ortsrand. Die Accademia Tadini entstand 1828 als Stiftung des Cremasker Grafen Luigi Tadini. Sein Grabmal – ein Werk von Antonio Canova – ist in der Familienkapelle im Garten zu sehen. Der langgestreckte Bau mit einer attraktiven arkatierten Fassade entstand nach einem Entwurf des Veronesers Sebastiano Salimbieni. Im Innern ist in 22 Sälen eine Sammlung von Gemälden der venezianisch-lombardischen Schule eingerichtet, außerdem ein Antiquarium und eine Sammlung von Porzellanen aus Sèvres, Wien, Meißen und Neapel. Zu den wichtigsten Objekten gehören

Bilder von Jacopo Bellini, Lorenzo Veneziano, Parmigianino, Giovanni Battista Tiepolo, Gerard Seghers und Domenico Morone.

Die Basilika *S. Maria Valvendra* im westlichen Ortsteil ist ein Bau der Frührenaissance (1473–1483), der im 17. und 18. Jahrhundert innen barockisiert wurde. Sehr schön ist der Orgelprospekt mit einer Verkündigungsdarstellung von Floriano Ferramola und Reiterbildern der Heiligen Faustinus und Jovita von Moretto (1518).

Die südliche Umgebung von Bergamo ist ein Burgenland – hier findet man ein imponierendes Kastell nach dem andern. Zwei von ihnen, in Cavernago und in Malpaga gelegen, sollten nicht versäumt werden, zumal sie mit Bergamos großem Condottiere Bartolomeo Colleoni in Zusammenhang stehen.

Das *Castello Martinengo* in **Cavernago**, eine recht grimmig wirkende Wasserburg, ging 1456 in den Besitz des Bartolomeo Colleoni über, der es seiner Tochter Ursina, Gemahlin des Grafen Martinengo, vererbte. Heute ist der Besitz in den Händen der Familie Gonzaga di Vescovato. Der quadratische Bau mit vier Ecktürmen geht auf eine einfache Wehranlage des 14. Jahrhunderts zurück. Ab 1597 wurde die Burg dann durch den Grafen Martinengo völlig erneuert. Schön ist der Hof mit doppelten Arkaden und Resten dekorativer Bemalung. In einigen Räumen sind Fresken des 17. Jahrhunderts erhalten, die dem Cremasker Giacomo Bardello zugeschrieben werden.

Bedeutend aufwendiger ist aber das *Castello Colleoni* im benachbarten **Malpaga**. Auch dieser Bau geht auf eine Burg des späten 14. Jahrhunderts zurück, die ursprünglich von zwei Mauern und zwei Gräben umgeben war. 1437 geriet der verfallende Bau in den Besitz von Filippo Maria Visconti. Bartolomeo Colleoni erwarb sie im Jahr 1456, nachdem er erster Heerführer der Republik Venedig geworden war, und baute sie zu einer glanzvollen Residenz aus. Nach dem Tod Colleonis kam das Kastell an den Grafen Martinengo, der im frühen 16. Jahrhundert die Räume aufwendig ausstatten ließ. Die quadratische Anlage, bekrönt von dekorativen Schwalbenschwanzzinnen, enthält einen hübschen Hof mit doppelgeschossigen Arkaden. Einige Räume sind mit Fresken von Gerolamo Romanino und Marcello Fogolino (um 1520) ausgestattet. Im Festsaal malte Fogolino einen Zyklus zur Erinnerung an einen hohen ausländischen Besuch: Der dänische König Christian I. war im Jahr 1474 hier zu Gast und wurde mit allem höfischen Pomp empfangen – ein Ereignis, das der Freskant in allen Einzelheiten wiedergibt.

Die Provinz Brescia

>»Nun von meiner Seefahrt! Sie endete glücklich, nachdem die Herrlichkeit des
>Wasserspiegels und des daran liegenden brescianischen Ufers mich recht im
>Herzen erquickt hatte. Da, wo an der Abendseite das Gebirge aufhört steil zu
>sein, und die Landschaft flächer nach dem See fällt, liegen in einer Reihe, in einer
>Länge von ungefähr anderthalb Stunden, Gargnano, Boiacco, Cecina, Toscolan,
>Maderno, Verdom, Salò, alle auch meist wieder in die Länge gezogen. Keine
>Worte drücken die Anmut dieser so reich bewohnten Gegend aus.«
>
>*Goethe, Italienische Reise, 14. September 1786*

Der Gardasee

Auf den Gardasee, die »Anmut dieser reich bewohnten Gegend«, heute – 200 Jahre nach
Goethes italienischer Reise – aufmerksam zu machen, erübrigt sich fast. Die Touristenströme, die sich Jahr für Jahr in diese Gegend ergießen, die Tausende von Fremden, die von
den Ufern dieses gesegneten Sees Besitz ergreifen, sind nicht mehr zu übersehen. Von allen
oberitalienischen Seen ist dieser wohl in Deutschland der beliebteste – was damit zusammenhängen mag, daß er von unseren Grenzen aus am schnellsten zu erreichen ist. Der Gardasee
als solcher ist, weiß Gott, entdeckt. Doch ist es auch seine Kunst? Nicht nur Goethe strebte
von hier aus eilig weiter in Richtung Verona, um die bekannten Kunststätten Italiens kennenzulernen – fast jeder andere Reisende wird auch heute noch bestenfalls in Verona Station
machen, um dann schnellstens in Richtung Venedig oder Florenz weiterzufahren. Zugege-
ben, es gibt an diesem See keine bedeutenden Architekturen, und auch die Werke wirklich
hervorragender Künstler sind selten. Doch haben sich an einigen Orten so außergewöhnliche Dokumente römischer und romanischer Kunst erhalten, daß es lohnt, sie gründlich zu
studieren. Schwerpunkte einer Kunstfahrt um den Gardasee sind die Orte Sirmione und
Desenzano mit wichtigen Zeugnissen aus römischer Zeit, dann Toscolano Maderno und
Bardolino mit wesentlichen Werken der Romanik. Daneben gibt es aber eine ganze Reihe
reizvoller kleiner Kirchen, von denen vor allem S. Pietro in Mavino bei Sirmione und
Madonna del Carmine bei S. Felice del Benaco genannt seien, nicht zu vergessen die großartigen Burgen, unter denen die Scaligerburg von Sirmione hervorragt. Nicht um diesen
sympathischen Ort noch bekannter zu machen (daran fehlt es ihm nicht), sondern um der
Chronistenpflicht zu genügen, sei gesagt: Sirmione ist an diesem See kunsthistorisch das
lohnendste Ziel. Beginnen wir also hier unsere Fahrt, zumal der Ort dem lombardischen
Teil, der Provinz Brescia, angehört (Venetien und Trient teilen sich in Nord- und Ostufer).

In einer Länge von 4 km schiebt sich die schmale Halbinsel von **Sirmione** (Farbt. 6)
zwischen die Golfe von Desenzano und Peschiera. An der Spitze liegt der Ort selbst – d. h.
der alte Borgo, während die moderne Siedlung mit ihren Hotels und Ladenbauten gleich im
Süden hinter Colombare beginnt. Die strategisch günstige Lage nutzten die Scaliger aus, die
hier im 13. Jahrhundert ihre Wasserburg bauten, doch waren sie keineswegs die ersten

Herren. An der großen Straße von Brescia nach Verona gelegen, war die Halbinsel auch den Römern interessant, die hier, bei Colombare, eine Station – genannt Sermio Mansio – errichteten. In spätrömischer Zeit war Sirmione dann Castrum, mit der Aufgabe, den See zu kontrollieren. Vor allem die Heilkraft der hiesigen Quellen bewog viele wohlhabende Römer, darunter den Dichter Catull, hier ihre Villen einzurichten. Unter den Langobarden gehörte das Gebiet zu S. Salvatore in Brescia und die Gemahlin des Langobardenkönigs Desiderius, Ansa, gründete hier ein Kloster. Nach einer kurzen Zeit eigener Verwaltungshoheit im 12. Jahrhundert folgte die Herrschaft der veronesischen Scaliger und 1405 fiel Sirmione an die Republik Venedig.

Die *Rocca Scaligera* wird mit Recht als schönste Wasserburg Oberitaliens gepriesen. Wer diesen vieltürmigen, mit klaren Linien gezeichneten Bau einmal gesehen hat, muß ihn lieben. Die Rocca entstand ab Ende des 13. Jahrhunderts im Auftrag von Mastino I. della Scala und wurde in das Veroneser Verteidigungssystem einbezogen, das sich vor allem gegen Mailand, Mantua und Ferrara richtete. Türme und Wehrgang sind von Schwalbenschwanzzinnen bekrönt, und wenn auch der Bergfried mit seinen 30 m Höhe mächtig emporragt, wirkt diese Festung längst nicht so martialisch wie die meisten Visconti-Bollwerke, etwa Soncino. In der Burg, deren Wehrgang begehbar ist und einen herrlichen Ausblick auf See und Berge eröffnet, ist auch ein kleines *Lapidarium* mit archäologischen Fundstücken untergebracht. Im Norden der Rocca liegt die Kirche *S. Maria Maggiore,* ein Bau des 15. Jahrhunderts, der mit zeitgenössischen Fresken ausgestattet ist.

In der Regel sind es die berühmten Grotten des Catull, die den eiligen Besucher zu einer Wanderung (oder einer Fahrt in der winzigen Bahn, die beim Thermalbad wartet) zur Spitze der Halbinsel veranlassen. Meist wird dabei eine der hübschesten kleinen Kirchen des gesamten Gardaseegebietes übersehen: *S. Pietro in Mavino.* Sie liegt in einem einsamen Olivenhain in unmittelbarer Nähe der Grotten und wirkt in dieser heiter-anmutigen Umgebung wie eine ländliche toskanische Kirche. S. Pietro ist eine Gründung des 8. Jahrhunderts, doch der heutige Bau geht auf das 11. und 14. Jahrhundert zurück. Der weite Innenraum der Saalkirche ist mit Fresken ausgestattet, die von der Romanik bis zur Spätgotik datieren. Die Hauptapsis wird von einer eindrucksvollen Majestas Domini, umgeben von Heiligen, eingenommen. In den schmalen Nebenapsiden erscheint links eine thronende Madonna, rechts die Kreuzigung – alles Werke des späten 13. Jahrhunderts. Von den Fresken der Wände ist vor allem die seltene frontale Darstellung des hl. Michael zwischen zwei Heiligen zu nennen, die erst in der zweiten Hälfte des 15. Jahrhunderts entstand. Die Stille in diesem Raum ist – im Gegensatz zum Trubel, der meist in den Grotten herrscht – sehr wohltuend, und da hier zudem gute Restaurierungsarbeit geleistet wurde, gehört S. Pietro zu den ungetrübtesten Eindrücken am See.

Wie gewaltig das Areal der *Grotte di Catullo* (Farbt. 12) ist, sieht man nur, wenn man sich ihnen mit dem Schiff nähert. Die mächtigen Ruinen, die zum Teil eine Höhe von 18 m erreichen, wirken wie von Kyklopenhand gebaut, und es fällt schwer, sie mit dem privaten Landsitz eines Dichters in Verbindung zu bringen. Der venezianische Chronist Martin Sanudo hat im Jahr 1483 als erster diese Ruinen mit der Villa identifiziert, die der römische

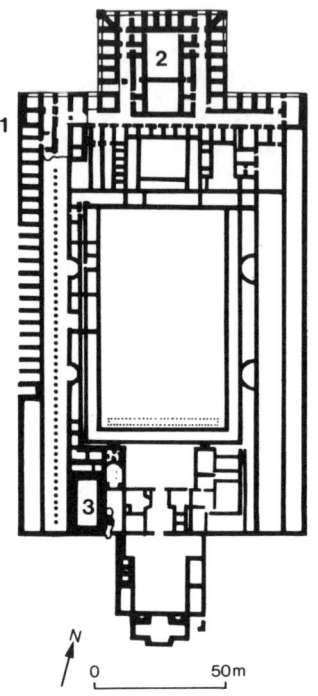

Dichter Catull hier besaß. Grabungen, die bereits 1856 einsetzten und von 1941 bis 1959 besonders intensiv betrieben wurden, haben eine so frühe Entstehungszeit – Catull lebte von ca. 87 bis 54 v. Chr. – in Frage gestellt, und man schlug statt dessen das 4. Jahrhundert n. Chr. vor. Heute, nach neuerlichen Untersuchungen, ist man wieder bereit, die Ruinen der julisch-claudischen Kaiserzeit zuzuweisen, also dem Jahrhundert zwischen 30 v. Chr. und 68 n. Chr. Dennoch kann kein Zweifel bestehen, daß es sich nicht um den einstigen Landsitz des Dichters handeln kann, denn dazu sind die Anlagen viel zu umfangreich. Der rechteckige Hauptkomplex von 167 × 105 m mit zwei kleineren Vorbauten im Norden und Süden entstand um einen großen Hof herum, ist also eine Peristylanlage. Sie ist terrassenförmig auf drei Ebenen angelegt, wobei die Herrschaftsräume der obersten Terrasse zugeordnet sind. Wegen ihrer riesenhaften Mauern hat man die Reste einer Aula, die sich im Norden zum See vorschiebt, Aula dei Giganti genannt. Die umfangreichen Thermenbauten im Süden haben einst die Frage

Rekonstruierter Grundriß der römischen Villa in Sirmione (Grotte di Catullo) 1 Eingang 2 Aula dei Giganti 3 Thermen

aufgeworfen, ob es sich hier nicht überhaupt um einen Thermenbau handelt, doch gelten solche Fragestellungen inzwischen als überholt. Am Eingang ist ein kleines *Museum* eingerichtet, das anhand von Plänen das Zurechtfinden in der komplizierten Anlage erleichtert. Selbst der archäologisch nicht Interessierte sollte einen Besuch der Villa nicht versäumen. Im beginnenden Frühjahr, wenn der Lavendel blüht und die Touristen noch fern sind, ist es hier am schönsten. Der Ausblick auf den Monte Baldo im Osten und die vielgestaltige ›brescianische Riviera‹ im Westen ist kaum zu übertreffen: Der See scheint die Ausmaße eines Meeres zu haben, und das strahlende Licht tut ein übriges, um an diesem Ort die Illusion eines griechischen Tempelbezirkes entstehen zu lassen. Catull selbst hat die schönsten Worte gefunden:

»Oh mein Sirmione, Kleinod unter den Inseln,
gebettet durch Neptun in die klaren Wasser
des Sees aber auch in die Weite des Meeres,
mit welcher Freude und welchem Wohlbehagen
erblicke ich dich wieder.«

Nur wenige Kilometer von Sirmione entfernt, in **Desenzano,** wurden 1921 bedeutende Reste einer weiteren römischen Gardasee-Villa ausgegraben. Die *Villa Romana* (Via Crocefisso 22) gehört wegen ihrer außerordentlichen *Mosaiken* zu den wichtigsten archäologischen Stätten Oberitaliens. Auch hier handelt es sich um eine Peristylanlage, die jedoch bedeutend später zu datieren ist als die von Sirmione. Man schätzt, daß der Hauptteil der Villa in der Mitte des 4. Jahrhunderts entstand. Die zum Teil sehr gut erhaltenen Bodenmosaiken (geometrische Ornamente, Amoretten, Jagdszenen, mythologische Motive) sind in ihrer zarten Farbigkeit von hohem Reiz. In einem kleinen *Museum* werden weitere Funde, darunter Skulpturen und Freskenreste gezeigt.

Spaziergänge am Lungolago sind in Desenzano, das noch viel Ursprünglichkeit bewahren konnte, sehr erholsam. Die Angler scheinen hier von morgens bis abends tätig zu sein, man findet sie vor allem in dem kleinen hübschen Hafen. Von dort aus ist auch der alte Borgo mit seinem Kastell des 14./15. Jahrhunderts gut zu überblicken. Nicht weit entfernt steht die Pfarrkirche *S. Maria Maddalena* (Piazza Duomo). Der Bau entstand ab 1586 und ist mit guten barocken Bildern ausgestattet, darunter ein Abendmahl von Giovanni Domenico Tiepolo (um 1760).

Die **Gardesana occidentale,** die westliche Uferstraße, beginnt gleich hinter Desenzano. Hier ist auch der Anfang der hügelreichen **Valtenesi,** der Landschaft, die bis Salò reicht und wegen ihrer guten Weine (Chiaretto, Gropello) bekannt ist. Zur unteren, der Küsten-Valtenesi, gehören die Orte Padenghe, Moniga, Manerba und S. Felice del Benaco. **Moniga** besitzt ein sehr merkwürdiges mittelalterliches *Kastell.* Es liegt am Eingang des Ortes, etwas erhöht und von Zypressen umsäumt. Der Bau des 13./14. Jahrhunderts mit zinnenbesetzter Mauer und hohen Tortürmen wurde als Fliehburg angelegt. Noch heute sind die kleinen

Desenzano, Mosaik
aus der Villa Romana

165

Häuschen hinter der Mauer zum Teil bewohnt. Über Nebenstraßen, bequemer jedoch über die Hauptstraße Richtung Salò, kommt man nach **S. Felice del Benaco**. Von hier aus hat man einen herrlichen Blick auf die eigenartig geformte Rocca di Manerba, einen Felsen, in dessen Umrissen phantasievolle Menschen das Profil Dantes erkennen wollen. Während die barocke Pfarrkirche *SS. Felice e Adauto* wenig bietet, ist ein Abstecher zur außerhalb in südlicher Richtung gelegenen Wallfahrtskirche *S. Maria del Carmine* ausgesprochen lohnend. Zu dem kleinen, einfachen Bau mit Portikus führt eine hübsche, schnurgerade Allee. Die Saalkirche aus der Mitte des 15. Jahrhunderts gehörte zu einem Karmelitenkonvent, dessen Bauten jedoch erneuert sind. Der Kirchenraum mit sichtbarem Dachstuhl ist sehr harmonisch proportioniert und reich mit Fresken des 15. und 16. Jahrhunderts ausgestattet. Einem einheimischen Meister weist man die zarte Verkündigungsszene im Chor zu (um 1478). Die Darstellung des Gnadenstuhles zwischen den Heiligen Bartholomäus und Andreas Corsini ist in ihrer asketischen Strenge ebenso eindrucksvoll wie die in ihrer sanften, lyrischen Stimmung völlig entgegengesetzte Darstellung einer Madonna zwischen Heiligen und musizierenden Engeln.

Die **Isola di Garda** (Farbt. 24) ist die größte der wenigen Gardaseeinseln (110 m Länge) und daher schon allein das Interesse der Touristen wert. Leider fährt der Dampfer immer viel zu schnell an ihr vorbei, so daß man weder ihre üppige Vegetation noch die prunkvolle Villa der Borghese richtig betrachten kann. Eine Möglichkeit, die Insel von Land aus in Augenschein zu nehmen, noch dazu mit dem Hintergrund großartiger Berge, bietet sich von S. Felice del Benaco aus. Man erfrage dazu den Weg zur kleinen Kirche S. Fermo. Hinter ihr führt ein schmaler, wenig begangener Pfad zu einer zum See zu steil abfallenden Höhe. Von diesem kleinen Plateau aus sieht man das längliche Eiland mit seinen hochragenden Zypressen greifbar nahe liegen und hat es ganz für sich allein.

Salò, das vom See aus sehr freundlich und einladend wirkt, macht auf den Autofahrer, der das dichte Häusergewirr von oben sieht, keinen besonders verlockenden Eindruck. Schon mancher, der an diesem See unverfälschte Natur suchte, wird hier vorbeigefahren sein, zumal im Sommer, wenn die brütende Hitze auf dieser Bucht besonders zu lasten scheint. Für den Kunstfreund ist es ratsam, sich hier wenigstens eine Stunde aufzuhalten, denn der *Dom S. Maria Annunziata* ist das bedeutendste Bauwerk der Spätgotik am See. Schon im späten 14. Jahrhundert – unter der Herrschaft der Scaliger – war Salò Hauptort der Riviera von Brescia. Zwischen 1426 und 1797 gehörte der Ort zu Venedig, wovon er viel profitierte. Der gewaltige Bau der Basilika wird Filippo delle Vacche aus Caravaggio zugeschrieben (1453–1502). Die Fassade blieb unvollendet, doch zeugt das prächtige Marmorportal (1506–1509) davon, daß man hier große Ambitionen besaß. Die Tessiner Antonio della Porta und Gaspare de Cairano waren die Meister des Figurenportals. Der Bau muß im frühen 15. Jahrhundert sehr glanzvoll gewesen sein, denn die in Kunstdingen verwöhnte Isabella d'Este schrieb 1514 anläßlich einer Reise an den Gardasee an Francesco Gonzaga: »Ich bin zur Messe und zur Vesper in der Hauptkirche gewesen, die viel schöner ist als alle unsere Kirchen in Mantua.« Der hohe dreischiffige Raum ist sehr dunkel, so daß die reiche Ausstattung und Dekoration nicht gut zur Wirkung kommt. Bedauerlich ist dies vor allem im Hinblick auf die illusionistische Ausmalung des Langhauses durch den Manieristen Tommaso Sandrini, der in Brescia die großartigen Quadraturen von SS. Faustino e Giovita schuf. Auf Meister aus Brescia und Venedig geht die Ausstattung des Domes hauptsächlich zurück. Zwischen der zweiten und dritten Kapelle des linken Seitenschiffes sieht man ein Werk von Romanino, der hl. Antonius mit Stifter (1529), zwischen der ersten und zweiten Kapelle ein Polyptychon von Paolo Veneziano, eine thronende Madonna mit Heiligen (Mitte des 14. Jahrhunderts). Neben den vielen guten Altarbildern und Fresken sind es auch drei Werke der Plastik, die in dieser Kirche großen Eindruck machen: der spätgotische Schrein des Hochaltars von Bartolomeo da Isola Dovarese mit Nischenfiguren von Pietro Bussolo (1476–1510), die dramatische, figurenreiche Grablegung aus der zweiten Hälfte des 16. Jahrhunderts in der ersten Kapelle des rechten Seitenschiffs (Abb. 36) und der *Holzkruzifix von Hans von Ulm* in der ersten Kapelle links, eine Arbeit aus dem Jahr 1449. Dieses Werk des schwäbischen Spätgotikers ist allein schon einen Besuch in Salò wert. Man sagt, Andrea Mantegna habe den Kruzifix gekannt und habe ihn für einen der schönsten in ganz Italien gehalten. Im *Kapitelsaal* ist eine bemalte Kassettendecke des 15. Jahrhunderts zu sehen.

Die westlichen Ufer sind an allen oberitalienischen Seen klimatisch besonders gesegnet und den östlichen in ihrer Vegetation überlegen. Die Riviera di Brescia, die gleich hinter Salò beginnt, macht ihrem Namen alle Ehre, denn hier finden wir in den Gärten und Parks die seltensten tropischen und subtropischen Pflanzen und Bäume und zudem eine attraktive Villa nach der anderen. Noch zu Salò gehört **Barbarano**, wo man einen Palast der Spätrenaissance findet, den *Palazzo Martinengo*. Die Dreiflügelanlage entstand im Jahr 1577 für den Marchese Sforza Pallavicino, einen General der Republik Venedig.

Das elegante **Gardone** muß nicht erst vorgestellt werden – es ist der bekannteste Ort dieses Sees, reich ausgestattet mit luxuriösen Hotels und prächtigen Villen. Zum Fremdenverkehrsort wurde Gardone Ende des letzten Jahrhunderts, als der deutschstämmige Luigi Winter hier ein Hotel nach dem anderen baute und das internationale Reisepublikum auf sich aufmerksam machte. Der letztlich noch junge Ort hat an Kunst kaum etwas zu bieten, doch gibt es eine Attraktion: den *Vittoriale degli Italiani* des Dichters Gabriele d'Annunzio. Der Mussolini-Anhänger, der sich in seiner Eitelkeit vom Duce zum Fürsten von Montenevoso machen ließ, baute sich hier sein Mausoleum und den Italienern eine Gedenkstätte an die vaterländischen Kämpfe, die den Faschismus vorbereiteten. Kernbau war ein Besitz des deutschen Kunsthistorikers Henry Thode, der d'Annunzio – 1919 durch die Kämpfe von Fiume zum Nationalhelden geworden – von der Regierung geschenkt worden war. Zu den groteskesten Erinnerungen an die Kampfzeit gehört das Vorschiff des Kreuzers Puglia, zu dessen Kommandanten d'Annunzio gehörte. Von Zypressen umrahmt, steht es hier inmitten der herrlichen Landschaft – ein pathetisches Denkmal nationalistischen Wahnsinns. Die Geistesart des Dichters dokumentiert sich in einer Urkunde, durch die der Vittoriale in den Besitz des italienischen Volkes überging: »Alles hier ist geprägt von meinem Stil, so wie ich Stil verstehe. Meine Liebe zu Italien, mein Kult der Erinnerungen, mein Streben nach Heldentum, meine Ahnung des künftigen Vaterlandes manifestieren sich in jedem Linienzug ... Bluten hier nicht die Reliquien unseres Krieges?« Die Ironie der Geschichte wollte

Der Dichter Gabriele d'Annunzio (1863–1938)

es, daß sich in Salò auch das Ende jener Epoche vollzog, von der sich d'Annunzio soviel für sein Vaterland erhofft hatte: Zwischen 1943 und 1945 regierte hier Mussolini die Repubblica di Salò – den letzten, winzigen Teil von Italien, den die vorrückenden Alliierten noch nicht erobert hatten.

Der Vittoriale hinterläßt einen unguten Nachgeschmack – eine reine Freude ist hingegen der Besuch des *Giardino botanico Hruska*. Der Arzt Artur Hruska hat hier nach 1910 viel mehr als einen üblichen botanischen Garten geschaffen. Das Pflanzenparadies beherbergt über 2000 verschiedene Arten. Auf den Terrassen, die nicht nur den subtropischen und tropischen Pflanzen, sondern auch denen der Alpenwelt gewidmet sind, läßt es sich herrlich lustwandeln.

Maderno, das mit dem Nachbarort Toscolano heute eine Gemeinde bildet, war im Mittelalter Hauptort der Riviera di Brescia, bis dieser Rang im Jahr 1377 Salò zufiel. Von der einstigen Bedeutung des Ortes zeugt der wunderbare romanische Bau von *S. Andrea*, der um 1130 entstand. Der Campanile deutet auf eine zweite Bauphase in der Spätgotik (1469), die Seitenkapellen auf Veränderungen in der Renaissance (nach 1583). Der gestufte Aufbau der Fassade (Abb. 34) läßt die basilikale Anlage der Kirche gleich erkennen. Zwei hohe Halbsäulen, die bis zum Giebel reichen, betonen die vertikale Tendenz des Baues. Das reich skulptierte *Stufenportal* ist den besten Arbeiten der Maestri comacini an die Seite zu stellen, ja es ist möglich, daß hier einer der vielen wandernden Kunsthandwerker aus dem Gebiet um Como tätig war. Flechtbänder und Akanthusmotive, Greifen und anderes Getier sind so scharfgratig, als sei die Kirche erst kürzlich gebaut. Das Mittelschiff ist sehr breit, die beiden Seitenschiffe außerordentlich schmal. Die romanische Apsis mit Krypta wurde im 16. Jahrhundert durch einen Renaissancechor ersetzt. Auch im Hauptschiff finden wir an den romanischen Kapitellen fein skulpierte Formen. Obwohl die Ausstattung und Dekoration nicht einheitlich ist, wirkt der Innenraum sehr ausgewogen. Zartfarbige Fresken der Spätgotik und Renaissance beleben Wände und Gewölbe. Unter den Bildern der Kapellen fällt die einfache Darstellung der Auferstehung Christi im linken Seitenschiff auf.

Die benachbarte Pfarrkirche *S. Ercolano* – ein Bau aus der Mitte des 18. Jahrhunderts – ist weniger spektakulär, doch findet man hier zwei gute Altarbilder (S. Ercolano von Paolo Veronese, Martyrium des hl. Andreas von Palma il Giovane).

Zwischen Toscolano und Gargnano liegt **Bogliaco,** wo die *Villa Bettoni* Aufmerksamkeit beansprucht. Der schloßartige Bau, der mit seinen elf Achsen vom See aus sehr prächtig wirkt, entstand um 1750 für den Conte Giovanni Bettoni. Der Reitergeneral im Dienst Maria Theresias gestattete sich einige Liebhabereien, darunter eine schöne Bildersammlung mit Werken von Canaletto, Reni, Veronese und Correggio. Beachtlicher als der Palast selbst ist die großzügige Gartenanlage jenseits der Straße. Leider ist die monumentale Treppe (Abb. 35) schon recht verfallen, was man gerade an diesem See bedauert, der nicht reich an barocken Gärten ist.

Die Kirche *S. Francesco* in **Gargnano** – eine gotische Wandpfeileranlage von 1289 – wird wegen einer umfassenden Restaurierung auf mehrere Jahre nicht zu besuchen sein. Das gilt auch für den benachbarten, sehr schönen *Kreuzgang,* der einst zum Franziskanerkonvent gehörte. Sehr merkwürdig sind hier die Kielbogenarkaden (Ende des 14. Jahrhunderts), die auf venezianische Vorbilder schließen lassen.

Ihre beherrschende Lage auf einem Felssporn des Hochplateaus von **Tignale** macht die Wallfahrtskirche *Madonna di Monte Castello* zu einem lohnenden Ziel. Von hier aus – in fast 700 m Höhe – überblickt man fast den ganzen See. Die kleine Kirche entstand im 13./14. Jahrhundert an der Stelle einer Scaligerburg, wurde aber im Barock durchgreifend verändert. Der weite Innenraum – zu Beginn unseres Jahrhunderts gründlich renoviert – enthält spätgotische Fresken und einige Bilder des Venezianers Andrea Celesti (zweite Hälfte des 17. Jahrhunderts).

Die Uferstraße wird nun recht schwindelerregend und windet sich über in den Fels gehauene Galerien, die dem Fahrer Aufmerksamkeit abfordern. Auch wird der See hier sehr schmal, so daß das Ostufer greifbar nahe rückt. Einige pittoreske Orte wie Campione und Limone sind – bei all ihren landschaftlichen Reizen – kunstgeschichtlich nicht ergiebig. Hinter Limone verlassen wir die Lombardei, es beginnt das Trentino. Bis 1919 hat dieses Gebiet zu Österreich gehört, und es ist kein Zufall, daß man hier so manche historistische Villa im K.u.k.-Stil findet, ähnlich wie in Meran. Auch literarisch wird man in der Umgebung von Riva an die österreichische Vergangenheit erinnert. Der Gardasee hat viele Dichter gefunden, unter denen Dante und Goethe die Gestirne erster Ordnung sind. Weniger bekannt als die »Göttliche Komödie« und die »Italienische Reise«, die Passagen zum Gardasee enthalten, ist die Erzählung »Zwei Schwestern« von Adalbert Stifter, die 1845 entstand. Ihr Schauplatz ist neben Wien auch der Gardasee, die Gegend um Riva. Der Farbenreichtum des Sees ist wohl niemals schöner beschrieben worden als von Stifter. Er schildert eine Fahrt entlang den Ufern des Sees: »Wir fuhren stets an den Gestaden. Bald war es ein großer, unermeßlich scheinender Fels, den wir umschifften, und der wie ein Stück Alpe in das seichte Fahrwasser des Sees geworfen schien. An seinem Körper spielten die grauen Lichter und die violetten Schatten, und an seinem Fuße plauderten oder flüsterten die Wellchen, die unbemerkt und unablässig an seinem Korne wuschen. Ein andermal war es wieder eine blendende Sandbank, die gegen das Dunkelblau des Wassers hinausging. Hinter ihr klomm das reine Grün empor, das wieder oben in Felsen überging, die dann bläulich in die noch blauere, fast funkelnde Luft hineindämmerten. Oft stach eine solche Zunge gleichlaufend mit dem Ufer weit in den See hinaus, und jenseits derselben lag das ruhigste dunkelblaueste Wasser wie ein geborgenes Band an dem Gürtel des Gestades dahin. Wenn wir dann in die Langbucht einfuhren, so entwickelte sich eine Hütte, ein Häuschen, ein Landsitz, wo wir früher nur einen mattgrauen oder schwach-weißen Punkt gesehen hatten. Oft wurde das breite Wasser des Sees ganz schwarzblau, unendlich dunkler als die Luft, und längs des fernen Saumes glänzte, wie eine lichte Kalkwand, das Zieratenwerk der Felsen und warf sein Gitter zauberhaft in die Fläche des schwarzen Spiegels. Wenn wir manchmal eine Wand sahen und meinten, sie sei weithin die glatteste, ritzenloseste Mauer, so tat sie sich, wenn wir an ihr entlang fuhren, auf einmal auf und trug in ihrer Faltung eine niedersteigende, von dichtem Buschwerke bewuchserte Furche, in der das klareste, glas-duchsichtigste Alpenwasser niederströmte.«

Der Nordteil des Gardasees ist landschaftlich und klimatisch weniger begünstigt als der Südteil. Die nur wenig bewaldeten, schroffen Berghänge setzen hier herbe Akzente, die Ufer sind felsig, und oft geht ein rauher Wind, der die Schaumkronen auf die Wellen treibt. Die beiden Hauptorte des Nordufers, Riva und Torbole, sind jedoch in eine schützende Bucht gebettet, so daß hier eine recht üppige Vegetation entstehen konnte. **Riva,** das schon in der Römerzeit besiedelt war, ist wegen seiner strategisch und wirtschaftlich günstigen Lage vielen Herren interessant gewesen. Bis zum 15. Jahrhundert herrschten hier die Bischöfe von Trient, die Scaliger, die Visconti und die Venezianer. Die Österreicher – vor allem Tirol – faßten immer wieder hier Fuß, bis hinein ins 19. Jahrhundert, das fast ausschließlich in ihrem Zeichen stand. Nur eine kleine Weile, zwischen 1806 und 1810, ließ sich auch der bayerische Löwe blicken. Von den erhaltenen Denkmalen sind die der Scaliger und Venezianer die bedeutendsten. Sie beherrschen die Piazza 3 Novembre im Zentrum: im Westen der *Palazzo Pretorio* (um 1370) und der *Palazzo Municipale* (1475–1482), im Osten die mächtige *Torre Apponale,* der Uhrturm des 13. Jahrhunderts, der im 14. Jahrhundert erhöht wurde. Wie Sirmione besitzt auch Riva eine Wasserburg der Scaligerzeit, die *Rocca.* Der mittelalterliche Bau wurde von den Venezianern erweitert und diente im 19. Jahrhundert den Österreichern als Kaserne. Heute ist darin das *Museo Civico* untergebracht, in dem u. a. Bilder von Giovanni Segantini zu sehen sind, der im nahen Arco geboren wurde. Die *Chiesa dell'Inviolata,* ein Zentralbau mit freistehendem Campanile, entstand im Jahr 1603, wahrscheinlich nach dem Entwurf eines portugiesischen Architekten. Die Kirche, die im Außenbau wohltuend klar gegliedert ist, enthält innen sehr reichen, vergoldeten manieristischen Stuckdekor.

Torbole, an der Mündung des Flusses Sarca gelegen, ist Ausgangspunkt der **Gardesana orientale,** der östlichen Uferstraße, die bis Peschiera führt. Der sonnige Ort – ursprünglich ein Fischerdorf – ist heute beliebtes Feriendomizil, das kunsthistorisch allerdings wenig zu bieten hat. *S. Andrea,* die Pfarrkirche, ist vor allem wegen ihrer schönen Höhenlage erwähnenswert. Der Hochaltar enthält ein gutes Bild des Veronesers Giambettino Cignaroli (Martyrium des hl. Andreas, Mitte des 18. Jahrhunderts).

Und doch ist Torbole nicht mit wenigen Sätzen abzutun. Nicht ohne Bewegung steht der deutsche Besucher vor einer Marmortafel an der Piazza, die des Aufenthalts Goethes im Jahr

Das Kastell von Malcesine nach einem Stich des 19. Jahrhunderts

1786 gedenkt. Mit Torbole begann für Goethe das Italienerlebnis, und so ist es sinnvoll, aus den Notizen der »Italienischen Reise« zu zitieren, die hier am 12. September niedergeschrieben wurden: »Heute abend hätte ich können in Verona sein, aber es lag mir noch eine herrliche Naturwirkung an der Seite, ein köstliches Schauspiel, der Gardasee, den wollte ich nicht versäumen, und ich bin herrlich für meinen Umweg belohnt. Nach fünfen fuhr ich von Roveredo fort, ein Seitental hinauf, das seine Wasser noch in die Etsch gießt. Wenn man hinaufkommt, liegt ein ungeheurer Felsriegel hinten vor, über den man nach dem See hinunter muß. Hier zeigen sich die schönsten Kalkfelsen zu malerischen Studien. Wenn man hinabkommt, liegt ein Örtchen am nördlichen Ende des Sees, und ist ein kleiner Hafen oder vielmehr Anfahrt daselbst, es heißt Torbole. Die Feigenbäume hatten mich schon den Weg her häufig begleitet, und indem ich in das Felsamphitheater hinabstieg, fand ich die ersten Ölbäume voller Oliven. Hier traf ich auch zum erstenmal die weißen kleinen Feigen als gemeine Frucht, welche mir die Gräfin Lanthieri verheißen hatte.«

Kurz hinter Torbole, bei Piano di Tempesta, verläuft die Grenze zwischen dem Trentino und dem Veneto. Die Herrschaft der Venezianer durch mehrere Jahrhunderte hat in diesem Gebiet viele Spuren hinterlassen. **Malcesine,** der vielbesuchte Ort am Fuß des Monte Baldo, war am Ostufer der Hauptstützpunkt venezianischer Macht vom 14. bis 18. Jahrhundert. Daran erinnert vor allem der *Palazzo dei Capitani del Lago* am Hafen. In diesem Renaissancepalast residierten die Seehauptleute, deren Wappen in der Sala delle Sedute zu sehen sind. Auch die berühmte Burg der Scaliger, das *Castello Scaligero,* ist in venezianischer Zeit erweitert worden. Der Bau auf steil zum See abfallendem Felsen geht auf eine Burg des Frankenkönigs Pippin zurück. Sie kam 1277 in den Besitz der Scaliger und wurde von ihnen ausgebaut. Der Bergfried geht bis zur Höhe des zweiten Geschosses wohl noch auf die fränkische Zeit zurück. Im ehemaligen Palas ist ein *Museum* untergebracht. Unter anderem ist hier eine der Galeeren der venezianischen Flotte zu sehen, die im Krieg zwischen Filippo Maria Visconti und der Serenissima (1438) Dienst tat. Auch Malcesine ist mit dem Namen Goethes verbunden. Verschiedene Gedenktafeln erinnern an seinen Besuch, der beinahe ein böses Ende gefunden hätte. Von der prachtvollen Silhouette der Burg begeistert, begann er, sie zu skizzieren, wurde jedoch bald gestört, weil man in ihm einen Spion sah. Nur mit Mühe gelang es ihm, sich als harmloser Kunstfreund zu legitimieren.

Von Malcesine führt eine Seilbahn zum *Monte Baldo*, den langgestreckten Bergrücken, den man vom Westufer aus immer wieder voll Bewunderung erblickte. Man hat von dort oben nicht nur eine herrliche Aussicht auf den See, sondern kann in vielen abwechslungsreichen Wanderungen auch die reiche Flora des Berges erkunden. Nicht umsonst nennt man den Baldo den »botanischen Garten Italiens«.

Südlich von Malcesine liegt **Brenzone**, eine Gemeinde, die sich aus sechs kleinen Ortschaften zusammensetzt. Hauptort ist **Castelletto di Brenzone,** wo man die romanische Kirche S. *Zeno* findet (erste Hälfte des 12. Jahrhunderts). Fassadentürme, wie wir hier einen sehen, sind in Italien selten und deuten auf Vorbilder nördlich der Alpen. Erstaunlich ist auch der Innenraum, der aus zwei ungleichen Schiffen besteht: Das rechte endet in zwei Apsiden, das linke in nur einer. Die Freskenreste zum Leben Christi stammen aus dem 15. Jahrhundert.

Bei **Torri del Benaco** beginnt der See wieder breiter zu werden. Der Ausblick hinüber auf die buchtenreiche Riviera di Brescia ist bezaubernd, und wer Olivenbäume und Zypressen liebt, wird sie hier an der ›Olivenküste‹ in vielfältigster Versammlung finden. Einer der großen Vorteile dieser Gegend: Die Ufer sind frei, nicht durch Häuser verstellt, und man hat den ungetrübten Naturgenuß, ganz besonders im Straßenabschnitt zwischen Pai und Garda.

Torri del Benaco – der einst türmereiche Ort des Benacus, wie die Römer den Gardasee nannten – erinnert nur noch an wenigen Stellen an die große Vergangenheit. Das Castrum Turrium der Römer wurde im frühen Mittelalter Sitz des Consiglio generale (Allgemeiner Rat), dem 18 Orte am See angeschlossen waren, um über Verwaltung und Recht zu beraten. Neben der Pfarrkirche SS. Pietro e Paolo erinnert ein Turm, der *Torre di Berengario* an den König der Langobarden, Berengar I., der im Jahr 905 von Torri auszog, um sein bedrohtes Reich zu retten. Das *Castello* wurde 1383 unter der Herrschaft von Antonio della Scala auf den Mauern eines früheren Baues errichtet. Die langgestreckte, von dekorativen Schwalbenschwanzzinnen bekrönte Burg beherrscht den Hafen von Torri, der in seiner Großzügigkeit zu den schönsten des Sees gehört.

Um Garda und die dem Ort vorgelagerte **Punta di S. Vigilio** in Ruhe betrachten zu können, sollte man sich der Bucht mit dem Schiff nähern. Man hat dann auch einen besonders schönen Blick auf die *Villa Guarienti,* die an der Spitze der Punta liegt. Das Landhaus inmitten eines Gartens ›all'italiana‹ wurde um 1540 von Michele Sanmicheli gebaut. Neben der Villa, am Rande eines Zypressenhains, steht die kleine Kirche S. *Vigilio.* Hier an der Punta, inmitten eines der heitersten Ambientes dieses Sees, soll Pisanello geboren sein. Wenn es nicht wahr ist, dann ist es gut erfunden, denn diese liebliche Gegend paßt gut zu dem anmutigsten Maler der italienischen Frührenaissance. Die geschützte Lage des Ortes unter den südlichen Ausläufern des Monte Baldo wirkt sich natürlich günstig auf den Fremdenverkehr aus. Es entstanden reihenweise Hotels und Wohnpaläste unterschiedlicher architektonischer Qualität. Der Eindruck der Zersiedlung ist ebenso stark wie im gegenüberliegenden Salò.

Die Geschichte von **Garda** reicht bis in die jüngere Steinzeit zurück. Reste von Pfahlbauten sind am Fuß der Rocca gefunden worden. Felsritzungen auf dem Weg nach Torri del Benaco erinnern an die Funde im Valcamonica. Mit der deutschen Geschichte ist Garda in besonderer Weise verbunden. Die felsige Anhöhe im Süden des Ortes, die Rocca, war einst von einer Burg bekrönt, die im 10. Jahrhundert Berengar II. von Ivrea besaß. Im Jahr 950 hielt er hier die Witwe König Lothars, Adelheid, gefangen, die er mit seinem Sohn Adalbert verheiraten wollte. Adelheid gelang es zu fliehen und sich nach Canossa zu retten. Ein Jahr später wurde sie die Gemahlin von Kaiser Otto dem Großen. Die Burg, die auch einmal den Wittelsbachern gehörte, wurde 1209 zerstört. Einer der hübschesten Bauten in diesem Ort geht auf die Herrschaft der Venezianer zurück. An der pittoresken Piazza Catullo finden wir einen reizenden Palast im venezianischen Stil, den *Palazzo dei Capitani* aus dem 14./15. Jahrhundert. Wenn auch heute als Bank zweckentfremdet, wirkt er alles andere als nüchtern und könnte Szenerie zu einer Opera buffa sein.

Die Pfarrkirche *S. Maria Maggiore* ist ein Bau des 16. Jahrhunderts, doch geht der Campanile noch auf das 15. Jahrhundert zurück. Unter den Altarbildern fällt ein hl. Biagio (Blasius) von Palma il Giovane auf. Das Fresko in der Sakristei, eine Madonna mit Kind, stammt aus der Zeit um 1450. Am südlichen Ortsende, nahe dem Schiffslandesteg, steht die prunkvolle *Villa Albertini*, deren rostbraune Farbe einen gelungenen Akzent in die von Bäumen bestandene Landschaft setzt. Das zinnenbesetzte historistische Gebäude wurde für die italienische Geschichte bedeutsam. Hier traf König Carlo Alberto von Piemont im Jahr 1848 eine Delegation zur Vereinigung der Lombardei mit Piemont – Vorspiel zur Einigung Italiens.

Kunsthistorisch interessant ist das benachbarte **Bardolino,** zudem Zentrum eines Weinanbaugebietes. Hier wird der Bardolino, ein roter Tischwein, produziert, gewonnen aus denselben Traubensorten wie der noch bekanntere Valpolicella. Auch hier gab es eine *Scaligerburg*, von der jedoch nur noch zwei Tore und ein zinnenbesetzter Turm erhalten sind. Die wichtigsten Bauwerke sind die Kirchen S. Zeno und S. Severo, beide im Ortszentrum gelegen. *S. Zeno* ist ein Bau aus karolingischer Zeit (9. Jahrhundert). In dem kleinen tonnengewölbten Raum auf dem Grundriß des lateinischen Kreuzes sind noch vereinzelte Spuren alter Freskierung erhalten. Beeindruckender ist *S. Severo*, ein Bau des frühen 12. Jahrhunderts. Die schönste Partie, der Ostteil mit Hauptapsis

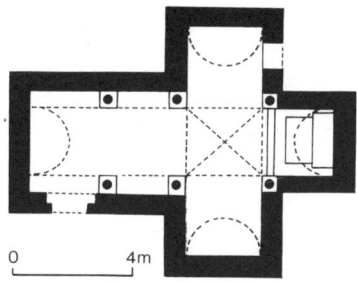

Bardolino, Grundriß der Kirche S. Zeno

0   4m

und zwei Nebenapsiden (Abb. 33), geschmückt mit Rundbogenfriesen, grenzt leider direkt an die vielbefahrene Gardesana. Der dreischiffige Innenraum ist besonders im Mittelschiff reich freskiert (12./13. Jahrhundert). Zum Teil sind die Malereien recht verblaßt, doch sind drei Themenbereiche gut zu erkennen: Szenen aus dem Leben Christi, Kampfszenen, Motive aus der Apokalypse.

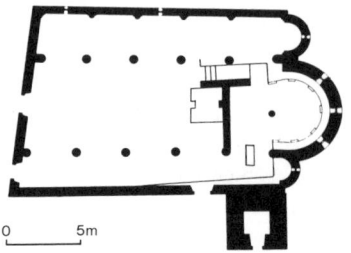

Bardolino, Grundriß der Kirche S. Severo

Der Nachbarort **Lazise** zeichnet sich durch eine besonders malerische *Hafenanlage* aus. Das schmale Becken wird im Süden begrenzt von der romanischen Kirche S. Nicolò und der Dogana. *S. Nicolò*, ein Bau des 12. Jahrhunderts mit einem Campanile von 1775, enthält Fresken des 14. Jahrhunderts. Die *Dogana*, das ehemalige Zollhaus der Venezianer, stammt aus dem 16. Jahrhundert. Zu dieser Zeit hatte die Republik Venedig hier eine kleine Flotte stationiert. Nicht weit davon entfernt, inmitten einer Grünanlage, steht die prächtige Burg der Grafen Bernini, das einstige *Castello Scaligero*, eine quadratische Anlage mit Ecktürmen.

Peschiera, am Südufer des Sees gelegen, war wegen seiner günstigen strategischen Lage Jahrhunderte hindurch ein wichtiger militärischer Stützpunkt. Noch heute erinnern die umfangreichen Reste der *Festung*, die im 16. Jahrhundert von Michele Sanmicheli im Auftrag der Venezianer errichtet wurde, an die martialische Vergangenheit des freundlichen Ortes. Napoleon ließ die Befestigungsbauten erweitern und die Österreicher bezogen sie in ihren Verteidigungsgürtel ein, zu dem außerdem noch Verona, Legnano und Mantua gehörten. Doch bereits in vorvenezianischer Zeit, unter der Herrschaft der Gonzaga, hatte die Stadt eine ähnliche Rolle gespielt. Schon Dante war Peschiera als Festungsort bekannt, wie man den herrlichen Versen des 20. Gesangs der »Göttlichen Komödie« entnehmen kann:

> »Es liegt im schönen Land Italien droben
> ein See am Fuß der Alpen, die das deutsche
> Land bei Tirol umziehn, der heißt Benacus.
> Dort rieseln mehr als tausend Quellen nieder
> Am Berg von Val Camonica bis Garda,
> Die alle sich in diesem See vereinen.
> Ein Ort ist mitten, wo die Oberhirten
> Von Brescia, von Trient und von Verona
> Den Segen haben, wenn sie dorthin gehen.
> Es liegt Peschiera, eine schöne Festung
> Stark gegen die von Bergamo und Brescia,
> Dort wo die Ufer sich am tiefsten senken.
> Dort müssen alle Wasser niederstürzen,
> Die in Benacus' Schoß nicht bleiben können,
> Und dann als Fluß durch grüne Weiden fließen.«

Doch Peschiera soll uns nicht nur als kriegerischer Ort in Erinnerung bleiben. Ganz in der Nähe, am Laghetto di Frassino, finden wir eine der hübschesten Wallfahrtskirchen des Gardaseegebietes, *Madonna del Frassino*. Eine wundertätige kleine Marienstatue, die anfangs in einer Esche (ital.: frassino) aufgestellt war, wurde Anfang des 16. Jahrhunderts Ziel einer Wallfahrt und Anlaß für den Bau einer Kirche. Der Saal, der von zehn Seitenkapellen flankiert wird, ist vor allem mit Bildern des Veronesers Paolo Farinati ausgestattet (zweite Hälfte des 16. Jahrhunderts). Das Gnadenbild von nur 10 cm Höhe fand rechts in der reich stuckierten Cappella della Madonna seinen Platz.

Die Stadt Brescia

Als zweitgrößte Stadt der Lombardei und bedeutendes Industriezentrum hat Brescia innerhalb Oberitaliens Gewicht – als Kunststadt ist es bis heute noch kaum entdeckt. Hier gilt es, Vorurteile abzubauen und besonders den Besuchern des nahen Gardasees die Augen zu öffnen für die beträchtlichen Schätze dieser sympathischen Stadt. Besonders reichhaltig und in hoher Qualität sind Werke römischer, frühchristlicher, romanischer und gotischer Kunst zu finden, doch sind auch spätere Epochen ausgezeichnet vertreten. Die Vielfalt seiner

Brescia nach einem Stich des 19. Jahrhunderts

Kunst macht Brescia zum lohnenden Ziel. Allerdings ist es mit einem eiligen Besuch nicht getan, zumal man zur Bewältigung des Programms längere Wege zurücklegen muß.

Die strategisch und wirtschaftlich günstige Lage zwischen Alpen und Poebene brachte neben Zeiten friedlicher Entwicklung und kulturellen Aufschwungs auch Phasen erbitterter Machtkämpfe. Cäsar erhob Brixia – das zuvor schon von den keltischen Cenomanen zu ihrer Hauptstadt gemacht worden war – im Jahr 49 v. Chr. zum Municipium, Augustus wenige Jahrzehnte später zur Colonia Civica Augusta. Die Einfälle der Heruler und Ostgoten brachten schwere Zerstörungen mit sich, doch mit dem Einzug der Langobarden (569), die Brescia zum Herzogssitz machten, begann eine friedliche und fruchtbare Entwicklung, die auch während der Herrschaft der Franken sowie der deutschen Kaiser und Könige andauerte, in deren Namen die Bischöfe das Regiment über die Stadt ausübten. Dies führte im Mittelalter zu schweren Kämpfen der geistlichen Stadtherren mit dem Adel und der nach Selbständigkeit drängenden Kommune. In der ersten Hälfte des 12. Jahrhunderts wirkte Arnoldo di Brescia in der Stadt, ein Ordensgeistlicher, der die Korruption des Klerus anprangerte und die Rückkehr zur evangelischen Armut forderte. 1155 wurde er auf Befehl von Papst Hadrian IV. in Rom gehenkt und seine Asche in den Tiber gestreut, damit das Volk ihn nicht verehren konnte. Ins 12. Jahrhundert fallen auch die Auseinandersetzungen mit den Nachbarstädten Bergamo und Cremona und Kaiser Friedrich I. Barbarossa. Zu den großen Persönlichkeiten, die während der Kämpfe zwischen Guelfen und Ghibellinen ausgleichend wirkten, gehörte der Bischof Berardo Maggi (gest. 1308). Das 14. Jahrhundert stand im wesentlichen im Zeichen der Visconti (ab 1339). 1426 begann schließlich die Herrschaft der Republik Venedig, die bis 1797 dauerte und für die Stadt segensreich war.

Die beiden benachbarten zentralen Plätze, die Piazza del Duomo und die Piazza della Loggia, sind geeignete Ausgangspunkte für Rundgänge durch die Stadt. Die *Piazza del Duomo* – im Mittelalter das kommunale und sakrale Zentrum – wird beherrscht von dem mächtigen Block dreier aneinandergefügter sehr unterschiedlicher Bauten: Broletto, Duomo Nuovo und Duomo Vecchio. Ältester Bau ist der *Duomo Vecchio* (Abb. 41) – eine Rundkirche, die daher auch *Rotonda* genannt wird –, eines der großartigsten Zeugnisse romanischer Architektur in der Lombardei. Der überkuppelte Mittelraum (Durchmesser: 19,80 m) mit erhöhtem Umgang entstand gegen Ende des 11. Jahrhunderts über den Resten einer Basilika des 6. Jahrhunderts (S. Maria Maggiore). Seit dem Ende des 15. Jahrhunderts erweiterte man die Kirche nach Osten um einen weitausladenden Hauptchor (1484) und zwei überkuppelte Querarme mit Nebenchören (1565). Der am Außenbau sichtbare obere Fensterkranz der Rotunde unter dem Rundbogenfries ist blind und hat wandgliedernde Funktion. Licht fällt nur durch die größeren Fenster über dem Dach des Umgangs selbst in den einfach gegliederten Innenraum, dessen Strenge durch die puristische Restaurierung des späten 19. Jahrhunderts noch gesteigert wurde. Während der Ostteil reich ausgestattet ist, enthält die Rotunde nur wenige Zeugnisse vor allem plastischer Kunst, die allerdings von

1 MAILAND, Galeria Vittorio Emanuele II ▷

2 MAILAND, Dom S. Maria Nascente ▷ ▷

3 Valle Maggia (Tessin), Avegno, Rustico

4 Valle Maggia (Tessin), Avegno, Außenfresko

5 Val Verzasca (Tessin), Corippo

6   Gardasee, Sirmione

7   Chiavenna

8   Varese, Sacro Monte ▷

9   Ascona (Tessin), Blick von der Casa Wülfingen auf den Lago Maggiore

10   Comersee, Villa Carlotta

11 Lago d'Orta, Isola di S. Giulio

12 Gardasee, Sirmione, Grotte di Catullo

13 Orta, Sacro Monte, VII. Kapelle ▷

14 Luganersee gegen Porlezza

16 Luganersee, Blick auf den Monte S. Salvatore ▷

15 Luganersee, Gandria

17   Bergamo, Colleoni-Kapelle

18   Bergamo, Piazza Vecchia ▷

19   Cremona, Palazzo Trecchi   20   Pavia, Geschlechtertürme ▷

22   Landschaft bei Soncino

◁ 21   Certosa di Pavia   24   Gardasee, Isola di Garda ▷

23   Der Po bei S. Benedetto Po

25 Mantua, Palazzo del Tè, Sala di Psiche

27 Brescia, S. Maria delle Grazie ▷

26 Mantua, Palazzo Ducale, Spiegelgalerie

28 Luganersee, Morcote ▷

hoher Qualität sind. Gleich im Eingangsbereich steht der großartige *Sarkophag des Berardo Maggi* (gest. 1308) aus rotem Veroneser Marmor, das Werk eines anonymen Campioneser Meisters. Der Verstorbene ist liegend im Bischofsornat dargestellt, zu Haupt und Füßen die Evangelistensymbole; daneben erscheint die zentrale Tat seines Lebens, der von ihm herbeigeführte Friedensschwur zwischen Guelfen (links) und Ghibellinen (rechts) im Jahr 1298. Am Durchgang zum Presbyterium findet man zwei weitere bedeutende Grabmäler: rechts der Pyramidensarkophag des Bischofs Lambertino Baldovino (gest. 1349), der Bonino da Campione zugeschrieben wird, links die Tumba des Bischofs Domenico de Dominici (gest. 1478) mit fein skulpiertem Renaissanceornament.

Zwei Treppen führen von hier hinab zur *Krypta S. Filastro,* einer Anlage des 9. Jahrhunderts, die zu Anfang des 12. Jahrhunderts auf fünf Schiffe erweitert wurde. Von den Fresken des 12. und 14. Jahrhunderts, die einst die Wände bedeckten, sind nur wenige Reste erhalten. Die Kapitelle sind zum Teil römisch, zum Teil byzantinisch und langobardisch.

Im Querhaus, vor dem Chor, sind unter Glas Reste des Fußbodenmosaiks der Basilika S. Maria Maggiore aus dem 6. Jahrhundert zu sehen. Von der Ausstattung des Ostbaus ist hervorzuheben: Chor: Hochaltar aus rotem Veroneser Marmor (14. Jahrhundert), dahinter Ölbild der Himmelfahrt Mariä von Alessandro Bonvicino, gen. Moretto (1526); Sakramentskapelle: »Schlafender Elias« von Moretto und »Mannalese« von Gerolamo Romanino; südliches Querhaus: »Übertragung der Gebeine von vier Brescianer Bischöfen von S. Stefano in Arce nach S. Pietro« von Francesco Maffei (1656). In der Kreuzkapelle, die sich dem nördlichen Querarm anschließt, wird der *Kirchenschatz* aufbewahrt. Kostbarstes Objekt ist die Staurothek, ein Holzkästchen mit Silbertreibarbeit des 11. Jahrhunderts mit der Darstellung der Kreuzigung sowie Kaiser Konstantins und Helenas neben dem Kreuz.

Der *Duomo Nuovo* (Abb. 41) entstand ab 1604 auf den Mauern der ehemaligen Sommerkathedrale S. Pietro de Dom (6. Jahrhundert). Der Entwurf stammt von Giovanni Battista Lantana. Die Arbeiten mußten – zum Teil aus Geldmangel – öfter unterbrochen werden, so daß die Fassade erst 1791 fertigestellt werden konnte, die Kuppel – nach einem Entwurf von Luigi Cagnola – sogar erst 1825. Mit 80 m Höhe gilt diese Kuppel – nach St. Peter in Rom und S. Maria del Fiore in Florenz – als drittgrößte Italiens. Der dreischiffige Innenraum ist reich ausgestattet (14.–19. Jahrhundert). Von den plastischen Werken ist die Marmor-Arca des Heiligen Apollonius an der Südseite hervorzuheben (möglicherweise von Maffeo Olivieri, um 1510). Ebenfalls an der Südseite fallen die farblich lebhaften mariologischen Bilder von Gerolamo Romanino auf, die einst zur Orgel der Kirche S. Maria Maggiore gehörten (1539–1541; Orgelprospekt im Duomo Vecchio).

Der *Broletto,* das ehemalige Rathaus der Kommune, schließt sich als vielgestaltiger Komplex im Norden dem Duomo Nuovo an. Der Bau entstand ab Ende des 12. Jahrhunderts im Verlauf mehrerer Jahrhunderte und wurde erst im 18. Jahrhundert vollendet. Beherrschend ist der Turm, die *Torre del Pégol (Torre del Popolo),* die um 1187 errichtet wurde (Türmerstube aus dem 15. Jahrhundert). Dem Westflügel des Broletto ist der schöne, sehr einfache Backsteinbau der Kirche *S. Agostino* angefügt, die um 1415 auf den Mauern einer romanischen Kirche entstand. Auffallend ist die große Fensterrose, die im krassen Gegensatz zu

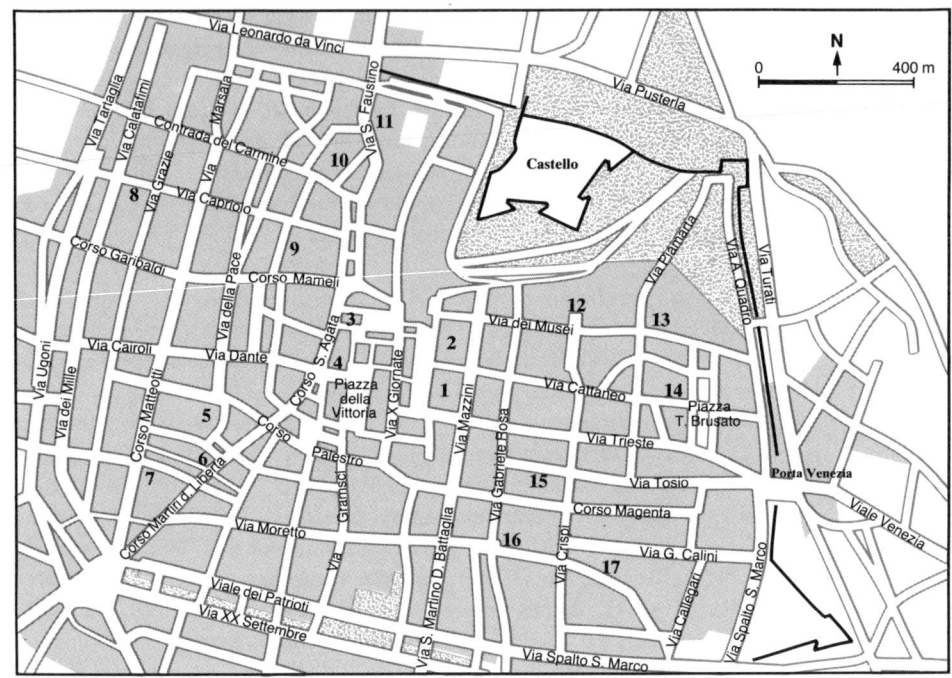

Stadtplan von Brescia 1 Duomo Vecchio, Duomo Nuovo 2 Broletto 3 Piazza della Loggia
4 S. Agata 5 S. Francesco 6 S. Maria dei Miracoli 7 SS. Nazaro e Celso 8 S. Maria delle Grazie
9 S. Giovanni Evangelista 10 S. Maria del Carmine 11 SS. Faustino e Giovita 12 Kapitol
(Museo Romano) 13 S. Salvatore, S. Giulia, S. Maria in Solario 14 Palazzo Cigola 15 Palazzo
Tosio 16 S. Alessandro 17 Palazzo Martinengo da Barco (Städt. Gemäldegalerie)

dem schlichten Portal steht. Die Apsis wurde während der Restaurierungsarbeiten am Broletto Ende des 18. Jahrhunderts zerstört, ebenso bereits im 17. Jahrhundert eine Hauska-
pelle, die 1410 von dem Florentiner Gentile da Fabrino ausgemalt worden war.

Die Herrschaft der Republik Venedig fand architektonisch ihren sichtbarsten Ausdruck in
den feingliedrigen, noblen Bauten der *Piazza della Loggia*. Beherrschend ist die *Loggia*
selbst (Palazzo Nuovo del Comune; Abb. 37). Der Rathausbau entstand ab 1492 nach
Entwurf von Tommaso Formentone. Die Arbeiten am Erdgeschoß waren 1508 beendet, das
Obergeschoß folgte in den Jahren 1549 bis 1560 unter Mitarbeit von Jacopo Sansovino und
mit großer Wahrscheinlichkeit auch von Andrea Palladio. Das Kuppeldach wurde erst 1914
nach Vorbild der Basilika in Vicenza (Palladio) hinzugefügt. Der wunderbare, zurückhal-
tende plastische Schmuck der Fassade stammt von Meistern aus Brescia, Verona, Padua,
Ferrara und Lugano. Die Räume des Obergeschosses wurden von Lattanzio Gambara freskiert. Der größte malerische Schatz des Palastes, drei riesige allegorische Deckenbilder von
Tizian (1568), ging bei einem Brand im Jahr 1575 verloren.

Zur vertikalen Tendenz der Loggia bilden die Bauten der südlichen Längsseite des Platzes ein schönes horizontales Gegengewicht. Der *Monte di Pietà (Monte Vecchio)*, das alte Leihhaus, mit einer anmutigen, venezianisch-lombardischen Renaissanceloggia, entstand 1484–1489 nach Entwurf von Filippo de' Grassi. In Fortsetzung dieses Baues wurde 1597–1600 der *Monte Nuovo* hinzugefügt. Architekt war Pier Maria Bagnadore, der auch die östliche Platzfront mit der *Torre dell'Orologio* nach einem Entwurf Ludovico Berettos gestaltete (1595). Unschwer ist hier als Vorbild der Uhrturm auf dem Markusplatz in Venedig zu erkennen.

Nur wenige Schritte sind es von der Piazza della Loggia zu *S. Agata*, einer Saalkirche aus den Jahren 1438–1472 (Corsetto S. Agata). Ihr Säulenportal aus den Jahen um 1495, das Filippo de' Grassi zugeschrieben wird, ist von drei barocken Statuen der Heiligen Agata, Lucia und Apollonia (1739) bekrönt. Der Innenraum ist reich mit illusionistischen Architekturmalereien von Antonio Sorisene und Pompeo Ghitti (1683) ausgestaltet.

Der Corso Martiri della Libertà, der das Stadtzentrum mit der peripheren Piazzale della Repubblica verbindet, führt zu den beiden bedeutendsten Kirchen des westlichen Stadtgebietes, S. Francesco und S. Maria dei Miracoli. *S. Francesco* (Via S. Francesco 1) ist im Kern ein Bau des Übergangsstiles zwischen Romanik und Gotik. Die querhauslose dreischiffige Basilika wurde zwischen 1245 und 1265 errichtet und von 1274 bis 1335 umgestaltet. 1394

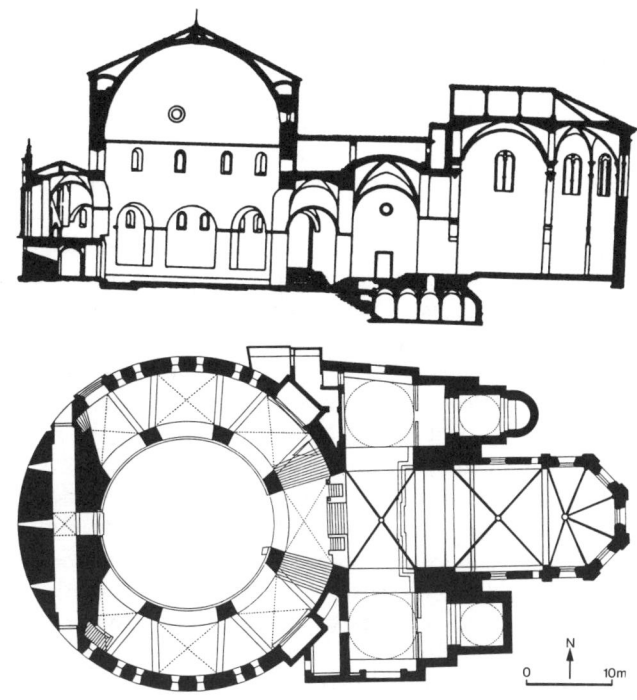

Brescia, Grundriß und Längsschnitt des Duomo Vecchio

203

Brescia, Duomo Vecchio im 19. Jahrhundert

war auch der große Kreuzgang (Abb. 42) vollendet. In der zweiten Hälfte des 15. Jahrhunderts folgten schließlich die Verlängerung des Chores um ein polygonales Chorhaupt, der Anbau der Grabkapellen im Osten sowie die Errichtung der Sakristei durch Antonio Zurlengo. Die gotische Ausmalung der Kirche war bis 1335 weitgehend abgeschlossen, doch ist vor allem die Ausstattung der Renaissance und des Barock für das heutige Bild bestimmend. Der Campanile stammt aus der ersten Bauphase, mußte jedoch nach einem Brand des 17. Jahrhunderts und Kriegsschäden von 1945 im oberen Teil rekonstruiert werden.

Wie bei vielen Bettelordenskirchen ist auch hier die Fassade weitgehend schmucklos und wird nur durch das große Radfenster belebt. Ernst und Strenge eines dem Armutsideal folgenden Ordens drücken sich auch im Innenraum aus, der von zwei Reihen hoher Rundpfeiler beherrscht wird. Der hölzerne Dachstuhl wurde nach 1949 rekonstruiert. Die Ausmalung des Chors erfolgte unter anderem durch den einheimischen Bonifacio Bembo (Madonna mit Jesuskind zwischen Engeln, um 1470) und Gerolamo Romanino (Christus und Evangelisten, erste Hälfte des 16. Jahrhunderts). Das Hochaltarbild, »Madonna zwischen Franziskanerheiligen« (um 1510), von Romanino ist das wichtigste Frühwerk des Brescianer Malers. Das intarsierte Chorgestühl stammt von Filippo Morari da Soresina (1483), einem hochbegabten Meister aus Cremona, der in Brescia mit einigen hochrangigen Werken der Intarsienkunst vertreten ist.

Das Langhaus war einst reich mit Fresken des 14. und 15. Jahrhunderts ausgestattet, die jedoch heute nur noch an der westlichen Seitenschiffwand erhalten sind. Gleich am Anfang (vom Eingang her) sind Reste eines Freskos vom Ende des 13. Jahrhunderts zu erkennen, die zu einem Zyklus des Jüngsten Gerichts gehörten. Das Altarbild des ersten Altares gehört zu den Hauptwerken von Alessandro Bonvicino, genannt Moretto, einem der Hauptmeister der Malerei der Hochrenaissance in Brescia (Hl. Margarete von Cortona zwischen den Heiligen Franziskus und Hieronymus, 1530). Zwischen dem zweiten und dritten Altar sieht man eine ausdrucksvolle Pietà der Giotto-Schule (Anfang des 14. Jahrhundert). Das Fresko des vierten Altars, das »Pfingstwunder«, wurde 1520 von Romanino gemalt. Die weiteren Fresken dieser Wand, mariologische Szenen, stammen aus der Zeit des Weichen Stils um 1430. Die Fresken der Ostwand sind allesamt beim Anbau der Seitenkapellen zerstört worden. Von diesen ist vor allem die vierte hervorzuheben, die Cappella dell'Immacolata, die um 1737 mit Scheinarchitekturen und alttestamentlichen Szenen ausgestattet wurde. Das Chorgestühl wurde 1548–1553 von Benedetto und Battista Virchi intarsiert. Der bemalte Holzkruzifix der zweiten Kapelle ist eine lombardische Arbeit der Jahre um 1350 unter toskanischem Einfluß. Am Ende des rechten Seitenschiffes führt eine Tür in einen Korridor und von dort zur *Sakristei*. Beherrschend in dem kleinen Raum sind die reich mit Ansichten und geometrischen Motiven intarsierten Schränke von Filippo Morari da Soresina (1483). Ein Hauptwerk italienischer Goldschmiedekunst der Renaissance ist das Vortragekreuz von Giovanni Francesco delle Croci (1501). Eine Tür in halber Höhe des rechten Seitenschiffes führt zum *Großen Kreuzgang* (Abb. 42). Baumeister des edlen, ruhevollen Gevierts war Guglielmo Frisone da Campione (1394). Vom Vorgängerbau des 13. Jahrhunderts sind noch einige Freskenreste zu sehen.

Die sakrale Architektur der lombardischen Frührenaissance ist in den meisten Kunstgeschichtsbüchern nur mit der Certosa di Pavia und der Cappella Colleoni in Bergamo vertreten. Kaum jemand nimmt davon Notiz, daß Brescia mit der Kirche *S. Maria dei Miracoli* (Corso Martiri della Libertà) ein ganz außerordentliches Monument dieser Zeit besitzt, das jedoch leider im Krieg schwer beschädigt wurde. Der Bau, für ein als wundertätig angesehenes Marienbild bestimmt, wurde 1488 von einem Maestro Jacopo begonnen, dessen Pläne Stefano Lamberti und Girolamo da S. Pellegrino um 1521 veränderten. Die Bildhauerarbeiten des Fassadenmittelteils werden Giovanni Gaspare Pedoni aus Lugano zugeschrieben – einem der auch für die großartige Fassade von S. Lorenzo in Lugano vorgeschlagenen Meister. Diese Partie mit ihren vier edlen kannelierten Säulen, die die Tribuna tragen, und den fein gemeißelten rahmenden Relieffeldern zieht den Blick sofort auf sich (Abb. 36). Doch auch die seitlichen Pilaster mit ihrem zarten Groteskenornament verraten die Tätigkeit eines hervorragenden Bildhauers. In diesem Zusammenhang wurde der Name von Giovanni Antonio Amadeo genannt, dem Hauptmeister der Fassade der Certosa di Pavia. Der erstaunliche Innenraum – ein quadratisches dreijochiges Langhaus, von Pilastern und Säulen in drei Schiffe geteilt, mit tonnengewölbtem Zentraljoch, das von vier Kuppeln umgeben ist, von denen diejenigen im ersten und dritten Hauptschiffjoch mittels Tambour erhöht und betont sind – ist heute in seiner Wirkung beträchtlich reduziert. Ein Bombardement im Frühjahr 1945 hat hier schweren Schaden angerichtet. Intakt blieben die zwölf Apostelfiguren von Gasparo da Coirano (1489), sowie die Engelsfiguren und Büsten der Kirchenväter und Evangelisten von Antonio della Porta in Tambour und Zwickeln der beiden Mittelschiffkuppeln.

Ganz in der Nähe, am Corso Matteotti, steht die Kirche *SS. Nazaro e Celso*. Der klassizistische Bau der Jahre 1752–1780 würde einen Besuch kaum lohnen, wäre hier nicht eines der großartigsten Werke der venezianischen Hochrenaissance zu sehen, der *Auferstehungsaltar von Tizian* (Abb. 44). Die mehrteilige Altartafel entstand im Auftrag des päpstlichen Legaten Altobello Averoldo zwischen 1520 und 1522. Im Mittelfeld sieht man die Auferstehung Christi, oben links (Gabriel) und rechts (Maria) die Verkündigung, unten links die Heiligen Nazarus und Celsus mit den Stiftern, rechts den hl. Sebastian. Die Szene des Sebastiansmartyriums, zu der Skizzen im Kupferstichkabinett Berlin-Dahlem und im Frankfurter Staedel aufbewahrt werden, trägt die Inschrift »Ticianus faciebat MD XXII«.

Wegen ihrer eigenartigen, überreichen Ausstattung gehört *S. Maria delle Grazie* (Via delle Grazie 13; Farbt. 27) zu den meistbesuchten Kirchen von Brescia. Sie wurde von 1522 bis 1530 für die Hieronymiten gebaut, nach einem Plan von Lodovico Barcella, Prior der Kongregation. Ausstattung und Dekoration stammen im wesentlichen aus dem 17. Jahrhundert. Das schöne Portal der Ostseite, in den klaren Formen der Frührenaissance, geht noch auf eine ältere Kirche des Ordens außerhalb der Stadtmauern zurück. Im Tympanon sieht man ein Relief mit der Madonna und dem Kind zwischen den Heiligen Hieronymus, Johannes dem Täufer und zwei knienden Stiftern. Das Gewände ist reich ornamental skulpiert. Die geschnitzte Tür trägt die Inschrift »Philippus Cremonensis me fecit 1490«, was wohl auf Filippo Morari da Soresina hinweist, den Meister der Intarsienarbeiten in S. Francesco. Die beiden kleinen Löwen aus rotem Marmor tragen das Wappen der Adelsfamilie Leoni. Im Innern empfängt den Besucher ein glanzvoller Dekor aus Gold und satten Farben. Jede kleinste Fläche wurde mit ornamentalem Stuck bedeckt, der die über dreihundertfünfzig kleinen und größeren Fresken dieser Kirche umrahmt. Die Freskanten waren Brescianer Meister, unter denen Francesco Giugno herausragt, der die mariologischen Deckenmedaillons des Mittelschiffgewölbes malte. Reizvoll ist der kleine Renaissancekreuzgang im Norden – wohltuend in seiner Klarheit nach der erstickenden Dekorationsfülle der Kirche.

Will man das Werk der beiden Hauptmeister der Hochrenaissancemalerei von Brescia, Romanino und Moretto, genau studieren, so ist die Kirche *S. Giovanni Evangelista* (Contrada S. Giovanni 12) der geeignete Ort. Der Bau stammt aus der zweiten Hälfte des 15. Jahrhunderts (aus dieser Zeit ist die Fassade erhalten), doch wurde der Innenraum im 17. Jahrhundert durchgreifend verändert. Die Sakramentskapelle der Nordseite ist bis auf das Altarbild der Grablegung von Vincenzo Civerchio oder Bernardino Zenale (um 1509) fast ausschließlich mit Werken von Moretto und Romanino ausgestattet. Die Kanoniker der Kirche schlossen mit den beiden Malern im Jahr 1521 einen Kontrakt, der die Fertigstellung der Ausstattung innerhalb von drei Jahren verlangte. Die rechte Seite nehmen die Fresken von Moretto ein: Mannalese, Weckung des Elias, die Evangelisten Lukas und Markus, Marienkrönung, Abendmahl und Propheten. Auf der linken Seite die Arbeiten von Romanino: Gastmahl im Haus des Pharisäers, Auferweckung des Lazarus, die Evangelisten Matthäus und Johannes, Hostienwunder und Propheten. Ein weiteres Werk dieses Meisters ist in der Taufkapelle am Westjoch zu finden, ein Marienverlöbnis aus der Zeit um 1515. Der »Bethlehemitische Kindermord« am dritten Altar der Südseite stammt wieder von der Hand Morettos. Zu den interessantesten plastischen Arbeiten der Kirche gehört Alessandro Calegaris Draperie aus gelbem Marmor mit zwei weißen Engeln in der Cappella della Madonna del Tabarrino an der Südseite (um 1660).

Bischof Balduino Lambertino, dessen Grabmal im Duomo Vecchio zu sehen ist, berief im Jahr 1345 die Karmeliter nach Brescia. Sie bauten das Kloster S. Maria del Carmine mit einer Kirche, deren Nachfolgebau 1429 begonnen und 1475 vollendet wurde – die heutige Kirche *S. Maria del Carmine* (Contrada del Carmine 6). Merkwürdig ist das breite Portal mit gestuftem Gewände, das formal romanischen Vorbildern folgt. Die ornamentalen Reliefs, ebenso das Schnitzwerk der Türen, sind jedoch als Arbeiten der Renaissance sofort zu erkennen. Der warme Ton des Ziegelbaues wird in seiner Wirkung zusätzlich gesteigert durch grüne und gelbe glasierte Ziegel, die die Fenster rahmen. Die minarettartigen Fialentürmchen sind in dieser Gegend der Lombardei selten – in der Provinz Cremona findet man sie öfter. Der Innenraum – ein basilikales Langhaus mit Arkaden über Rundpfeilern, Querhaus und polygonalem Chor – ist reich ausgestattet. Das Langhaus wurde zu Anfang des 17. Jahrhunderts gewölbt und neu ausgestattet. Die Scheinarchitekturen des Tonnengewölbes stammen von Tommaso Sandrini, die großen Medaillons (Dreifaltigkeit, Auffahrt des Elias, Hl. Therese zwischen Petrus und Paulus) von Antonio Gandino. Perspektivische Architekturmalerei sieht man auch im Chor (Domenico Bruni), dazu eine Himmelfahrt Mariä von Gandino und an den Wänden Szenen aus dem Leben des hl. Albert (Ottavio Amigoni). In der Apsis, hinter dem barocken Hochaltar, kann man ein Werk des Münchner Hofmalers Peter Candid bewundern, eine Himmelfahrt Mariä, die 1595 als Stiftung der Wittelsbacher entstand. Das bedeutendste plastische Werk dieser Kirche ist die realistische *Beweinungsgruppe* links vom Chor. Die lebensgroßen, bemalten Terrakottafiguren hat Guido Mazzoni aus Modena Ende des 15. Jahrhunderts geschaffen. Von der ursprünglichen Ausmalung der Spätgotik sind noch einige Reste erhalten, darunter – in einer Kapelle links vom Chor – ein neutestamentlicher Zyklus von Vincenzo Civerchio.

Die Contrada del Carmine führt in östlicher Richtung direkt zur Via S. Faustino, wo eine der großen Barockkirchen der Stadt, *SS. Faustino e Giovita* (Via S. Faustino 72) steht. Bereits im 9. Jahrhundert wurden in eine Vorgängerkirche die Reliquien der Heiligen Faustino und Giovita überführt, Märtyrer des 2. Jahrhunderts, die heute als Stadtpatrone verehrt werden. Die Kirche ist ein Neubau der Jahre 1622–1698, errichtet nach einem Entwurf von Stefano Carra. Der Campanile stammt noch von dem romanischen Vorgängerbau des 12. Jahrhunderts. Die Marmorfassade mit Figuren von Sante Calegari il Vecchio entstand 1698–1702 nach Vorbildern des römischen Barock (S. Susanna). Das dreijochige basilikale Langhaus, dessen Schiffe durch hohe Arkaden über gekuppelten toskanischen Säulen getrennt werden und das in einen quadratischen Chor mit halbrunder Apsis mündet, ist reich mit Fresken ausgestattet, die allerdings in keinem guten Zustand sind. Ausführende waren in erster Linie Brescianer Meister des 17. Jahrhunderts, darunter Tommaso Sondrino, der die illusionistischen Architekturen in der Tonne des Mittelschiffs anbrachte (um 1625; Abb. 43). Über ein Jahrhundert später (1754–1755) malte der Venezianer Giovanni Domenico Tiepolo im Chor die Glorie der Heiligen Faustino und Giovita, das Martyrium der beiden Heiligen und ihr Eingreifen während des Überfalls des Mailänder Condottiere Piccinino im Jahr 1438. Von Antonio Carra und seinem Sohn Giovanni stammt die Arca der beiden Kirchenpatrone hinter dem Hochaltar, ein Werk aus schwarzem und weißem Marmor (1618–1623).

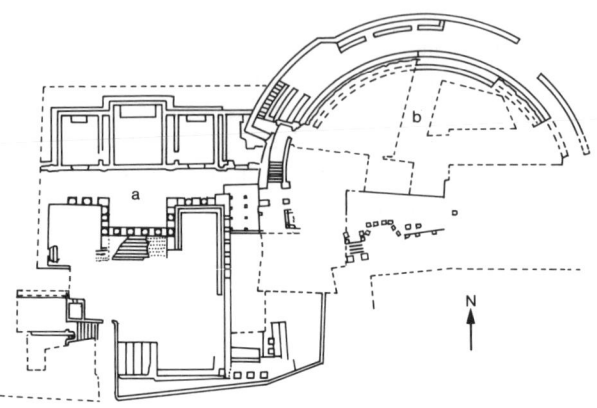

*Brescia, Kapitolstempel (a) und
römisches Theater (b)*

Neben der Kirche führt links ein Portal in das *Pfarrhaus* (Via S. Faustino 74). Im Obergeschoß sind noch einmal Fresken von Giovanni Domenico Tiepolo zu sehen, Szenen aus dem
Leben Jesu – eine duftige, sehr weltliche Rokokomalerei (um 1755).

Vom Nordende der Piazza Duomo führt die Via dei Musei mitten hinein ins Zentrum des
römischen Brescia. Vom Glanz der einstigen Römerstadt ist nicht mehr viel zu sehen, jedoch
immer noch genug, um Brescia zu einer der wichtigsten archäologischen Stätten Norditaliens zu machen. Die Ausgrabung der antiken Stadt begann schon im Jahre 1823. Ihr impo-
santestes erhaltenes Monument ist bis heute der *Kapitolstempel* (Abb. 39), unter Kaiser
Vespasian im Jahr 73 n. Chr. am Fuße des Cidneo-Hügels an der Nordseite des Forums
erbaut, von dem heute wieder der 1939 rekonstruierte Portikus mit seinen Resten schöner
kannelierter Säulen und die drei Zellen zu sehen sind. Nach 1956 kamen auch die Reste eines
darunterliegenden Tempels aus republikanischer Zeit zum Vorschein. In den drei Zellen
sind Fragmente von Fußbodenmosaiken und Grabsteine zu sehen, im Obergeschoß ist das
Museo Archeologico untergebracht. Neben griechischen Vasen und Bronzebüsten der Kaiserzeit ist hier auch die *Vittoria* zu sehen, die bereits 1826 ausgegraben wurde und heute eines
der Wahrzeichen der Stadt ist. Die Siegesgöttin im faltenreichen Chiton, ein Bronzeguß des
1. Jahrhunderts n. Chr., wurde wahrscheinlich erst zur Zeit Vespasians mit Flügeln ausgestattet und war vorher eine Venus. Im Osten schließen sich dem Kapitol die Reste eines
Theaters an, das etwa zur gleichen Zeit wie der Tempel entstand. Der größte Teil ist noch
überbaut, vor allem durch den Palazzo Gambara. Man hat feststellen können, daß dieses
Theater einst beträchtliche Ausmaße besaß (86 m Durchmesser, 24 m Höhe) und etwa 15000
Zuschauer faßte. Noch im Mittelalter fanden hier Volksversammlungen statt, wie aus einer
Chronik des Jahres 1173 hervorgeht. Die Lage des *Forum* aus dem 1./2. Jahrhundert n. Chr.
ist durch die heutige Piazza del Foro markiert, die allerdings bedeutend kleiner ist als der
ehemalige Marktplatz der Römer. Dieser erstreckte sich von der Via dei Musei bis zur Via
Carlo Cattaneo über eine Länge von 139 m und Breite von 40 m. Nur noch eine einzige
korinthische Säule an der Ostseite des Platzes erinnert an die einst glanzvolle Anlage. Auch

von der einstigen *Kurie* – dem Versammlungshaus des Senats – sind noch Reste erhalten. Sie wurden integriert in die Fassade des Hauses Nr. 3 an der Piazza Labus. Der Bau, der das Forum im Süden abschloß, maß etwa 47 m in der Länge und 19 m in der Breite.

Einer der ehrwürdigsten sakralen Bauten von Brescia, S. Salvatore, gehört heute zum Komplex des Museo Cristiano (Via Piamarta 4), dem auch die ehemaligen Kirchen S. Giulia und S. Maria in Solario angegliedert sind. Leider wird es auf Jahre hinaus nicht möglich sein, diese Bauten von innen zu sehen, denn das Museum wird einer eingehenden Restaurierung unterzogen. Die bedeutendsten Ausstellungsstücke – darunter das Desideriuskreuz und die Lipsanothek von Brescia – werden in der Pinacoteca Tosio-Martinengo (Via Martinengo da Barco 1) gezeigt.

S. Salvatore – eine dreischiffige Säulenbasilika – entstand als Klosterkirche eines Mitte des 8. Jahrhunderts gegründeten Nonnenkonvents um 816. Umbauten erfolgten seit dem 12. Jahrhundert. Entscheidend für die heutige Gestalt des Bauwerks waren der Abbruch des Westbaus und der Apsiden im Jahr 1466, gleichzeitig mit der Erneuerung der Konventsgebäude, was den Kirchenraum nachhaltig verkleinerte. Der offene hölzerne Dachstuhl ist rekonstruiert. Von der Bemalung des 9. Jahrhunderts an den Wänden des Mittelschiffs sind Fragmente erhalten, ebenso auch Reste von Stuckornamenten. Der umfangreiche Freskenzyklus (Szenen aus dem Leben Christi), der in mehreren Friesen die Wände überzog (ähnlich wie in Reichenau, Mittelzell, St. Georg) entstand in Anlehnung an gleichzeitige Buchmalerei. Die Kapitelle der erhaltenen zwölf Marmorsäulen gehören verschiedenen Jahrhunderten an (2.–9. Jahrhundert). Auch in der im 12. Jahrhundert zu einer kreuzgewölbten Hallenkrypta ausgebauten, ehemaligen Confessio der langobardischen Kirche (Zugang über die Seitenschiffe) sind Freskenreste des 8. und 9. Jahrhunderts erhalten, ebenso Stuckreste des 12. Jahrhunderts. In den Kapellen der Nordseite finden sich Fresken des 15. Jahrhunderts und in der Turmkapelle eine Darstellung der Legende des hl. Obizio (um 1520) von Gerolamo Romanino.

Gleichzeitig mit dem Abriß des Westbaus trat S. Salvatore 1466 ihre Funktion als Klosterkirche an *S. Giulia* ab, deren im Westen direkt an die ältere Basilika anschließender Nonnenchor bis etwa 1510 vollendet war. Der tonnengewölbte Raum mit seinen tiefen Chornischen – von Filippo da Caravaggio und Giovanni del Formaggio errichtet – gehört zu den ersten Beispielen der Renaissancearchitektur in Brescia. Um 1527 wurde er von Floriano Ferramola (von ihm stammt die Kreuzigung) und Paolo da Cailina vollständig ausgemalt. Erst in der zweiten Hälfte des 16. Jahrhunderts erfolgte der Anbau eines Saalschiffs und der Fassade, die 1599 fertiggestellt war.

Der dritte Sakralbau des Komplexes, *S. Maria in Solario,* entstand in der Mitte des 12. Jahrhunderts zwischen Konventsbauten als doppelgeschossige Kapelle. Den oktogonalen Tambour schmückt eine Zwerggalerie. Die dicken Mauern des Unterbaues, die winzigen Fenster sowie das Fehlen jeglicher dekorativer Elemente legen die Vermutung nahe, daß hier der Schatz des Klosters aufbewahrt wurde – illuminierte Codices, kostbare Reliquiare und liturgisches Gerät. Die Ausmalung des Obergeschosses schuf Floriano Ferramola in den Jahren 1518 bis 1520. Im einzigen erhaltenen Raum der ehemaligen Konventsgebäude ist die

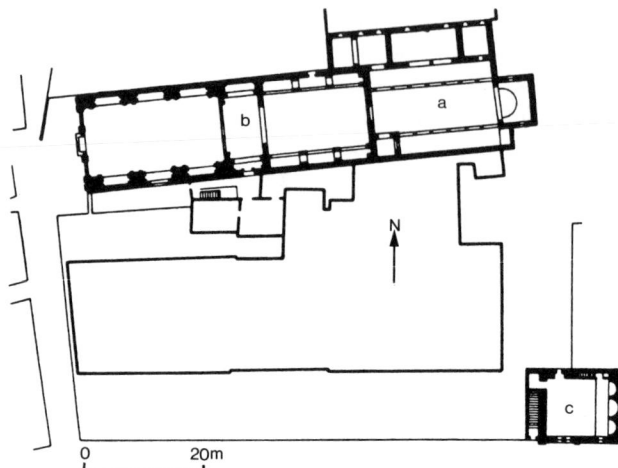

Brescia, S. Salvatore (a),
S. Giulia (b),
S. Maria in Solario (c)

Galleria d'Arte Moderna untergebracht, eine Sammlung, die vom Klassizismus (u. a. Plastiken von Canova) bis zu zeitgenössischer Malerei reicht.

Brescia besitzt eine Reihe eindrucksvoller Adelspaläste, unter denen der *Palazzo Cigola* (Via Carlo Cattaneo 55/Piazza Tebaldo Brusato 35) an erster Stelle zu nennen ist. Die Grafen Cigola di Muslone waren die Auftraggeber. Der Name der Architekten ist nicht mit Sicherheit zu ermitteln, doch nimmt man an, daß es sich in den entscheidenden Teilen um ein Werk des Stadtbaumeisters Ludovico Beretta handelt. Der Bau entstand in drei Phasen: in den ersten Jahren des 16. Jahrhunderts der Hof im Westen (über die Via Carlo Cattaneo zu erreichen), in der zweiten Hälfte des 16. Jahrhunderts die Flanke der Via Carlo Cattaneo mit dem Atlantenportal, im 17. Jahrhundert der Ostteil mit der Fassade zur Piazza Tebaldo Brusato. Nach dem Aussterben der Cigola kam der Palast in den Besitz der Familie Fenaroli. Am 22. März 1848 unterschrieb Fürst Schwarzenberg hier die österreichische Kapitulationsurkunde.

Die Familie Martinengo, die bereits im 12. Jahrhundert zu Besitz und Ansehen gekommen war, bestimmte über 500 Jahre die Geschichte der Stadt Brescia. Elf Paläste im Stadtgebiet dokumentieren die Macht dieses weitverzweigten Geschlechts. Uns interessiert vor allem der einstige Palazzo Martinengo da Barco, da dort die bedeutendste Kunstsammlung der Stadt untergebracht ist, die Pinacoteca Tosio-Martinengo. Auf dem Weg dorthin sind zwei kleinere Stationen zu machen. Vom Domplatz aus kommt man über die Via Trieste und die Via Gabriele Rosa zur Via Tosio. Dort steht der *Palazzo Beretta* (Nr. 6, früher Palazzo Martinengo da Barco), ein einfacher, nobler Bau des frühen 16. Jahrhunderts. Weniger dieser Bau ist es aber, auf den aufmerksam gemacht werden soll, als vielmehr das außerordentlich qualitätvolle *schmiedeeiserne Gitter,* das den Garten zum Corso Magenta hin abschließt. In kunstvollster Weise werden hier architektonische Elemente – Marmorsäulen, Balustrade, Mauer – mit den ornamentalen Elementen verbunden. Der Entwurf soll von Antonio Carra stammen, dem Brescia viele großartige Skulpturen zu verdanken hat.

In der Via Moretto, parallel zum Corso Magenta (Ecke Corso Cavour), steht die Kirche *S. Alessandro*, ein spätgotischer Bau, der 1792 klassizistisch verändert wurde. Auf dem ersten Seitenaltar rechts finden wir hier eines der wichtigsten Werke venezianischer Frührenaissancemalerei, eine *Verkündigung von Jacopo Bellini* (um 1440). Etwa ein halbes Jahrhundert später (1504) entstand die Retabel des zweiten Altars, eine Kreuzabnahme mit Szenen aus dem Leben Christi in der Predella – ein signiertes und datiertes Werk von Vincenzo Civerchio.

Im *Palazzo Martinengo da Barco* (Via Martinengo da Barco 1) – einer Hufeisenanlage des frühen 16. Jahrhunderts mit Arkadenhof – ist heute die *Pinacoteca Tosio-Martinengo* untergebracht. Die Sammlung enthält Bilder fast aller italienischer Schulen des 14. bis 16. Jahrhunderts, mit dem Schwerpunkt der Schulen von Brescia und Venedig (u. a. Werke von Paolo Veneziano, Vincenzo Foppa, Floriano Ferramola, Raffael, Lorenzo Lotto, Moretto, Romanino, Lattanzio Gambara, Giuseppe Arcimboldi), ergänzt durch wertvolle Arbeiten lombardischer und venezianischer Miniaturisten des 15. Jahrhunderts. So lange das Museo Cristiano geschlossen ist, sind im ersten Saal des Obergeschosses einige der Schätze dieses Museums ausgestellt, darunter das herrliche *Desideriuskreuz*, ein reich mit Steinen, Kameen und Glaspasten besetztes Vortragekreuz des 8./9. Jahrhunderts. Das feine Medaillon mit der signierten Goldglasmalerei eines Meister Buonnerios im Schaft stellt wohl nicht, wie lange angenommen, Galla Placidia (um 388–450) mit ihren Kindern dar, da es stilistisch eher dem 3./4. Jahrhundert zuzuweisen ist. Zu den Schätzen des ehemaligen Klosters S. Giulia gehört auch die *Lipsanothek von Brescia*, ein Reliquienkästchen des 4. Jahrhunderts mit umlaufenden Elfenbeinschnitzereien (Darstellungen aus dem Alten und Neuen Testament).

Das Desideriuskreuz

Ein bevorzugter Spaziergang der Brescianer führt zur grünen, aussichtsreichen *Colle Cidneo* (Cidneo-Hügel), die vom vielgestaltigen Komplex des *Castello* bekrönt wird. Die ältesten Siedler, die Ligurer, tauften den Hügel nach ihrem mythischen König Cidno. Nach ihnen folgten die Cenomanen als Herren der Anhöhe, danach die Römer, aus deren Zeit die Existenz mehrerer Tempel überliefert ist. Die Fundamente des ersten christlichen Baus, S. Stefano (6. Jahrhundert) sind erhal-

211

ten. Ihnen gegenüber erhebt sich ein schlanker Rundturm, die Torre Mirabella, der Bergfried aus dem 12./13. Jahrhundert. Der restliche Komplex mit Torbau, Pallas und Bastionen geht im wesentlichen auf die Herrschaftszeit der Venezianer nach 1512 zurück. Der klassizistische Palazzo Haynau erinnert an den letzten österreichischen Festungskommandanten.

Das Valcamonica

Das über 70 km lange Nord-Süd-Tal zwischen dem Tonalepaß und dem Lago d'Iseo, das Bett des Flusses Oglio, war bis vor wenigen Jahren der Allgemeinheit so gut wie unbekannt. Die gletscherreiche Adamello-Gruppe im Norden des Tales lockte zwar schon lange die Naturfreunde an, doch kulturhistorisch wußte man mit dem Namen Valcamonica wenig anzufangen. Dies änderte sich fast schlagartig, als die UNESCO im Jahr 1979 beschloß, die seit dem Jahrhundertbeginn zwar bekannten, jedoch erst seit 1956 systematisch erforschten prähistorischen Felsgravierungen dieses Gebietes zum bedeutendsten italienischen Nationaldenkmal zu erklären. Seither wird dieses Tal, das seinen Namen dem prähistorischen Stamm der Camunen verdankt, immer öfter besucht, und es ist an manchen Orten, wie etwa in Capo di Ponte, heute schon schwierig, die wichtigsten Denkmale in Ruhe zu betrachten. Es sei daher geraten, einen Besuch vor allem des Parco Nazionale delle Incisioni Rupestri in die späten Nachmittagsstunden zu verlegen, wenn sich die meisten Besucher – oft sind es Schulklassen – schon verabschiedet haben. Neben den Felsgravierungen gibt es jedoch noch eine Reihe sehr sehenswerter sakraler Bauten in diesem Tal, so daß sich auch für vorgeschichtlich nicht Interessierte eine Fahrt durch das Valcamonica empfiehlt.

Erste Station sei **Pisogne** am Nordufer des Lago d'Iseo. Am östlichen Ortsende, wo die Straße nach Fraíne abzweigt, steht die spätgotische Kirche *Madonna della Neve*. Der Bau, der zu einem Augustinerspital gehörte, entstand Ende des 15. Jahrhunderts und ist wegen seiner Renaissancefresken interessant. Der Zyklus des Brescianers Gerolamo Romanino an den Wänden gilt der Passion Christi (um 1534). Im Gewölbe sieht man Bilder der Propheten und Sibyllen, am Triumphbogen Verkündigung, Grablegung und das Pfingstwunder.

Eine kurvenreiche Bergstraße führt von **Cividate Camuno** nach **Ossimo**. Von dort aus geht ein kleiner Weg zum *Convento dell'Annunziata*, der über steilem Bergabhang liegt. Das Kapuzinerkloster, das 1469 gegründet wurde, ist mitsamt seiner Kirche und zwei Kreuzgängen erhalten. Die Kirche *S. Maria* enthält einen bedeutenden Freskenzyklus zum Leben Christi, der zum Teil (Apsis, Leben Mariä) Giovanni Pietro da Cemmo zuzuschreiben ist (1474–1475). Das Bild der Himmelfahrt Mariä auf dem Hochaltar ist ein Werk von Palma il Giovane.

Giovanni Pietro, der aus Cemmo bei Capo di Ponte stammte, begegnen wir noch einmal in der Kirche *S. Maria* von **Bienno**. Dort malte er Ende des 15. Jahrhunderts einen Zyklus zum Leben des hl. Franziskus. Die Szenen zum Leben Mariä gehen auf Gerolamo Romanino (1539–1540) zurück. Das Verkündigungsbild des Altares ist eine Arbeit des Mailänders Fiamminghino aus dem Jahr 1632.

Breno, heute ein lebhafter kleiner Handels- und Industrieort mit über 5000 Einwohnern, war schon in prähistorischer Zeit besiedelt. Funde, die zum Teil aus einer Nekropole stammen, werden im *Museo Camuno* gezeigt. Die Franken machten Breno 773 zum Hauptort des Tales, und auch die Scaliger und Visconti wußten die Vorzüge des Ortes, der mit einer Burg bewehrt war, zu schätzen. Aus der Zeit der Visconti stammt auch die Kirche *S. Antonio.* Der Bau, der zwischen 1334 und 1359 errichtet wurde, ist mit Fresken von Malern ausgestattet, denen man im Valcamonica oft begegnet. Die Szenen zur Danielsgeschichte im Chor stammen von Gerolamo Romanino (um 1535), die Fresken der linken Wand werden zwar Giovanni Pietro da Cemmo zugeschrieben, könnten aber genausogut auch von einem unbekannten Meister des Kreises um Vincenzo Foppa stammen (zweite Hälfte des 15. Jahrhunderts).

Capo di Ponte ist der Ort im Valcamonica, der in erster Linie mit prähistorischen Denkmalen in Zusammenhang gebracht wird. Sicherlich sind die Felsgravierungen innerhalb des weiten Areals des *Parco Nazionale delle Incisioni Rupestri* von zentraler Bedeutung, doch gibt es darüber hinaus noch viele hundert Felsen mit prähistorischen Gravierungen, vor allem im Gebiet des südlicher gelegenen Boario Terme. Die Camunen, die dieses Tal zwischen dem Neolithikum und der frühen Römerzeit besiedelten, waren wahrscheinlich ein Volk von Jägern und halbnomadischen Hirten ligurischer Abstammung, möglicherweise aber auch ein keltisch-mitteleuropäischer Stamm. Sehr wahrscheinlich ist es, daß die Höhe von Naquane oberhalb von Capo di Ponte, wo man den Nationalpark eingerichtet hat, einst ein Sonnenheiligtum war. Die Kultstätte ist in dieser abgelegenen Gegend bis in die Römerzeit genutzt worden, was aus den dort entdeckten lateinischen Inschriften hervorgeht. Das Areal umfaßt nicht weniger als 101 Felsen – Hinterlassenschaft eines gewaltigen Gletschers, der im Pleistozän dieses Gebiet bedeckte. Die Forschungen Professor E. Anatis haben eine Unterscheidung von vier Stilperioden ermöglicht. Geometrische Symbole und abstrakte menschliche Figuren (darunter viele in Gebetshaltung) machen den Anfang. Im Laufe der Entwicklung werden die Darstellungen realistischer, man erkennt Jagdszenen und solche beschreibenden Charakters. Szenen des täglichen Lebens schließlich sind bereits in die Eisenzeit zu datieren. Außerordentlich unterhaltsam ist es, von Fels zu Fels zu gehen – zwischen lichtem Mischwald, mit Aussicht auf das weite Gebirgstal – und vielleicht noch hier und da einige Gravierungen zu entdecken, die im offiziellen Führer (den man braucht, um sich zurechtzufinden) nicht aufgezeichnet sind. Leider ist der *Große Felsen von Naquane* mit seinen nahezu 900 Figuren (meist aus der Eisenzeit) fast immer so umringt, daß man ihn kaum in Ruhe betrachten kann.

Ein lohnendes Ziel ist auch die kleine Siedlung **Cemmo** auf der anderen Seite des Oglio, deren romanische Kirche man bereits von Naquane aus sehen konnte. Nördlich des Ortes findet man die berühmten *Massi di Cemmo,* zwei Felsblöcke, die mit Gravierungen bedeckt sind. In Reihen untereinander rhythmisch angeordnet, sieht man hier Darstellungen von Jagdtieren. Diese Gravierungen, die bereits 1908 entdeckt wurden, sind in ihrer strengen formalen Gestalt und der Anmut der Figuren die schönsten des gesamten Valcamonica. Man nimmt an, daß sie im 3. Jahrtausend v. Chr. entstanden.

S. Siro liegt auf steilem Felsen über dem Oglio – ein trutziger Bau mit wehrhaftem Charakter (Abb. 46). Genaue Baudaten sind nicht bekannt, doch nimmt man an, daß die Basilika zu Beginn des 12. Jahrhunderts entstand. Der Glockenturm wurde im 15. Jahrhundert erneuert. Die drei mächtigen Apsiden fallen schon von weitem auf, sie prägen das Bild der Kirche im Osten. Kunsthistorisch interessant ist der Kranz kleiner Nischen – unterhalb der Dachtraufe der Hauptapsis – formal eine frühe Form der Zwerggalerie. Wegen der Hanglage wurde der Eingang in den Süden gelegt. Die Leibungen des Portals sind mit Reliefs geschmückt. Die drei Stützenpaare des Innenraums sind unterschiedlich ausgebildet: rechteckige Pfeiler im Westen, kreuzförmige im Osten, Rundpfeiler in der Mitte. Das Presbyterium ist angehoben, die monolithischen Säulen der darunterliegenden Hallenkrypta sind mit schönen korinthischen Kapitellen ausgestattet. Im Nordschiff und in der Apsis sind Reste spätgotischer Fresken erhalten.

Nördlich von Capo di Ponte, oberhalb der Straße nach Edolo, liegt eine weitere bedeutende romanische Kirche. Die Basilika *S. Salvatore* (Abb. 45) entstand im 11. Jahrhundert im Zuge des Eindringens der Cluniazenser nach Oberitalien und folgt daher burgundischen Vorbildern. Auffallend ist der kraftvolle achteckige Vierungsturm. Die drei Schiffe des Langhauses, die im Osten jeweils von einer Apsis abgeschlossen sind, werden durch zwei Paare gedrungener Säulen voneinander getrennt. Die Säulenkapitelle sind mit qualitativ hochstehenden figürlichen Reliefs geschmückt (Sirenen, Tierfiguren), die frühromanischen Arbeiten in Mailand und Pavia an die Seite zu stellen sind. Besonders interessant ist die Konstruktion der Kuppel über der queroblongen Vierung: Sie ist als eingeschnürte Stufenkuppel ausgebildet, d. h., über den Trompen erhebt sich zuerst eine Art Vorkuppel, auf der das eigentliche Kuppelgewölbe aufsetzt.

Die Provinz Mailand

>»Gestern war ich auf dem Dom, welchen zu erbauen man ein ganzes Marmor-
gebirge in die abgeschmacktesten Formen gezwungen hat. Die armen Steine
werden noch täglich gequält, denn der Unsinn oder vielmehr der Armsinn ist
noch lange nicht zu Ende.«
>
> *Goethe an den Herzog, 23. Mai 1788*

>»Nie hat ein Bauwerk solche Empfindungen in mir ausgelöst. Diese marmorne
Filigranarbeit besitzt zwar weder die Pracht noch die Massigkeit von Sankt Paul
in London. Denen, die mit einem gewissen Feingefühl für die Kunst auf die Welt
kamen, sage ich: Dieses herrliche Bauwerk ist Gotik ohne den Gedanken an Tod
und Vergänglichkeit; es ist wie ein melancholisches Gemüt, das sich einmal der
Heiterkeit hingibt.«
>
> *Reise in Italien, 2. November 1816*

Die Stadt Mailand

Kontrovers sind die Meinungen über den künstlerischen Wert des Mailänder Domes immer
gewesen, ebenso unterschiedlich die Bewertung der Stadt Mailand selbst. Ungeteilte Sym-
pathie wie Venedig, Florenz oder Rom genießt die Hauptstadt der Lombardei sicher nicht.
Als italienische Industriemetropole und zweitgrößte Stadt des Landes ist sie reich an negati-
ven Attributen, unter denen Hektik, Lärm, Verkehrsdichte und Smog die auffallendsten
sind. Zugleich ist Mailand aber auch von allen Städten Italiens die kulturell lebendigste, die
modernste und weltoffenste. Sie ist, wie der Sizilianer Giovanni Verga schrieb, »la città più
città«, von allen Städten Italiens die städtischste. Was die Kunst betrifft, wird den meisten
auf Anhieb erst einmal Leonardos Abendmahl einfallen, vielleicht außer dem Dom die
Kirche S. Ambrogio, schließlich bestenfalls noch die Brera als Museum von Weltruf. Mailand hat als Kunststadt nicht den Rang, den es verdiente. Diesem Vorurteil zu begegnen,
macht sich dieses Kapitel zur Aufgabe. Als politisch prägende Macht Norditaliens durch
viele Jahrhunderte, als Sitz eines Hofes, der während der Frührenaissance der glanzvollste
des ganzen Landes war, bewahrt diese Stadt eine Fülle großartiger Kunstwerke, die zu
entdecken eine Freude ist.

Die Besiedlung des Gebiets begann im Vergleich zu anderen Gegenden der Lombardei
relativ spät, am Anfang des 4. Jahrhunderts v. Chr. Die keltischen Insubrer setzten sich hier
fest, doch bereits im Jahr 222 v. Chr. mußten sie sich den vordringenden Römern geschlagen
geben. Die Lombardei wurde als Provinz Gallia cisalpina dem römischen Staat einverleibt,
das antike Mediolanum ihr Hauptort. Die Romanisierung des alten keltischen Gebietes
schritt jedoch nur langsam voran. Erst 49 v. Chr. wurde Mediolanum der Rang eines Municipium Civium Romanorum zuerkannt, und seine Bewohner erhielten das römische Bürger-

Mailand nach einem Stich des 19. Jahrhunderts

recht. Als Knotenpunkt der wichtigen Verkehrsadern in Richtung Venedig, Gallien, Spanien und Rom gewann die Stadt immer mehr an Bedeutung, bis Kaiser Diokletian sie schließlich 286 n. Chr. im Zuge seiner umfangreichen Reichsreform zur Residenzstadt seines Mitregenten Maximinian machte. In der Geschichte des frühen Christentums spielte Mailand eine entscheidende Rolle. Im Jahr 313 wurde durch Kaiser Konstantin im Toleranzedikt von Mailand die Entwicklung des Christentums zur Staatsreligion vorbereitet. Ambrosius, Bischof der Gemeinde seit 374, war die führende Persönlichkeit bei der politischen Konsolidierung der neuen Religion, besonders durch seinen erfolgreichen Kampf gegen die Arianer. Nach einer kulturellen Blütezeit am Ende des 4. Jahrhunderts kam es im 5. und 6. Jahrhundert zu schweren Bedrohungen durch die eindringenden Westgoten (412), Hunnen (452) und Ostgoten, welche die Stadt 539 zerstörten. Der Langobardenkönig Alboin, der 569 in Mailand eindrang, wählte Pavia als Residenz und Hauptstadt des neuen Reiches, wodurch Mailand seine dominierende Stellung verlor. Seit dem 8. Jahrhundert, mit Beginn der fränkischen Herrschaft, nahm die Bedeutung der Stadt wieder zu.

Im 10. Jahrhundert übernahmen die Bischöfe auch politisch die Herrschaft über die Stadt – als Statthalter der deutschen Kaiser und Könige. Der Besitz der Diözese reichte damals bis in die Tessiner Täler Blenio und Leventina hinein. Die Pataria, eine religiöse Reformbewegung, die sich gegen die Verweltlichung des Klerus stellte, sorgte im 11. Jahrhundert für Unruhe. Sie bezeichnet auch den Beginn der Auseinandersetzungen zwischen Kaiser und

Papst, die das gesamte Hochmittelalter bestimmten. 1117 setzte das erstarkende Stadtbürgertum seine kommunale Autonomie gegen den Bischof durch und gab sich eine Verfassung nach römischem Vorbild. Die erstarkende Kommune erweiterte in den folgenden Jahren ihr Territorium auf Kosten der schwächeren Nachbarstädte wie Lodi und Como, die 1111 bzw. 1127 zerstört wurden. Diese politisch-militärische Übermacht Mailands in Oberitalien machte es zum Hauptgegner Friedrichs I. Barbarossa. Im Bund mit den Nachbarstädten zerstörte der Kaiser Mailand im Jahr 1162. Fünf Jahre später unterlag er jedoch der lombardischen Städteliga und mußte 1183 im Frieden von Konstanz die Autonomie der oberitalienischen Städte anerkennen.

Die Periode der Mailänder Signorien begann 1257 mit der Herrschaft der guelfischen Torriani, denen nach der Schlacht bei Desio 1277 die ghibellinischen Visconti folgten, die bis 1447 die Stadt regierten. 1287 wurde Matteo Visconti zum Capitano del Popolo ernannt. Zwischen 1332 und 1346 erfochten sich die Visconti die Herrschaft über Bergamo, Novara, Cremona, Lodi, Como, Piacenza, Brescia, Asti und Parma. Mailand wurde neben Venedig zur zweiten Großmacht in Oberitalien. Gian Galeazzo Visconti wurde 1395 von König Wenzeslaus die Herzogswürde verliehen. Ihm gelang die Ausdehnung des Mailänder Territoriums über den Apennin hinaus nach Pisa, Perugia und Siena. Die Stadt schien zu dieser Zeit das Zentrum eines neuen Reiches zu werden und ihr Herzog strebte nach der Krone des Regnum Italicum. Durch den plötzlichen Tod Gian Galeazzos (1402) und die energische Gegenwehr von Florenz und Venedig wurde der Staat der Visconti jedoch sehr bald wieder in seine lombardischen Grenzen zurückgewiesen.

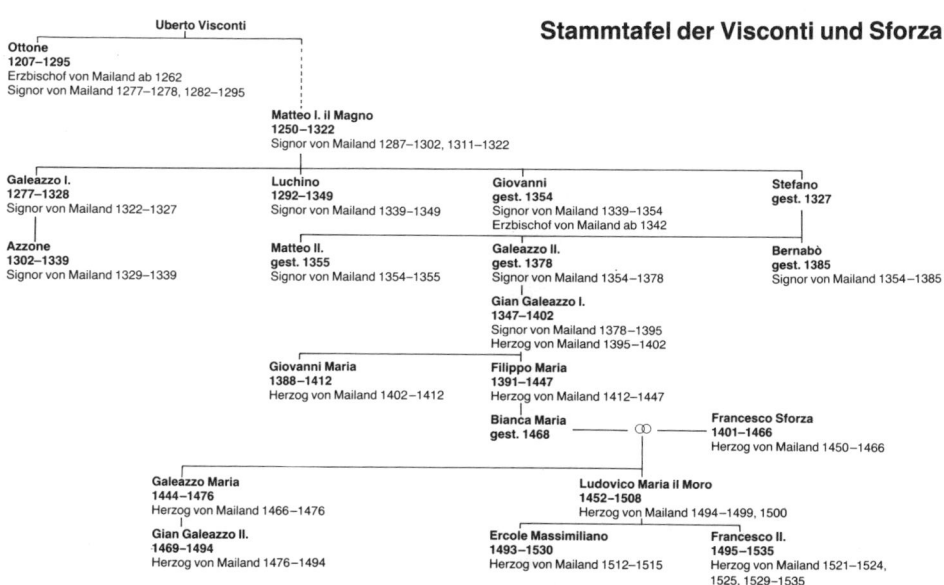

Stammtafel der Visconti und Sforza

Uberto Visconti

Ottone
1207–1295
Erzbischof von Mailand ab 1262
Signor von Mailand 1277–1278, 1282–1295

Matteo I. il Magno
1250–1322
Signor von Mailand 1287–1302, 1311–1322

Galeazzo I.
1277–1328
Signor von Mailand 1322–1327

Luchino
1292–1349
Signor von Mailand 1339–1349

Giovanni
gest. 1354
Signor von Mailand 1339–1354
Erzbischof von Mailand ab 1342

Stefano
gest. 1327

Azzone
1302–1339
Signor von Mailand 1329–1339

Matteo II.
gest. 1355
Signor von Mailand 1354–1355

Galeazzo II.
gest. 1378
Signor von Mailand 1354–1378

Bernabò
gest. 1385
Signor von Mailand 1354–1385

Gian Galeazzo I.
1347–1402
Signor von Mailand 1378–1395
Herzog von Mailand 1395–1402

Giovanni Maria
1388–1412
Herzog von Mailand 1402–1412

Filippo Maria
1391–1447
Herzog von Mailand 1412–1447

Bianca Maria
gest. 1468 ———— ∞ ———— **Francesco Sforza**
1401–1466
Herzog von Mailand 1450–1466

Galeazzo Maria
1444–1476
Herzog von Mailand 1466–1476

Ludovico Maria il Moro
1452–1508
Herzog von Mailand 1494–1499, 1500

Gian Galeazzo II.
1469–1494
Herzog von Mailand 1476–1494

Ercole Massimiliano
1493–1530
Herzog von Mailand 1512–1515

Francesco II.
1495–1535
Herzog von Mailand 1521–1524,
1525, 1529–1535

Nach dem Tod des Herzogs Filippo Maria (1447) und dem kurzen Zwischenspiel der »Aurea Republica Ambrosiana« begannen mit dem Condottiere Francesco Sforza, Gemahl der Tochter des letzten Visconti-Herzogs, neue glückliche Jahrzehnte der Mailänder Geschichte. 1450 wurde der tüchtige Heerführer zum Herzog ausgerufen. Für seine ambitionierten Bauabsichten holte er den Architekten Filarete an seinen Hof. Unter Ludovico il Moro, der mit Beatrice d'Este verheiratet war, wurde Mailand zum kulturellen Zentrum Italiens. Aus Urbino berief man Bramante, und von 1482 bis 1488 war auch Leonardo da Vinci im Dienst des Moro tätig. Zugleich tauchten aber auch wieder ernstzunehmende politische Bedrohungen auf, die mit dem Eindringen Ludwigs XII. von Frankreich in Mailand und seinem Sieg über den Herzog (1500) ihren Höhepunkt fanden. Die Lombardei, nunmehr militärisch machtlos, wurde jahrzehntelang Schauplatz erbitterter Kämpfe, aus denen schließlich im Jahr 1535 die Spanier als Sieger hervorgingen. Unter den spanischen Vizekönigen erlebte Mailand nach 1560 eine neue Blüte. Kardinal Carlo Borromeo (1538–1584) machte die Lombardei zu einem Zentrum gegenreformatorischer Kunst. Sein Neffe Federico Borromeo (1564–1631) setzte diese Politik erfolgreich fort. Einen schweren Einbruch bedeutete die im 17. Jahrhundert grassierende Pest. Die Bevölkerung der Stadt ging von 130000 auf 60000 zurück. 1731 lösten die Österreicher die Spanier in der Herrschaft ab. In der ersten Phase war dies für Mailand außerordentlich segensreich, denn Kaiserin Maria Theresia hatte eine Vorliebe für die Stadt. Der Einmarsch der napoleonischen Truppen (1796) und die Erhebung Mailands zur Hauptstadt der Repubblica Cisalpina (1797) hinterließ nur wenig Spuren. 1815 kehrten die Österreicher zurück, doch diesmal stand ihre Herrschaft unter keinem guten Stern. Die nationale Einigungsbewegung, die sich nun formierte und die in die Kämpfe des Risorgimento mündete, machte der Fremdherrschaft ein Ende. 1859 zog König Vittorio Emanuele II. von Piemont in Mailand ein. Damit war der erste Schritt zur Einigung Italiens getan, dem nur zwei Jahre später die endgültige Proklamation des Regno d'Italia folgte.

Das Zentrum Mailands ist die *Piazza del Duomo*, die ab 1865 in ihrer heutigen Form geschaffen wurde. Damals waren jedoch die Arbeiten an dem gigantischen, 1386 begonne-

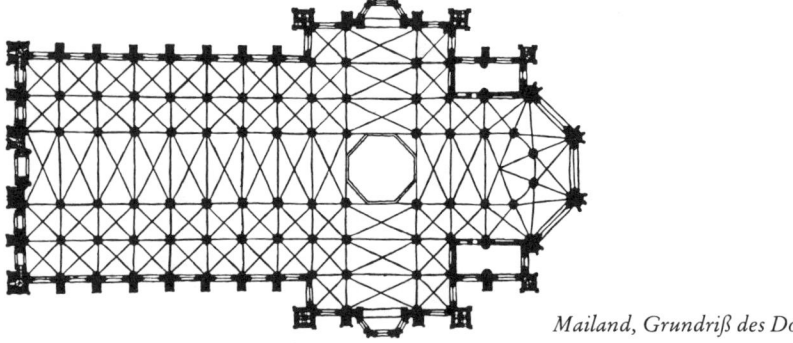

Mailand, Grundriß des Doms

nen Domprojekt noch nicht beendet. Die Gestaltung der Westfassade sollte sich noch bis weit ins 20. Jahrhundert hinziehen. Der *Dom S. Maria Nascente* (Farbt. 2), der eine Fläche von 11 700 m² einnimmt, ist nach St. Peter in Rom und der Kathedrale von Sevilla der drittgrößte Kirchenbau des Abendlandes. Gian Galeazzo Visconti, der erste Herzog von Mailand, der von der Erlangung der Krone ganz Italiens träumte, wünschte sich für seine Hauptstadt eine Kathedrale, die in Europa nicht ihresgleichen haben sollte. Vorbild waren ihm die großen französischen Königskathedralen, doch begannen die Bauarbeiten in Mailand erst, als nördlich der Alpen schon die Spätgotik herrschte und Italien bereits an der Schwelle zur Renaissance stand. Bedenkt man, daß der Chor erst 1418 geweiht wurde und alle weiteren Bauteile bis ins 20. Jahrhundert hinein unbeirrt dem gotischen Stil folgten, muß man dieses gewaltige Marmorgebirge als architektonischen Anachronismus par excellence ansehen.

Es gehört zu den spannendsten Kapiteln der Kunstgeschichte, das Entstehen dieses Baues durch die ersten Jahrzehnte zu verfolgen, als sich italienische, französische und deutsche Baumeister in den Haaren lagen, weil die Vorstellungen von Gotik in der Lombardei sich von denen der Länder nördlich der Alpen sehr unterschieden. Zu Recht hat man die Baugeschichte dieses Domes eine »künstlerische Kriegsgeschichte« genannt. Geeinigt hat man sich schließlich auf einen Kompromiß, denn neben einer nicht zu übersehenden charakteristisch italienischen Breitentendenz ist der Dom in seinem Grundriß und in seinen Schmuckformen doch deutlich französisch geprägt.

An der Stelle des heutigen Baues stand einst die karolingische Basilika S. Maria Maggiore; sie wurde erst um 1650 abgebrochen, um dem Langhaus von S. Maria Nascente Platz zu machen. 1386 fand die Grundsteinlegung statt. Erster Bauleiter war der Tessiner Simone da Orsenigo. Zu den Gutachtern, Bauleitern und Planern, die bis zur Weihe des Chores herangezogen wurden, gehörten Florian von Brixen, Nicolas de Bonaventura aus Paris, Johann von Freiburg, Heinrich Parler III. aus Gmünd, Ulrich von Ensingen aus Ulm, Giacomo da Campione, Jacob Coene aus Brügge, Jean Mignot, Bernardo da Venezia, Bartolomeo da Novara, Filippino degli Organi. Als der Chor 1418 geweiht wurde, war vom Ostbau nur die Vierung unvollendet. Die zweite Bauphase begann 1450 unter der Herrschaft von Herzog Francesco Sforza mit der Fundamentierung des Langhauses. Ab 1452 war Giovanni Solari Leiter der Bauhütte, ab 1470 dessen Sohn Guiniforte. Ein neues Vierungsprojekt wurde nach Ideen Bramantes ab 1490 in Angriff genommen, der Tambour von Cristoforo Solari im Jahr 1501 vollendet. Pellegrino Tibaldi, der bevorzugte Baumeister des Erzbischofs Carlo Borromeo, wurde 1567 zum Leiter der Bauhütte ernannt. Die Schlußweihe erfolgte 1572 – trotz fehlender Westfassade. Erst die Krönung Napoleons zum König von Italien (1805) gab den Anstoß auch diese endlich zu vollenden – nach Plänen der Klassizisten Felice Soave und Leopold Pollack. Die neugotischen Dachaufsätze folgten erst um 1890, weitere Detailarbeiten, nun schon gleichzeitig mit notwendig gewordenen Restaurierungen, bis weit ins 20. Jahrhundert hinein.

S. Maria Nascente ist eine fünfschiffige Basilika mit dreischiffigem Querhaus und polygonalem Umgangschor. Die Innenmaße: 148 m Gesamtlänge, 89 m Querhausbreite, 45 m

Mittelschiffhöhe. Die Innenausstattung stammt größtenteils aus dem 16. Jahrhundert, da Erzbischof Carlo Borromeo 1567 eine neue Kircheneinrichtung nach Entwürfen von Pellegrino Tibaldi wünschte. Die bemalten Fenster, die diesem Dom sein charakteristisch dämmriges Licht geben, sind zum größten Teil nicht mehr original, sondern gehen meist auf die Mitte des 19. Jahrhunderts zurück. Bemalte Fenster des 15. Jahrhunderts finden wir noch in den Außenmauern des südlichen Seitenschiffes, im nördlichen Querhaus und in der Außenmauer des nördlichen Schiffes. Die älteste Bauplastik befindet sich im Chorumgang an den beiden Sakristeiportalen (Marienportal um 1391, Hans von Fernach; Christusportal um 1389, Giacomo da Campione).

Die Hauptstücke der Ausstattung (von West nach Ost): im *Südschiff:* Sarkophag für den Erzbischof Ariberto d'Intimiano (gest. 1045), das Grabmal der Visconti-Erzbischöfe Ottone (gest. 1295) und Giovanni II. (gest. 1345), die Marmor-Arca für Marco Carelli (gest. 1394) von Jacopino da Tradate. Im *südlichen Querarm:* das Wandgrab für Gian Giacomo Medici (gest. 1555) von Leone Leoni. Im *nördlichen Querarm:* der Trivulzio-Kandelaber, ein siebenarmiger, 5 m hoher Bronzeleuchter der Romanik, der dem französischen Goldschmiedemeister Nikolaus von Verdun zugeschrieben wird (Ende des 12. Jahrhunderts). Die *Krypta* unter dem Chor entstand 1606 nach dem Entwurf von Pellegrino Tibaldi. Stufen führen weiter hinab in die *Borromäus-Kapelle* (Cappella di S. Carlo). In dem achteckigen, reich dekorierten Raum steht zentral der Prunksarkophag des Heiligen aus Bergkristall (1610). Beiderseits des Hauptportals des Doms führen innen Treppen zu den *Scavi Archeologici Paleocristiani,* der Grabungszone mit Resten der frühchristlichen Basilika S. Tecla (Mitte des 4. Jahrhunderts) und ihres Baptisteriums S. Giovanni alle Fonti.

Der Fuß des Trivulzio-Kandelabers im Mailänder Dom (nach Stafforello)

Sehr lohnend ist ein Aufstieg (bzw. Lift) zu den *Terrazzi,* den Dachterrassen des Domes, die einen herrlichen Blick auf die Stadt und die lombardische Ebene ermöglichen (Abb. 48). Von hier aus kann man auch die vielen tausend Figuren, Wimperge und Fialen aus Marmor bestaunen, die sich im Laufe von sechs Jahrhunderten versammelt haben. Diese Aussicht hat Jacob Burckhardt bei seinem ersten Besuch in Mailand im Jahr 1839 beschrieben: »Finstere Wendeltreppen hinan gelangt man endlich auf das dritte, unterste Dach; ein Irrgarten von Strebepfeilern, Säulchen, Türmchen, Zacken und Zinnen; ebenso sieht's auf dem zweiten Dach aus; erst auf dem obersten schwebt man etwas freier über der großen Stadt und beschaut sich gerne die Gassen und Gebäude vom Friedensbogen bis zu San Celso und der Porta Ticinese. Diese schneeweißen, kaum geneigt liegenden Marmorplatten sind das einladendste Pflaster, das man sich denken kann, und ich bin des Auf- und Niederwandelns hier nicht müde geworden. Zwischen den Spitztürmchen durch blickt die kreisrund umherliegende Stadt, und drüber hinaus die Ebene der endlosen Lombardei, von hier aus wie ein Garten von einer Altane herab anzusehen. In hellen Mondnächten soll es hier ganz unglaublich schön sein.«

Im Süden schließt an den Dom die trapezförmige Dreiflügelanlage des *Palazzo Reale* an, dessen klassizistische Front auf einen Umbau durch Giuseppe Piermarini zurückgeht (1771–1778). Seit 1138 stand an dieser Stelle der Palast der Stadtverwaltung, der Broletto Vecchio. Matteo I. Visconti ließ das Gebäude 1310 zur Corte Ducale ausbauen, weitere Neu- und Umbauten erfolgten ab 1452 unter Francesco Sforza. Im 16. Jahrhundert residierten hier die spanischen Vizekönige und später Erzherzog Ferdinand von Österreich. Die Innenausstattung wurde im Jahr 1943 durch Bomben zerstört. Im Obergeschoß ist heute das sehr reichhaltige *Dommuseum* (Museo del Duomo) untergebracht, eine Sammlung zur Geschichte und Kunst des Domes.

Die Vierflügelanlage des *Palazzo Arcivescovile* (Erzbischöflicher Palast) südlich des Domchores geht auf den Neubau des alten Bischofspalastes durch Ottone Visconti (um 1280) zurück, der von Giovanni Visconti um 1340 nach Westen hin erweitert wurde. Weitere Umbauten erfolgten 1495 unter Erzbischof Guido II. Arcimboldi und ab 1572 unter Carlo Borromeo. Die Ostfront wurde am Ende des 18. Jahrhunderts durch Giuseppe Piermarini klassizistisch verändert. Das Erscheinungsbild der beiden Innenhöfe (Cortile della Canonica, Cortile dell'Arcivescovado) geht vornehmlich auf die Entwürfe von Pellegrino Tibaldi zurück.

Dem Komplex des Palazzo Reale im Süden eingefügt (Via Pecorari) ist die Kirche *S. Gottardo,* die 1336 als Palastkapelle für Azzone Visconti entstand. Von dem Bau, der anläßlich des Ausbaues des Palazzo Reale 1770 zum Teil zerstört wurde, stehen nur noch Campanile und Apsis. Der Glockenturm entstand nach dem Vorbild des Torrazzo von Cremona wahrscheinlich nach einem Entwurf des Cremonesen Francesco Pecorari. Die Säulchen der Zwerggalerie aus weißem Marmor heben sich sehr wirkungsvoll vom roten Backsteinmauerwerk ab. Im Innern ist noch ein Fresko (Kreuzigung) aus der Mitte des 14. Jahrhunderts erhalten. Das Grabmal des Azzone Visconti (gest. 1339) ist eine Arbeit von Giovanni di Balduccio aus Pisa, dessen Hauptwerk in Mailand die Arca des Petrus Martyr in der Porti-

Mailand, Bildnis des Podestà Oldrado da Tresseno am Palazzo della Ragione

nari-Kapelle von S. Eustorgio ist. Unterhalb der Liegefigur des Toten ist im Relief die Einsetzung Azzones als Reichsvikar durch Kaiser Ludwig den Bayern dargestellt.

Kommunales Zentrum im Mittelalter war die *Piazza Mercanti*, die im Westen an den Domplatz grenzt. Der einstige Marktplatz wird in seiner Mitte von dem langgestreckten Bau des ehemaligen Rathauses, dem *Palazzo della Ragione (Broletto Nuovo)* geteilt. Wie in vielen lombardischen Rathäusern des Mittelalters diente auch hier das Erdgeschoß als Markthalle aus zwei von Pfeilerarkaden begrenzten Schiffen, während das Obergeschoß ein großer Ratssaal einnimmt. Der Bau wurde unter dem Podestà Oldrado da Tresseno errichtet (1228–1233), der am vierten Pfeiler in einem Relief hoch zu Ross zu sehen ist. Der unbekannte Bildhauer stammte wahrscheinlich aus dem Kreis von Benedetto Antelami. Die nördliche Begrenzung des Platzes bildet der *Palazzo dei Giureconsulti*. Er entstand 1558–1568 im Auftrag des Papstes Pius IV. nach einem Entwurf von Vincenzo Seregni und diente als Ausbildungsstätte des Nachwuchses für die höheren Magistratsämter. Der manieristische Bau mit Arkaden über Doppelsäulen wird von einem Uhrturm überragt. Der *Palazzo delle Scuole Palatine* (Piazza Mercanti 11) entstand 1644–1645 durch Carlo Buzzi als Pendant des Palazzo dei Giureconsulti. Der Bau wurde bis auf die Fassade im 19. Jahrhundert verändert. Daneben (Nr. 9) steht die *Loggia degli Osii*, die 1316 auf Wunsch von Matteo Visconti errichtet wurde. Sie diente der Verkündung von Erlässen und Urteilen. Die schwarzweiß inkrustierte Marmorfassade folgt toskanischen Vorbildern – der Baumeister stammte aus S. Gimignano.

Im Norden des Domplatzes bildet die *Galleria Vittorio Emanuele II* (Farbt. 1) die Verbindung zur Piazza della Scala. Im Zuge der Neugestaltung des Domplatzes wurde dieser mächtige Passagenbau von dem Bolognesen Giuseppe Mengoni 1865–1878 errichtet. Man machte sich dabei die Erfahrung der Engländer mit Glas-Eisen-Konstruktionen zunutze und ließ den Komplex von einer englischen Gesellschaft bauen, die eigens zu diesem Zweck gegründet wurde, der ›City of Milan Improvement Company Ltd.‹. Die Galerie, die während der Bombardierungen der Stadt 1943 schwer beschädigt wurde, ist heute wieder der beliebteste Treffpunkt Mailands, mit einer Reihe exquisiter Restaurants, Cafés und Geschäfte. In ihrer Großzügigkeit und Großartigkeit, versehen mit liebenswerten historistischen Accessoires, ist sie eine der großen architektonischen Attraktionen Mailands.

Die *Piazza della Scala* wird von zwei mächtigen Baukomplexen beherrscht, dem *Teatro alla Scala* und dem Palazzo Marini. Die Scala, das weltberühmte Opernhaus, entstand in der Zeit der österreichischen Herrschaft und wurde von der Kaiserin Maria Theresia finanziert. Giuseppe Piermarini, einer der führenden italienischen Architekten des Klassizismus, hat die Entwürfe geliefert. Innerhalb von 15 Monaten waren die Arbeiten beendet (1777/78). Der Neubau war notwendig geworden, weil das alte Teatro Ducale im Palazzo Reale 1776 ausgebrannt war. Die Eröffnung fand am 3. August 1778 in Anwesenheit des österreichischen Erzherzogs und seiner Gemahlin Maria d'Este statt – mit der Oper »L'Europa riconosciuta« des Wiener Hofkapellmeisters Antonio Salieri, dem erbittertsten Rivalen Mozarts. Der Name des Opernhauses geht auf die gotische Kirche S. Maria della Scala zurück, die 1381 auf diesem Areal durch Bernabò Visconti und seine Gemahlin Regina della Scala gestiftet worden war und die mit Erlaubnis Maria Theresias abgerissen wurde. Den dominierenden Akzent in der siebenachsigen Fassade setzt der Mittelrisalit mit seinen gekuppelten Pilastern und Halbsäulen im Hauptgeschoß und dem bekrönenden klassizistischen Giebel über dem abschließenden Mezzanin. Das Relief im Giebelfeld zeigt Apoll mit dem Sonnenwagen. Der hufeisenförmige Zuschauerraum, umgeben von vier Rängen und zwei Stehgalerien, enthält nicht mehr die originale Dekoration; sie wurde bereits 1807 erneuert und 1830 weiter ergänzt. Dem Haus ist ein *theaterwissenschaftliches Museum (Museo Teatrale)* angeschlossen sowie eine Fachbibliothek mit über 90 000 Bänden.

Gegenüber der Scala, an der südöstlichen Seite des Platzes, erhebt sich der *Palazzo Marino* (Abb. 50). Der Bau, der heute das Rathaus (Municipio) beherbergt, gehört zu den repräsentativsten von Mailand. Bauherr war der Genueser Bankier Tomaso Marino, der sich den Titel eines Herzogs von Terranova gekauft hatte und den dazu passenden Stadtpalast wünschte. Als Architekten bestimmte er Galeazzo Alessi aus Perugia. Der Bau wurde 1558 begonnen, war jedoch 1572 bei Marinos Tod noch nicht vollendet. Die Nordwestfassade wurde erst 1889/90 durch Luca Beltrami nach Alessis Entwurf fertiggestellt. Alessi, in Rom geschult, plante den Bau nach dem Vorbild römischer Paläste des Manierismus. Die Anlage gruppiert sich um zwei Höfe, die beiden Hauptfassaden wenden sich der Piazza della Scala und der Piazza S. Fedele zu. Den klassischen Einzelformen verband Alessi überraschende manieristische Elemente, wie etwa die Hermenpilaster im zweiten Obergeschoß. Ähnliche Effekte findet man auch an einer zweiten bekannten Fassade Alessis, der Kirche S. Maria dei Miracoli. Von den Repräsentationsräumen ist nur der einstige Festsaal – heute *Sala dell'Alessi* – zu besichtigen. Er ist zeitgenössisch dekoriert, wurde allerdings im 18. Jahrhundert verändert. Leider hinterließ eine Bombardierung des Jahres 1943 schwere Schäden.

Der *Palazzo Clerici* (Via Clerici 5) entstand ab 1736 als Erweiterungsbau eines ehemaligen Visconti-Palastes im Auftrag von Marchese Antonio Giorgio Clerici. Die Innenräume sind reich ausgestattet. Das Gewölbe der *Galleria degli Arazzi* wurde um 1740 von Giovanni Battista Tiepolo freskiert (Sonnenwagen mit Merkur, daneben die Götter des Olymp und des Meeres). Die vier Gobelins zur Moses-Geschichte sind flämische Arbeiten des 17. Jahrhunderts. Der Palast ist heute Sitz des Istituto per gli Studi di Politica Internazionale, doch kann die Galerie auf Anfrage beim Portier besichtigt werden.

Der östlich an die Piazza della Scala angrenzende Bereich ist dicht besetzt mit sehenswerten Bauten. Die *Casa degli Omenoni* (Via Omenoni 3, Abb. 49) war das Wohnhaus des Bildhauers Leone Leoni und wurde von ihm selbst entworfen. Die mächtigen Hermenatlanten der Portalzone sind Arbeiten von Antonio Abbondio. Leoni, Hofbildhauer im Dienst von Karl V. und Philipp II. von Spanien, war ein passionierter Kunstsammler. Der berühmte Codex Atlanticus von Leonardo da Vinci, heute eines der kostbarsten Objekte der Biblioteca Ambrosiana, war einst in seinem Besitz.

Der *Palazzo Belgioioso* (Piazza Belgioioso 2) ist wie die Scala ein Bau von Giuseppe Piermarini (1772–1781). Bauherr der gewaltigen Anlage von 25 Achsen war der Mailänder Staatsrat Alberico Belgioioso-d'Este, der 1769 in den Fürstenstand erhoben worden war. Die Innenräume sind nicht zu besichtigen, was bedauerlich ist, denn hier befindet sich unter anderem ein Fresko des Tirolers Martin Knoller, »Der Triumph des Alberico Belgioioso« (1781/83). Knoller, ein Schüler von Paul Troger, wurde in Mailand Hofmaler und ab 1793 auch Akademieprofessor, arbeitete jedoch dort meist nur im Winter. Von Oberitalien aus zog er im Sommer in seine alte Heimat und nach Süddeutschland und arbeitete für andere Auftraggeber. So entstand auch sein berühmtester Freskenzyklus in der Klosterkirche Neresheim während seiner Mailänder Zeit.

Sehr bescheiden nimmt sich gegen diesen Palastgiganten das historistische Backsteinhaus schräg gegenüber aus, die *Casa di Alessandro Manzoni* (Via Morone 1). Der Dichter der »Promessi Sposi« lebte hier seit 1814 und starb in diesem Haus am 22. Mai 1873. Die Terrakottafassade mit Dekor im Stil der Frührenaissance (Andrea Boni, 1864) ist charakteristisch für die Zeit des Risorgimento. Das einstige Wohnhaus des Dichters ist Sitz des Centro Nazionale di Studi Manzoniani, des Museo Manzoniano und der Società Storica Lombarda. Kaum etwas ist besser geeignet, das Leben in Mailand während der Zeit des Kardinals Federico Borromeo, die Welt des lombardischen Seicento, kennenzulernen, als die Lektüre der »Promessi Sposi«, einem der schönsten und unterhaltsamsten Romane der Weltliteratur, der außerhalb Italiens viel zu wenig bekannt ist. Goethe, der Manzoni nicht nur schätzte, sondern ihn sogar übersetzte, äußerte sich Eckermann gegenüber wiederholt über den Italiener, unter anderem in einem Gespräch vom 18. Juli 1827: » ›Ich habe Ihnen zu verkündigen‹, war heute Goethes erstes Wort bei Tisch, ›daß Manzonis Roman alles überflügelt, was wir in dieser Art kennen. Ich brauche Ihnen nichts weiter zu sagen, als daß das Innere, alles, was aus der Seele des Dichters kommt, durchaus vollkommen ist, und daß das Äußere, alle Zeichnungen von Lokalitäten und dergleichen, gegen die großen inneren Eigenschaften um kein Haar zurücksteht. Das will etwas heißen ... Der Eindruck beim Lesen ist derart, daß man immer von der Rührung in die Bewunderung fällt, und von der Bewunderung wieder in die Rührung, so daß man aus einer von diesen beiden großen Wirkungen gar nicht herauskommt. Ich dächte, höher könnte man es nicht treiben ... Manzonis innere Bildung erscheint hier auf einer solchen Höhe, daß ihm schwerlich etwas gleichkommen kann; sie beglückt uns als eine durchaus reife Frucht. Und eine Klarheit in der Behandlung und Darstellung des einzelnen wie der italienische Himmel selber.‹«

Eine Ecke der Via Morone/Via Manzoni nehmen die beiden *Palazzi Poldi-Pezzoli* ein. Seine heutige Erscheinung verdankt der Komplex im wesentlichen den Jahren 1853/54, doch geht der Bau der Via Morone auf einen Seicento-Palast der Grafen Trivulzio zurück. Gian Giacomo Poldi-Pezzoli, ein passionierter Sammler, ließ den ursprünglichen Bau erweitern, um darin sein Privatmuseum unterzubringen. Nach seinem Tod im Jahr 1879 wurde es der Öffentlichkeit zugänglich gemacht. Das *Museo Poldi-Pezzoli* ist im Ausland fast nur Fachkreisen bekannt, unverdient, denn hier sind in 21 Sälen Schätze der europäischen Kunst zusammengetragen, die allgemeines Interesse wert sind. Abgesehen von Werken der Malerei sind es vor allem die kunsthandwerklichen Exponate, die beachtet werden sollten. Besonders hervorzuheben sind:

Saal 8: Lombardische Malerei der Frührenaissance, darunter Werke von Bergognone, Vincenzo Foppa, Vincenzo Civerchio, Andrea Solario, Giovanni Antonio Boltraffio, Bernardino Luini.

Saal 9: u. a. Bilder von Lukas Cranach, darunter die Porträts Luthers und der Katharina von Bora.

Saal 11: Persischer Jagdteppich des 16. Jahrhunderts; Bilder von Antonio del Pollaiolo, Sandro Botticelli, Giovanni Bellini, Andrea Mantegna, Piero della Francesca, Francesco Guardi.

Saal 13: Über 120 Uhren des 16. bis 19. Jahrhunderts.

Saal 16: Gläser aus Murano vom 15. bis 18. Jahrhundert.

Säle 19 und 20: Ehemalige Sammlung Trivulzio, vor allem italienische Maler des 16. und 17. Jahrhunderts.

Saal 21: Goldschmiedearbeiten des 14. bis 19. Jahrhunderts.

Saal 22: Venezianische Malerei des 18. Jahrhunderts.

Saal 23: Italienische Malerei des 14. und 15. Jahrhunderts.

Saal 24: Venezianische Malerei des 15. und 16. Jahrhunderts.

Die *Via Manzoni*, die sich von der Piazza della Scala in nordwestlicher Richtung bis zur Piazza Cavour erstreckt, gilt als eine der elegantesten Straßen Mailands, dicht besetzt mit ehemaligen Adelspalästen – heute meist Banken, Hotels und exquisite Geschäfte. Gleich am Anfang, an der Ecke Via G. Verdi, erinnert der rekonstruierte Bau des *Caffé Cova* an das einstige Literatencafé – in der Mitte des 19. Jahrhunderts der Treffpunkt des intellektuellen

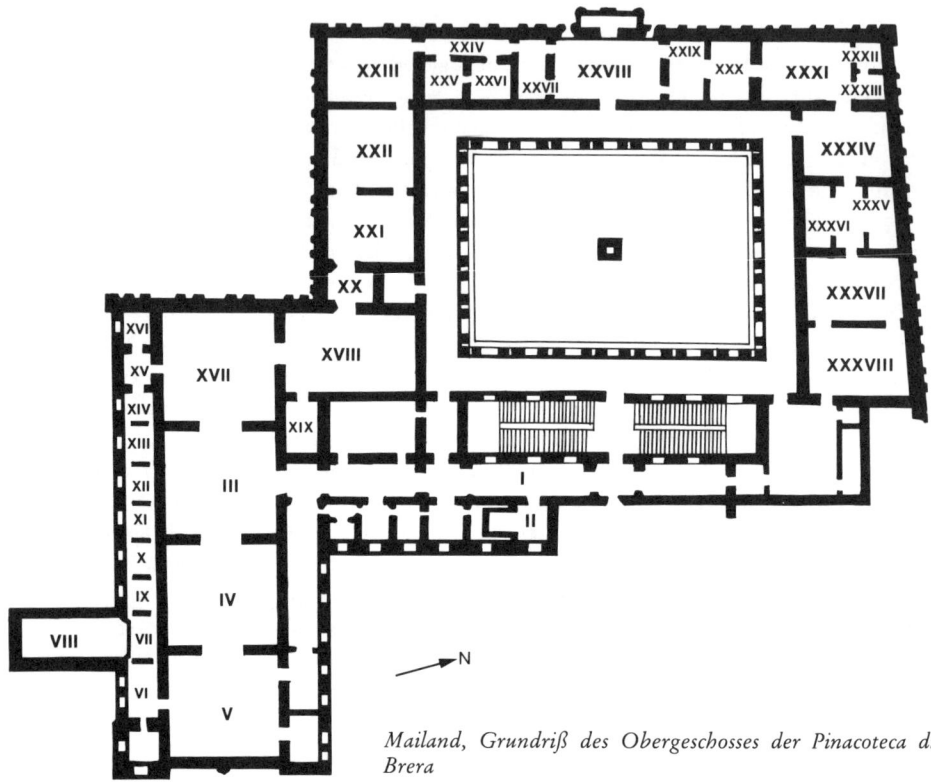

Mailand, Grundriß des Obergeschosses der Pinacoteca di Brera

Mailand. Die *Via Monte Napoleone,* die auf halber Höhe nach Osten abzweigt, ist die beste Adresse für Luxusgüter jedweder Art. Hier haben sich auch die großen Firmen der italienischen Alta Moda angesiedelt. An der Nordseite der Scala entlang führt die Via G. Verdi zu Mailands berühmtestem Museum, der Brera. Unterwegs (Ecke Via Andegari) stößt man auf die frühbarocke Kirche *S. Giuseppe* (1607–1616). Der bedeutendste Architekt des lombardischen Seicento und Mailänder Dombaumeister, Francesco Maria Richini, hat den Bau entworfen. Erstaunlich ist der Grundriß des Sakralbaus, der zwei Zentralräume miteinander verbindet.

Auch der *Palazzo di Brera* (Via Brera 28) geht im wesentlichen auf Francesco Maria Richini zurück (1627/28), allerdings unter Einbeziehung eines Kollegienbaues der Jesuiten aus dem Ende des 16. Jahrhunderts. Unter Richinis Nachfolgern wurde der Palast 1686 barock vollendet. Nach dem Verbot des Jesuitenordens durch Kaiserin Maria Theresia (1772) und der Stiftung der Pinacoteca di Brera als Studiensammlung für die 1776 gegründete Kunstakademie, wurde der Komplex erweitert. Das klassizistische Westportal entstand nach einem Entwurf von Giuseppe Piermarini (1776–1784). Im Norden wurde die alte Bettelordenskirche S. Maria di Brera, eine gotische Stufenhalle (1229) in den Komplex einbezogen. Das einstige Mittelschiff der Kirche nehmen die Säle III und IV ein. Architektonisch ist der Palast – eine Vierflügelanlage aus Backstein – vor allem wegen seines *Arkadenhofes* sehenswert, der zu den schönsten Anlagen Richinis gehört. Das ›Schönbrunner Gelb‹, in das viele Bauten Mailands während der österreichischen Herrschaft gehüllt wurden, verleiht der Anlage zusammen mit dem Weiß der Doppelsäulen und der Balustrade festlichen Glanz. Die *Pinacoteca di Brera* enthält mehr als 1000 Bilder der wichtigsten italienischen Schulen. Schwerpunkte sind die Lombardei und Venedig. Wegen Personalmangels sind leider von den insgesamt 38 Sälen nur wenige regelmäßig geöffnet. Die wichtigsten Säle:

Saal I: Lombardische Fresken der Frührenaissance (Foppa, Bergognone, Luini).

Saal III und IV: Oberitalienische Malerei der Hochrenaissance und des Manierismus.

Saal V: Venezianische Malerei um 1500.

Saal VI und VII: Renaissancemalerei des Veneto, darunter der *Tote Christus* von *Andrea Mantegna.*

Saal IX–XIV: Lombardische und piemontesische Malerei des 15. und 16. Jahrhunderts.

Saal XV und XVI: Fresken von Bernardino Luini aus der Villa della Pelucca bei Monza und der Cappella di S. Giuseppe der Kirche S. Maria della Pace.

Saal XXV: Eines der Hauptwerke der Sammlung, die *Madonna mit Heiligen* von *Piero della Francesca* (Abb. 57).

Saal XXVI: Ein weiteres Hauptwerk, *Raffaels »Sposalizio«* (1504).

Saal XXXI–XXXIII: Niederländische Malerei der Renaissance und des Barock.

Saal XXXIV–XXXVI: Venezianische Malerei des 18. Jahrhunderts (Piazzetta, Tiepolo, Canaletto, Guardi, Longhi).

Über die Via Solferino kommt man zu einer der ältesten Kirchen Mailands, *S. Simpliciano* (Piazza S. Simpliciano). Der Bau – eine romanische Stufenhalle – entstand zwischen ca. 1140 und 1250 auf den Mauern einer frühchristlichen Anlage des 4. Jahrhunderts. Bischof Simpliciano ließ hier die Gebeine der heiligen Märtyrer Martirio, Sisinio und Alessandro beisetzen. Mit ihnen verbindet sich eine hübsche Legende. Während der Schlacht von Legnano, die Barbarossa gegen die lombardische Städteliga ausfocht und verlor (1176), sollen die drei Heiligen ihre Gräber verlassen und in Gestalt dreier weißer Tauben zum Schlachtfeld geflogen sein. Ihr Erscheinen wendete das Geschehen zugunsten der Kommunen. Zur Erinnerung an diesen Tag läßt man jedes Jahr am 29. Mai vor S. Simpliciano weiße Tauben in den Himmel steigen. Die Kirche wurde während der Gegenreformation im Innern verändert. Aus dieser Zeit sind Freskenreste vorhanden, ebenso ein Chorgestühl (1588). In der Apsis ist ein Fresko von Bergognone erhalten, das die Krönung Mariä darstellt (um 1515). Der *Große Kreuzgang* wurde in der Mitte des 16. Jahrhunderts von Vincenzo Seregni entworfen. In das Obergeschoß des Konventsgebäudes führt eine doppelläufige Treppe von Francesco Maria Richini (1620).

Um sich der großartigen Anlage des *Castello Sforzesco* von ihrer schönsten Seite zu nähern, sollte man den Weg über die Via Dante wählen. Die Prachtstraße – 1890 vollendet – entstand als Verbindung zum Stadtzentrum unter Zerstörung eines alten Wohnviertels

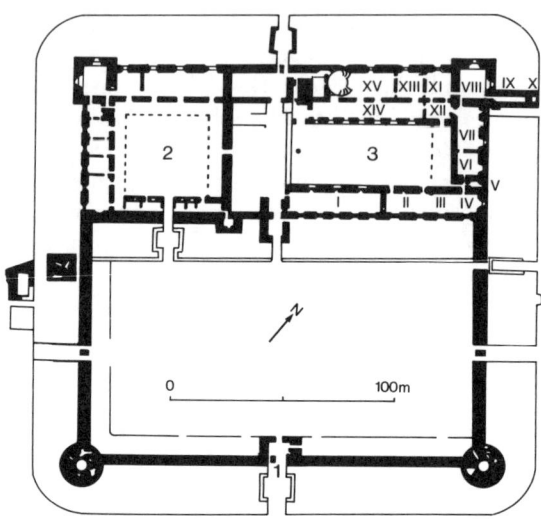

*Mailand, Grundriß des Castello
Sforzesco
1 Torre del Filarete
2 Rocchetta
3 Corte Ducale*

zunächst in einer Breite von 30 m, die schließlich auf 20 m reduziert wurde. Bereits von der Piazza Cordurio aus zeigt sich der elegante Südostturm des Schlosses, die *Torre del Filarete,* die mit ihren 70 m Höhe die Ecktürme weit überragt (Abb. 51). Der Bau entstand in seiner heutigen Form ab 1450 im Auftrag von Francesco Sforza, dem Nachfolger der Visconti und 4. Herzog von Mailand. Vorausgegangen war eine Burg der Visconti (1368), die nach dem Tod Filippo Maria Viscontis (1447) zerstört und geplündert worden war. Der Grundriß der quadratischen Anlage mit vier Ecktürmen wurde beibehalten. Der Bau, der in erster Linie Verteidigungszwecken dienen sollte, wurde von Militärbaumeistern geplant (u. a. Marcoleone da Nogarolo, Filippo di Ancona). Aus Florenz wurde Filarete berufen, der ab 1451 am Projekt des Turmbaus arbeitete. Wehrhaft wirken vor allem die zwei mächtigen *Rundtürme* mit Diamantquaderung, die Bartolomeo Gadio aus Cremona entwarf (ab 1459). Beim Tod von Francesco Sforza (1466) war das äußere Mauerquadrat mit seinen Türmen sowie die *Rocchetta,* eine Zitadelle im Nordwesten, vollendet. Unter seinem Sohn Galeazzo Maria wurde das nordöstliche Viertel zur herzoglichen Residenz *(Corte Ducale)* ausgebaut und der gesamte Komplex in eine herrschaftliche Residenz umgewandelt. Der Palazzo di Corte neben dem Dom, der den Herzögen bis dahin als Residenz diente, wurde geräumt. Zu den Malern, die an der Ausschmückung der herzoglichen Gemächer beteiligt waren, gehörten Bonifacio Bembo, Stefano de Fedeli, Giovanni da Montorfano, Giovanni Pietro da Corte, Giacomino Vismara. Nach der Ermordung Gian Galeazzos im Jahr 1476 ließ seine mißtrauisch gewordene Gemahlin Bona di Savoia die Rocchetta zusätzlich mit einem Wohnturm versehen. Ihre Vorsichtsmaßnahmen waren vergebens, denn Ludovico il Moro setzte sich an die Stelle des unmündigen Erben Gian Galeazzo II. Unter seiner Herrschaft, vor allem nach seiner Heirat mit Beatrice d'Este (1491), wurden bedeutende Künstler nach Mailand geholt, um dem glanzvollen Hof des Moro einen repräsentativen Rahmen zu geben. Leonardo da Vinci malte mehrere Räume des Palastes aus, neben ihm auch Bernardino Zenale und Bernardino Butinone. Donato Bramante vollendete den Portikus der Rocchetta und baute eine Steinbrücke mit Galerie am Eckturm der Rocchetta. Der Moro beauftragte Leonardo außerdem mit dem Entwurf eines Reiterdenkmals für Francesco Sforza und dem Projekt eines neuen Torturmes von 150 m Höhe, doch blieben beide Pläne unausgeführt. Beim Einfall der französischen Truppen 1499 wurde das Schloß kampflos übergeben. Das Tonmodell zum Reiterdenkmal, das anläßlich der Verlobung von Bianca Maria Sforza mit Kaiser Maximilian im Hof aufgestellt worden war, wurde von französischen Soldaten als Zielscheibe benutzt. 1521 wurde der Torturm von Filarete durch eine Pulverexplosion zerstört und konnte erst 1896–1905 wieder rekonstruiert werden. Mit der Herrschaft der Spanier begann ein Ausbau des Castello zur bastionären Befestigung – eine der gewaltigsten in Europa, Garnison für 3000 Soldaten. Nach 1550, unter Mitarbeit von Vincenzo Seregni, wurde die Festung mit einem Kranz von sechs sternförmigen Bastionen versehen. Sie widerstand jedoch im Spanischen Erbfolgekrieg nicht den Truppen des Prinzen Eugen unter Führung des Grafen Königseck (1707). Nach der Eroberung durch französische Revolutionstruppen (1796) und der Planierung der Bastionen geriet das Schloß immer mehr in Verfall, bis es schließlich durch den führenden Architekten des Historismus, Luca Beltrami, restauriert wurde (1884–1886). Nach schweren Schäden durch Bombardements des Jahres 1943 wurden die Räume nach dem Krieg wiederhergestellt und werden heute zum Teil als Museum genutzt (*Musei del Castello Sforzesco*).

Die Sammlungen sind in der ehemaligen Corte Ducale und in der Rocchetta untergebracht. Die *Corte Ducale* birgt im Erdgeschoß das Skulpturenmuseum, außerdem sind dort Teppiche und Waffen ausgestellt. Das Obergeschoß ist Möbeln, Teppichen, Holzbildwerken und Gemälden vorbehalten. In der *Rocchetta* sieht man in den beiden Obergeschossen kunsthandwerkliche Arbeiten, außerdem mit über 500 Exponaten eine der bedeutendsten europäischen Musikinstrumentensammlungen. Im Erdgeschoß sind das Archiv und die Trivulzio-Bibliothek untergebracht, im Kellergeschoß die Prähistorische und Ägyptische Sammlung. Bedeutende Werke beherbergt vor allem die Corte Ducale:
Saal II: Grabmonument für Bernabò Visconti von Bonino da Campione (vor 1363; Abb. 47).
Saal VIII (Sala delle Asse): 1497/98 von *Leonardo da Vinci* ausgemalt, 1901/02 bei der Restaurierung von Ernesto Rusca übermalt und zum Teil ergänzt. Der Saal befindet sich im nordöstlichen Eckturm des Schlosses, der nur im Sommer benutzt wurde. Thematisch schließt sich daran das Thema der Bemalung: ein Baum mit Wurzelwerk, Stamm und Ästen, der oben in seinem Blattwerk wie eine Pergola ausgebildet ist, durch die der Himmel scheint. Zentral erscheinen die Wappen des Ludovico il Moro und der Beatrice d'Este. In das dichte Ast- und Blattwerk ist ein Seil in der Form ornamentaler Knoten verwoben – ein Motiv, das Leonardo auch zeichnerisch immer wieder beschäftigte und das seinen späteren Deutern manches Kopfzerbrechen bescherte. Das Knotenmotiv wie auch das Flechtbandmotiv hatte für das Mittelalter dämonenabwehrende Bedeutung. Möglich ist es auch, die endlosen Ver-

schlingungen des Seiles als Labyrinth zu deuten oder als Symbol des Denkens selbst, der Verknüpfung von Gedanken. An der Ostwand wurde bei Restaurierungsarbeiten im Jahr 1954 ein großes monochromes Fragment freigelegt – riesige Wurzeln, die sich durch Gesteinsschichten winden. Es ist anzunehmen, daß Leonardo ursprünglich den ganzen Saal als große Baumlaube illusionistisch ausmalen wollte.

Saal XII: Die ehemalige *Cappella Ducale,* 1472 für Herzog Galeazzo Maria von Bartolomeo Gadio ausgebaut. Der Raum wurde von lombardischen Meistern freskiert, darunter Bonifacio Bembo. Ornamentale Friese aus vergoldetem Stuck umgeben die Fresken, darunter eine Auferstehung Christi im Gewölbe.

Saal XV: Die *Pietà Rondanini,* das letzte Werk von Michelangelo, das er bei seinem Tod 1564 unvollendet hinterlassen hat (Abb. 58). Die Gruppe, die der Meister anschließend an die ebenfalls unvollendete Pietà im Dom von Florenz bereits zwischen 1550 und 1556 begonnen hatte, kam in den Besitz der Familie Rondanini und wurde erst 1952 von der Stadt Mailand erworben.

Saal XVII (Obergeschoß): Fresken zur Griseldis-Legende aus dem Castello di Roccabianca, nach literarischem Vorbild von Boccaccios »Decamerone«. Der Meister der Grisaillen war wahrscheinlich Nicolò da Varallo (Ende des 15. Jahrhunderts). Im gleichen Raum sind Cassoni (Hochzeitstruhen) und lombardische Holzbildwerke der Renaissance ausgestellt.

Saal XVIII und XIX (Obergeschoß): Möbel des 17. Jahrhunderts.

Saal XX (Obergeschoß): Malerei der Spätgotik und Frührenaissance, darunter Werke von Lorenzo Veneziano, Giovanni Bellini, Carlo Crivelli, Andrea Mantegna, Filippo Lippi.

Saal XXI (Obergeschoß): Malerei der Renaissance, darunter Werke von Foppa, Bergognone, Bramantino, Moretto, Correggio, Romanino.

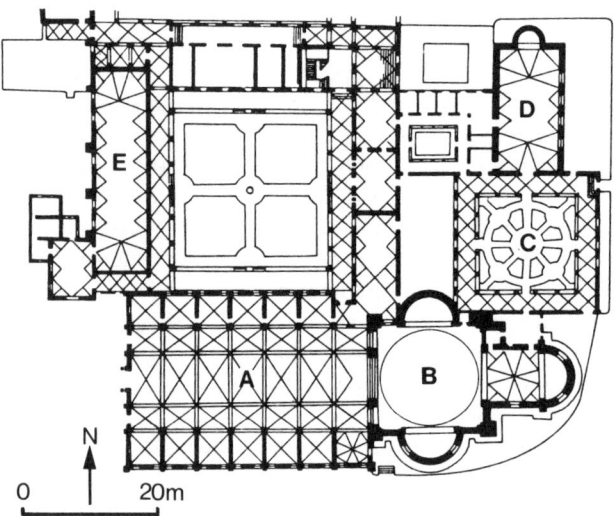

Mailand, S. Maria delle Grazie, Grundriß
A *Langhaus von Guiniforte Solari*
B *Ostbau von Bramante*
C *Kleiner Kreuzgang*
D *Alte Sakristei*
E *Refektorium*

Mailand, S. Maria delle Grazie, Ansicht von Südosten (nach Stafforello)

Die Piazza Castello, nahe den Metropolitana-Stationen Cairoli und Cadorna, ist ein geeigneter Ausgangspunkt für einen Besuch der Kirchen S. Maria delle Grazie und S. Ambrogio. Auf dem Weg dorthin, am Corso Magenta, findet man zwei sehenswerte Bauten, die Kirche S. Maurizio und den Palazzo Litta. *S. Maurizio* (Corso Magenta/Via Luini) entstand ab 1503 anstelle einer mittelalterlichen Benediktinerinnen-Klosterkirche. Als Architekt wird Gian Giacomo Dolcebuono vermutet, der auch am Vierungsprojekt für den Dom beteiligt war. Die Fassade wurde 1574–1579 unter Mitarbeit des Stadtingenieurs Francesco Piovano errichtet. Der Innenraum – ein Wandpfeilersaal mit Emporen – ist einzigartig in seiner vollständigen Ausmalung. Ähnliche ›Bilderbücher‹ der Cinquecento-Freskenkunst kann man nur noch im Cremoneser Gebiet (S. Sigismondo bei Cremona, S. Maria delle Grazie bei Soncino) sehen. Durch einen hohen Lettner ist der Raum in Nonnen- und Laienkirche

231

unterteilt. Die Hauptwerke: In der *dritten Seitenkapelle rechts:* Fresken zur Legende der hl. Katharina von Bernardino Luini (letztes Werk des Meisters, 1530); *Lettner:* Altarbild von Antonio Campi (Anbetung der Könige, 1579); Fresken an der Lettnerwand von Bernardino Luini (Heiligenszenen, 1522–1524); *Seitenkapellen links:* Fresken von Malern der Luini-Nachfolge; *Nonnenchor* (über die dritte Kapelle links zugänglich): Orgel von Giovanni Giacomo Antegnati (1554) mit Temperabildern von Francesco Medici di Seregno; an der Lettnerwand Fresken von Bernardino Luini (Passionszyklus); weitere Fresken von Malern der Leonardo-Nachfolge, darunter Bergognone und Giovanni Antonio Boltraffio.

Rechts neben der Kirche, in den ehemaligen Klostergebäuden (Corso Magenta 15) befindet sich das *Civico Museo Archeologico,* in dem mehrere Säle mit Sammlungen prähistorischer, griechischer, etruskischer und römischer Kunst zu besichtigen sind.

Der *Palazzo Litta* (Corso Magenta 24) ist einer der prunkvollsten Paläste von Mailand, doch fehlt es ihm wegen seines schlechten Erhaltungszustandes an Glanz. Der Bau, um sechs Höfe angelegt, entstand ab 1648 im Auftrag des Mailänder Senatspräsidenten Graf Bartolomeo Arese. Architekt war Francesco Maria Richini. Die reich ornamental geschmückte Rokokofassade wurde 1752–1763 von Bartolomeo Bolli vorgeblendet. Die Treppenanlage im linken Flügel geht auf Carlo Giuseppe Merli zurück (1740). In einigen Räumen, wie dem Roten Salon, dem Spiegelsaal und dem Chinesischen Salon, sind noch originale Tapisserien, vergoldeter Stuck und Gemälde des 18. Jahrhunderts erhalten (Ausstattung durch Martin Knoller und die Brüder Gerli). Heute ist der Palast im Besitz der staatlichen Eisenbahngesellschaft.

S. Maria delle Grazie (Piazza S. Maria delle Grazie) entstand ab 1463 (Grundsteinlegung) als Klosterkirche der Dominikaner. Die Entwürfe für diesen Bau und die Konventsgebäude (ab 1464) stammen von dem führenden Mailänder Baumeister jener Zeit, Guiniforte Solari. Die Arbeiten an den Konventsgebäuden wurden 1469 beendet. Ludovico il Moro, der für seine Dynastie in dieser Kirche eine Grablege wünschte, ließ 1490 den bereits vollendeten Chor sowie die Apsis wieder abreißen. Die Pläne für den neuen Ostbau (1492–1497) lieferte Donato Bramante. Im Jahr 1497 wurde hier Ludovicos Gemahlin Beatrice d'Este begraben (Grabmal heute in der Certosa di Pavia). Die Ausstattung der Kirche sowie Ergänzungsarbeiten am Bau zogen sich bis in die erste Hälfte des 16. Jahrhunderts hin. 1559 bis 1778 war der Konvent Sitz des Inquisitionsgerichts. Im Jahr 1799 erfolgte die Auflösung des Konvents, die Gebäude, die zeitweise als Kaserne dienten, begannen zu verfallen. Umfassende Restaurierungsarbeiten erfolgten zwischen den Weltkriegen. Schwere Kriegsschäden durch ein Bombardement des Jahres 1943 konnten bis 1966 behoben werden.

Das niedrige Langhaus Solaris steht im krassen Gegensatz zu dem mächtigen Ostbau Bramantes. Der zeitliche Abstand von 25 Jahren, der Übergang von der lombardischen Spätgotik zur Renaissance, ist dem Außenbau deutlich abzulesen. Der fünfachsigen Fassade ist ein Renaissanceportal aus Marmor vorgestellt. Das Tympanon enthielt einst ein Temperabild von Leonardo da Vinci, das jedoch infolge Verwitterung schon 1594 ersetzt

48 MAILAND, Blick vom Dom auf die Torre Velasca ▷

49 MAILAND, Casa degli Omenoni, Fassade

51 MAILAND, Castello Sforzesco, Torre del Filarete ▷

50 MAILAND, Palazzo Marino (Vorkriegsfoto)

52 MAILAND, S. Ambrogio, Atrium und Fassade

53 MAILAND, S. Lorenzo Maggiore, Fassade mit römischen Säulen ▷

54 MAILAND, Ambrosiana, Porträt eines Musikers von Leonardo da Vinci

55 MAILAND, Ambrosiana, Porträt der Isabella d'Este von G. A. de Predis

56 MAILAND, S. Maria delle Grazie, Leonardo da Vinci, Abendmahl

57 MAILAND, Pinacoteca di Brera, Piero della Francesca, Madonna mit Heiligen
58 MAILAND, Castello Sforzesco, Pietà Rondanini
(Michelangelo)
59 MAILAND, S. Lorenzo Maggiore, S. Aquilino, Mosaiken

60   MAILAND, S. Maria delle Grazie, Blick in die Kuppel (Bramante)

61 MAILAND, S. Ambrogio, Ciborio (Altarbaldachin)

62 MAILAND, S. Eustorgio, Portinari-Kapelle mit
dem Grabmal des Petrus Martyr

65 MAILAND, S. Ambrogio, Pergamo, Detail

63, 64 MAILAND, S. Ambrogio, Kapitelle im
Atrium

66 MAILAND, Chiaravalle Milanese, Abteikirche S. Maria

67 ABBATIATEGRASSO, S. Maria Nuova

68 Lodi Vecchio, S. Bassiano

69 Agliate, S. Pietro und Baptisterium

71 MONZA, Dom
◁ 70 MONZA, Dom, Fresko in der Kapelle der Königin Theodelinde

72 PAVIA, S. Teodoro, Fresko mit Stadtansicht
73 CERTOSA DI PAVIA, Klosterkirche Madonna delle Grazie, Grabmal des Ludovico Sforza
und der Beatrice d'Este

74   PAVIA, S. Michele, Fassade

75   PAVIA, Castello Visconteo ▷

werden mußte. Fassade und Flanken werden durch Pilaster, hohe Fenster und Okuli rhythmisiert. Die große Tribuna des Ostbaues steigt zu einem großen polygonalen Tambour mit kleiner Laterne auf. Die kleinteilige Gliederung und der reiche Dekor (u. a. Terrakotta-Bildnismedaillons und vegetabiles Ornament) entsprechen spätgotisch-lombardischer Tradition. Die neuere Forschung glaubt, daß Bramante nur die Anfangsidee gab, während lombardische Architekten nach seinem Weggang aus Mailand seine Pläne neu interpretierten. Die Säulenarkaden im obersten Geschoß des Tambours entstanden nach dem Vorbild romanischer Zwerggalerien. Ob nun Bramante diesen Ostbau in allen Einzelheiten selbst entworfen hat oder nicht – er wurde zum Vorbild für zahlreiche überkuppelte Zentralbauten in der Lombardei (am gelungensten: S. Maria della Croce, Crema).

Das Innere der Kirche ist dank der vielen Lichtquellen erfreulich hell, dazu von einer wunderbaren formalen Klarheit. Das Langhaus Solaris ist weiträumig, es folgt dem Schema einer Stufenhalle mit stark überhöhtem Mittelschiff. Bramantes *Ostbau* entspricht in der Breite den drei Schiffen des Langhauses ohne Seitenkapellen. Der überkuppelte Kubus ist trikonchosartig ausgebildet, wobei die Ostkonche, um ein quadratisches Joch gestelzt, als Chor dient. Die Einheitlichkeit von Form und Dekor unterstützt den Zentralbaucharakter. Der Dekor aus Sgraffito- und Freskomalerei, dem wahrscheinlich Entwürfe Bramantes zugrundelagen, wurde erst 1934–1937 freigelegt. In den Pendentifzwickeln erscheinen große Medaillons mit der Darstellung der Kirchenväter zwischen Engeln. In der Kuppelschale selbst, oberhalb und unterhalb der kleinen Okuli, sieht man die Darstellung von Dominikanerheiligen zwischen religiösen Emblemen (Abb. 50). Erst 1969 hat man entdeckt, daß es sich bei diesen Fresken ursprünglich auch um Sgraffiti handelte, die nun (bis 1986) freigelegt wurden. Die gemalte Supraporte in der Südapsis (Madonna zwischen den Heiligen Hieronymus, Domenikus, Petrus Martyr und dem Stifter Nicolas de Chesnave) stammt von einem unbekannten Maler (1517). Innerhalb des ornamentalen Sgraffito-Dekors im Chor (Flechtband, Knoten) erscheinen Reliefmedaillons mit Profilbüsten von Evangelisten und Kirchenvätern aus dem Kreis um Giovanni Antonio Amadeo (von ihm stammt auch die Terrakottadekoration des Außenbaues). Das Chorgestühl mit geometrisch-florealen Intarsienmotiven entstand 1470–1510. Die Ausmalung im *Mittelschiff* (Dominikanerheilige) geht auf den Bergamasken Bernardino Butinone zurück, wahrscheinlich unter Mitarbeit von Bernardino Zenale und Giovanni Donato Montorfano (1482–1485). Die Ausstattung der *Seitenschiffkapellen* stammt größtenteils aus dem 16. Jahrhundert. Die vierte Kapelle des nördlichen Seitenschiffes wurde 1542 von Gaudenzio Ferrari freskiert (Passionsszenen; in der Szene der Kreuzigung frontales Selbstbildnis des Malers als Schimmelreiter). In der Grabkapelle der della Torre (erste Kapelle des südlichen Seitenschiffs) steht ein Renaissancesarkophag mit Reliefs der Brüder Cazzaniga (1483).

Der *Kleine Kreuzgang* (nordöstlich vom Chor) wird der Tradition zufolge ebenfalls Bramante zugeschrieben. Die quadratische Anlage aus jeweils fünf Arkadenachsen entstand ab 1497 und wurde 1508/09 vollendet. Auch hier entdeckte man 1984 in den Arkadenzwickeln und Tondi einen feinen Sgraffito-Dekor. Die harmonische Einbeziehung des kleinen Baues der Alten Sakristei und der Blick auf den prachtvollen Ostbau Bramantes machen diesen Hof zu einem der größten Eindrücke, die Mailand zu bieten hat. Am Südportal zur Kirche: ein Marienrelief aus Marmor, daneben Grisaillen von Bramantino (hl. Katharina von Siena und Petrus Martyr). Am Südosteck: Reliefporträt des Ludovico il Moro von Cristoforo Solari (um 1490).

Neben Leonardos Abendmahl und der Tribuna Bramantes wird ein drittes hochrangiges Werk in diesem Baukomplex meist zu wenig beachtet: die *Alte Sakristei (Sagrestia Vecchia)*. Seit der letzten Restaurierung in den Jahren 1981/82 bietet sie sich dem Besucher wieder in ihrer einstigen edlen Schönheit dar. Nach dem Tod Beatrice d'Estes und ihrem Begräbnis in S. Maria delle Grazie stiftete Ludovico il Moro 1497 den Kreuzgang und die anschließende Sakristei »aus Liebe und Anhänglichkeit zur dominikanischen Religion«. Der langge-streckte, tonnengewölbte Saal mit kleiner Apsis war bis 1499 vollendet. In der Lünette des Portals: monochromes Fresko des Bramantino (Madonna zwischen den hll. Jakobus und Ludwig von Toulouse). In der Apsis: Fresken von Stefano Danedi, gen. Montalto (17. Jahr-hundert); an der Innenseite der die Apsis flankierenden Pilaster: Bildnismedaillons von Ludovico il Moro und seinem Sohn Massimiliano Sforza; oben rechts und links neben der Apsis sieht man Fresken von Gaudenzio Ferrari (1542). Herausragend ist das *Chorgestühl* an den Längsseiten mit Intarsien, bzw. Malereien zum Alten und Neuen Testament (1497–1503). Über einem Fries mit Wappenemblemen des Moro eröffnet sich das prächtige, baldachinartige Tonnengewölbe, das sich bis zur Restaurierung als blauer, sternbesäter Himmel präsentierte (Dekor des späten 19. Jahrhunderts). Das ornamentale Rankenwerk, das die Stichkappen rahmt, stammt wahrscheinlich von einem Maler der Leonardo-Schule (ähnliche Flechtband- bzw. Knotenmotive findet man auch als Textilornament bei Bildern Leonardos, etwa bei der berühmten »Mona Lisa«).

Eine Zweizentnerbombe, die in der Nacht vom 15. zum 16. August 1943 mitten ins Kloster traf, machte zwar auch das *Refektorium* zu einem Schutthaufen, doch sein wichtig-ster Teil, die Wand von *Leonardos Abendmahl* war so gut durch Sandsäcke gestützt, daß sie standhielt.

Die genialste Schöpfung Leonardos und sicherlich das meistbesuchte Einzelkunstwerk der Welt, war von Anfang an schweren Gefährdungen ausgesetzt und es ist fast ein Wunder, daß von diesem Wandbild überhaupt noch ein einziger Pinselstrich zu sehen ist. Bereits 20 Jahre nach seiner Vollendung (1498) zeigten sich auf der Malfläche Anzeichen einer begin-nenden Zerstörung. Leonardo hatte nämlich statt der für großformatige Wandmalereien üblichen Freskotechnik, die ein sehr rasches Arbeiten erfordert, die Tempera-Methode gewählt. Sie erlaubte einen langsameren Malprozeß und Korrekturen, die bei einem Fresko nicht möglich sind. Doch sind Temperafarben auf der anderen Seite äußerst feuchtigkeits-empfindlich, was dazu führte, daß das Bild bereits in den 20er Jahren des 16. Jahrhunderts von einem weißlichen Schleier bedeckt war. Als Giorgio Vasari 1566 das Abendmahl sah, erkannte er stellenweise nur noch unbestimmbare Flecken. Restauratorische Bemühungen der folgenden Jahrhunderte – die oft in Übermalungen ausarteten – richteten nur noch mehr Schaden an. Seit 1980 ist nun die Professorin Giuseppina Brambilla Barcilon bemüht, das Werk Leonardos mit Hilfe moderner Restaurierungsmethoden zu retten. Sie wird alle Über-

Leonardo da Vinci, Studie zum Abendmahl, Venedig, Accademia

malungen beseitigen und versuchen, freizulegen, was von der originalen Bemalung noch erhalten ist. Die ursprüngliche Substanz des Wandbildes wird auf siebzig Prozent geschätzt. Es werden sicher noch einige Jahre vergehen, bis Signora Brambilla ihre Arbeit vollendet hat, doch zu Ende des Jahres 1986 (freigelegt war etwa die Hälfte der Wandfläche) konnte sie bereits großartige Ergebnisse vorweisen. Abgesehen davon, daß die ursprüngliche Lichtführung Leonardos nun deutlich sichtbar wird, konnten auch Details herausgearbeitet werden, die zuvor nicht zu sehen waren, etwa die Mille-Fleurs-Dekorationen der Wand.

Die Arbeiten an der Nordwand des Refektoriums begannen im Jahr 1495 und wurden von Leonardo 1498 beendet. Das Bild ist so angelegt, daß es wie eine Verlängerung des realen Raumes wirkt. Die Lichtführung im Gemälde entspricht dem Lichteinfall durch die Fenster links im Refektorium. Christus, in der Mitte – hinter seinem Haupt der sonnenüberstrahlte Himmel – ist als einziger in ruhiger Haltung dargestellt. Die Apostel zu seinen Seiten – in Dreiergruppen zusammengefaßt – verraten in ihren lebhaften Gebärden tiefste Erregung, denn dargestellt ist der Augenblick, als Christus sagt: »Wahrlich ich sage euch: Einer unter euch wird mich verraten.« Vorzeichnungen beweisen, daß Leonardo anfänglich noch traditionelle Lösungen vor Augen standen, denn der Verräter Judas, der hier innerhalb der Apostelreihe erscheint, sitzt auf der Skizze allein an der Vorderseite des Tisches. Johannes, der sich hier links zur Seite neigt, war ursprünglich, der Tradition folgend, an der Brust Christi liegend dargestellt. Die Deutungen dieses Bildes sind ungezählt, ebenso seine

251

Beschreibungen. Zu den großartigsten Analysen gehört diejenige Goethes – in dem selbst Goethekennern oft unbekannten Essay »Joseph Bossi über Leonardo da Vincis Abendmahl zu Mailand« aus dem Jahr 1817. Er enthält folgende Sätze: »Ehe wir weitergehen, müssen wir ein großes Mittel entwickeln, wodurch Leonard dieses Bild hauptsächlich belebte; es ist die Bewegung der Hände; dies konnte aber auch nur ein Italiener finden. Bei seiner Nation ist der ganze Körper geistreich, alle Glieder nehmen teil an jedem Ausdruck des Gefühls, der Leidenschaft, ja des Gedankens. Durch verschiedene Gestaltung und Bewegung der Hände drückt er aus: ›Was kümmerts mich! – Komm her! – Dies ist ein Schelm – nimm dich in acht vor ihm! – Er soll nicht lange leben! – Dies ist ein Hauptpunkt. Dies merket besonders wohl meine Zuhörer!‹ Einer solchen Nationaleigenschaft mußte der alles Charakteristische höchst aufmerksam betrachtende Leonard sein forschendes Auge besonders zuwenden; hieran ist das gegenwärtige Bild einzig und man kann ihm nicht genug Betrachtung widmen.«

Über dem Bild, in den Schildwänden, sind Wappen und Titel des Ludovico il Moro dargestellt – vielleicht auch ein Werk von Leonardos Hand. An der Südwand sieht man eine große Kreuzigungsdarstellung von Giovanni Donato da Montorfano aus dem Jahr 1495 – ›al fresco‹ gemalt und noch heute gut erhalten.

Ganz in der Nähe, in den einstigen Konventsgebäuden von S. Vittore al Corpo (Via S. Vittore 21) ist das *Museo Nazionale della Scienza e della Tecnica ›Leonardo da Vinci‹* untergebracht. Ein Trakt ist allein technischen und architektonischen Entwürfen und Modellen Leonardos gewidmet. Die übrigen Räume – es sind über 60 – gelten der technisch-industriellen Geschichte allgemein.

Die Basilika *S. Ambrogio* (Piazza S. Ambrogio) geht auf einen frühchristlichen Bau des 4. Jahrhunderts zurück. Über dem Grab der Heiligen Gervasius und Protasius entstand die Basilica Martirum zwischen 379 und 387 – eine dreischiffige Säulenbasilika mit Apsis. Im Jahr 397 wurde hier der hl. Ambrosius begraben, dessen Gebeine heute die Krypta birgt. Vier Jahrhunderte später (784) gliederte man der Kirche ein Benediktinerkloster an, dem im Jahr 791 schließlich noch ein Kollegium weltlicher Kanoniker folgte. Im 9. Jahrhundert beschlossen die Erzbischöfe Angilberto und Ansperto eine Erweiterung und einen Umbau der Kirche. Auf dieses Jahrhundert geht der Campanile dei Monaci (Glockenturm der Mönche) zurück. In der ersten Hälfte des 11. Jahrhunderts wurden die Säulen des Mittelschiffs zum Teil zu Pfeilern umgestaltet und in den Seitenschiffen Kreuzgratgewölbe eingezogen. Gleichzeitig wurde das frühchristliche Atrium durch einen Neubau ersetzt. 1196 stürzte der Ostteil des Mittelschiffs ein. Seine Wiedererrichtung mit Kreuzgewölben stand bereits unter dem Einfluß der Gotik. Unter Herzog Gian Galeazzo Visconti erfolgte ab 1395 eine gotische Neuausstattung sowie der Anbau seitlicher Kapellen. Ludovico il Moro beauftragte Bramante mit dem Bau der Canonica und der Anlage zweier Kreuzgänge. 1630 wurde auf Wunsch des Kardinals Federico Borromeo die Kirche durch Francesco Maria Richini restauriert. Die barocken Zutaten wurden 1856–1890 wieder beseitigt.

Großartig ist der Eindruck der Kirche, wenn man sich ihr von Westen nähert (Abb. 52): die hohen Pfeilerarkaden des *Atriums*, die weiten, ernsten Rundbogen der Fassade, dahinter

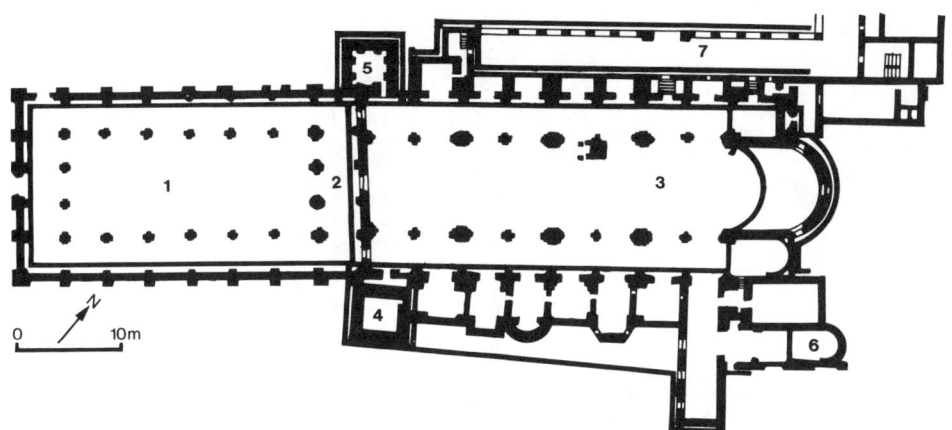

Mailand, Grundriß von S. Ambrogio   1 Atrium   2 Narthex   3 Basilika S. Ambrogio   4 Campanile dei Monaci   5 Campanile dei Canonici   6 S. Vittore in Ciel d'Oro   7 Portico della Canonica

zu beiden Seiten die kraftvollen Glockentürme. Auch von Osten her ist der Eindruck gewaltig: die breite frühromanische Hauptapsis mit Nischenkranz, dahinter aufsteigend der doppelgeschossige Tambour – Bauteile, die nach Veränderungen des 16. Jahrhunderts erst ab 1944 in ihren ursprünglichen Formen rekonstruiert wurden. Auch von hier aus sieht man links den niedrigen vorromanischen Campanile dei Monaci und rechts den hohen, reichgegliederten romanischen Campanile dei Canonici.

Das *Hauptportal* im Westen unter dem Narthex – ein Stufenportal – ist reich ornamental geschmückt. Beherrschendes Ornamentmotiv ist das lombardische Flechtband. Einige Teile gehen auf das 8. und 9. Jahrhundert zurück, andere – wie etwa die skulpierten Ochsen rechts im Gewände – auf die Mitte des 12. Jahrhunderts. Das Schnitzwerk der Türflügel (Szenen aus der Geschichte von David und Saul) wurde im 18. Jahrhundert fast vollständig nach alten Vorlagen ergänzt. Fragmente des Originals aus dem 4. Jahrhundert sind im Museum zu sehen.

Der Innenraum der Basilika ist dreischiffig; Hauptschiff und Seitenschiffe, über denen sich Emporen öffnen, werden durch zwei Reihen unterschiedlicher Stützen getrennt. Den Kreuzgewölben der ersten drei Mittelschiffjoche folgt im vierten die Kuppel, der sich das tonnengewölbte Presbyterium mit der Apsis anschließt. Seitenschiffe und Frauenemporen sind kreuzgewölbt. Charakteristisch für die lombardische Romanik ist das Fehlen eines Querhauses.

Die Ausstattung von S. Ambrogio ist sehr reich, jedoch nicht einheitlich. Wenigstens wurde die Ausmalung des 19. Jahrhunderts durch eine Restaurierung im Jahr 1965 beseitigt. Die *Kapitelle* (Abb. 63, 64) entsprechen den Bauphasen der Basilika. Die ältesten sind im Kircheninnern zu finden, dann folgen die des Narthex und des Atriums. Die Kapitellplastik von S. Ambrogio (korinthisches Blattwerk, Palmettenmotive, gegenständige Tiere) wurde

253

Mailand, Pergamo und Stilicho-Sarkophag in S. Ambrogio (nach Stafforello)

vorbildlich für spätere Bauten der lombardischen Romanik. Leider mußte das *Apsismosaik* (Thronender Christus mit Erzengel Michael und Heiligen) nach Kriegsschäden 1943 zum Teil erneuert werden. Das ursprüngliche Mosaik des 8./9. Jahrhunderts war bereits im 11. Jahrhundert ergänzt worden. Im Chor erhebt sich der *Ciborio* (Abb. 61), ein Altarbaldachin des 9. oder frühen 10. Jahrhunderts, der von römischen Porphyrsäulen getragen wird. Wie beim Tempietto Langobardo in Cividale und beim Ziborium von Civate wurde hier als Schmuckmaterial nicht Stein, sondern Stuck verwendet, der hinterher bemalt wurde. Dargestellt sind im Westen Christus zwischen Petrus und Paulus, im Osten der hl. Ambrosius zwischen Gervasius und Protasius, im Süden der hl. Benedikt, im Norden die hl. Thekla. Unter dem Baldachin steht der berühmte Altare d'Oro, benannt nach seinem goldenen Antependium, dem *Paliotto*. Getriebene Reliefs aus vergoldetem Silberblech umgeben alle vier Seiten des Altares, unterbrochen von Stegen aus Zellenschmelz, die mit Steinen besetzt und mit ziselierten Golddrähten umlegt sind. Der Meistername – Volvinius – ist überliefert. Der Paliotto entstand um 835 als Stiftung des Erzbischofs Angilbertus II. Man kann den Stifter auf einem Relief der Rückfront sehen, wo gezeigt wird, wie er dem hl. Ambrosius das Antependium darbringt. Auf der Vorderseite ist der thronende Christus zwischen Evangelistensymbolen und Aposteln dargestellt, daneben Szenen aus dem Leben Christi. An den Seiten sieht man Medaillons der Stadtpatrone, umgeben von Engeln. Die Rückfront mit Szenen aus dem Leben des hl. Ambrosius ist der qualitativ herausragendste Teil und wird mit Volvinius selbst in Zusammenhang gebracht. Außer ihm, so nimmt man an, haben an diesem Werk drei weitere Meister gearbeitet. Das dritte künstlerische Meisterwerk dieser Kirche ist der *Pergamo* am vierten Nordpfeiler des Mittelschiffs (Abb. 65). Die Marmorkanzel wurde nach dem Einsturz des Ostjoches aus Teilen verschiedener Epochen neu zusammengefügt (ab 1204). Unter ihr steht der frühchristliche *Stilicho-Sarkophag,* die Grabstätte eines Ehepaares aus dem 4. Jahrhundert. Die Reliefs (Medaillons mit Büsten der Verstorbenen, Christogramm und Szenen aus dem Neuen Testament) sind oströmischen Arbeiten der theodosianischen Zeit verwandt.

Rechts vom Presbyterium kommt man zur Grabkapelle *S. Vittore in Ciel d'Oro,* einem quadratischen Raum mit Kuppel und Apsis, der bis ins 4. Jahrhundert zurückreicht, mit großartigen Mosaiken aus der zweiten Hälfte des 5. Jahrhunderts (links hl. Ambrosius zwischen den Heiligen Gervasius und Protasius; rechts die Heiligen Felice, Materno und Naborre). Durch eine Tür des linken Seitenschiffes kommt man zum *Portico della Canonica,* einer Renaissancevorhalle, die 1492–1499 für den Kreuzgang des Kanonikerkonvents nach einem Entwurf von Bramante errichtet wurde. Auch das Konventsgebäude, die *Canonica,* geht auf Entwürfe Bramantes zurück, doch wurde der Bau zum Teil erst nach 1943 rekonstruiert. Hier ist das *Museo di S. Ambrogio* untergebracht, eine kleine, aber sehr interessante Sammlung zur Geschichte und Kunst der Kirche. Neben kirchlichem Gerät, Paramenten, romanischen Stuckmedaillons und Resten der Reliefs von den Türflügeln der frühchristlichen Kirche, findet man auch Freskenreste der Frührenaissance (darunter »Christus vor den Schriftgelehrten« von Bergognone).

Der *Palazzo Borromeo* (Piazza Borromeo 7) gehörte einst zu den stattlichsten Adelspalästen Mailands, wurde jedoch 1943 durch Bomben zerstört und konnte nur noch fragmentarisch wiederhergestellt werden. Der Bau, der einst sechs Höfe umschloß, wurde im 14. Jahrhundert errichtet und in der Mitte des 15. Jahrhunderts erweitert. Durch ein Spitzbogenportal aus Marmor, über dem das Wappen der Borromeo – ein Dromedar – angebracht ist, kommt man zu den beiden noch erhaltenen Arkadenhöfen. Im Erdgeschoß des ehemaligen Palastes (heute privates Architekturstudio) sind noch Reste der Freskierung aus der Zeit der Internationalen Gotik (erste Hälfte des 15. Jahrhunderts) zu sehen. In der Sala dei Giochi sieht man Darstellungen von Spielen verschiedener Art, darunter das Tarockspiel und das Ballspiel. In ihrer subtilen Farbigkeit und feinen Zeichnung weisen die Fresken auf einen Maler im Umkreis von Pisanello hin (evtl. Giovanni Zenoni da Vaprio). Weitere Fresken, die bei der Rekonstruktion zum Vorschein kamen, sind heute in der Rocca di Angera zu sehen, einer der vielen Burgen, die einst im Besitz der Familie Borromeo waren.

Raffael, Karton zur »Schule von Athen«

Auf den Kardinal Federico Borromeo geht der *Palazzo dell'Ambrosiana* (Piazza Pio XI.) zurück. Der Palast entstand ab 1603 nach Entwürfen von Lelio Buzzi und Francesco Maria Richini für die umfangreiche Manuskripten- und Büchersammlung des Kardinals. Nach 1618 wurde hier dann auch die private Gemäldesammlung Federico Borromeos untergebracht. Der Bau, der mitsamt den Sammlungen nach 1630 an die Stadt Mailand überging, wurde im 19. Jahrhundert erweitert. Eine Reihe von Schenkungen machten Bibliothek und Pinakothek zum bedeutendsten kulturhistorischen Zentrum nach der Brera und den Sammlungen des Castello Sforzesco. Die *Biblioteca Ambrosiana* umfaßt heute über 750000 gedruckte Bücher und 35000 Manuskripte, darunter den berühmten Codex Atlanticus von Leonardo da Vinci. Die 14 Säle der *Pinacoteca Ambrosiana* sind erfreulicherweise alle zugänglich – im Unterschied zur Brera. Die Hauptwerke:
Saal I: Sandro Botticelli, Madonna unter dem Baldachin; Ghirlandaio, Anbetung des Kindes; Bergognone, Thronende Madonna mit Heiligen.
Saal IV: Joos van Cleve, Anbetung der Könige; Barent van Orley, Madonna am Brunnen.

Saal VI: Allegorische Miniaturen von Jan Brueghel.

Saal VII: Werke lombardischer Meister, darunter Bilder von Bramantino und Bernardino Luini.

Saal VIII: Leonardo da Vinci, Porträt eines Musikers (Abb. 54); das Porträt einer adeligen Dame, oft auch als Bildnis der Beatrice d'Este bezeichnet (Abb. 55), ist wohl ein Werk von Giovanni Ambrogio de Predis (um 1490), wird allerdings manchmal auch Leonardo zugeschrieben.

Saal IX: Karton für die ›*Schule von Athen*‹ von *Raffael* (1509/10). Es ist der einzige erhaltene Karton für die Stanzen des Vatikan.

Saal XI: Caravaggio, Früchtekorb.

Saal XIII: Sechs Gemälde von Tizian, darunter eine Anbetung der Könige.

S. Maria presso S. Satiro (Via Torino und Via Falcone) gehört zu den architektonisch interessantesten Bauten von Mailand. Der kleine Zentralbau *S. Satiro* wurde um 870 unter Erzbi-

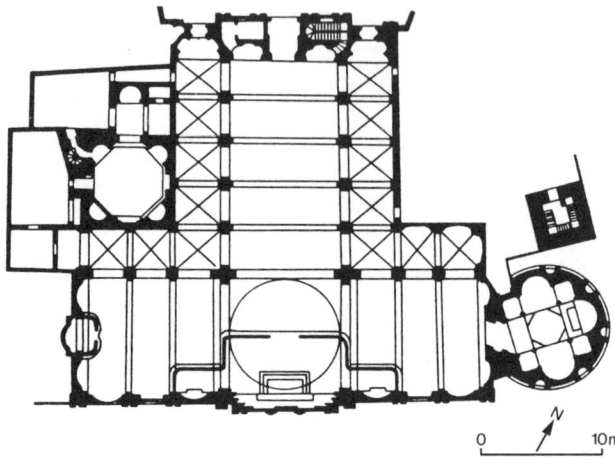

Mailand, Grundriß der Kirche S. Maria presso S. Satiro

0   10m

schof Ansperto errichtet. In der Mitte des 11. Jahrhunderts entstand neben der Kirche ein romanischer Campanile. Eine wunderbare Erscheinung – ein Marienbild, das von einem Mann 1242 mit dem Messer attackiert wurde, soll Blut vergossen haben – wurde Anlaß zum Bau einer neuen, der Maria zu weihenden Kirche. Ursprünglich war nur vorgesehen, axial anschließend an S. Satiro einen Saal zu bauen, doch beschloß man wenige Jahre nach Baubeginn die Hinzufügung eines dreischiffigen Langhauses nach Norden. Mit diesen Arbeiten wurde Donato Bramante aus Urbino betraut. Die erste Bauphase begann 1478, die Arbeiten am Langhaus wurden um 1486 begonnen. Die Nordfassade, die von Giovanni Antonio Amadeo errichtet werden sollte, blieb wegen Unstimmigkeiten mit Bramante unvollendet und wurde erste 1871 fertiggestellt. Auch das Äußere von S. Satiro gestaltete man nach Vorstellungen der Renaissance: Aus dem zylindrisch ummantelten Unterbau mit von Pilastern flankierten tiefen Halbkreisnischen wachsen die vier mit Pultdächern gedeckten Arme des kreuzförmigen Ursprungsbaus auf, über dessen Zentrum sich ein oktogonaler Renaissancetambour mit runder Laterne erhebt. Die dreischiffige Basilika mit Querhaus besitzt keinen echten Chor, da eine im Süden direkt am Querhaus vorbeiführende Straße eine weitere Bebauung in diese Richtung verhinderte. Bramante, der als Maler durch Piero della Francesca ausgebildet worden war und die Gesetze der Zentralperspektive beherrschte, konstruierte deshalb mit raffinierten Mitteln einen Scheinchor aus Flachreliefs und illusionistischer Architekturmalerei. Dieser malerisch-perspektivische Raum trug ihm die Bewunderung seiner Zeitgenossen ein.

Der Durchgang zur einstigen Kirche S. Satiro – heute Cappella della Pietà – befindet sich in der Ostwand des Querhauses. Der Zentralraum über griechischem Kreuz mit kleiner oktogonaler Kuppel ist bei aller Einfachheit sehr beeindruckend. Die Kapitelle stammen aus verschiedenen Epochen (frühchristlich, romanisch, gotisch). Die bemalte Terrakottagruppe der Pietà ist ein Werk des Cremonesers Agostino de' Fondutis (1482/83). Nordwestlich der

Basilika, neben dem rechten Seitenschiff, hat dieser Meister nach dem Entwurf Bramantes im Jahr 1483 die *Sakristei* errichtet. Auch dieser Raum entstand über dem Grundriß eines griechischen Kreuzes. Das Kuppeloktogon mit umlaufender Galerie ist mit zurückhaltendem Frührenaissancedekor versehen. Schön ist der Terrakottafries aus Puttengruppen und männlichen Büsten – ebenfalls eine Arbeit von de' Fondutis nach einem Entwurf Bramantes.

An der langen Straße, die zur Porta Ticinese und dem Naviglio Grande führt, dem Corso di Porta Ticinese, findet man zwei der großartigsten Kirchen Mailands, S. Lorenzo Maggiore und S. Eustorgio, deren Geschichte bis ins Frühchristentum zurückführt. Den einstigen Bereich der Kirche *S. Lorenzo Maggiore* begrenzt nach Westen hin zum Corso di Porta Ticinese eine Reihe von *16 römischen Säulen* (Abb. 53). Sie stammen von einem nicht identifizierten Bau der Kaiserzeit (2./3. Jahrhundert) und wurden schon im 4. Jahrhundert hierher versetzt, um dem Portikus der frühchristlichen Kirche integriert zu werden.

Mailand, Terrakottadekor der Sakristei von S. Satiro (nach Stafforello)

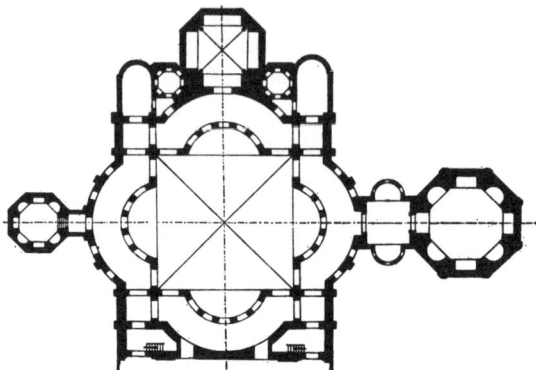

Mailand, Grundriß der Kirche
S. Lorenzo Maggiore

Vom Westen her erscheint S. Lorenzo mit seiner prunkvollen historistischen Fassade und der mächtigen Renaissancekuppel wie ein Bau neuerer Zeit. Nur von Osten her erkennt man sofort den früheren Kernbau. Glücklicherweise ist dieser Bereich unbebaut und über eine Parkanlage zugänglich, so daß man ihn in Ruhe betrachten kann. S. Lorenzo geht in seinen ältesten Teilen auf das Ende des 4. Jahrhunderts zurück. Zusammen mit einem Zentralbau, der als Palastkapelle genutzt wurde, entstand auch ein Baptisterium (S. Aquilino). Um die Wende zum 6. Jahrhundert wurden weitere Kapellen angebaut (S. Sisto, S. Ippolito). Die frühchristliche Kirche wurde nach 1070 durch Brand zerstört und es entstand ein Neubau in romanischen Formen. Dem Einsturz der Kuppel im Jahr 1573 folgte ein Wiederaufbau in Formen der Spätrenaissance (ab 1574 nach Plänen von Martino Bassi, 1591–1619 nach Plänen von Giovanni Quadrio). 1894 wurden Vorhalle und Fassade errichtet.

Der Kernbau von S. Lorenzo ist quadratisch. Vier romanische Ecktürme rahmen die an jeder Seite des Quadrats sanft ausschwingenden Konchen, die in ihrem heutigen Erscheinungsbild der Renaissance angehören. Der frühchristliche Zentralbau war mit einem baldachinartigen Kreuzgewölbe überspannt. Dieser Bau war von großer Bedeutung für den byzantinischen Kirchenbau des 6. Jahrhunderts (u. a. S. Vitale in Ravenna).

Die Baumeister der Romanik entschieden sich beim Wiederaufbau der Kirche im 12. Jahrhundert für eine oktogonale Kuppel über zweigeschossigem Tambour. Doppelgeschossige Umgänge begrenzen die Exedren innen, wodurch das kreuzförmige Raumgefüge stets angenehm durchlichtet ist, ohne daß die großen Außenfenster direkt in Erscheinung träten. Das ehemalige *Baptisterium*, das der Südkonche angebaut ist, besteht aus dem Kuppeloktogon der Taufkapelle *S. Aquilino* und einem quadratischen, tonnengewölbten Vorraum mit halbkreisförmigen Exedren im Osten und Westen. Hier haben sich Reste der Mosaik- und Freskodekoration aus der frühchristlichen Zeit erhalten (Abb. 59): in der Vorhalle die 12 Stämme Israels und die 12 Apostel, in S. Aquilino selbst der lehrende Christus, umgeben von Aposteln und die Himmelfahrt des Elias.

Südlich von S. Lorenzo, den Corso überspannend, sieht man die *Porta Ticinese* – nicht zu verwechseln mit dem gleichnamigen napoleonischen Triumphbogen –, einen Rest der mittelalterlichen Stadtbefestigung, errichtet nach der Zerstörung Mailands durch Barbarossa (1171). Das Tor wurde 1329 unter Azzone Visconti ergänzt. Das Relief – die thronende Madonna umgeben von den hll. Lorenzo, Eustorgio und Petrus Martyr, daneben der kniende hl. Ambrosius mit dem Stadtmodell – stammt aus der Werkstatt von Giovanni di Balduccio (14. Jahrhundert).

Die Anfänge der Basilika S. *Eustorgio* liegen im dunkeln, doch nimmt man an, daß eine schon zu Beginn des 4. Jahrhunderts existierende Kapelle nach 343 von dem aus Griechenland stammenden Bischof Eustorgios erneuert wurde. Hierhin wurden die Reliquien der Hll. Drei Könige aus Byzanz überführt, die dann im 12. Jahrhundert nach der Eroberung Mailands nach Köln kamen. Gesichert ist für die erste Hälfte des 11. Jahrhunderts ein romanischer Neubau, der ein Jahrhundert später durch Friedrich Barbarossa zerstört wurde. 1220 ging die Kirche an die Dominikaner, die eine Reihe durchgreifender Veränderungen einleiteten. 1297–1309 wurde der Campanile errichtet sowie erste Grabkapellen für das Mailänder Patriziat angebaut. Im 15. Jahrhundert kamen weitere Kapellen hinzu, darunter auch die Cappella Portinari am Chor. Ab 1575 ließ Erzbischof Carlo Borromeo eine Krypta ausbauen, bis 1742 folgte schließlich die Barockisierung des Gesamtbaus. Zwischen 1952 und 1966 wurden alle barocken Zutaten beseitigt.

S. Eustorgio ist eine dreischiffige Basilika mit einem Querhausarm im Süden. Beherrschend sind der Campanile (mit 75 m der höchste von Mailand) und die Kuppel der Porti-

Mailand, S. Lorenzo Maggiore im 18. Jahrhundert (nach M. Dal Re)

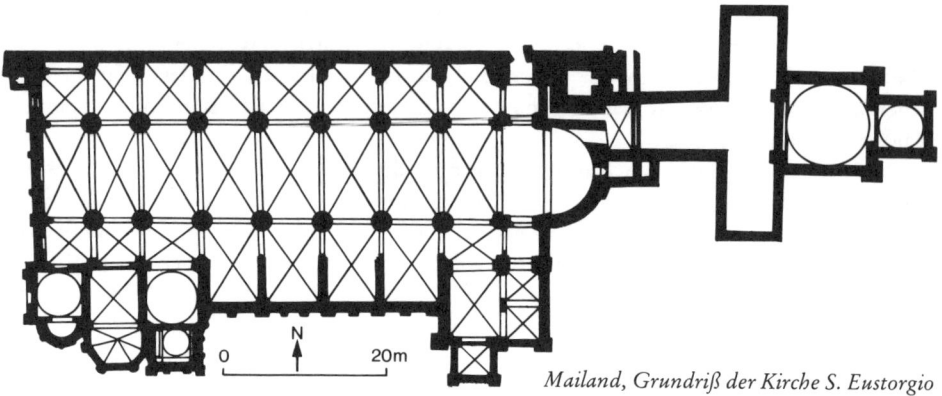

Mailand, Grundriß der Kirche S. Eustorgio

nari-Kapelle. Der Kontrast zwischen dem roten Backstein und dem hellen Stein ist außerordentlich dekorativ. Wenn auch die meisten Besucher vor allem die Cappella Portinari sehen wollen, sollte man an den Kapellen des rechten Seitenschiffes, die dem Mailänder Patriziat als Grablegen dienten, nicht vorübergehen. Die Hauptwerke: *dritte Kapelle (Cappella Crotta-Caimi):* Sarkophag des Protaso Caimi mit Reliefs eines campionesischen Meisters (um 1360); *vierte Kapelle (Cappella Visconti):* Wandgrab für Stefano Visconti (gest. 1327) von Giovanni di Balduccio, um 1359 von Bonino da Campione vollendet; darüber ein Wandbild zur Georgslegende von einem Meister im Umkreis des Giovannino de' Grassi (um 1357); an der linken Wand gemalter Kruzifix in toskanischer Manier von einem unbekannten Meister des frühen 14. Jahrhunderts; *südliches Querhaus (Cappella dei Magi):* In dem monumentalen spätrömischen Giebelsarkophag sollen einst die Gebeine der Hll. Drei Könige nach Mailand gebracht worden sein. Das Triptychon mit Reliefs zur Dreikönigslegende stammt von einem Meister, der sich an den Maestri campionesi schulte (1374). Der Marmorhochaltar im *Presbyterium* – eine Stiftung von Gian Galeazzo Visconti – entstand in Zusammenarbeit verschiedener lombardischer Meister des 14. Jahrhunderts. Die Reliefs gehen zum Teil auf Entwürfe eines Meisters der Internationalen Gotik zurück, wahrscheinlich Giovannino de' Grassi. Der Abschluß mit Maßwerkgiebeln entstand erst im 16. Jahrhundert. Die moderne Urne unter der Mensa enthält die Gebeine der Bischöfe Eustorgios, Magnus und Honoratus.

Die *Portinari-Kapelle* (1462–1468) am Chorscheitel ist eines der schönsten Beispiele für die Übernahme toskanischer Bauformen der Frührenaissance in Mailand (Abb. 62). Man hat den kleinen überkuppelten Raum, der sich an Bauten von Brunelleschi orientiert, lange Zeit mit dem Florentiner Architekten Michelozzo in Verbindung gebracht, doch heute glaubt man eher an einen lombardischen Meister unter Florentiner Einfluß. Den Hauptraum und den anschließenden Chorraum umzieht ein Gebälkfries mit gereihtem Dekor aus Cherubimköpfen. Am Kuppeltambour erscheint ein Reigen tanzender Engel aus bemaltem Stuck, wahrscheinlich nach Entwurf eines toskanischen Meisters. Die Fresken (Verkündigung und

Szenen zum Leben des hl. Petrus Martyr) stammen von Vincenzo Foppa und gelten als Hauptwerk des Meisters aus Brescia. In der Mitte des Raumes steht die *Arca des Petrus Martyr,* ein Werk von Giovanni di Balduccio aus Pisa (1336–1339). Der Stifter der Kapelle, der Florentiner Pigello Portinari, Prokurator der Mailänder Medici-Bank, hatte den Bau als eigene Grablege bestimmt, zugleich auch als Grab- und Gedenkstätte für Pietro da Verona. Der Dominikaner, Inquisitor in der Lombardei und der Toskana, wurde 1252 von einem Katharer getötet und bereits 1253 als Petrus Martyr kanonisiert. Er gehörte zu den unnachgiebigsten Verfolgern der Katharer, die man im Mittelalter als Ketzer ansah. Dieses traurige Kapitel der Verfolgung Andersdenkender fand in diesem Grabmal seine künstlerische Glorifizierung. Die Marmor-Arca gilt als ein Hauptwerk der Trecento-Plastik in der Lombardei. Auf einem Unterbau aus acht Karyatiden (Symbole der Tugenden) ruht der Sarkophag. In den Relieffeldern sieht man Szenen zum Leben und Tod des Pietro da Verona. Der Deckel trägt einen Tabernakel, unter dessen Arkaden die thronende Madonna neben den Heiligen Dominikus und Petrus Martyr zu sehen ist. Eine zweite bedeutende Heiligen-Arca der Lombardei, das Grabmal für den hl. Augustinus in Pavia (S. Pietro in Ciel d'Oro) ist ebenfalls nach Entwurf von Giovanni di Balduccio entstanden. Die Altartafel im Chor, »Pigello Portinari vor Petrus Martyr«, wird Giovanni da Vaprio zugeschrieben (1462).

Einer der vielen, hoffnungsvoll dem Frieden geweihten Triumphbogen, die *Porta Ticinese,* steht am Ende des Corso. Sie entstand 1801–1814 nach Napoleons Sieg bei Marengo, ein Werk des klassizistischen Architekten Luigi Cagnola. Aus dem rosa Granit der Steinbrüche von Baveno (Lago Maggiore) gewonnen, hat er bereits die Zeitgenossen Cagnolas beeindruckt. »Schön, ohne von der Antike kopiert zu sein«, bemerkte Stendhal, »während die Börse von Paris nichts sein wird als die Kopie eines griechischen Tempels.«

Von hier aus sind es nur wenige Schritte zur *Darsena.* Das Hafenbecken entstand ab 1603 unter spanischer Herrschaft, als Endpunkt des Naviglio Grande, des Naviglio di Pavia und anderer Kanäle. Der *Naviglio Grande,* dessen malerische Uferstraße zu den beliebtesten Fotomotiven Mailands gehört, wurde bereits 1177 angelegt, war allerdings zuerst nur ein kleiner, vom Fluß Ticino abgeleiteter Kanal, der bis nach Abbiategrasso reichte. 1223 wurde er bis Gaggiano verlängert und 1257 führte man ihn bis an den Stadtrand von Mailand weiter. Unter Gian Galeazzo Visconti wurde er dann noch weiter ins Zentrum hineingeführt – mit dem Ziel, den Transport der Marmorblöcke für den Dom zu ermöglichen, die aus den Brüchen von Candoglia kamen. Die Darsena ist heute immer noch Italiens wichtigster Binnenhafen. Es existieren Pläne, den Kanal so auszubauen, daß man von hier aus Waren nach Venedig, Triest und Jugoslawien transportieren kann, und die Ingenieure träumen davon, Schiffe bis zu 2000 BRT durch die Lombardei fahren zu lassen.

S. Maria presso S. Celso, manchmal auch *S. Maria dei Miracoli* genannt (Corso Italia), gehört zu den wenigen Kirchen der Stadt, die innerhalb eines Jahrhunderts vollendet wurden. Die Wallfahrtskirche, die ab 1493 nach dem Entwurf von Giovanni Giacomo Dolcebuono entstand, mußte sich allerdings bis zu ihrer Vollendung im Jahr 1580 die Veränderungen und Ergänzungen von sieben Baumeistern gefallen lassen. Entsprechend uneinheitlich ist auch das Ergebnis. Vor allem die Fassade, die zwischen 1565 und 1580 durch Galeazzo Alessi und Martino Bassi entstand, ist ein Zwitterwerk aus Manierismus und Frühbarock. Auffallend ist der reiche Skulpturenschmuck in den Nischen und im Tympanon. Der Innenraum der Stufenhalle mit überkuppelter Vierung wurde von führenden Malern des lombardischen Manierismus ausgestattet, darunter Camillo Procaccini, Antonio Campi, Gaudenzio Ferrari und Moretto. Zu den wenigen Arbeiten des frühen Cinquecento gehört eine signierte Madonna mit Heiligen von Bergognone in der ersten Kapelle des linken Seitenschiffs. Ein Prozessionskreuz, das wahrscheinlich aus Chiaravalle stammt und von Ottone Visconti 1296 gestiftet wurde, gehört zu den schönsten Gegenständen des Kirchenschatzes (Sakristei).

Über die Via S. Sofia kommt man zur Kirche *S. Nazaro Maggiore* (Corso di Porta Romana). Der frühromanische Backsteinbau (um 1093) geht auf eine frühchristliche Friedhofskirche des 4./5. Jahrhunderts zurück. 1512–1518 fügte man nach dem Entwurf von Bartolomeo Suardi (gen. Bramantino) eine Grabkapelle für die Familie Trivulzio hinzu. Veränderungen des 17. und 19. Jahrhunderts wurden nach einer durchgreifenden Restaurierung ab 1946 weitgehend beseitigt. Der Grundriß der frühchristlichen Dreikonchenanlage wurde für den romanischen Bau beibehalten. Charakteristisch für die Architektur des 11. Jahrhunderts ist der Nischenkranz der Apsiden, ein Vorläufer der Zwerggalerie. Die *Trivulzio-Kapelle* (über quadratischem Grundriß, Abschluß mit Kuppellaterne) gehört in ihrer geometrischen Klarheit zu den edelsten Renaissancearchitekturen in Mailand. Interessant ist der Innenraum wegen seiner eigentümlichen doppelgeschossigen Sarkophagnischen. Hier fand der General Gian Giacomo Trivulzio seine letzte Ruhestatt, der in der mailändischen Geschichte eine verhängnisvolle Rolle spielte. Als Marschall im Dienst König Ludwigs XII. von Frankreich zog er im Jahr 1499 als Eroberer in Mailand ein und zwang Ludovico il Moro, den bedeutendsten Kunstmäzen unter den Herzögen von Mailand, zur Flucht. Das Grab Gian Giacomos über dem Durchgang zu S. Nazaro trägt die Inschrift: »Qui numquam quievit quiescit;tace.« (Jener, der niemals Ruhe hatte, möge ruhen; schweige.)

Bis 1942 wurde das *Ospedale Maggiore* (Via Festa del Perdono) noch als Krankenhaus genutzt, heute beherbergt der Bau mehrere Fakultäten der Universität. Im Jahr 1456 wurde das Hospital von Herzog Francesco Sforza und seiner Gemahlin Bianca Maria Visconti gegründet, um mittellose Kranke aufzunehmen, die bis dahin in mehreren über die Stadt verteilten Gebäuden untergebracht waren. Das Gesamtkonzept stammt von dem Florentiner Antonio Averlino, gen. Filarete, ausführende Baumeister waren Guiniforte Solari und Giovanni Antonio Amadeo. Das Ospedale Maggiore ist das früheste Beispiel eines symmetrisch um mehrere Innenhöfe komponierten großen Baukomplexes. Der südliche Teil war bis 1497 vollendet. Erst im Frühbarock kam der große Mittelhof hinzu (ab 1625 durch Francesco Maria Richini), der nördliche Teil sogar erst nach 1789. Der älteste Trakt erstreckt sich rechts vom zweigeschossigen barocken Hauptportal Richinis. Der reiche Terrakottadekor der biforischen Fenster folgt lombardischen Frührenaissancevorbildern, wie sie u. a. von Amadeo in der Certosa di Pavia geschaffen wurden. Der mittlere Trakt links vom Portal, der

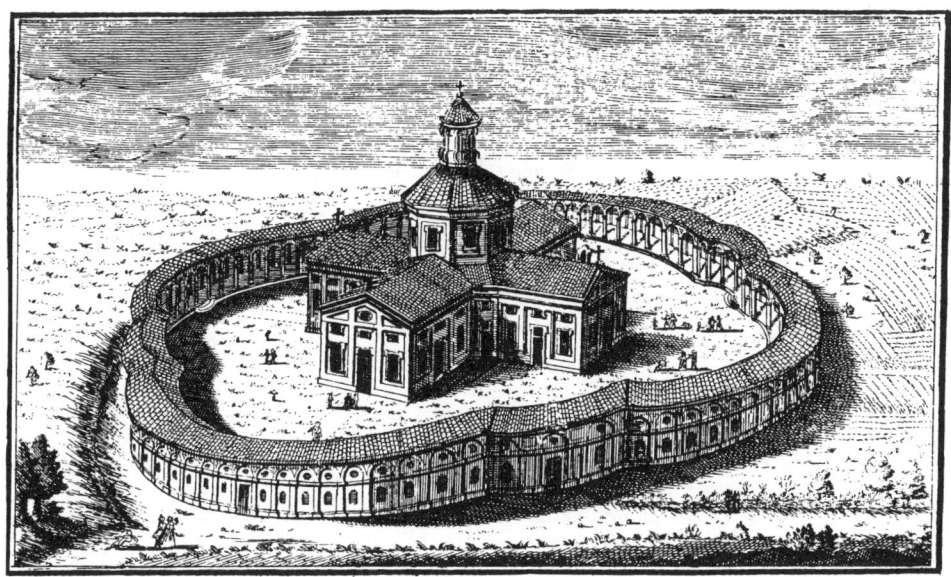

Mailand, S. Michele alla Rotonda (nach M. Dal Re)

reicher gegliedert ist, geht auf das Seicento zurück. Zerstörungen durch die schweren Bombardements im August 1943 konnten nur zum Teil behoben werden.

Eine der merkwürdigsten Anlagen Mailands, *S. Michele (Rotonda)*, ist nicht weit entfernt (Via S. Barnaba/Via Besana). Die einstige Friedhofskirche über dem Grundriß eines griechischen Kreuzes wurde 1713 von Attilio Arrigoni gebaut, der vierpaßförmige Arkadengang, der sie umgibt, nach Entwurf von Francesco Raffagno 1725 vollendet. Die Anlage – heute zum Teil als Spielwiese genutzt – gehörte zum Friedhofsbezirk des Ospedale Maggiore. Der Friedhof wurde 1783 aufgehoben, und 1809 beauftragte Eugène de Beauharnais den klassizistischen Architekten Luigi Cagnola mit dem Umbau in ein Pantheon des Königreichs Italien. Das Projekt blieb jedoch unausgeführt – zur Freude aller, die an dieser seltsamen Zentralanlage ihr Gefallen finden.

Der Bankier der Medici-Bank, Pigello Portinari, der die herrliche Kapelle in S. Eustorgio stiftete, ist in Mailand mehrfach als Initiator beachtlicher Architekturen aufgetreten. Er war auch der Hauptgeldgeber für *S. Pietro in Gessate* (Corso di Porta Vittoria). Die einfache Stufenhalle aus Backstein wurde zwischen 1447 und 1475 nach Entwurf von Guiniforte Solari errichtet. Von Kunstverständigen wird sie vor allem wegen ihrer Innendekoration besucht. Die Cappella Grifi im linken Querarm enthält einen umfangreichen Freskenzyklus zum Leben des hl. Ambrosius. Ausführende Meister waren Bernardino Butinone und Bernardino Zenale aus Treviglio (1490). Das »Begräbnis des hl. Martin« in der fünften Kapelle des linken Seitenschiffes wird Bergognone zugeschrieben (um 1512).

Mailänder Architektur zwischen 1860 und 1970

Historismus

1860–1897	Cimitero monumentale (Piazza del Cimitero monumentale)	Carlo Maciachini
1861–1878	Galleria Vittorio Emanuele II (Piazza del Duomo)	Giuseppe Mengoni
1895–1899	Casa di riposo per musicisti Giuseppe Verdi (Piazza Buonarroti, 29)	Camillo Boito

Jugendstil (Stile Liberty)

1901–1904	Palazzo Castiglioni (Corso Venezia, 47/Via Marina, 10)	Giuseppe Sommaruga
1902–1903	Casa Ferrario (Via Spadari, 3–5)	Ernesto Pirovano
1911	Casa di civile abitazione (Corso Monforte, 32)	Alfredo Campanini
1912–1913	Villa Romeo/Clinica Columbus (Via Buonarroti, 48)	Giuseppe Sommaruga

Zwanziger Jahre

1912–1931	Stazione Centrale (Piazzale Duca d'Aosta)	Ulisse Stacchini
1923–1931	Tennis Club (Via Arimondi, 15)	Giovanni Muzio
1924–1925	Villa Faccincani (Via Comelico, 29)	Gigiotti Zanini
1925	Casa della Meridiana (Via Marchiondi, 4)	Giuseppe de Finetti

Nachkriegsarchitektur

1955–1960	Grattacielo Pirelli (Piazzale Duca d'Aosta, 3)	Pier Luigi Nervi, Arturo Danusso u. a.
1956–1958	Torre Velasca (Piazza Velasca, 5)	Arturo Danusso
1969–1976	Palazzo dello Sport (Via Tesio, 26)	Gilberto und Tommaso Valle

S. Maria della Passione (Via Conservatorio/Via Bellini) ist der zweitgrößte Kirchenbau Mailands nach dem Dom. Die Arbeiten begannen im Jahr 1486 nach Entwurf von Giovanni Battagio aus Lodi, der sich hier – ebenso wie in Crema – Zentralbauten Bramantes zum Vorbild nahm. Nur der Ostbau – bis auf die Kuppel – wurde jedoch nach Battagios Plan errichtet. 1530 vollendete Cristoforo Lombardi die Kuppel, 1573 wurde nach Plänen von Martino Bassi ein basilikales Langhaus hinzugefügt und erst 1692–1729 entstand die Fassade nach dem Entwurf von Giuseppe Rusnati. Die breite, niedrige Barockfassade wird von dem mächtigen doppelgeschossigen Kuppeloktogon Lombardis (Höhe: 50 m) überragt. Auffallend sind die ausladenden Seitenkapellen des Langhauses. Ausstattung und Dekoration stammen größtenteils aus dem 16. Jahrhundert. Die Fresken der Vierung gehen auf Daniele Crespi zurück (Passionszyklus, 1593), diejenigen des Chorgewölbes auf Panfilio Nuvolone (Marienkrönung). Die Altarbilder der ersten Kapelle des rechten Querarmes werden Bernardino Luini zugeschrieben (1510–1515, Kreuzabnahme, Hll. Ambrosius und Augustinus). Die Darstellung des Abendmahles im linken Querarm stammt von Gaudenzio Ferrari (1543), die der Kreuzigung von Giulio Campi (1560). Die Fresken des *Kapitelsaals* (rechts vom Chor) sind Arbeiten von Bergognone (frühes 16. Jahrhundert).

S. Babila (Corso Venezia/Corso Monforte) entstand Ende des 11. Jahrhunderts auf den Mauern einer frühchristlichen Kirche, die Erzbischof Laurentius im 5. Jahrhundert gegründet hatte. Nach 1575 wurde der Bau verändert, der Campanile abgerissen und bis 1610 eine Fassade errichtet. Nach 1850 begannen Restaurierungsarbeiten mit dem Ziel, den romanischen Zustand wiederherzustellen. Der Campanile von 1820 wurde 1926 neuromanisch restauriert. Der dreischiffige Innenraum mit drei Apsiden enthält nur noch wenige originale Stücke des Mittelalters, darunter Kapitelle, die stilistisch gleichzeitigen Reliefs in S. Ambrogio ähneln. Die dekorative *Löwensäule* vor der Kirche wurde 1626 von Giuseppe Robecco unter Verwendung eines romanischen Torlöwen konstruiert.

Die *Villa Reale* (Via Palestro 16) wurde 1780–1796 für den Grafen Lodovico Barbiano di Belgioioso gebaut. Architekt war der Wiener Leopold Pollak. Prachtvoll und nobel ist die Hauptfront zum See – elf Achsen, gegliedert von hohen kannelierten Säulen, die Ecken betont durch übergiebelte Risalite. Nach dem Tode des Grafen wurde die Villa von der Republik Italien Napoleon zum Geschenk gemacht. Unter dessen Stiefsohn Eugène de Beauharnais, dem Vizekönig Italiens, erhielt sie ihren heutigen Namen. Als die Österreicher wieder als Herren in Mailand einzogen, ging der Bau an Marschall Radetzky über, der hier im Jahr 1857 starb. Heute ist in der königlichen Villa, die von einem großzügigen Park umgeben wird, die *Galleria d'Arte Moderna* untergebracht. Die Sammlung gilt vor allem der lombardischen Kunst des 19. und 20. Jahrhunderts. Sechs Säle sind allein dem Werk von Marino Marini gewidmet. Angeschlossen ist der *Padiglione d'Arte Contemporanea* (1949–1954) für Wechselausstellungen moderner Kunst.

Die großen Abteien in der Umgebung Mailands

Gleich hinter den großen Parkanlagen, die sich dem Castello Sforzesco im Nordwesten anschließen, dem *Parco Sempione*, führt die Straße zu einer der bekanntesten Kirchen Mailands, der *Certosa di Garegnano*. Über den Corso Sempione und den Viale Certosa ist die

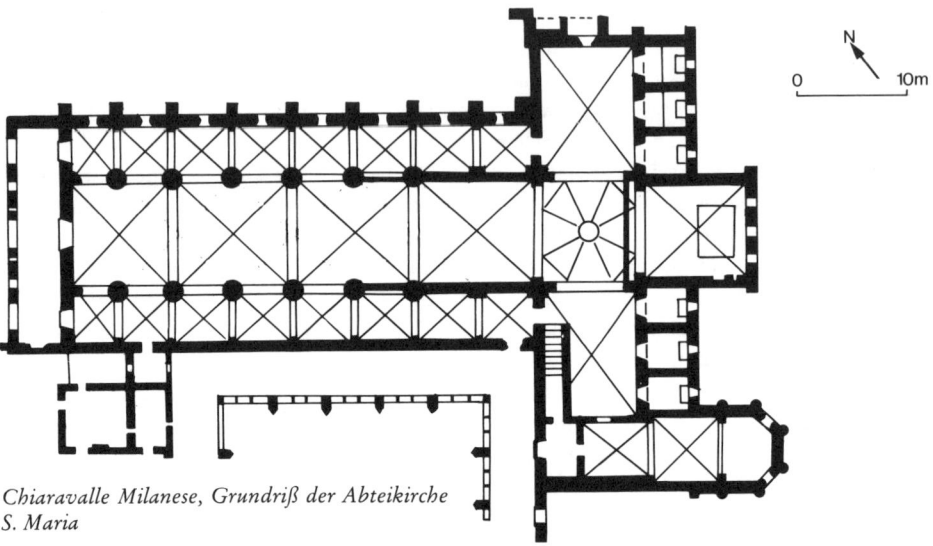

*Chiaravalle Milanese, Grundriß der Abteikirche
S. Maria*

ehemalige Kartause vom Schloß aus mit dem Wagen in etwa 20 Minuten zu erreichen. Zu
Petrarcas Zeit, der in der Nähe einen Landsitz besaß, stand hier der Komplex, den der
Erzbischof Giovanni Visconti 1349 für die Kartäuser gestiftet hatte. Ab 1562 wurde dieser
durch den heute noch bestehenden Neubau ersetzt, der 1603 vollendet war. Die Konventsbauten, die zur gleichen Zeit entstanden, fielen größtenteils der Säkularisation zum Opfer.
Architekten waren Vincenzo Seregno und Galeazzo Alessi, vielleicht unter Mitarbeit von
Pellegrino Tibaldi. Die repräsentative doppelgeschossige Fassade – durch einen Vorhof in
ihrer Wirkung noch gesteigert – ist dicht mit Statuen und Büsten besetzt, die auf die Vergangenheit des Ordens, der Diözese Mailand und des Herzogtums Mailand Bezug nehmen
(hl. Bruno, hl. Hugo, hl. Karl Borromäus, hl. Ambrosius, Luchino Visconti, Giovanni
Visconti). Der einschiffige, von einer Tonne überwölbte Innenraum mit Seitenkapellen
überrascht durch seine reiche Freskierung. Die Wandbilder gelten der Ordensgeschichte. Im
Gewölbe werden – umgeben von Engeln und Halbfiguren von Kartäusern – das Opfer
Abrahams, die Glorie der hl. Magdalena, Johannes der Täufer und die Himmelfahrt darge-
stellt. Alle Fresken des Schiffes stammen von Daniele Crespi und gelten als Hauptwerk des
Meisters, der aus Busto Arsizio bei Varese stammte. Die vorherrschenden grauen und
violetten Farbtöne passen in ihrer kühlen Feierlichkeit gut zu dem prunkvollen Gold der
Kapitelle, Friese und Gurtbogen. Fresken und Altarbilder im Chor stammen von Simone
Peterzano (1578).

Über die Porta Romana und den Corso Lodi ist die Zisterzienserabtei *Chiaravalle Milanese* bequem zu erreichen (7 km). Gleich hinter dem Vorort Nosedo beginnt landwirtschaft-
liches Gebiet, es öffnet sich der Horizont und man sieht den hohen Vierungsturm der
Abteikirche schon von weitem. Abt Bernhard von Clairvaux soll bei der Gründung einer

ersten kleinen Prioratskirche im Jahr 1135 anwesend gewesen sein. Chiaravalle, das als Filiation von Clairvaux auch den Namen der großen französischen Abtei übernahm, war für die Zwecke der asketischen Zisterziensermönche ideal gelegen. Einsamkeit und Wüsteneien wurden bei Neugründungen bevorzugt – in diesem Fall ein unwirtliches Sumpfgebiet vor den Toren der Stadt. Der ersten kleinen Kirche folgte um 1150 der heutige Bau, dessen Weihe 1221 gefeiert werden konnte. Aufgrund umfangreicher Stiftungen wurde die Abtei bald zum Mittelpunkt zisterziensischen Wirkens in Oberitalien. Die Umwandlung zur Kommende im Jahr 1442 dokumentiert den Niedergang im ausgehenden Mittelalter, der jedoch aufgehalten werden konnte, als die Abtei Ende des 15. Jahrhunderts Zentrum der zisterziensischen Reformkongregation S. Bernardo wurde. Nach einer Plünderung durch kaiserliche Söldner im Jahr 1528 setzte eine Zeit intensiver Umbautätigkeit ein. Im 17. und 18. Jahrhundert wurden Kirche und Konventsgebäude barockisiert. Die Säkularisation bewirkte 1798 die Aufhebung des Klosters. Unter Leitung von Luca Beltrami begannen im Jahr 1894 die Restaurierungsarbeiten. Seit 1952 sind die Zisterzienser wieder in Besitz ihrer alten Abtei.

Die Zisterzienser mieden als Reformorden den materiellen Aufwand ebenso wie die Franziskaner. So ist auch die *Abteikirche S. Maria* außen fast schmucklos (Abb. 66), und man verzichtete anfangs sogar auf den in der Lombardei üblichen freistehenden Campanile. Die Verordnungen Bernhards von Clairvaux waren in dieser Hinsicht sehr streng. So kann man im 16. Kapitel der Baubestimmungen des Generalkapitels der Zisterzienser (1134) lesen: »Steinerne Glockentürme sollen nicht gebaut werden. Gebäude außerhalb der Pforte sollen fallen.« Und im 20. Kapitel: »Wir verbieten, daß in unseren Kirchen oder irgendwelchen Räumen des Klosters Bilder und Skulpturen sind, weil man gerade auf solche Dinge seine Aufmerksamkeit lenkt und dadurch häufig der Nutzen einer guten Meditation beeinträchtigt und die Erziehung zu religiösem Ernst vernachlässigt wird. Wir haben jedoch bemalte Kreuze aus Holz.« Daß man jedoch schon ein Jahrhundert später weniger rigoros verfuhr, zeigen viele Zisterzienserbauten, und auch Chiaravalle macht keine Ausnahme. Im 14. Jahrhundert scheinen dann alle diesbezüglichen Hemmungen schon beseitigt gewesen zu sein, denn der *Vierungsturm,* der hier in den Jahren 1347–1349 errichtet wurde, gehört zum prachtvollsten, was in Norditalien zu sehen ist. Baumeister des säulenreichen, filigranen Gebildes aus Marmor und Backstein war wahrscheinlich Francesco Pecorari aus Cremona, dessen Name mit dem Bau des dortigen Torrazzo, aber auch mit dem Turm von S. Gottardo in Mailand in Zusammenhang gebracht wird. Der kleine Glockenturm neben der Fassade, der erst Ende des 16. Jahrhunderts entstand, nimmt sich dagegen sehr bescheiden aus.

S. Maria ist eine Basilika in Form des lateinischen Kreuzes mit dem für die Zisterzienserarchitektur charakteristischen geraden Chorabschluß. Ausstattung und Dekoration gehen größtenteils auf das frühe 17. Jahrhundert zurück. Die *Hauptwerke:* an der *Westwand:* »Kirchenweihe«, Fresko der Brüder Giovanni Battista und Giovanni Mauro della Rovere, gen. Fiammenghini (1614); im *Mönchschor:* Zwei Visionen des hl. Bernhard von Luigi Miradori, gen. Genovesino; darunter reich geschnitztes Chorgestühl von Carlo Garavaglia (1645) mit Szenen aus dem Leben des hl. Bernhard. Das Vierungsgewölbe wurde in der ersten Hälfte des 14. Jahrhunderts von einem anonymen Meister unter Einfluß der Schule der Emilia ausgemalt (Evangelisten und Kirchenväter). Im quadratischen *Presbyterium* sieht man ebenfalls Fresken der Fiammenghini, ebenso im rechten Querhaus, darunter einen »Stammbaum der Benediktinerheiligen«. Von hier aus führt eine Treppe zum *Dormitorium* (darüber ein Frühwerk von Bernardino Luini, Madonna mit Engeln, 1512). An den Wänden des linken Querhausarms sieht man, von den Fiammenghini gemalt, Szenen aus der Ordensgeschichte. Die Statue aus weißem Marmor an der Nordwand, die Auferstehung darstellend, stammt von Giacomo Manzù (1967). Durch eine Tür am Ende des rechten Seitenschiffes (darüber Fresko von Gaudenzio Ferrari, Thronende Maria umgeben von Zisterziensern, erste Hälfte des 16. Jahrhunderts) kommt man zum *Kreuzgang,* von dessen Ursprungsbau des 13. Jahrhunderts jedoch nur noch ein und ein halber Flügel im Originalzustand erhalten sind. Interessant sind die Ecksäulen mit apotropäischem Knotenmotiv. Im frühgotischen, jedoch in der Frührenaissance veränderten *Kapitelsaal* sind an den Fenstern Sgraffiti bramantesker Art angebracht, wie sie ähnlich auch in S. Maria delle Grazie zu sehen sind (Mailänder Veduten: der Dom im Bau, das Castello Sforzesco mit der Torre del Filarete und S. Maria delle Grazie).

Über die kleinen Ortschaften S. Donato Milanese und *S. Giuliano Milanese* kommt man zur *Abtei Viboldone.* Das ehemalige Humiliatenkloster wurde im 12. Jahrhundert gegründet. Nach Aufhebung des Ordens im Jahr 1571 gingen die Bauten an die Olivetaner über, die hier bis 1777 blieben. Erst 1941, nach der durchgreifenden Renovierung der verfallenden Gebäude, wurde das Kloster durch die einziehenden Benediktinerinnen neu belebt. Die Kirche *S. Pietro* (1176 Gründung; 1348 Fassade) ist eine dreischiffige Stufenhalle aus Backstein. Charakteristisch lombardisch sind die gliedernden Halbsäulen der Fassade, die der Einteilung der Schiffe im Innern entsprechen. Auch die seitlichen Zierbiforien, die der Italiener »a cielo aperto« nennt, da sie sich zum freien Himmel hin öffnen, entsprechen lombardischem Brauch. Wie in Chiaravalle sieht man hier die effektvolle Kontrastierung von Marmor und Backstein. Das Marmorportal mit seinem Relief (Madonna mit Heiligen) wird einem Campioneser Bildhauer zugeschrieben. Die Kirche war einst wahrscheinlich vollständig freskiert. Einige sehr schöne spätgotische Fresken sind noch erhalten, darunter eine thronende Madonna mit Heiligen aus dem Giotto-Umkreis (1349) und ein Jüngstes Gericht von Giusto de' Menabuoi.

Die *Abtei Mirasole* bei **Opera** wird noch auf Jahre hinaus für den Kunstfreund nicht zugänglich sein. Erst 1984 begann man mit den Restaurierungsarbeiten an den verfallenden Klosterbauten. Wie Viboldone war auch Mirasole ein Humiliatenkloster, das im 13. Jahrhundert gegründet wurde. Da sich der Laienorden vor allem der landwirtschaftlichen Arbeit widmete, nehmen die Ökonomiebauten einen großen Raum ein. Die Kirche *S. Maria Assunta,* ein einschiffiger Backsteinbau aus dem Ende des 14. Jahrhunderts, ist klein und schmucklos. Der Campanile stammt noch aus der Gründungszeit. Ein Fresko der Himmelfahrt Mariä wird dem Umkreis von Bonifacio Bembo zugeschrieben (Mitte des 15. Jahrhunderts). Der arkatierte *Kreuzgang* mit Säulenloggia links neben der Kirche stammt aus der ersten Hälfte des 15. Jahrhunderts. Seit der Säkularisation ist der Klosterkomplex im Besitz des Ospedale Maggiore in Mailand, das hier nach der Restaurierung Räume zur Systematisierung seiner Quadreria (Bildersammlung) einrichten wird.

Ganz in der Nähe, bei **Pieve Emanuele,** findet man die *Cascina Vione,* eine der besterhaltenen Cascine der Lombardei. Sehr unzureichend wird Cascina oft mit »Meierei« übersetzt. Es handelt sich bei diesen sehr umfangreichen, in vielen Fällen mit Kapellen, oft auch mit freskierten Räumen ausgestatteten Anlagen zwar auch um Landwirtschaftsbetriebe, jedoch immer gehobener Art. Im 15. Jahrhundert hatten die Sforza eine Reihe solcher Gebäude mit dazugehörender Ökonomie am Stadtrand von Mailand eingerichtet, und bald machten es ihnen die reichgewordenen Patrizier nach. Man zog sich in diese Landhäuser am Wochenende zurück, empfing Gäste und erholte sich von den Geschäften. Die Cascina Vione entstand im 17. Jahrhundert, eine viereckige Anlage um acht Höfe mit zwei Barockportalen, den dazugehörigen landwirtschaftlichen Gebäuden und einer kleinen Mühle.

In der Provinz Mailand

Die französische Zisterzienserabtei Morimond – wie Clairvaux im Jahr 1115 gegründet – gab ihrem italienischen Filialkloster südlich von Abbiategrasso den Namen **Morimondo.** Die Gründung erfolgte 1134 im nahe gelegenen Coronate, doch wurde das Kloster schon 1136 an den heutigen Ort verlegt. Ausschlaggebend für die Wahl des Terrains war nach Zisterzienserbrauch die einsame Lage in einem Gebiet, das von den Mönchen erst urbar gemacht werden mußte – in diesem Fall ein Sumpfland östlich des Ticino. Bereits um 1170 hatte sich Morimondo dank umfangreicher Schenkungen zu einer blühenden Abtei entwickelt. Die Lage innerhalb des Grenzgebietes der einander feindlich gesonnenen Städte Mailand und Pavia hatte im 13. Jahrhundert wiederholte Plünderungen und Zerstörungen zur Folge, darunter eine verheerende im Jahr 1237. In der Zeit der höchsten Blüte vom Ende ins 13. bis zum 14. Jahrhundert konnten von hier aus Filiationen in Acquafredda bei Como und Casalvolone bei Novara gegründet werden. Den beinahe zwangsläufig folgenden Niedergang belegt die Umwandlung zur Kommende durch Giovanni Visconti in der Mitte des 15. Jahrhunderts. 1556 gingen Teile des Besitzes an das Ospedale Maggiore in Mailand über und

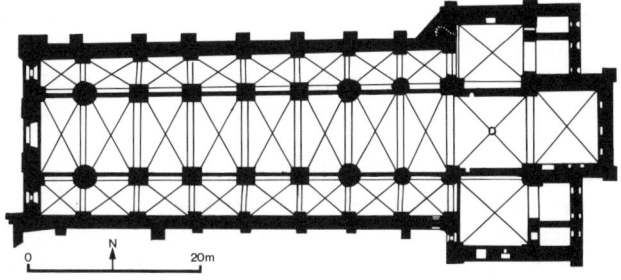

Morimondo, Grundriß der Abteikirche SS. Maria e Ambrogio

0   N   20m

1798 erfolgte die Säkularisation. Seit 1952 ist die Abtei in den Händen der Kongregation der Oblati di Maria Vergine, doch ist der südliche Klostertrakt Privatbesitz.

Die Kirche *S. Maria e S. Ambrogio* ist eine dreischiffige Backsteinbasilika mit Querhaus und dem bei Zisterziensern üblichen geraden Chorabschluß. Der Bau wurde 1182 begonnen, konnte jedoch erst mehr als 100 Jahre später (1296) vollendet werden. Der oktogonale Vierungsturm stammt aus der Mitte des 13. Jahrhunderts. Die Ausstattung ist gemäß den asketischen Ordensidealen nicht reich, doch gibt es einige sehenswerte Stücke; darunter am ersten Pilaster rechts ein gotisches Weihwasserbecken des 14. Jahrhunderts. Die bekrönende Madonnenstatue, Bonino da Campione zugeschrieben, wurde 1974 entwendet. Das aufwendige, geschnitzte und intarsierte *Chorgestühl* entstand 1490 bis 1522 durch Francesco Giralli. Während der Restaurierung im Jahr 1983 wurden an der linken Wand Freskenreste einer Verkündigung entdeckt, die dem Umkreis von Vincenzo Foppa (Ende des 15. Jahrhunderts) zugeschrieben werden. Am Ende des rechten Seitenschiffes führt eine Tür, die Anfang des 16. Jahrhunderts mit Terrakottadekor geschmückt wurde, zur Sakristei. Der nur noch fragmentarisch erhaltene *Kreuzgang* rechts neben der Kirche – von Konventsgebäuden umgeben – stammt aus den verschiedenen Bauphasen des 12. und 13. Jahrhunderts.

Abbiategrasso – ein reger kleiner Industrie- und Marktort – ist für den Kunstfreund in mancher Hinsicht lohnend. Am Knick des Naviglio Grande gelegen, ist dieser Ort der ideale Ausgangspunkt für Entdeckungsfahrten zu den alten Villen des Mailänder Adels und Patriziates und in das Naturschutzgebiet des Parco Nazionale della Valle del Ticino. Zwar wird man die Villen des Naviglio Grande nicht mit denen der Brenta vergleichen können – hier war weder ein Palladio noch ein Tiepolo zur Stelle – doch sind einige dieser Landsitze *(Robecco, Villa Gandini; Cassinetta, Villa Visconti Maineri)* einen Abstecher durchaus wert. In der Gegend von Cisliano sind einige gut erhaltene Cascine zu sehen. Hier und dort findet man auch noch alte Mühlen, wie den *Molino Gerli* bei Cassinetta, der im Kern noch auf das 15. Jahrhundert zurückgeht.

Abbiategrasso wurde – nach dem Kanaldurchstich des Naviglio Grande und der Errichtung einer Visconti-Burg (um 1280) zu einem wichtigen Mailänder Vorposten am Ticino. Das *Castello Visconteo* – einst mit vier Ecktürmen besetzt – wartet noch auf seine vollständige Restaurierung. Zu den architektonischen Attraktionen im Westen von Mailand gehört die Kirche *S. Maria Nuova* (Via Borsani/Via Piatti; Abb. 67). Die gotische Säulenhalle, die ab 1365 errichtet wurde, besitzt eine Renaissancevorhalle, die Donato Bramante 1497 entwarf. Es war sein letztes Werk in der Lombardei, bevor er nach Rom ging, und nimmt formal den Belvederehof im Vatikan voraus. Ein weiteres schönes Zeugnis der Bautätigkeit während der Renaissance ist der arkatierte Hof, der mit ornamentalem und figürlichem Terrakottadekor geschmückt ist.

Eine Kunstfahrt in den Südosten der Provinz wird immer Lodi zum Hauptziel haben. Sinnvoll ist es, als erste Station **Lodi Vecchio** zu wählen, den älteren, einst hochbedeutenden Nachbarort. Das römische Municipium Laus Pompeia hatte sich bis zum 12. Jahrhundert zur blühenden Gemeinde entwickelt. Als solche stand sie den territorialen Expansionsbe-

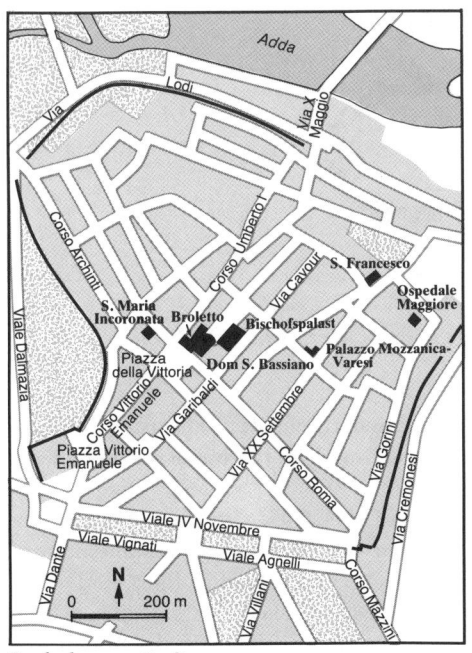

Stadtplan von Lodi

strebungen der Mailänder im Wege, die den Ort im Jahr 1158 vollständig zerstörten. Geblieben aus der Zeit einstigen Glanzes ist nur noch die Kirche *S. Bassiano* (Abb. 68). Vom hl. Bassianus im 4. Jahrhundert als Apostelkirche gegründet, verdankt der heutige Backsteinbau seine Erscheinung im wesentlichen einer gotischen Erneuerung der Jahre um 1320. Teile des romanischen Vorgängerbaues sind noch erhalten, wie die Apsis mit Nischenkranz (um 1050). Die hohe, eindrucksvolle Stufenfassade mit Radfenster, Biforien über den Dächern und bekrönenden Fialen, entstand im 14. Jahrhundert. In einer Nische im Giebel erscheint die Statue des Kirchenpatrons. Im Innern sind Fresken der Gotik erhalten. In der Volta dei Carri (frühes 13. Jahrhundert) wird dargestellt, wie sich damals der Transport des Materials zur Dachbedeckung vollzog.

Nach der Zerstörung von Lodi Vecchio ließ Kaiser Friedrich I. Barbarossa in 6 km Entfernung das neue **Lodi** am Westufer der Adda bauen. Der Übermacht Mailands mußte sich die freie Kommune – geschwächt durch interne Kämpfe zwischen Ghibellinen und Guelfen – schließlich doch ergeben. Im Jahr 1311 begann für Lodi die Herrschaft der Visconti und von diesem Zeitpunkt an verlief die Geschichte der Stadt parallel mit der Mailänder.

Die zentral gelegene Piazza della Vittoria ist der geeignete Ausgangspunkt für einen Rundgang. Die Platea maior der kommunalen Zeit ist von Arkadengängen umgeben, die zwischen dem 15. und 17. Jahrhundert angelegt wurden. Beherrschendes Bauwerk ist der *Dom S. Bassiano*, der im Jahr 1160 begonnen wurde. Drei Jahre später konnten – in Anwesenheit von Friedrich I. Barbarossa – die Gebeine des hl. Bassianus aus dem benachbarten alten Lodi hierher in die Krypta überführt werden. Ostbau und Langhaus waren bis zur Mitte des 13. Jahrhunderts vollendet, die Dekoration der Fassade wurde um 1284 abgeschlossen. Veränderungen des 16. und 18. Jahrhunderts sorgten für eine in manchen Teilen uneinheitliche Erscheinung. Auch der romanische Campanile wurde in der Mitte des 16. Jahrhunderts neu gebaut. Einige Teile – wie die Löwen des Vorhallenbaldachins – stammen aus der Kirche des zerstörten alten Lodi. Herausragend sind die Skulpturen von *Adam und Eva* im Portalgewände (um 1180), deren unbekannter Meister wohl von französischen Vorbildern angeregt wurde. Auch im Inneren der dreischiffigen Basilika findet man Ausstattungsstücke aus Lodi Vecchio, darunter das Marmorantependium mit Reliefs der hll. Petrus,

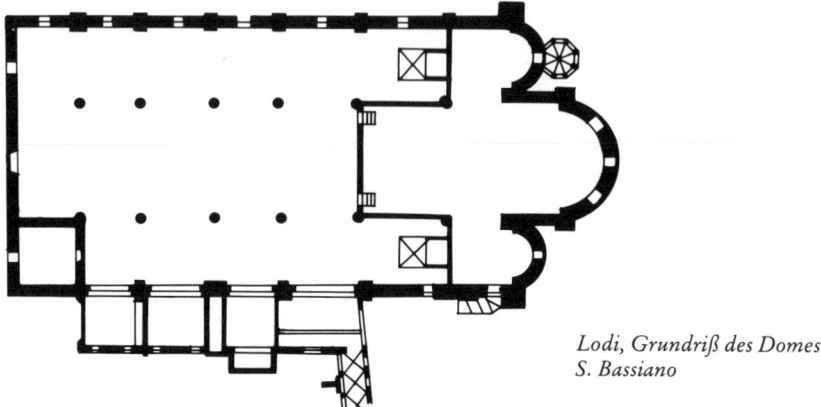

Lodi, Grundriß des Domes S. Bassiano

Bassianus und Clemens am Hauptaltar (10.–11. Jahrhundert) und das romanische Figurenrelief im linken Seitenschiff. Gotische Fresken des 14. und 15. Jahrhunderts sind an der Nordwand und in einer der südlichen Kapellen erhalten.

Der *Broletto* an der Nordecke der Piazza entstand ab 1284, wurde jedoch im 18. Jahrhundert an seiner Hauptfront mit einem Portikus versehen. Durch die Loggia kommt man zur Piazzetta del Broletto und zu den Resten des alten Stadtpalastes. Östlich führt ein Durchgang zur Piazza Mercato, der alten Platea minor. An dem hübschen, baumbestandenen Platz ist viermal in der Woche Markttag. Hier steht auch der *Palazzo Vescovile,* der Bischofspalast, der auf einen Bau des Jahres 1163 zurückgeht, jedoch 1730 barock erneuert wurde (Giovanni Antonio Veneroni aus Padua). Prachtvoll ist der Hof mit Arkadenumgang und Doppelsäulen, der jedoch leider nur an drei Seiten vollendet wurde (Brüder Sartori aus Lodi).

Der architektonisch herausragende Bau der Stadt ist die Kirche *S. Maria Incoronata* westlich vom Domplatz (Via Incoronata). Leider ist sie so umbaut, daß man ihre Schönheit von außen nur noch bruchstückhaft erkennen kann. Baumeister der 1488 begonnenen Kirche war Giovanni Domenico Battagio aus Lodi – bekannt vor allem durch die bramanteske Wallfahrtskirche S. Maria della Croce bei Crema. Auch der Incoronata liegen Zentralbauvorstellungen zugrunde, die durch Leonardo da Vinci und Bramante in die Lombardei eingeführt wurden. Der oktogonale, überkuppelte Kernraum ist im Erdgeschoß von Kapellennischen, im Obergeschoß von einem Laufgang mit Biforien umgeben. Der Plan Battagios wurde 1489–1494 durch Giovanni Giacomo Dolcebuono, von dem auch der Entwurf des Campanile stammt, modifiziert, die Kuppel 1513 von Giovanni Antonio Amadeo errichtet. Die malerische Ausstattung stammt im wesentlichen von den einheimischen Brüdern Callisto, Scipione und Cesare Piazza (erste Hälfte des 16. Jahrhunderts). Der polychrome Marmorfußboden ist eine Arbeit von Cristoforo Pedoni (1540). Die Orgeltüren wurden von den Brüdern Matteo und Giovanni della Chiesa bemalt (Ende des 15. Jahrhunderts). In der Westkapelle sind vier Tafelbilder von Bergognone zur Geburt Christi (um 1515) zu sehen. In der *Sakristei* wird – zum Teil in ausgezeichnet intarsierten Schränken – der Kirchenschatz aufbewahrt. Zu den Kostbarkeiten gehören von Giovanni da Pandino miniierte Choralbücher (1545).

Auf dem Weg zur östlich der Piazza della Vittoria gelegenen Baugruppe des Ospedale Maggiore begegnet man einem der schönsten Frührenaissancepaläste der Stadt. Der *Palazzo Mozzanica-Varesi* (Via XX Settembre/Via Volturno) entstand Ende des 15. Jahrhunderts für Lorenzo Mozzanica. Der Terrakottadekor des Backsteinbaues, vor allem der Puttenfries über dem Erdgeschoß, gehört zu den besten lombardischen Arbeiten dieser Art, in der Qualität durchaus vergleichbar mit den Werken von Rinaldo de' Stauris in der Certosa di Pavia.

Der mächtige Bau des *Ospedale Maggiore* (Piazza S. Francesco) entstand ab 1495 im Auftrag des Marchese Carlo Pallavicini, Bischof von Lodi. Die Anlage wurde wiederholt erweitert und verändert (ab 1571 nach Entwürfen von Pellegrino Tibaldi und 1792 von Giuseppe Piermarini). Bezaubernd ist der kleine arkatierte Frührenaissancehof mit hübschem Brunnen und noblem Terrakottadekor (1473). Das anmutige Geviert führt zu dem kleinen *Museo Paolo Gorini,* das zartbesaitete Reisende allerdings nicht besuchen sollten. Der Naturwissenschaftler Gorini befaßte sich unter anderem mit Problemen der Einbalsamierung und Konservierung organischer Substanzen, und so sieht man hier manchen mumienhaften Kopf nebst anderen konservierten Körperteilen – ein Anblick, der nicht besonders vergnüglich ist. Erfreulich ist dagegen der Museumsraum selbst, der einstige Festsaal des Hospitals mit ausgezeichneter manieristischer Groteskendekoration von Giulio Cesare Ferrari (1593).

Die gotische Kirche *S. Francesco* schräg gegenüber wird seit 1986 einer eingehenden Restaurierung unterzogen. Der Bau, der in der zweiten Hälfte des 13. Jahrhunderts als Stiftung der Familie Fissiraga entstand, blieb unvollendet. Die Westfassade mit prächtigem Radfenster aus Marmor wurde nur bis zum Ansatz der Giebelzone hochgezogen. Die seitlichen Biforien öffnen sich – wie bei S. Bassiano in Lodi Vecchio – ins Leere. S. Francesco wurde als kreuzförmige Basilika nach zisterziensischem Schema konzipiert. Der Innenraum enthält an Pfeilern, Wänden und in der Wölbung zahlreiche Fresken des 14. und 15. Jahrhunderts (biblische Themen und Heiligenlegenden). Im südlichen Querarm steht das Hochgrab des Stifters Antonio Fissiraga (gest. 1327). Die Ausmalung des Chores geschah erst 1740 durch Sebastiano Galeotti.

Nahe des östlichen Ufers der Adda, nur wenige Kilometer von Lodi entfernt, steht eine der ehrwürdigsten Klosterkirchen der Provinz Mailand, *S. Pietro* in **Abbadia Cerreto.** Die Bauten des ehemaligen Benediktinerkonvents, das 1084 gegründet wurde, sind größtenteils zerstört. S. Pietro entstand um 1150, nachdem die Abtei den Zisterziensern von Chiaravalle übergeben worden war. Zisterziensisch ist der Grundriß: Die dreischiffige, kreuzförmige Basilika besitzt einen rechteckigen Chor und rechteckige Querhauskapellen. Der Backsteinbau folgt formal in einigen Teilen der zisterziensischen Mutterkirche Chiaravalle Milanese. Die Giebelfassade jedoch wirkt durch ihre wohlproportionierte arkatierte Vorhalle (um 1250) weniger karg, als man es bei Zisterzienserbauten gewohnt ist. Großartig ist vor allem der Ostbau mit dem prachtvollen oktogonalen *Vierungsturm.* Leider wurde das Kegeldach

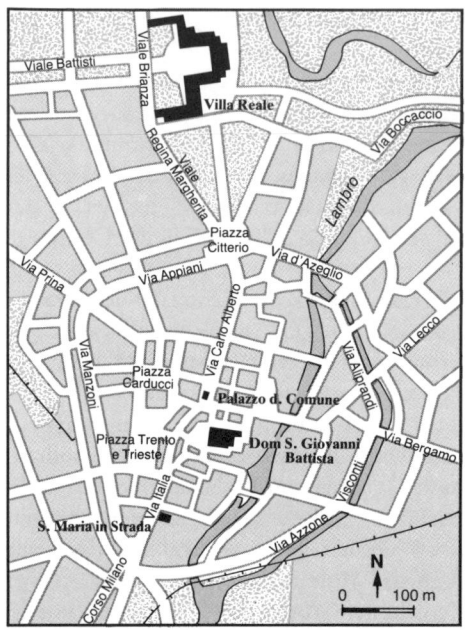

Stadtplan von Monza

nach einem Brand Ende des 17. Jahrhunderts abgetragen. Auf der südlichen Querhauskapelle sitzt ein kleiner, während des Barock hinzugefügter Glockenturm. Von der ehemaligen Ausstattung ist nur noch ein Chorgestühl des 18. Jahrhunderts erhalten und im linken Querarm ein Gemälde von Callisto Piazza aus Lodi, eine Madonna mit Kind (Mitte des 16. Jahrhunderts). Die Freskenmedaillons im Hochschiff sind ebenfalls barock.

Nur 13 km nördlich von Mailand gelegen, ist **Monza** heute nicht viel mehr als ein Vorort der lombardischen Metropole. Die (empfehlenswerte, da praktische) Busfahrt vom Mailänder Hauptbahnhof führt durch ein dicht besiedeltes Industrie- und Wohngebiet von seltener Unschönheit. Erst mitten im Zentrum von Monza, an der Piazza Roma und der Piazza del Duomo wird man an Größe, Ruhm und Glanz der einstigen Langobardenstadt erinnert.

Die römische Veteranensiedlung Modoetia – zuvor schon von den Kelten besiedelt – wurde von der Langobardenkönigin Theodelinde Ende des 6. Jahrhunderts und von Berengar I. 919 als Residenzstadt erwählt. Im Mittelalter zwang die bedrohliche Nähe von Mailand die freie Kommune zum Bund mit Kaiser Friedrich I. Barbarossa. Interne Parteienkämpfe zwischen Ghibellinen und Guelfen bewirkten auch hier wie fast überall in der Lombardei eine Schwächung der Abwehrkraft, die sich die Visconti zunutze machten. 1324 wurde Monza dem Visconti-Territorium eingegliedert.

Bedeutendstes Zeugnis aus der Zeit kommunaler Selbständigkeit ist der *Arengario*, der alte Palazzo del Comune (Piazza Roma). Er entstand Ende des 13. Jahrhunderts, etwas später als der Mailänder Palazzo della Ragione, den er kopiert. Auch die Torre del Comune, der mächtige Turm, stammt aus dieser Zeit. Die Parlera im Süden, ein kleiner überdachter Balkon, diente zur Verkündung von Ratsbeschlüssen. Über dem Portikus im Erdgeschoß liegt der einstige Ratssaal, in dem heute das *Museo Archeologico* untergebracht ist.

Der *Dom S. Giovanni Battista* (Piazza del Duomo; Abb. 71) gehört sowohl in seiner Gestalt als auch in seinen historischen Bezügen zu den bedeutendsten Kirchenbauten Oberitaliens. Die Gründung durch die Langobardenkönigin Theodelinde Ende des 6. Jahrhunderts wird vermutet. Die Gemahlin des Königs Agilulf, aus bayerischem Herzogsgeschlecht stammend, wurde im Gegensatz zu dem arianischen König katholisch erzogen. Ein reger

Briefwechsel mit Papst Gregor ist bezeugt. Sie war es, die den Übertritt der Langobarden vom arianischen zum katholischen Christentum vorbereitete. Neben S. Ambrogio in Mailand und S. Michele in Pavia war auch der Dom von Monza zeitweise Krönungskirche. Die Gründungskirche wurde in der zweiten Hälfte des 13. Jahrhunderts durch einen spätromanischen Zentralbau ersetzt, der um 1310 vollendet war. Eine gotische Erweiterung (basilikales Langhaus, polygonale Nebenapsiden) erfolgte zwischen 1340 und 1396 durch Matteo da Campione. Weitere Ergänzungen (Seitenkapellen, Langhauswölbung) gehen auf das 16. Jahrhundert zurück. Der *Campanile* wurde 1592–1606 nach einem Entwurf von Pellegrino Tibaldi errichtet. Eine Restaurierung der Fassade und der Glockenstube des Campanile in den Jahren 1889–1908 geht auf Luca Beltrami zurück.

Die grün-weiß inkrustierte, gestufte Marmorfassade gehört zu den prächtigsten Schaufassaden der Lombardei. Wenn auch ihre Farbigkeit toskanisch ist, so ist sie doch in ihrer kleinteiligen Gliederung und ihrem Dekorreichtum durchaus lombardisch. Beherrschendes Schmuckelement ist die große Fensterrose innerhalb eines Kassettenrahmens. Die *Vorhalle* mit säulentragenden Löwen und Baldachin ist eine charakteristisch campionesische Arbeit, ähnlich derjenigen Ugos da Campione an S. Maria Maggiore in Bergamo. Die Reliefs im Bogenfeld des Portals (11.–12. Jahrhundert) zeigen oben Agilulf und Theodelinde, die dem Kirchenpatron Johannes dem Täufer die Eiserne Krone der Langobarden und Geschenke für den Kirchenschatz darbringen (darunter die Henne mit Küken). In der unteren Reliefzone sieht man die Taufe Christi zwischen Maria und Johannes, Petrus und Paulus. Der Innenraum des Domes wirkt durch seinen Farbenreichtum und sein effektvolles Helldunkel sehr feierlich. Das dreischiffige Langhaus des 14. Jahrhunderts hebt sich deutlich vom romanischen Bau über dem Grundriß eines griechischen Kreuzes ab. Ausstattung und Dekoration stammen größtenteils aus dem Barock (Fresken des 17. und 18. Jahrhunderts zum Leben

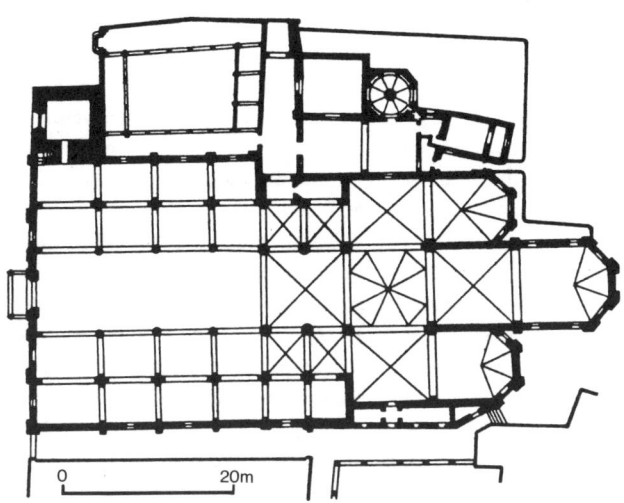

Monza, Grundriß des Domes

Johannes des Täufers und zum Thema der Krönungskirche u. a. von Isidoro Bianchi, Carlo Carlone, Sebastiano Ricci). Die Fresken im Südquerarm stammen von dem Manieristen Lattazio Gambara aus Brescia (1570).

Hauptstück der plastischen Ausstattung ist die *Orgeltribüne* (ehemals Lettner oder Ambo) mit Reliefs der zweiten Hälfte des 14. Jahrhunderts, die Matteo da Campione zugeschrieben werden (Auferstehung Christi, Evangelisten, Apostel). Malerisches Hauptwerk sind die Fresken in der *Cappella di Teodelinda* links vom Hauptchor (Abb. 70). Der Freskenzyklus der Brüder Zavatteri entstand im Jahr 1444 im Auftrag von Filippo Maria Visconti. In über 40 Szenen – in Streifen übereinander angeordnet – wird die Geschichte der Theodelinde dargestellt. Der Zyklus, gemalt in der feinen, höfischen Art des Weichen Stils ist eines der bedeutendsten Werke spätgotisch-lombardischer Malerei. Die berühmte *Eiserne Krone der Langobarden* wird ebenfalls in diesem Raum, in einem neugotischen Tabernakel, aufbewahrt. Der kostbare kleine Reif, dicht besetzt mit Edelsteinen, getriebenen Goldrosetten und ornamentalem Zellenschmelz, sieht auf den ersten Blick keineswegs eisern aus. Erst bei näherem Hinschauen entdeckt man an der Innenseite ein schmales Eisenband – der Überlieferung nach aus einem Nagel des Kreuzes Christi geschmiedet. Die Krone – als Reliquie verehrt – wird nur auf Anfrage gezeigt. (Man versichere sich, daß man die echte Krone zu sehen bekommt, denn es gibt auch eine Kopie!) Mit dieser Krone wurden Jahrhunderte hindurch Könige und Kaiser zu Königen von Italien gekrönt, darunter Friedrich I. Barbarossa und Karl V. Auch Napoleon wurde sie im Jahr 1805 in Mailand aufs Haupt gesetzt. Weder die Datierung noch die künstlerische Provenienz des Stückes sind gesichert, doch nimmt man eine Entstehung in karolingischer Zeit (zweite Hälfte des 9. Jahrhunderts) an. Weitere hervorragende Stücke frühchristlicher und mittelalterlicher Goldschmiedekunst sind im *Museo Serpero* zu sehen, das über den Kreuzgang zu erreichen ist. Hauptstück der Sammlung ist die *Henne mit Küken* – eine Gruppe pickender kleiner Hühnchen mit der Henne in der Mitte, vielleicht ein Symbol der Kirche, die ihre Gläubigen beschützt. Die Treibarbeit aus vergoldetem Silber wird in das 6. Jahrhundert datiert. Bezaubernd ist auch die Votivkrone der Theodelinde, ein Reif, mit Edelsteinen und Perlen besetzt, der in seiner edlen Einfachheit besticht. Neben spätantiken Elfenbeinarbeiten und einem Votivkreuz, das Papst Gregor der Große der Königin schenkte, sind hier auch kostbare Gobelins zu sehen, die das Leben des Kirchenpatrons darstellen (1505–1520). Der früher in der Sammlung aufbewahrte *Paliotto*, eine Treibarbeit von Bogino del Pozzo aus der Mitte des 14. Jahrhunderts, ist heute wieder am Choraltar angebracht. Das Antependium zeigt in seinen 16 Reliefs Szenen aus dem Leben Johannes des Täufers.

Südlich des Domplatzes, an der Via Italia, steht die kleine Kirche *S. Maria in Strada*. Der spätgotische Bau (Weihe 1357) ist vor allem wegen seines reichen Terrakottadekors sehenswert, der allerdings um 1870 ergänzend restauriert wurde. Die bildhauerischen Arbeiten der Fassade stammen wahrscheinlich von einem campionesischen Meister (1393).

Außerhalb des Stadtzentrums – über die Piazza Citterio und den Viale Regina Margherita zu erreichen – liegt die *Villa Reale*. Die prunkvolle klassizistische Dreiflügelanlage wurde 1777–1780 von Giuseppe Piermarini für Erzherzog Ferdinand von Österreich gebaut. Die

Die Villa Reale in Monza nach einem Stich des 19. Jahrhunderts

Innenräume sind reich ausgestattet (u. a. Fresken von Andrea Appiani in der Rotonda, 1789). Im Nordflügel ist eine kleine *Gemäldesammlung* (vor allem lombardische Meister des 16.–19. Jahrhunderts) untergebracht. Die Hauptfassade blickt auf die Giardini Reali, die Königlichen Gärten. In ihrer Erweiterung entstand ab 1806 eine ausgedehnte Parkanlage im englischen Stil, ein Auftrag von Eugène de Beauharnais, dem Stiefsohn Napoleons. Leider wurde der Park – einer der großartigsten Europas – durch den Bau des Autodromo, der berühmten Autorennbahn von Monza, stark beeinträchtigt.

Die Villen des Adels und reichen Patriziats, die zwischen dem 16. und 19. Jahrhundert vor allem am Naviglio Grande und in der Brianza entstanden, sind heute zum großen Teil in so schlechtem Zustand, daß es nicht lohnt, sie aufzusuchen. Nördlich von Monza, wo die hügelreiche **Brianza** beginnt, sind jedoch einige dieser Landsitze noch sehenswert.
Desio, Villa Cusani: nach dem Entwurf von Giuseppe Piermarini bis 1776 für die Marchesi Cusani errichtet, 1836–1846 von dem Turiner Architekten Pelagio Palagi für Antonio Traversi neugotisch verändert; im Park ein neugotisches Oratorium, dazu Pavillon und Tempietto.

Cesano Maderno, Villa Borromeo: begonnen 1618 für Conte Marco Maria Arese; umgebaut 1640–1670 für Conte Bartolomeo Arese, wohl nach Entwurf von Francesco Maria Richini; verändert Ende des 17. Jahrhunderts für die Familie Borromeo-Arese; Deckenfresko von Giovanni Stefano Danedi, gen. Montalto (Sonnenwagen Apolls, um 1680); italienische Gartenanlage.

Arcore, Villa Gallarati-Scotti (La Gazzola): Erneuerung eines wohl von Pellegrino Tibaldi entworfenen Jagdhauses der Familie Gazzola um 1630 durch Francesco Maria Richini für G. B. Durini; 1812 durch Carlo Amati verändert.

Arcore, Villa Borromeo d'Adda: um 1760 für Abt Ferdinando d'Adda gebaut, ab 1840 verändert; 1880 von Emilio Alemagna vollendet.

Carate Brianza, Villa La Costa: Ende des 18. Jahrhunderts für die Conti Calderara errichtet, im 19. Jahrhundert für die Marchesi Stanga-Trecchi verändert; italienischer Garten; beherrschende Lage über dem Lambro.

Lainate, Villa Litti-Toselli: errichtet für Pirro Visconti-Borromeo Ende des 16. Jahrhunderts, verändert für die Familien Arese und Litta bis ins frühe 19. Jahrhundert; aufwendige barocke Gartenanlage mit Statuen, Wasserspielen und Grotten.

Unweit von Carate Brianza ist neben den Adelsvillen auch ein romanischer Kirchenbau unbedingt sehenswert. *S. Pietro* in **Agliate** (Abb. 69) geht auf eine Gründung des Mailänder Erzbischofs Anspert im ausgehenden 9. Jahrhundert zurück. Die querhauslose Säulenbasilika, deren drei Schiffe in halbrunden Apsiden enden, entstand in ihrer heutigen Form (1731 barockisiert, im 19. Jahrhundert wieder im ursprünglichen Zustand restauriert) in der ersten Hälfte des 11. Jahrhunderts. Auf die gleiche Zeit geht auch die kleine Hallenkrypta unter dem tonnengewölbten Chorjoch zurück. Charakteristisch für die frühe Entstehungszeit der Kirche ist der nahezu ungegliederte Außenbau, dessen einziger Schmuck aus einem Nischenkranz unter der Dachtraufe der Hauptapsis besteht. Auch das *Baptisterium* südlich neben S. Pietro gehört an den Anfang des 11. Jahrhunderts. Das unregelmäßige Kuppeloktogon weist außen einen ähnlichen Nischenkranz wie die Kirchenapsis auf, der jedoch durch einen umlaufenden Rundbogenfries bereichert ist. Im Innern findet sich ein achteckiges Taufbecken aus der Entstehungszeit des Gesamtkomplexes.

Die Provinz Pavia

> »Schon vor Bramantes Ankunft in Mailand hatte Ambrogio Bergognone die
> Fassade der Certosa von Pavia begonnen. Neben derjenigen des Domes von
> Orvieto ist sie das erste dekorative Prachtstück Italiens und der Welt ... Allein
> die unermeßliche Pracht und zum Teil auch der feine dekorative Geschmack,
> welche das Erdgeschoß beherrschen, haben ein in seiner Art unvergleichliches
> Ganzes hervorgebracht.«
>
> *Jacob Burckhardt*

Die Certosa di Pavia

Es ist für den Geschmack des 19. Jahrhunderts bezeichnend, daß Jacob Burckhardt der
Certosa di Pavia in seinem »Cicerone« eine ganze Seite widmet, die Kirchen der Stadt Pavia
selbst jedoch mit wenigen Sätzen abtut. Die edle Fassade von S. Michele wird als »gedanken-
los« eingestuft und die ehrwürdige Kirche S. Pietro in Ciel d'Oro überhaupt nicht erwähnt.
Heute hat sich das Verhältnis umgekehrt. Der Kunstkenner unserer Zeit steht bewundernd
vor den ernsten romanischen Kirchen der Stadt, die Certosa hingegen wird als schlecht
gelungenes, überladenes Beispiel der nördlichen italienischen Renaissance bewertet.

Mag man ästhetisch auch manches an dieser Kirche auszusetzen haben – eines ist sicher:
Sie gehört zu den imposantesten Denkmalen der italienischen Kunst und muß für jeden
Besucher interessant, ja fesselnd sein, der versucht, sie nicht nur als künstlerisches, sondern
auch als historisches Dokument zu entdecken.

Gian Galeazzo Visconti, Herzog von Mailand und Graf von Pavia, beschloß im Jahr 1390
im riesigen Park seines Schlosses ein Kloster zu errichten, das zugleich Grabstätte seiner
Dynastie sein sollte. Wie der Dom von Mailand, der an Größe und Pracht alle Kirchen der
Christenheit übertreffen sollte, wurde auch dieses Kloster von Anfang an im Kolossalmaß-
stab geplant. Die Mönche, die hier einziehen sollten, mußten Kartäuser sein. Ein zeitgenössischer französischer Herrscher, Philipp der Kühne, der 1385 die Kartause Champmol
gründete, hatte die Nützlichkeit gerade dieses Ordens, der sich ausschließlich dem Gebet
widmete, ebenfalls erkannt, »da die Kartäuser unablässig Tag und Nacht für das Heil der
Seelen und für die gedeihliche Entwicklung des öffentlichen Wohls und der Fürsten beten«.
Tyrannische und grausame Herrscher wie die Visconti mußten allerdings um ihr Seelenheil
bangen.

Mit dem Bau wurde 1396 begonnen, doch als Gian Galeazzo im Jahr 1402 starb, waren
nur die Fundamente gelegt. Unter seinen Nachfolgern Giovanni Maria und Filippo Maria
Visconti ging der Bau nur langsam voran. Erst als Francesco Sforza Herrscher des Herzogtums Mailand geworden war (1450), gingen die Arbeiten an der Certosa zügig weiter.
Giovanni Solari, der am Mailänder Dom tätig war, wurde als Architekt berufen, nach ihm

Die Certosa di Pavia nach einem Stich des 19. Jahrhunderts

sein Sohn Guiniforte. Ihnen folgte Giovanni Antonio Amadeo. 100 Jahre nach Baubeginn, unter der Herrschaft von Ludovico il Moro, konnte die Kirche, die immer noch ein Fragment war, geweiht werden. Erst 1549 wurde die Fassade vollendet.

Die Fahrt aus Richtung Mailand entlang des schnurgeraden und fast immer schmutzigtrüben Naviglio di Pavia, dann durch die ebenso schnurgerade staubige Allee, die auf die Certosa hinführt, ist wenig ermunternd. Ebensowenig auch die Omnibuskarawanen, die den Besucher auf dem großen Parkplatz vor dem Kloster erwarten. Um dem Rummel zu entgehen, der sich um diese berühmteste Kartause der Welt gebildet hat, sollte man sich in aller Frühe einfinden. Pünktlich um 9 Uhr werden die Tore geöffnet, und wenn man sich dann noch einen Tag im Frühjahr oder Spätherbst gewählt hat, kann man hoffen, den Gang durch den ausgedehnten Komplex ohne Störung zu unternehmen.

Durch einen Torgang kommt man in einen großen Hof, welcher der Kirche Madonna delle Grazie (Farbt. 21) vorgelagert ist. Der erste Eindruck der berühmten Certosa, die uns ihre graubraune Fassade entgegenhält, ist enttäuschend. Wer die Klarheit und Überschaubarbeit toskanischer Frührenaissancebauten kennt und liebt, wird hier zunächst einmal von einem unwilligen Gefühl beschlichen. Die Struktur des Baues wird von einem überreichen Angebot dekorativer Details vollkommen verwischt. Der Horror vacui, die Angst vor der leeren Fläche, ist typisch für die lombardische Kunst. Hat man sich dann aber an diese Eigenart gewöhnt, betrachtet man die Details im einzelnen, kann man nur staunen und wird durch die zahllosen kleinen Meisterwerke der Skulptur vollauf für das entschädigt, was die Architektur als Ganzes vorenthält.

Die Bildhauerarbeiten der Fassade, zudem auch die Marmorinkrustationen, gehen auf die Brüder Cristoforo und Antonio Mantegazza (1473), vor allem aber auf Giovanni Antonio Amadeo zurück (ab 1474). Auch das ikonographische Programm stammt von Amadeo: der Triumph des Christentums über das Heidentum. So erscheinen am Sockelfries die Porträtmedaillons römischer Imperatoren und orientalischer Herrscher, darüber im Relief Szenen aus dem Leben Christi und in den Nischen Statuen von Propheten und Heiligen. Amadeo, der auch für die Mailänder Dombauhütte tätig war und 1470–1474 die Cappella Colleoni in Bergamo errichtete, war das größte dekorative Talent Norditaliens. Er verstand es, die Farben des Marmors virtuos einzusetzen und erreichte zusammen mit einer sehr feinen Behandlung des Ornaments außerordentlich raffinierte Wirkungen.

Während die Fassade in ihrem kleinteiligen Schmuckreichtum verwirrt, wirkt das Innere der Kirche sehr klar, fast streng und sehr monumental. Das basilikale Langhaus ist dreischiffig mit Seitenkapellen, Chor und Querarme enden jeweils in einem Trikonchos. Kräftige Bündelpfeiler tragen das Gewölbe, das im Mittelschiff baldachinartig ausgebildet ist. Die

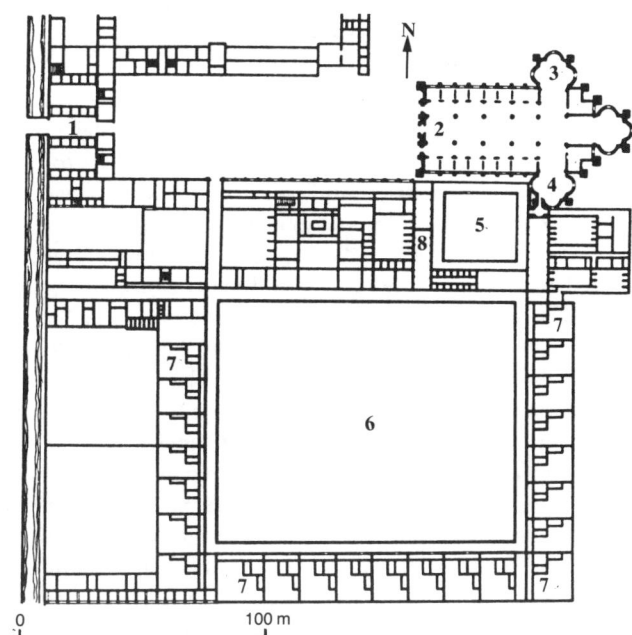

Lageplan der Certosa di Pavia
1 Eingang
2 Klosterkirche Madonna delle Grazie
3 Grabmal des Herzogs Ludovico il Moro und der Beatrice d'Este
4 Grabmal des Gian Galeazzo Visconti
5 Kleiner Kreuzgang
6 Großer Kreuzgang
7 Mönchsklausen
8 Refektorium

0   100 m

ursprünglichen Fresken im Weichen Stil der Gotik wurden Ende des 15. Jahrhunderts durch Ambrogio da Fossano (gen. Bergognone), Giacomo de Mottis und andere ersetzt. Die Westwand ist barock freskiert (Giuseppe Procaccini), und auch die Seitenkapellen wurden zum Teil barockisiert. Herausragend ist in der zweiten Kapelle des linken Seitenschiffes das Altarbild des segnenden Gottvaters, das Perugino 1499 malte. Die Seitenteile, die heute in der Londoner National Gallery aufbewahrt werden, sind durch Kopien ersetzt.

Aus der Überfülle prunkvoller, künstlerisch oft wenig überzeugender Plastiken, Gemälde und Altarantependien ragt ein Denkmal von hohem Adel heraus: das *Grabmal für Ludovico il Moro und Beatrice d'Este* im nördlichen Querhaus der Kirche (Abb. 73). Cristoforo Solari war nach dem Tod der Beatrice d'Este (1497) vom Herzog mit einem Grabmal beauftragt worden, das die Verstorbene und ihn selbst so darstellen sollte, wie sie im Leben waren. Beatrice, die mit 22 Jahren nach der Geburt eines Kindes starb, ist hier in all ihrer kindlichen Anmut dargestellt, die ganz Mailand entzückte. »Sie verbringt Tag und Nacht mit Gesang und Tanz«, schrieb ein zeitgenössischer Chronist. Ludovico, der um rund 20 Jahre älter war als sie, schrieb ihren Angehörigen unter dem Eindruck ihres Todes: »Dieses grausame und vorzeitige Ende erfüllt mich so sehr mit bitterem und unbeschreiblichem Schmerz, daß ich lieber selbst gestorben wäre, als das Liebste und Kostbarste zu verlieren, was ich auf Erden besaß.« Das Grabmal hatte zuerst seinen Platz in der Kirche S. Maria delle Grazie in Mailand. Es war also nicht für diese Umgebung geschaffen und wirkt daher in dem weiten Querhaus etwas verloren. Für den Besucher ist es jedoch ein Vorteil, denn so kann man von jeder Seite aus jede Einzelheit der Gesichter und fein skulptierten Gewänder betrachten und wird an dieser Stelle vielleicht mehr Zeit verbringen als bei der Besichtigung der gesamten Kirche.

Ein zweites Grabmal von hohem historischen Interesse steht an der Wand des südlichen Querhauses, dasjenige Gian Galeazzo Viscontis, des zwar ebenso ruhmreichen, jedoch bedeutend weniger menschlichen Vorgängers Ludovicos. Der Stifter des Klosters hatte die formalen Einzelheiten des prunkvollen architektonischen Grabmales selbst festgelegt, doch von seinem Sterbeort Melegnano kamen die Gebeine über Viboldone und S. Pietro in Ciel d'Oro in Pavia erst 1474 in die Certosa. Cristoforo Romano war der Bildhauer des architektonischen Gehäuses (1492–1497), während der Sarkophag mit der Liegefigur des Toten und den allegorischen Gestalten erst 1562 von Bernardo da Novate geschaffen wurde.

Die *Konventsgebäude* schließen sich im Süden an die Kirche an. Über die neue Sakristei – mit prächtigen geschnitzten Barockschränken – kommt man zum *Kleinen Kreuzgang*. Es gibt Menschen, die in jedem alten Kloster zuerst in den Kreuzgang gehen. Das ist verständlich, denn die Kreuzgänge sind immer Orte der Stille und Sammlung gewesen, und wenn man sich nach dem Besuch der Certosa fragt, was nun wirklich ganz einwandfrei schön war, so wird man antworten müssen: die Kreuzgänge. Beide sind von eigenartigem und ganz verschiedenem Reiz. Guiniforte Solari hat den Kleinen Kreuzgang, der 1462–1464 gebaut wurde, geplant. Nach der prunkvollen und auch recht kühlen Monumentalität des Kirchenraumes kann sich das Auge hier an satten, warmen Farben erfreuen. Das Geviert, von reich dekorierten, feinen Säulenarkaden umrahmt, ist verschwenderisch mit Sträuchern und Blumen bepflanzt. Der Blick geht immer wieder auf die eleganten Galerien des Vierungsturmes, auf die zahllosen Säulen seiner oberen Geschosse, deren Reihen in strahlendem Weiß zwischen dem Braunrot der Ziegelmauern stehen. Am meisten bewundern wird man jedoch die Terrakottareliefs in den Arkaden des Kreuzganges selbst. Auch hier zeigt sich wieder die Freude der Lombarden an reicher, kleinteiliger Dekoration. In den Zwickelfeldern der Bogen sitzen vollplastische Büsten von Heiligen oder Propheten, umgeben von feinen Reliefs aus Girlanden und Putten. Der Meister dieser Terrakottadekoration war Rinaldo de' Stauris, der in den Jahren zwischen 1464 und 1468 an der Certosa tätig war. An der Südseite sehen wir dann wieder ein Werk des Meisters der Fassadenplastiken, ein Lavabo in Terrakotta und Marmor von Giovanni Antonio Amadeo (1466).

Im Süden führt ein Korridor zum *Großen Kreuzgang*, der ebenfalls von Guiniforte Solari geplant und 1472 vollendet wurde. Die Terrakottareliefs wurden auch hier zum Teil von de' Stauris ausgeführt, unter Mitwirkung von Giovanni Antonio Amadeo, den Brüdern Mantegazza und anderen. Hier nun erblickt man rundum im Geviert das, was in jeder Kartause immer wieder von neuem entzückt: Ein kleiner Zellenbau reiht sich an den anderen – hier sind es 23, die wie kleine Kapellen das Feld dieser weiten Anlage säumen. Man kann eine dieser Zellen besichtigen und wird erstaunt sein, wie geräumig sie ist: ein kleines Häuschen mit eigenem Garten, Loggia und drei kleinen Räumen. Der Kartäusermönch verbrachte hier sein ganzes Leben, das Leben eines Einsiedlers, der jedoch einer Klostergemeinschaft angeschlossen war. In einer Verbindung des östlichen Anachoretentums mit der westlichen zönobitischen Klosterordnung entstand die erste Kartause im Jahr 1048 nach dem Willen des hl. Bruno, die Grande Chartreuse bei Grenoble. Die ersten Kartausen beherbergten nur 12 Mönche und einen Prior. Später errichtete man dann Doppelkartausen mit 24 Mönchen. Die Mönche lebten in ihren Zellen und versammelten sich nur zur täglichen Messe. Sonst beteten sie allein, aßen allein und nur an bestimmten Feiertagen und sonntags aß man gemeinsam im Refektorium.

Das *Refektorium* der Certosa liegt an der Westseite des kleinen Kreuzgangs. Der Raum, der in den Jahren um 1430 entstand, diente bis 1497 als provisorische Kirche und wurde dann erst zum Refektorium umgebaut. Das Portal ist eine Arbeit von Cristoforo Mantegazza (um 1470), die Darstellung des Abendmahls an der Stirnwand malte Ottavio Semini 1567. Erst 1621 kam das schöne Gestühl aus Nußbaumholz hinzu, zusammen mit den Tischen. Die Marmorkanzel an der Längswand diente zum Lesen religiöser Texte, die das Essen, das schweigend eingenommen wurde, begleiteten.

Die Kartause, die 1782 durch einen Erlaß Kaiser Joseph II. von Österreich aufgehoben wurde, ging 1798 an die Karmeliter über und wurde nach der Säkularisation 1810 geplündert, die Gebäude zum Teil abgebrochen. Heute ist die Certosa di Pavia Zisterzienserabtei.

Die Stadt Pavia

Es ist schwer, sich in Pavia zurechtzufinden, jedenfalls im historischen Zentrum. Es gibt mehr Gassen als Straßen und nur die breite Strada Nuova, die – in strenger Nord-Süd-Richtung verlaufend – das Kastell der Visconti mit der Tessinbrücke verbindet, erlaubt Fernblicke, die eine Orientierung erleichtern. Kaum eine andere Stadt der Lombardei ist so stark vom Mittelalter geprägt wie diese, und daher wird immer wieder darüber geklagt, daß sie düster, abweisend und streng wirke. Es bedarf tatsächlich einer großen Liebe zur mittelalterlichen Kunst und Geschichte, um an Pavia Gefallen zu finden. Ist diese Voraussetzung jedoch gegeben, wird gerade diese Stadt zu einem der aufregendsten Erlebnisse einer Lombardeifahrt gehören.

Die verkehrsgünstige Lage in der Nähe der Mündung des Ticino (Tessin) in den Po führte zur Gründung der römischen Provinzstadt Ticinum im 1. Jahrhundert v. Chr. Zuvor sollen hier schon Ligurer gesiedelt haben. Ab 489 wurde Pavia zu einer der drei Hauptstädte Theoderichs des Großen. Im Jahr 572, nach dreijähriger Belagerungszeit durch Alboin, zogen die Langobarden in Pavia ein und herrschten hier, bis Karl der Große 774 ihr Reich eroberte. Unter den Frankenkönigen war Pavia Hauptstadt des Regnum Italicum. In den folgenden Jahrhunderten wurden hier viele deutsche Herrscher zu Königen von Italien gekrönt, wie etwa Friedrich Barbarossa im Jahr 1115. Im 13. Jahrhundert entwickelte sich Pavia zum unabhängigen Stadtstaat. Die Kämpfe zwischen Ghibellinen und Guelfen richteten auch hier so viel Schaden an, daß die Visconti keine Mühe mehr hatten, die Stadt 1359 zu unterwerfen. Die Gründung der Universität durch Gian Galeazzo II. im Jahre 1361 und der Bau des Schlosses waren kulturhistorisch entscheidende Leistungen dieser Dynastie. Als in der Schlacht von Pavia (1525) Franz I. von Frankreich gefangengenommen wurde und das Heer Karls V. siegreich blieb, begann die Herrschaft der spanischen Habsburger, die im 18. Jahrhundert an die österreichische Linie des Hauses überging. Unter Maria Theresia und Joseph II. setzte durch die Förderung der Universität eine neue Blütezeit ein.

Der günstigste Ausgangspunkt für einen Stadtrundgang ist das *Castello Visconteo* (Abb. 75). Von der Strada Nuova aus, die schon 1377 als Prachtstraße angelegt wurde, kann man ohne Mühe das gesamte historische Zentrum erkunden und kommt schließlich zur Tessinbrücke.

Das mächtige Kastell, dessen rote Backsteinmauern schon von fern aus dem Grün der Parkanlagen herausleuchten, gilt als bedeutendster lombardischer Schloßbau des 14. Jahrhunderts. Petrarca nannte es »das edelste unter allen Werken der modernen Kunst«, und wenn man diesem Urteil angesichts der abweisenden, strengen Gebärde des Gemäuers auch nicht unbedingt zustimmen mag, muß man seine formale Entschiedenheit doch bewundern. Das Schloß entstand ab 1360 als Residenz für Galeazzo II. Visconti, wurde aber erst im 15. Jahrhundert durch Gian Galeazzo Visconti vollendet. Die ursprüngliche Vierflügelanlage mit vier Ecktürmen ist nur zum Teil noch erhalten. In der Schlacht von Pavia hielt der Bau den modernen Feuerwaffen nicht stand und der Nordflügel mit seinen beiden Ecktürmen wurde von der französischen Artillerie zerstört. Gerade dieser Flügel war im Innern

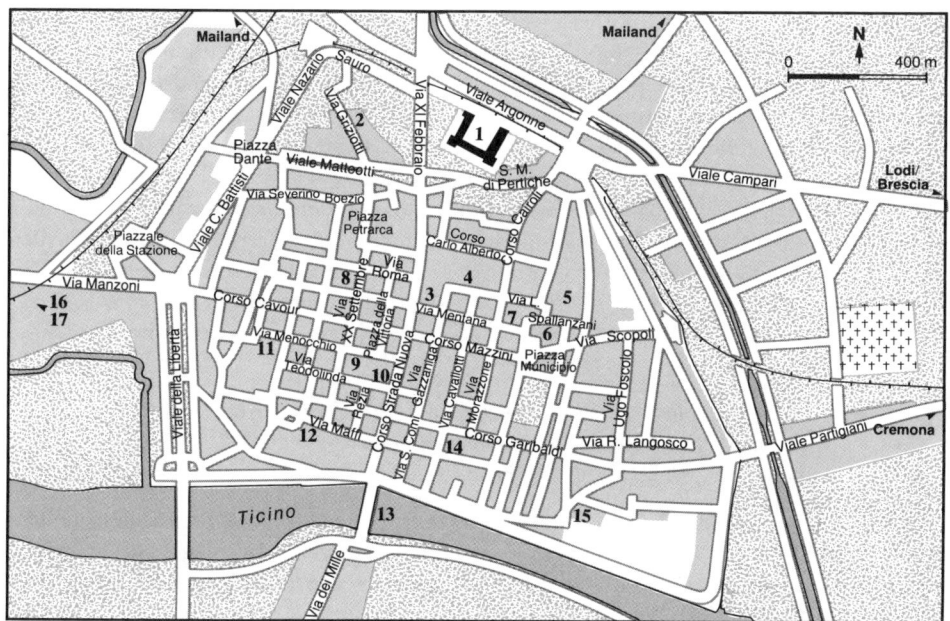

Stadtplan von Pavia   1 Castello Visconteo (Museo Civico)   2 S. Pietro in Ciel d'Oro   3 Universi-
tät   4 Geschlechtertürme   5 Collegio Ghislieri   6 Pal. Mezzabarba (Rathaus); SS. Quirico e
Giulitta   7 S. Maria di Canepanova   8 S. Maria di Carmine   9 Dom; Torre Civica   10 Broletto
11 S. Maria di Teodote   12 S. Teodoro   13 Ponte Coperto   14 S. Michele   15 Collegio Borromeo
16 S. Salvatore   17 S. Lanfranco

besonders reich mit Fresken ausgestattet. Auch die berühmte Bibliothek der Sforza wurde
Raub des Krieges und endete als französische Beute.

Heute sind im Castello die Sammlungen des *Museo Civico* untergebracht und neuerdings
auch die *Pinacoteca Malaspina*, die bis 1980 ihren Platz im Palazzo Malaspina hatte. Römi-
sche Funde, Architekturfragmente abgebrochener romanischer Kirchen, Tafelbilder aus der
Zeit des Weichen Stils, Bilder von Bergognone, Bernardino Luini, Boltraffio, Correggio,
Lorenzo Veneziano, Giovanni Bellini und Antonello da Messina gehören zum Bestand der
Sammlungen.

An den Nordflügel schloß sich einst der riesige Park an, der 1360 von Galeazzo II.
angelegt und von Gian Galeazzo bis zur Certosa hin erweitert wurde. Ein kleines Jagdschlößchen, Mirabello, das nur noch fragmentarisch erhalten ist, lag inmitten der Anlagen,
umgeben von kleineren Bauten, in denen die Meutehunde, exotische Tiere und anderes
Zubehör herrschaftlicher Jagd- und Repräsentationslust untergebracht waren.

Ganz in der Nähe des Castello, von der Piazza aus westlich über den Viale G. Matteotti
und die Via Griziotti zu erreichen, steht eine der romanischen Hauptkirchen der Stadt, die

Basilika *S. Pietro in Ciel d'Oro*. Ihren wohlklingenden Beinamen, »im goldenen Himmel«, soll sie bekommen haben, weil ihre Vorgängerkirche, eine langobardische Basilika, mit einer vergoldeten Holzbalkendecke geschmückt war. Der heutige Bau entstand zwischen 1120 und 1200. Die einfach und streng gegliederte Fassade erhält ihr Leben durch das warme Rot des Backsteinmauerwerks und die Dekorscheiben aus Lüsterkeramik. Rechts neben dem Portal erinnert eine Marmortafel mit einem Text aus Dantes »Göttlicher Komödie« (Paradiso, 10. Gesang) an den Großen, der hier begraben ist: der römische Senator und Philosoph Boëthius, der vom Ostgotenkönig Theoderich, der ihn für einen Verräter hielt, hingerichtet wurde. In der Kerkerhaft schrieb er sein Hauptwerk »Tröstungen der Philosophie«, das im Mittelalter neben der Bibel und Vergils »Aeneis« zu den verbreitetsten Schriften gehörte. Ein Märtyrer also, der des Paradieses nach Dantes Meinung würdig war und für den er bewegende Worte fand:

> »Der Leib, aus dem sie [die Seele] einst vertrieben wurde,
> Ruht in Cieldauro, und aus der Verbannung
> Und Marter kam sie her in diesen Frieden.«

In der Krypta der Kirche, die so altertümlich wirkt, jedoch erst im 19. Jahrhundert entstand, steht der einfache Sarkophag des Boethius. Sehr viel aufwendiger ist das zweite berühmte Grabmal dieser Kirche, das zu Ehren eines der großen Heiligen der Christenheit im Chor der dreischiffigen Basilika aufgestellt wurde, die *Arca di S. Agostino* (Abb. 76). Der Kirchenvater Augustinus, Bischof von Hippo Regius, starb 430 während der Belagerung seiner Stadt durch die Vandalen. Seine Gebeine wurden zunächst von flüchtenden Christen nach Cagliari gebracht, doch im 8. Jahrhundert holte sie der Langobardenkönig Liutprand nach Pavia. In den Reliefs des vielfigurigen Grabmals wird das Leben des Heiligen geschildert. Der Meister war Giovanni di Balduccio (1362), der in seiner Jugend als Steinmetz an der Pisaner Dombauhütte arbeitete und sich an Giovanni Pisano schulte. Durch eine weitere Arca, die 1339 für S. Eustorgio in Mailand entstand, wirkte Balduccio stilbildend auf die Plastik Norditaliens.

Ein weiteres Grabmal, am südlichen Vierungspfeiler, das einfachste und vielleicht gerade deshalb beeindruckendste, erinnert an den Langobardenkönig Liutprand. Von 712 an herrschte er 32 Jahre lang und war die große Integrationsgestalt des Langobardenreiches. Paulus Diaconus schließt seine »Historia Langobardorum« mit dem Datum von Liutprands Tod im Jahr 744 und würdigt ihn mit den Worten: »Er war aber ein Mann von großer Weisheit, klug im Rat, sehr gottesfürchtig und ein Freund des Friedens, im Streite gewaltig, gegen Fehlende milde, keusch und tüchtig, wachsam im Gebet, freigebig gegen die Armen, mit den Wissenschaften zwar unbekannt, aber den Philosophen gleich zu achten, ein Vater des Volkes und ein Verbesserer der Gesetze.«

Bis auf die Reste eines Fußbodenmosaiks des 12. Jahrhunderts in der Südapsis und Fragmente von Quattrocento-Malerei im nördlichen Schiff, gibt es in dieser Kirche wenig bemerkenswerte Ausstattungsdetails. Sehr lohnend ist dagegen ein Besuch in der *Sakristei* wegen der wunderbaren ornamental bemalten Decke des Manierismus (1561).

Stadtsilhouette des vieltürmigen Pavia im 17. Jahrhundert

Über die Strada Nuova führt der Weg zu dem gewaltigen Komplex der ehrwürdigen *Universität*. Angesichts der Großzügigkeit und Schönheit dieses Baues möchte man die Studenten beneiden, die hier ihre Vorlesungen besuchen dürfen. Im Kern geht der Bau auf die Gründungszeit im 14. Jahrhundert zurück, doch sorgten grundlegende Umbauten im späten 18. Jahrhundert für eine klassizistische Gesamterscheinung. Die Anlage mit den beiden nördlichen Höfen ist das Werk von Giuseppe Piermarini, während die Bauten um die beiden südlichen Höfe ab 1768 von dem Wiener Leopold Pollak gestaltet wurden. Es sind besonders diese Höfe mit den eleganten Arkadengängen und dem schönen warmen Ockerton, die den Bau so attraktiv machen. Statuen und Büsten erinnern an die großen Lehrer der Universität. Als bedeutendster Naturwissenschaftler wird hier Alessandro Volta geehrt, dem an dieser Universität seine wichtigsten Entdeckungen gelangen. Der Bologneser Anatomieprofessor Galvani hatte zwar den elektrischen Strom entdeckt, doch erst Volta gelang die wissenschaftliche Deutung der elektrischen Phänomene. Zu den großen italienischen Dichtern, die hier wirkten, gehört Ugo Foscolo und zu den berühmten Studenten Carlo Goldoni, der allerdings von der Universität verwiesen wurde, weil er es gewagt hatte, sich in einem satirischen Stegreifspiel über die Frauen von Pavia lustig zu machen. Auch die *Anatomie* am nördlichen Hof geht auf einen Entwurf von Leopold Pollak zurück. Doch erst Antonio Scarpa – Chirurg und Anatom – hat dieses »Teatro Anatomico« dann Ende des 18. Jahrhunderts ausgeführt, nachdem er sich zuvor in England informiert hatte, wie so etwas am besten zu machen sei.

An der außerordentlich reizvollen Aula vorbei, die 1850 im neoklassizistischen Stil gebaut wurde (Piazza Leonardo da Vinci) kommt man zu den monumentalsten der wenigen in Pavia noch erhaltenen *Geschlechtertürme* (Farbt. 20). Als Petrarca sich in der Mitte des 14. Jahrhunderts in Pavia aufhielt, fielen ihm die vielen Türme der Stadt auf. Wie viele es insgesamt waren, ist nicht mehr festzustellen, doch scheinen es an die 150 befestigte Wohntürme gewesen zu sein, die hier von den Patriziern errichtet wurden.

Die Via Spalanzani führt zum *Collegio Ghislieri*, einem Studienkolleg, das zur Zeit der Gegenreformation (1569) gegründet wurde. Das Bronzedenkmal auf der Piazza Ghislieri gilt dem Gründer, Papst Pius V., dessen Familienname Michele Ghislieri war. Selbst mittellos aufgewachsen, hatte er erkannt, wie wichtig eine gute Bildung war, und so stiftete er als Papst das Kolleg, in dem bedürftige Studenten der Universität wohnen und essen konnten. Der einfache Bau, dessen Fassade unvollendet blieb, wurde von Pellegrino Tibaldi begonnen. Im Vestibül sind gute Ölgemälde zu sehen, darunter eine Darstellung der Schlacht von Lepanto von Giovanni Battista del Sole, auch dies eine Erinnerung an den Papst aus der Familie Ghislieri, der geholfen hatte, die Flotte auszurüsten, die dann gegen die Türken siegreich blieb.

Überquert man die Via Spalanzani, erreicht man den *Palazzo Mezzabarba* (Piazza del Municipio) – einen prunkvollen Bau, der 1728–1730 von Giovanni Antonin Veneroni errichtet wurde. Der elegante Rokokodekor der Fassade gehört zu den wenigen heiteren Akzenten in der Architektur dieser Stadt. Der Festsaal wurde von Giovanni Angelo Borroni aus Cremona freskiert. Am gleichen Platz, schräg gegenüber, steht die hübsche doppeltürmige Kapelle *SS. Quirico e Giulitta*, die 1734 vom gleichen Baumeister errichtet wurde.

Nur wenige Schritte weiter in westlicher Richtung, an der Via D. Sacchi, steht eine der wenigen Renaissancekirchen der Stadt, *S. Maria di Canepanova*. Ein als wundertätig verehrtes Marienbild führte zur Gründung der Kirche im Jahr 1492. Architektonischen Vorbildern Bramantes folgend, entstand der Zentralbau nach einem Entwurf von Giovanni Antonio Amadeo. 1519 war er bis zum Kranzgesims hochgeführt, Tambour und Laternenkuppel wurden erst in der Mitte des 16. Jahrhunderts hinzugefügt und die Fassade nie vollendet. Dadurch wirkt die Kirche von außen merkwürdig gesichtslos, gewinnt jedoch durch die sehr reiche Ausstattung. Der wunderbar proportionierte zweigeschossige, achteckige Zentralraum gehört zu den eindrucksvollsten Innenräumen dieser Stadt. Neben guten Altarblättern der lombardischen Schule des 17. Jahrhunderts fällt vor allem der Hochaltar des Genuesen Tommaso Orsolino auf, der das Gnadenbild des frühen 15. Jahrhunderts enthält.

Um zum Domplatz, dem dritten wichtigen Zentrum nach der Piazza Castello und der Universität zu kommen, folgt man der Via Mentana, überquert die Strada Nuova, folgt dann zunächst der Via Mascheroni und gelangt zur Piazza Carmine. Dort ist zunächst noch *S. Maria del Carmine* zu besuchen, eine spätgotische Karmeliterkirche. Der Bau wurde um 1370 begonnen, jedoch erst 1461 mit der Westfassade vollendet. Die Portale stammen aus dem 19. Jahrhundert, doch verwendete man zu ihrer Ausschmückung Terrakottafragmente aus dem kleinen Kreuzgang von S. Lanfranco (1467). Herrlich ist der weite dreischiffige Innenraum mit seinen gewaltigen Bündelpfeilern und den hohen Rippengewölben. Die Seitenkapellen sind reich ausgestattet, meist mit Werken lokaler Meister. Im nördlichen Querarm haben sich noch Fresken der Erbauungszeit erhalten, darunter eine thronende

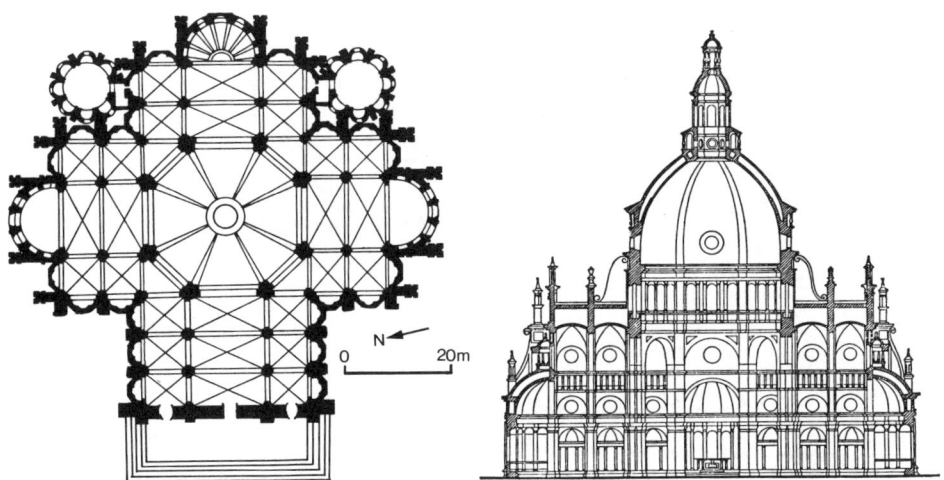

Pavia, Grundriß und Querschnitt des Domes

Madonna mit Johannes dem Täufer und Heiligen, die Michelino da Besozzo zugeschrieben wird (frühes 15. Jahrhundert). Die Portalwand der Sakristei (1576) ist sehr reich stuckiert, innen ist ein Lavabo aus Marmor zu sehen, das der Amadeo-Werkstatt zugeschrieben wird.

Hinter der Kirche führt die Via XX Settembre direkt zum Domplatz. Die gewaltige *Cattedrale*, deren mächtige Kuppel das Stadtbild beherrscht, ist eine Gründung von Kardinal Ascanio Maria Sforza. Im wesentlichen geht der Entwurf auf drei Architekten zurück: Bramante, Giovanni Antonio Amadeo und Cristoforo di Rocchi. Mit dem Bau wurde 1488 begonnen, 1586 war der Chor vollendet und erst 1750 der Kuppeltambour. Langhaus und Kuppelwölbung sind Werke des späten 19. Jahrhunderts, das Querhaus wurde 1936 hinzugefügt. Dadurch erklärt sich, daß der Bau, der ursprünglich als Zentralbau angelegt war, in seinen Proportionen nicht befriedigt. Die Ausstattung mit Werken der Spätrenaissance und des Barock ist nur zweitrangig. Der Blick hinauf in die Kuppel ist schwindelerregend, denn immerhin steht man hier in einem der mächtigsten Kuppelbauten Italiens. Mit einer Höhe von 92 m und einem Durchmesser von 30 m ist diese Kuppel die größte des Landes nach St. Peter, dem Florentiner Dom und dem Pantheon.

Links neben der Fassade erhebt sich die kraftvolle *Torre Civica*, deren Unterbau noch aus dem 11. Jahrhundert stammt. Die Glockenstube wurde erst 1583 von Pellegrino Tibaldi aufgesetzt, woraus sich auch hier wieder eine gewisse Disharmonie ergibt. Da auch das Reiterstandbild vor dem Dom, der Regisole, nur eine Kopie des Jahres 1937 nach einem römischen Original ist, wird man den Domplatz nicht ganz ungern verlassen, zumal in unmittelbarer Nähe ein rundum erfreulicher Anblick wartet: der *Broletto* an der Piazza della Vittoria, direkt hinter dem Dom. Die Broletti, die alten italienischen Rathäuser, sind fast

*Pavia, Portalplastik
von S. Michele*

überall schön, ganz besonders das von Como, aber auch dieses hier in Pavia. Es ist das älteste
Rathaus der Lombardei und geht im Kern noch auf das 11. Jahrhundert zurück. Ein grundlegender Umbau erfolgte dann in der Mitte des 13. Jahrhunderts, doch erst durch die Hinzufügung der Renaissanceloggia (1565) erhielt der Bau seine heutige Gestalt. Auch dies also ein
Werk mehrerer Jahrhunderte, doch wurden die Anbauten hier so glücklich hinzugefügt, daß
eine harmonische Einheit entstehen konnte.

Noch einmal am Dom vorbei, entlang der Via Menucchio, kommt man zum *Seminario
Vescovile* und der ehemaligen Kirche *S. Maria di Teodote*. Das ehemalige Benediktinerin-
nenkloster – in der Langobardenzeit gegründet – wurde in der Renaissance neu aufgebaut.
Die Säkularisation des Jahres 1798 führte zunächst zur privaten Nutzung, doch heute ist in
den Räumen des nur teilweise erhaltenen Baues das bischöfliche Seminar untergebracht. Von
seltener Schönheit ist der *Kreuzgang*, der um 1470 von Giovanni Antonio Amadeo angelegt
wurde. Die edlen Arkaden sind mit Terrakottadekor besetzt, weniger reich als in der Certosa, dadurch aber die Struktur nicht überdeckend, so daß man hier an manche Kreuzgänge
der Toskana erinnert wird. Ein kleines *Oratorium* an der Ostseite – nach byzantinischem
Kreuzkuppelschema erbaut – ist 1491 von Bernardino de'Rossi ausgemalt worden. Die
Fresken wurden nicht sehr glücklich restauriert, was aber die eindrucksvolle Wirkung dieses
kleinen Raumes nicht beeinträchtigt. Erhalten ist auch das ehemalige *Refektorium* des Jahres
1467. Die Klosterkirche *S. Andrea* wurde erst 1604 errichtet. Sie ist reich freskiert und
stuckiert. Das Altarbild, eine Madonna mit dem Jesuskind, ist eine Arbeit von Panfilo
Nuvolone.

In südlicher Richtung führt nun der Weg zur Via Cardano und zur Kirche *S. Teodoro*. Einer langobardischen Vorgängerkirche folgte um 1150 ein romanischer Neubau. Der Innenraum gehört in seiner strengen Würde zu den schönsten von Pavia. Das wunderbare Rot der Ziegelmauern ergibt zusammen mit den zum Teil noch sehr gut erhaltenen Fresken ein sehr feierliches Bild. Berühmt ist das Fresko im Westjoch des nördlichen Schiffes, eine *Stadtansicht von Pavia* mit dem hl. Antonius Abbas, einem der Schutzpatrone der Stadt (Abb. 72). Der Maler, Bernardino Lanzani, hat die Stadt mit ihren vielen Türmen 1522 aus der Vogelschau gemalt – zu einer Zeit, als sie von den Franzosen besetzt war und des Schutzes ihrer Heiligen besonders bedurfte. Sehr schön sind auch die Fresken in den Querarmen (frühes 16. Jahrhundert), die den Legenden der hl. Agnes (im Süden) und des hl. Teodoros (im Norden) gelten. Auch diese Fresken sollen Arbeiten von Lanzani sein. Die Hallenkrypta stammt aus dem 13. Jahrhundert, doch sind die Kapitelle der Säulen meist älter (12. Jahrhundert).

Über die Via Portici kommt man direkt an den Ticino, und zwar auf der Höhe der gedeckten Brücke, dem *Ponte Coperto*. Diese Brücke ist nicht der ursprüngliche Bau, den man noch auf alten Ansichten sieht. Sie wurde erst 1951 gebaut, nachdem die alte, noch auf römische Fudamente zurückgehende Brücke im Krieg (1944) zerstört wurde.

Die Strada Nuova und der Corso Garibaldi führen zur bedeutendsten mittelalterlichen Kirche Pavias, *S. Michele* (Abb. 74). Der Bau in seiner heutigen Gestalt ist romanisch, doch bestand hier schon eine langobardische Vorgängerkirche, die ebenfalls dem Erzengel Michael geweiht war. Im Jahr 1004 wurde fast die ganze Stadt das Opfer eines gewaltigen Brandes. Wann der Neubau dieser Kirche entstand, weiß man nicht, doch muß es vor 1155 gewesen sein, dem Jahr, als Friedrich Barbarossa in S. Michele gekrönt wurde.

Man ist gut beraten, alte Fotos heranzuziehen, wenn man einen wirklichen Eindruck von diesem Bau, vor allem seiner Plastik, bekommen will. Die Sandsteinreliefs befinden sich in einem desolaten Zustand, ihr Verfall ist sehr weit fortgeschritten, obwohl man sich in den sechziger Jahren bemüht hat, hier einiges zu retten. Eine vollständige fotografische Aufnahme des Bestandes wurde im Jahr 1942 durchgeführt, und wenn man diese Dokumente mit der Realität der 80er Jahre vergleicht, muß man erschrecken. S. Michele wurde als einziger romanischer Backsteinbau dieser Stadt mit Kalkstein verkleidet, der leicht verwittert. Nur noch die Portalplastik ist in Einzelheiten zu studieren, während die Reliefs, die in fünf Friesen das Untergeschoß gliedern, nur noch andeutungsweise zu erkennen sind. Auch hier sind – wie in S. Pietro in Ciel d'Oro – glasierte Keramikschalen zur Dekoration in die Wand eingelassen. Über dem Mittelportal erscheint der hl. Michael als Drachentöter. Die beiden Seitenportale werden von den Gestalten der bischöflichen Kirchenpatrone Ennodio und Eleucadio bekrönt. Die dreifach gestuften Gewände der Portale sind außerordentlich reich verziert. Profane und mythologische Themen überwiegen, während man christlichen Motiven kaum begegnet. Auch die Querschiffassaden sind dekoriert – besonders schön die Verkündigungsszene im Süden (um 1130).

S. Michele ist eine Basilika mit kreuzförmigem Grundriß, Emporen, einer Krypta, Hochchor und achteckiger Vierungskuppel. Eine doppelte Reihe massiver Bündelpfeiler teilt das

Langhaus in drei Schiffe. Der Reliefschmuck der *Kapitelle* gehört zu den größten Eindrücken in dieser Kirche. Im Fortschreiten zum Presbyterium gehen die Motive von profanen allmählich zu biblischen über. Besonders eindringlich sind die Szenen mit Samson und dem Löwen, dem Opfer von Kain und Abel und Daniel in der Löwengrube. Im Chor sind farbige Reste des originalen Fußbodenmosaiks zu sehen. Im Mittelschiff findet man – durch runde Marmorplatten bezeichnet – den Platz des Thrones, auf dem die Könige des Regnum Italicum nach ihrer Krönung die Huldigungen entgegennahmen. Als Ort der Krönung von Königen und Kaisern war S. Michele und nicht der Dom das Zentrum der Stadt. Die Bedeutung dieser Kirche dokumentiert sich auch in ihrer reichen Freskenausstattung, die jedoch nicht einheitlich ist. Vom 13. bis zum 19. Jahrhundert ist hier jede Epoche vertreten. Sehr schön ist im Chorbogen die spätgotische plastische Kreuzigungsgruppe aus der Mitte des 15. Jahrhunderts, die Urbino da Surso zugeschrieben wird. Zu den hochverehrten sakralen Objekten gehört auch der silberbeschlagene Holzkruzifix im südlichen Querarm, der aus dem Teodote-Kloster stammt und dem 12. Jahrhundert angehört.

Zwei Wege sind möglich, um zum prächtigsten Studienkolleg von Pavia, dem *Collegio Borromeo*, zu gelangen: entweder über den Corso Garibaldi oder direkt am Ticino entlang, den man über die Via S. Ennodio schnell erreicht. Der Tatsache, daß Papst Johannes Paul II. vor einigen Jahren in diesem herrlichen Palast wohnte, ist es zu verdanken, daß er sich heute – frisch restauriert – in allerbestem Zustand präsentiert. Carlo Borromeo, Kardinal und Erzbischof von Mailand, beschloß 1559, ein Universitätskolleg für begabte mittellose Studenten zu gründen. Als Architekt wurde Pellegrino Tibaldi berufen, der sich in Rom geschult hatte und als der führende manieristische Baumeister der Lombardei gilt. Der Bau wurde 1564 begonnen, doch erst 1580 zogen die ersten 20 Studenten ein. Unter ihnen war auch der Neffe des Stifters, Frederico Borromeo, der später gleichfalls Erzbischof von Mailand wurde und durch die Schilderungen Manzonis in seinem »Promessi Sposi« zu verdienter Berühmtheit kam. Vollendet wurde der Komplex erst 1820 von Leopold Pollak, der nach Abbruch der romanischen Kirche S. Giovanni in Borgo den Südflügel anbaute. Die dreigeschossige Fassade mit 17 Achsen und rustiziertem Säulenportal wirkt kraftvoll, in Einzelheiten aber auch beängstigend brutal. Die mächtigen horizontalen Steinbänder, die die Halbsäulen des Portals überziehen, sind in ihrer Gewaltsamkeit dem niederländischen Manierismus verwandter als dem römischen. Ebenso kraftvoll, dabei aber elegant, ist der weiträumige Hof mit seinen zweigeschossigen Arkaden und den prachtvollen Doppelsäulen. Alles ist in strahlendes Weiß getaucht, die Segmentgiebel der Fenster sind gelb abgesetzt – einer der wenigen hellen und heiteren Akzente in dem sonst so trüben Pavia. Der Festsaal des Kollegs ist manieristisch ausgemalt (1603/04). Es werden die Taten des Kardinals Carlo Borromeo gefeiert (Cesare Nebbia, Federico Zuccari), dessen machtvoller, unnachgiebiger Geist sich in diesem Bau manifestiert.

Über den Corso Manzoni an der westlichen Stadtperipherie sind zwei Kirchen zu erreichen, die etwas außerhalb liegen. *S. Salvatore*, ein Bau der Jahre 1467–1511, geht auf eine langobardische Grabkirche der Mitte des 7. Jahrhunderts zurück. Die Pläne stammen wahrscheinlich von Guiniforte Solari. Die Architektur des Innenraumes (kreuzförmiger Grundriß, Staffelchor; tonnengewölbte Gänge anstelle von Seitenschiffen, flankiert von Kapellen) zeigt alle Merkmale des Übergangsstiles zwischen Gotik und Renaissance. Die Fresken gehen größtenteils auf Bernardino Lanzani zurück (1507). Der Marmoraltar im Chor stammt von Antonio da Novara (1504).

Die Kirche S. *Lanfranco*, etwa 2 km außerhalb der Stadt, wurde nach dem Bischof Lanfranco Beccari benannt. Eine Hl.-Grab-Kirche des späten 11. Jahrhunderts war vorausgegangen, die nach dem Tod des Bischofs (1198) durch den romanischen Bau ersetzt wurde (bis 1236). Die hohe, schmale Fassade des einfachen Backsteinbaues wird durch Zwerggalerie und Rundfenster belebt. Der einschiffige Innenraum enthält eines der hervorragendsten Werke lombardischer Bildhauerkunst, die *Marmor-Arca des hl. Lanfranco*. Giovanni Antonio Amadeo, der Hauptmeister der Certosa-Plastik, schuf das Grabmal in den Jahren um 1498. Die Reliefszenen des Aufbaus gelten dem Leben des Heiligen und dem Leben Christi. Vom gleichen Meister stammen auch die nur fragmentarisch erhaltenen Kreuzgänge mit ihrem reichen Terrakottaschmuck. Ungewöhnlich sind die Freskenreste an der Südwand des Schiffes aus der zweiten Hälfte des 13. Jahrhunderts. Sie gelten dem hl. Thomas Becket von Canterbury, dessen Ermordung hier dargestellt wird. Sein Grab war eine der bedeutendsten Wallfahrtsstätten des Mittelalters in England und durch Verbreitung seiner Reliquien wurde dieser Heilige in ganz Europa bekannt. Ein frühes Mosaikbild des 1170 gestorbenen und 1173 heiliggesprochenen Erzbischofs ist im Dom von Monreale zu sehen (um 1182).

Oltrepò Pavese und Lomellina

Wer nicht in der glücklichen Lage ist, für Pavia und die übrige Provinz mehr als eine Woche Zeit zu haben, muß sich zwischen dem Oltrepò Pavese und der Lomellina entscheiden. Landschaftlich reizvoller ist die teils hügelige, teils gebirgige Gegend im Süden jenseits des Po, kunsthistorisch ergiebiger die flache Lomellina im Westen.

Zuerst muß jedoch noch ein Abstecher nach Osten gemacht werden, denn kurz hinter den Toren von Pavia, etwa in gleicher Entfernung wie die Certosa, liegt das berühmte *Belgioioso*. Hier, in dem ehemaligen Visconti-Schloß, wurde Franz I. von Frankreich nach der verlorenen Schlacht von Pavia gefangengesetzt. Der ernste und etwas grimmige Backsteinbau mit den dekorativen Schwalbenschwanzzinnen, Mitte des 14. Jahrhunderts begonnen, war Sommerresidenz der Visconti. Er ist von einem Graben mit zwei Zugbrücken umgeben. Von der ursprünglichen Anlage blieben nur drei Flügel erhalten, während der Westflügel barock umgestaltet wurde. Das prachtvolle Tor, der große Park mit den barocken Sandsteinfiguren und vor allem die klassizistischen Anbauten machen den Komplex zu einem der vielfältigsten im Raum von Pavia.

Ganz in der Nähe, noch vor Corteolona, führt eine Brücke über den Po und somit hinein in das **Oltrepò Pavese,** den südlichsten Zipfel der Provinz, der sich zwischen Piemont und der Emilia wie ein Keil hineinschiebt. Es sind nicht die schroffen Abhänge des Apennin im Süden, die diese Landschaft zu einer der reizvollsten der Lombardei machen, sondern die sanften Hügel gleich jenseits des Po. Voller Stolz nennen die Einheimischen dieses Gebiet einen »großen Garten« und tatsächlich gedeiht hier das Obst, vor allem aber der Wein, ganz prächtig. Das Oltrepò Pavese ist zusammen mit der Gegend um Sondrio das bedeutendste Weinanbaugebiet der Lombardei. Am besten über die Weine der Lombardei informieren kann man sich ausgerechnet in engster Nachbarschaft der ehrwürdigen Certosa di Pavia, wo die Enoteca Lombarda untergebracht ist, eine Art lombardisches Weinmuseum. Hier erfährt man alles über Lage und Qualität der hervorragendsten Weinsorten des Oltrepò: Cortese, Moscato, Pinot, Riesling, Barbacarlo, Barbera, Bonarda, Buttafuoco, Oltrepò Pavese, Sangue di Giuda.

Kunsthistorisch am lohnendsten ist als Stadt **Voghera** mit einem beeindruckenden früh-barocken Dom. Unter den Burganlagen ragt das *Castello di Montalto* heraus, ein trutziger Renaissancebau (begonnen 1593) mit einer großzügigen Parkanlage. Wer schmale Bergstra-ßen nicht scheut, dem sei ein Besuch des *Klosters S. Alberto di Butrio* empfohlen, das von **Ponte Nizza** aus zu erreichen ist. In der Mitte des 11. Jahrhunderts entstand hier eine Einsiedelei, doch der wichtigste Teil der Baugruppe, die aus Konventstrakten und drei Kirchen besteht, geht auf das 15. Jahrhundert zurück. Hervorragend sind in der Kapelle S. Antonio die spätgotischen Fresken, die wahrscheinlich von Franceschino und Manfre-dino Bosilio geschaffen wurden. Nicht weit von Ponte Nizza, über Varzi zu erreichen, liegt das berühmte Kloster Bobbio, das vom hl. Columban gegründet wurde. Doch beginnt dort, jenseits des Gipfels des Monte Penice, schon eine andere Region: Piemont. Zu einiger Bekanntheit brachte es ein weiterer Ort, der wie Varzi und Ponte Nizza im Tal der Staffora liegt: **Salice Terme**. Es ist das wichtigste Heilbad der südlichen Lombardei, vielbesucht wegen seiner Heilerfolge bei Rheuma, Krankheiten der Atemwege und anderen Leiden, denen man durch die schwefel- und salzbromjodhaltigen Wasser beikommen kann.

Zwischen Po und Ticino gelegen, gehört die **Lomellina** zu den fruchtbarsten Gebieten der Lombardei, weswegen sie manchmal als »Kornkammer Italiens« bezeichnet wird. Ein selt-samer, beinahe grafischer Reiz: die langen, gleichmäßigen Reihen der Pappeln, die überall am Horizont erscheinen und das Landschaftsbild deutlich bestimmen. Es handelt sich um kanadische, sehr schnellwüchsige Pappeln, die hier angebaut werden, und ihr zartes Blatt-werk macht sie besonders anmutig. Landschaftsbestimmend sind auch – vor allem zwischen Mortara und Vigevano – die ausgedehnten Reisfelder, denn Pavia ist die bedeutendste Reis-provinz Italiens.

Reiche prähistorische Funde – vor allem in der Gegend von Garlasco – weisen auf eine frühe Besiedlungszeit. Das *Museo Archeologico Lomellino* in **Garlasco** bewahrt eine erstaunliche Sammlung von Objekten aus der Bronzezeit, vor allem aber auch aus der keltischen La-Tène-Kultur.

Wenn man heute in dem kleinen, wie gottverlassenen, öden und staubigen **Lomello** ankommt, kann man sich kaum vorstellen, daß der Ort in der Römerzeit und im frühen

76   Pavia, S. Pietro in Ciel d'Oro, Arca di S. Agostino ▷

77 VIGEVANO, Piazza Ducale

78 LOMELLO, S. Maria Maggiore und Baptisterium

79 CREMONA, Dom, Fassade mit Torrazzo ▷

80 CREMONA, Loggia dei Militi

81 CREMONA, Palazzo Fodri, Hof

82 CREMONA, Palazzo Stanga, Hof ▷

83   CREMA, S. Maria delle Croce

84   CREMA, Dom ▷

85 SONCINO, Castello

86 RIVOLTA D'ADDA, S. Sigismondo, Apsiden

87 MANTUA, Palazzo Ducale, Castello di S. Giorgio

88 MANTUA, Casa Romano, Fassade

89   MANTUA, S. Andrea

90   MANTUA, Dom, Inneres (nach Entwürfen Giulio Romanos) ▷

91 MANTUA, Palazzo Ducale, Camera degli Sposi (Andrea Mantegna)

92 MANTUA, Palazzo Canossa, Treppe

93   Curtatone, S. Maria delle Grazie

94   Sabbioneta, S. Maria Incoronata, Blick in die Kuppel ▷

95 SABBIONETA/VILLA PASQUALI, S. Antonio, Blick in die Kuppel
      97 SABBIONETA, S. Maria Incoronata, Bronzestandbild des Vespasiano Gonzaga von Leone Leoni ▷
96 SABBIONETA, Teatro Olimpico

Mittelalter eine bedeutende Rolle gespielt hat. Das Laumellum der Römer war ein Stützpunkt an der wichtigen Straße von Pavia nach Gallien. Auch die Langobarden, die hier eine Burg errichteten, wußten die Lage des Ortes zu schätzen, und noch in den Kämpfen zwischen Pavia und Mailand war Lomello wichtiges Streitobjekt, das mehrmals zerstört wurde. Ein Säulenstumpf erinnert an die Ehe zwischen der katholischen Langobardenkönigin Theodelinde und dem Herzog Agilulf, die hier 590 geschlossen wurde. Es muß also in Lomello eine alte christliche Gemeinde und wohl auch ein Kultgebäude gegeben haben. Möglich, daß das heute noch bestehende *Baptisterium S. Giovanni ad Fontes* bereits im 6. Jahrhundert erbaut wurde, doch wahrscheinlicher ist eine Entstehungszeit im 8. Jahrhundert. Zusammen mit der benachbarten Kirche *S. Maria Maggiore* bildet es einen Komplex von außergewöhnlicher Schönheit und Geschlossenheit (Abb. 78). Das warme Rot des Backsteins wirkt hier noch viel strahlender als in den engen Gassen und Plätzen Pavias, die meist das Sonnenlicht ausschließen. Das Baptisterium ist ein überkuppeltes Oktogon, dessen Seiten im Wechsel von jeweils einer halbrunden oder einer rechteckigen Nische eingenommen werden. Im Gegensatz zum Grundriß des Gebäudes ist das Taufbecken im Innern sechseckig. Ähnlichkeiten mit ravennatischen Bauten und mit S. Maria in Castelseprio führten zur Hypothese, daß die Bauleute des Baptisteriums von Lomello aus östlichen Regionen kamen.

Nur wenige Meter neben dem Baptisterium erhebt sich die Kirche *S. Maria Maggiore*. Sie entstand bedeutend später, etwa in der Mitte des 11. Jahrhunderts, und zwar als Wehrkirche, denn sie war in den Komplex der nahen Burg miteinbezogen. Das Äußere der dreischiffigen, von drei halbkreisförmigen Apsiden geschlossenen Basilika mit Querschiff ist durch Lisenen gegliedert, die unter der Dachtraufe in Rundbogenfriese umbrechen. Auffallend ist an der Hauptapsis der Kranz kleiner tiefer Nischen, ein Vorläufer der Zwerggalerie. Leider wurde die Kirche im 18. Jahrhundert verkürzt. Man versetzte den Zugang um drei Joche nach Osten, so daß zwischen der neuen Westwand und der ehemaligen Fassade eine Art Atrium entstand. Barocke Veränderungen wurden durch eine gründliche Restaurierung größtenteils entfernt, so daß der Innenraum heute durch seine strenge Einfachheit wirken kann. Auch Pfeiler und Kapitelle sind aus Backstein, wodurch ein einheitlicher warmer Rotton den gesamten Kirchenraum bestimmt. Das Hauptschiff ist heute von einer hölzernen Kassettendecke gedeckt. Die Krypta unter der Hauptapsis wurde nie fertiggestellt.

Neben der kleinen Piazza mit dem Gefallenendenkmal steht das alte *Castello*, in dem heute das Rathaus untergebracht ist. Der Bau wurde im 11. Jahrhundert begonnen und durch Gian Galeazzo Visconti 1381 grundlegend umgebaut. Im Innern sind gute Fresken des 16. Jahrhunderts zu sehen, darunter ein Jahreszeitenzyklus. Am südöstlichen Ortsrand findet man eine weitere romanische Kirche, *S. Michele*. Der Bau entstand um 1200, doch ist die Fassade barock. Beeindruckend ist der turmartige Aufsatz mit seinen beiden Zwerggalerien. Im Innern sind noch Reste einer alten Freskierung erhalten.

Die direkte Route nach Vigevano – neben Lomello das kunsthistorische Hauptziel der Lomellina – führt über Tromello. Möglich ist aber auch, den Weg über **Mortara** zu nehmen, eine geschäftige kleine Handels- und Industriestadt. Bemerkenswert ist vor allem der *Dom*

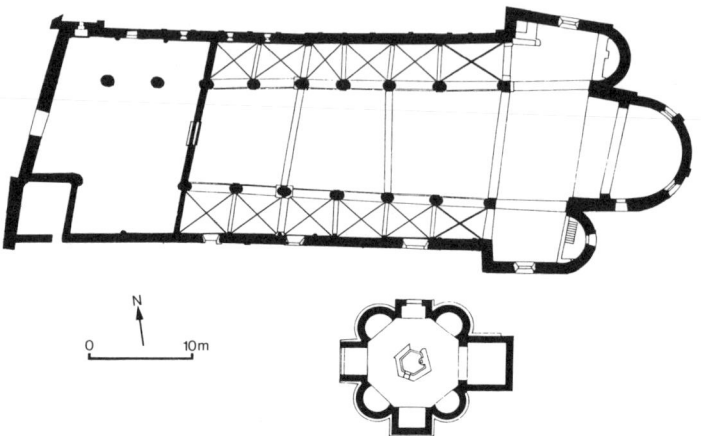

Lomello, Grundriß der Kirche S. Maria Maggiore und des Baptisteriums

S. Lorenzo, eine stattliche gotische Stufenhalle vom Ende des 14. Jahrhunderts, erbaut von Bartolino da Novara.

Ein lohnendes Ziel vor den Toren Vigevanos – direkt an der Straße aus Richtung Garlasco – ist die *Sforzesca.* So prachtvoll die Rechteckanlage mit ihren schmalen Ecktürmen auch erscheinen mag – von dem, was sie einst darstellte, kann man sich heute kaum mehr eine Vorstellung machen. Ludovico il Moro hatte im Jahr 1486 die Sforzesca als Jagdschloß bauen lassen. Architekt war wahrscheinlich der herzogliche Ingenieur Guglielmo da Camino, doch ist es auch möglich, daß Leonardo da Vinci Einfluß auf die Planung der Anlagen nahm. Nicht nur ein Jagdschloß sollte hier entstehen, sondern zugleich auch der Mittelpunkt einer ausgedehnten landwirtschaftlichen Anlage mit Modellcharakter. Aus Frankreich ließ sich der Herzog Schafherden kommen und errichtete eine gewaltige Farm, La Pecorara, die direkt neben dem Schloß lag. Da es ihm Spaß machte »neue Sachen zu erfinden«, führte er auch den Reisanbau ein. Um die Ländereien, zu denen weit ausgedehnte Weideflächen gehörten, fruchtbar zu machen, mußten Bewässerungskanäle angelegt werden, ein ideales Versuchs- und Forschungsfeld für die hydraulischen Studien Leonardo da Vincis.

Ganz gleich aus welcher Richtung man kommt – der erste Eindruck von **Vigevano** ist enttäuschend. Die kleine Stadt – Hauptort der italienischen Schuhindustrie – ist bis auf den historischen Stadtkern ein uneinheitliches Konglomerat. 1860 hatte der Ort nur 17 000 Einwohner, heute sind es 65 000. Das schnelle Wachstum zu einer Zeit, die architektonisch in der Provinz nicht gerade viel zu bieten hatte, macht sich bemerkbar. Der erste, wenig günstige Eindruck wandelt sich sofort, wenn man auf der *Piazza Ducale* (Abb. 77) angekommen ist. Schmale, belebte Straßen führen uns dorthin, und wenn man mit dem Wagen kommt, ist man gut beraten, ihn vor dem Zentrum stehen zu lassen, denn Parklücken sind hier so gut wie nie zu finden.

Der berühmte Platz – der früheste der italienischen Renaissance – wirkt trotz seiner Ausmaße von 138 × 48 m weniger groß als erwartet. Die an drei Seiten umlaufenden Arkadengänge verleihen ihm Intimität, ja Gemütlichkeit, und nur die an der offenen Schmalseite emporwachsende vorgeblendete Barockfassade des Domes gibt sich monumental. Wer der Planer dieser herrlichen Anlage war, weiß man nicht. Der Name von Bramante wird genannt, aber auch der von Leonardo da Vinci. Sicher ist nur, daß der Platz in den Jahren 1492 bis 1494 auf Befehl von Ludovico il Moro von dem herzoglichen Ingenieur Ambrogio de Curtis gebaut wurde. Prachtvoll sind die in warmes Ocker gehüllten, reich ornamental verzierten Frontseiten. Die lustigen Kamine, die die Dächer beleben, sind ein zusätzlicher Reiz.

Zwei Bauten überragen die niederen Arkadenreihen: der *Dom S. Ambrogio* und der Hauptturm des Castello. Obwohl die konkav geschwungene Barockfassade des Domes an jedem anderen Ort ein Schmuckstück wäre, muß man sagen, daß sie hier stört. Sie beeinträchtigt den gleichmäßigen, geometrischen Charakter der Renaissanceanlage nicht unerheblich. Wie sie eigentlich hätte aussehen sollen, zeigt ein Modell von Antonio Lonate, das im Domschatz aufbewahrt wird. Die zurückhaltenden, klassischen Formen nach Vorbild Bramantes hätten sich hier ohne Frage besser ausgenommen. Die Barockfassade, die 1680 bis 1684 errichtet wurde, entwarf der damalige Bischof von Vigevano, Juan Caramuel de Lobkowitz, selbst. Auch die Vierungskuppel ist barock, während der übrige Bau dem ursprünglichen Plan Lonates von 1532 folgt. Die Ausstattung ist nicht überragend, es überwiegen Gemälde zweitrangiger lombardischer Maler des 16. Jahrhunderts.

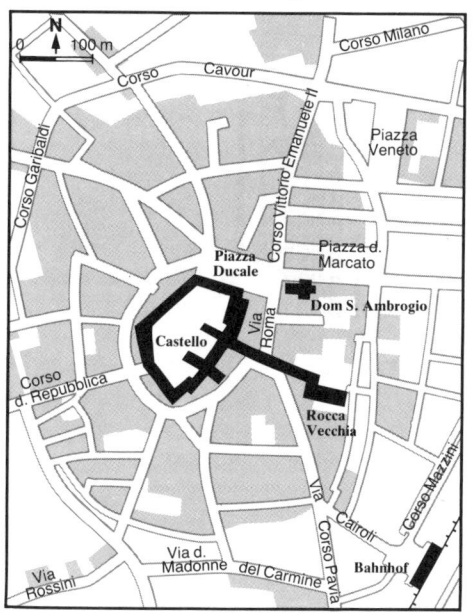

Plan des Stadtzentrums von Vigevano

Leider wird es auf Jahre hinaus nicht möglich sein, das *Castello* zu besichtigen. Der riesige Bau, der jahrhundertelang verschiedensten Truppen als Quartier gedient hat, bedarf einer gründlichen Renovierung. Man hofft, bei der Gelegenheit auch einen Teil der Fresken freilegen zu können, die dieses Schloß einst berühmt machten. Der Kernbau im Südosten geht noch auf das 14. Jahrhundert und die Visconti zurück, während der übrige Komplex zusammen mit dem von Bramante gebauten *Turm* ein Werk der Jahre 1491–1494 ist. Ludovico il Moro machte Vigevano zu seiner Lieblingsresidenz. Es sind einige Texte überliefert, die von den musikalischen Festen, vor allem aber von den abenteuerlichen Jagden berichten, die hier stattfanden. Beatrice d'Este gehörte trotz ihrer Jugend zu den eifrigsten Jägerinnen. »Jeden Tag reite ich aus, zusammen mit den Hunden und den Falknern«, schrieb sie an ihre Schwester Isabella Gonzaga, »und nie kommen mein Gemahl und ich nach Hause zurück, ohne die herrlichsten Jagdvergnügen genossen zu haben.« Wie man erfährt, waren es nicht nur Hirsche und Wildschweine, die man damals in der Umgebung von Vigevano jagen konnte, sondern auch Wölfe.

Die Schloßbauten, die um einen polygonalen Hof herum angeordnet sind, reichen an einer Stelle tief in die Stadt hinein. Vom herzoglichen Palast aus (Palazzo Ducale oder Maschio) führt ein überdachter Wehrgang zur ursprünglichen Burg von Vigevano, der *Rocca Vecchia.* Dabei wird die Via Roma von einem Stadttor überbrückt, dem Portone. Zu den hübschesten Teilen des gesamten Komplexes gehört die Loggia della Falconiera, ein kleiner Anbau des Palazzo Ducale. Dieser Arkadenbau wurde nach der Überlieferung dazu benutzt, »um Jagdfalken und Sperber ins Land fliegen zu lassen«. Nach Angaben eines Zeitgenossen waren die »prachtvollen Räume« des Palastes ausgemalt. Man kann nur hoffen, daß dieser beeindruckende Bau eines Tages wieder in seiner vollen Schönheit erstrahlt.

Vigevano, Modell des Domes nach dem Plan Antonios da Lonate von 1532

316

Die Provinz Cremona

»Erträumt von Menschen einer andern Zeit
Steht Dom, Turm und Palast voll Majestät
Und spricht zu mir, und aus den Säulen weht
Und aus den Bogen lächelt Ewigkeit.«
Hermann Hesse, Ankunft in Cremona

Die Stadt Cremona

Amati, Stradivari und Guarneri – diesen Geigenbauern des 16. bis 18. Jahrhunderts verdankt Cremona seine Berühmtheit in der Welt. Weniger bekannt ist, daß Cremona auch eine Stadt hervorragender Architektur, Plastik und Malerei ist. Allein den Fresken der Brüder Campi könnte eine Reise in die Provinz Cremona gelten. Bernard Berenson rühmte die manieristischen Maler, die auch kunsthistorisch Interessierten meist unbekannt sind: »Oberitalien hat in dieser Epoche keine weiteren Maler aufzuweisen, die auch nur flüchtig erwähnt zu werden verdienten, allerdings mit Ausnahme jener reizenden eleganten Eklektiker, der Campi, die – um nur das Beste zu erwähnen – in einer Kirche bei Soncino eine Reihe der am feinsten durchdachten Dekorationsmalereien der Renaissance und in dem heute leer stehenden Sommerpalast in Sabbioneta ausgezeichnete mythologische Fresken hinterlassen haben.«

Die strategisch günstige Lage am Ufer des Po machten sich die Römer zunutze, die im Jahr 218 v. Chr. hier zu siedeln begannen. 90 v. Chr. wurde der Ort zum Municipium erhoben, die Einwohner erhielten das römische Bürgerrecht. Da die Stadt sich nach der Ermordung Cäsars für Brutus entschied, erfolgte eine Beschlagnahme des Grundbesitzes und eine Deklassierung zur Kolonie. Auch Vespasian sah sich 69 n. Chr. genötigt, die Stadt zu bestrafen, da sie für den Usurpator Vitellius Partei ergriffen hatte. 603 rückten die Langobarden unter Agilulf in die Stadt ein. Königin Theodelinde war Cremona sehr zugetan. Ihr und der Gunst der Erzbischöfe verdankt die Stadt eine Zeit ruhiger Entwicklung bis zur Entstehung der Kommune im Jahr 1098. Das 12. Jahrhundert sah Cremona auf der Seite Barbarossas gegen Crema und Mailand. Die Zeit der Signorien begann mit der Herrschaft des Ghibellinen Buoso da Dovara im Jahr 1254. 80 Jahre später fiel die Stadt an die Visconti. Als Mitgift Bianca Maria Viscontis ging Cremona 1441 an die Sforza über. Es begann eine Blütezeit für Kunst und Humanismus. Politische Auseinandersetzungen mit den Venezianern, den Franzosen und den Spaniern führten zu schweren Kämpfen und Verwüstungen. Die Herrschaft der spanischen Habsburger ab 1535 brachte eine neue kulturelle Blütezeit, die mit den Namen von Andrea und Nicolò Amati, Antonio Stradivari, Giuseppe Antonio Guarneri und Claudio Monteverdi verbunden ist. 1707 fiel die Stadt an die Österreicher, 1799 wurde sie Teil der Cisalpinischen Republik Napoleons, und 1814 kam sie wieder an Österreich.

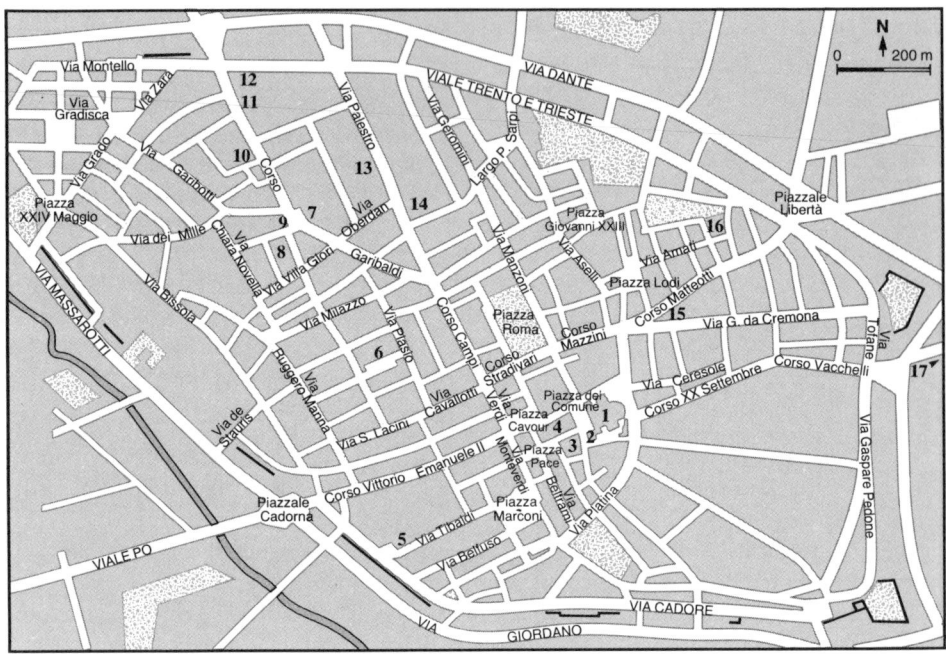

Stadtplan von Cremona   1 Dom und Torrazzo   2 Baptisterium   3 Loggia dei Militi   4 Palazzo del Comune   5 S. Pietro al Po   6 S. Agostino   7 S. Agata   8 Palazzo Trecchi   9 Palazzo del Popolo 10 Palazzo Raimondi-Bellomi   11 Palazzo Stanga-Rossi di S. Secondo   12 S. Luca   13 Palazzo Stanga-Trecco   14 Palazzo Affaitati (Museo Civico)   15 Palazzo Fodri   16 S. Abbondio   17 S. Sigismondo

Das Zentrum der Stadt ist die Piazza del Comune. Fünf Bauten von außerordentlicher Schönheit, der Campanile, der Dom, das Baptisterium, der Palazzo del Comune und die Loggia dei Militi umschließen diesen Platz, der zu den eindrucksvollsten der Lombardei gehört. Wahrzeichen von Cremona ist der Glockenturm des Domes, der *Torrazzo* – mit 111 m der höchste Campanile von Italien. Ein Wortspiel, das sich um ihn und zwei weitere Cremoneser Spezialitäten gebildet hat, zeugt von seiner Volkstümlichkeit. Anläßlich der Hochzeit der Bianca Maria Visconti im Jahr 1441 soll zum erstenmal der Torrone gereicht worden sein, das Naschwerk aus Mandeln, Honig und Eiern, das heute einer der Hauptausfuhrartikel ist. Zu Torrone und Torrazzo gesellen sich dann als dritte Besonderheit die »Terrazze« der fülligen, ihre Oberweiten nicht verbergenden Cremoneserinnen ...

Der Turm entstand während der Gotik ab 1250. Der untere Teil ist streng und wuchtig, doch über dem achten Geschoß wächst ein höchst anmutiges Gebilde empor, dessen Abschluß ein arkatiertes Oktogon mit spitzem Dachkegel bildet (1284–1305). Schöpfer dieser Bekrönung, die ähnlich auch in S. Gottardo in Mailand zu sehen ist, waren entweder

Campioneser Meister oder der einheimische Francesco Pecorari. Zur Piazza hin ist eine der prächtigsten astronomischen Uhren Italiens angebracht. Sie wurde 1583 von den Brüdern Divizioli konstruiert und von den Malern Dordoni und Pesenti malerisch gestaltet.

Der *Dom* (Abb. 79) – eine dreischiffige Emporenbasilika – entstand ab 1107 an der Stelle einer Kathedrale, die während der Ungarnkriege zerstört worden war. Ein Erdbeben im Jahr 1117 beschädigte den Bau, so daß ab 1129 mit einem Neubau begonnen wurde. Die Weihe erfolgte 1190. Die Querhäuser wurden bis 1288 (Norden) und 1342 (Süden) hinzugefügt. Die *Westfassade* zur Piazza del Comune entstand 1180–1190 und wurde 1498 bis 1505 mit Marmor verkleidet. Für die Gestaltung des Hauptportals, der Porta Regia, verwendete man Reste bauplastischer Arbeiten der ersten Phase (1107). Die vier großartigen Prophetenge-stalten, die in ihrer strengen Blockhaftigkeit an die Figuren des Königsportals von Chartres erinnern, gehörten wahrscheinlich zu einem unvollendeten Weltgerichtszyklus. Der Mei-stername ist überliefert: Willigelmus, ein Steinmetz, der auch die Nischenfiguren am Dom von Modena schuf. Die Portalvorhalle aus dem frühen 14. Jahrhundert enthält ebenfalls ältere Teile, wie die mächtigen säulentragenden Löwen und die Reliefs der Monatsdarstel-lungen aus dem Kreis des Benedetto Antelami (um 1220). Die Figuren der Madonna und der Kirchenpatrone Omobono und Imerio werden Gano da Siena zugeschrieben und gehören der Gotik an (um 1310). Der *Portico della Bertazzola* – ein eleganter Arkadengang, der Torrazzo und Kirche miteinander verbindet – entstand 1499–1525 durch Lorenzo Trotti. Hier sind eine Reihe schöner plastischer Arbeiten zu sehen. Bonino da Campione war der Meister des Sarkophags für Folchino Schizzi mit Madonna, Heiligen und allegorischen

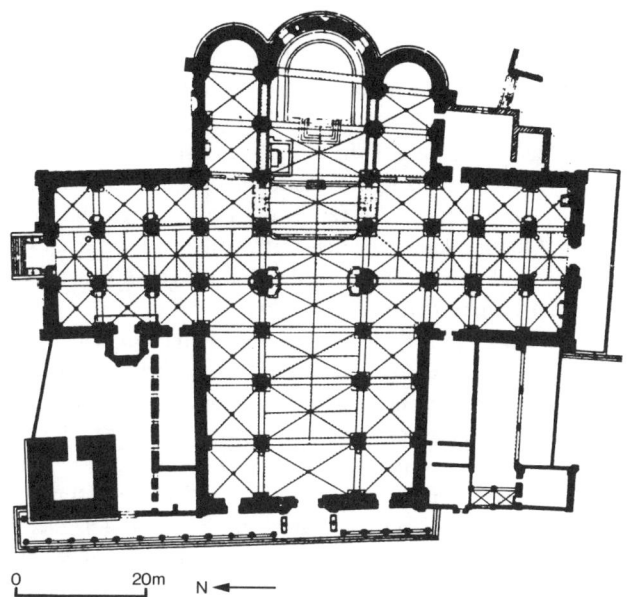

Cremona,
Grundriß des Domes

0   20m   N ◄——

Figuren (1357). Die *Nordfassade* (Via Boccaccino) entstand 1288 durch Giacomo Camperio und Bertolino Bragerio. Auch hier wurde ein älteres Stück eingearbeitet, ein romanisches Türsturzrelief der Jahre 1109–1117 (Christus und Apostel). Wie kleine Minarette wirken die Ziertürmchen, die an den Seiten der Giebel und aus ihrer Mitte emporsteigen. Zusammen mit den eleganten Zwerggalerien sind sie ein heiteres, belebendes Element.

Im Innern ist der Dom reich mit monumentalen Fresken oberitalienischer Maler des 16. Jahrhunderts ausgestattet (Bernardino Campi, Antonio Campi, Boccaccio Boccaccino, Gian Francesco Bembo, Bernardino Gatti, Gerolamo Romanino, Giovanni Antonio da Pordenone). Die Brüsseler Gobelins mit der Samsongeschichte entstanden nach Entwürfen von Antonio Campi und Giulio Romano. Von außerordentlicher Qualität ist ein Renaissancechorgestühl mit Intarsien von Giovanni Maria Platina (1483–1490). Die Arbeiten aus farbigen Hölzern sind auch wegen der zeitgenössischen Veduten interessant, darunter die Fassade des Domes, der Hafen von Cremona, die Kirche SS. Pietro e Paolo, das Castello Sforzesco in Mailand.

Das *Baptisterium* – ein Kuppeloktogon mit Laterne – entstand 1167 an der Stelle einer Taufkirche des 10. Jahrhunderts. Chronologisch und stilistisch steht es zwischen den Baptisterien von Florenz und Parma. Ursprünglich war es ein reiner Backsteinbau, doch im 16. Jahrhundert verkleidete man ihn an zwei Seiten mit Marmor, um eine stilistische Einheit mit der Fassade des Domes herzustellen. Bekrönt wird das Baptisterium von einer gotischen Bronzestatue des Erzengels Gabriel auf der Kuppellaterne (1369). Auf die Renaissance gehen die Galerie am Kuppelansatz, das Attikageschoß mit Okuli sowie der Portalvorbau zurück. Sehr schön ist der ernste Innenraum mit seinen Säulenarkaden und den beiden Emporengeschossen. Bis auf einen Holzkruzifix der Gotik geht die Ausstattung auf die Renaissance (Taufbrunnen von Lorenzo Trotti, 1520–1527) und das Barock (Statuen des hl. Filippo Neri und Johannes des Täufers, G. Chiari, erste Hälfte des 18. Jahrhunderts) zurück.

Die kleine *Loggia dei Militi* (Abb. 80) ist ein Backsteinbau des Jahres 1292 und entstand für die Versammlungen der Capitani (Hauptleute) der städtischen Miliz. Charakteristisch für die Stadtpaläste dieser Zeit ist die Verbindung von offener Halle im Unter- und großem Saal im Obergeschoß. Die Fenstertriforien und -biforien sind zurückhaltend mit Terrakottadekor geschmückt. Der Bau gilt als eines der schönsten Beispiele gotischer Profanarchitektur in der Lombardei.

Der *Palazzo del Comune*, gegenüber dem Dom, hat eine komplizierte Baugeschichte. Der Backsteinbau entstand in mehreren Phasen ab 1206 (1246, 1575) und wurde durch Eingriffe des 19. Jahrhunderts in seiner Einheitlichkeit weiter beeinträchtigt. Im Norden und Südwesten ragen die mächtigen *Torri Civica und Pretoria* in die Höhe. Der einstige Regierungspalast der Ghibellinen ist noch heute Sitz der Stadtverwaltung. Die Säle des Obergeschosses sind mit guten Gemälden des 16. Jahrhunderts ausgestattet und zum Teil mit ausgezeichneten skulpierten Marmorarbeiten (Kamine, Portale). Der Stolz der Stadt ist die Sala dei Violini, wo die bekanntesten Geigen von Andrea und Nicolò Amati, Antonio Stradivari und Giuseppe Guarneri ausgestellt sind, darunter die berühmte ›Cremonese‹.

Cremona, Tavola di S. Agata

Über die Piazza Marconi und die Via Tebaldi erreicht man die Renaissancekirche *S. Pietro al Po* (1563–1569). Der tonnengewölbte Innenraum der Basilika ist reich mit Fresken ausgestattet – das Hauptwerk des Cremonesen A. Campi neben seinen Arbeiten für S. Sigismondo. Manieristisch-illusionistische Architekturen sind der Rahmen für die Darstellung der Lebens- und Leidensgeschichte des Kirchenpatrons. Die Altarbilder stammen zum Teil von Cremoneser Malern, die auch bei der Ausstattung des Domes tätig waren (G. F. Bembo, G. Gatti u. a.). Auch die Freskierung der Sakristei geht auf A. Campi zurück, während das Refektorium von Bernardino Campi ausgemalt wurde.

S. Agostino (Piazza S. Agostino) ist eine gotische Backsteinkirche, die 1339–1345 für die Eremitaner gebaut wurde. Zu Beginn des 15. Jahrhunderts wurden einige Kapellen hinzugefügt und 1461 der Campanile. Die Ausstattung geht im wesentlichen auf das 15. bis 17. Jahrhundert zurück. Hervorzuheben ist ein Freskenzyklus zum Leben des hl. Augustinus in der Cappella Cavalcabò (zweite Kapelle), den Bonifacio Bembo 1452 schuf.

Eine Reihe wichtiger Bauten findet man am Corso Gardibaldi, der vom Stadtzentrum zur nördlichen Peripherie (Piazza Risorgimento) führt. Die prunkvolle klassizistische Marmorfassade der Kirche *S. Agata* wurde erst 1848 einem Bau der Renaissance (1496) vorgeblendet. Der Backstein-Campanile mit doppelgeschossigen Klangarkaden (13. Jahrhundert) ist Teil eines Vorgängerbaues. Der fünfschiffige Innenraum ist mit Fresken und Altarbildern Cremoneser Meister des 16. und 17. Jahrhunderts ausgestattet (B. Boccaccino, G. und B. Campi, G. Gatti). Außerordentlich ist das Grabmal der Familie Trecchi von Giovanni Cristoforo Romano mit feinen Basreliefs (1502). Die *Tavola di S. Agata,* eine doppelseitig bemalte Tafel des 13. Jahrhunderts, gilt als Höhepunkt der lombardischen Malerei der Romanik. Das ikonenartige Bild eines unbekannten Meisters enthält Szenen aus dem Leben der hl. Agathe, dazu die Madonna mit Kind und dem Hl. Geist.

Schräg gegenüber von S. Agata, am Ende der Via Grandi, erhebt sich der recht düstere *Palazzo Trecchi,* ein Bau des späten 15. Jahrhunderts, der im 19. Jahrhundert störenden gotisierenden Eingriffen unterzogen wurde. Auch der Arkadenhof, der einst mit Fresken der Brüder Campi bemalt war, wurde ein Opfer restauristischer Bestrebungen der Neugotik.

Historisch interessant ist der kleine *Palazzo del Popolo* in der Via Garibaldi 120–126. Der Bau aus dem Jahr 1256 war das Zentrum der Guelfen, also eine Art Konkurrenz zum Palazzo del Comune, der den Ghibellinen als Regierungspalast diente. In seine Südwestecke wurde ein romanischer Wehrturm einbezogen.

Der *Palazzo Raimondi* (Corso Garibaldi 178) wurde nach den Wünschen des Humanisten Eliseo Raimondi ab 1496 erbaut. Der Architekt Bernardino de Lera orientierte sich an Leon Battista Alberti und brachte damit ein Stück Toskana in die Lombardei. Die Kapitelle des Arkadengangs im Hof wurden von Giovanni Gaspare Pedoni skulpiert, der für den Palazzo del Comune einen sehr schönen Marmorkamin geschaffen hat. Auch an diesem Bau wurde im 18. Jahrhundert verändernd eingegriffen.

Der *Palazzo Stanga-Rossi di S. Secondo* (Corso Garibaldi 187) ist heute nur noch an der Ostseite (Obergeschoß mit Okuli) als Bau des 15. Jahrhunderts zu erkennen. Ein grundlegender Umbau des 18. Jahrhunderts sorgte für die heutige Erscheinung. Besonders schade ist es, daß das große Portal, das 1490 von Bildhauern aus dem Kreis des Amadeo skulpiert wurde und als eines der schönsten der Lombardei gilt, heute nicht mehr an Ort und Stelle ist. Als Kriegsbeute der Franzosen kam es in den Louvre, wo es heute noch zu sehen ist. Eine Kopie findet man in der Sala del Consiglio des Palazzo del Comune. Sehr sehenswert ist die prunkvolle Rokokotreppe im linken Flügel.

S. Luca (Corso Garibaldi, Ecke Viale Trento e Trieste) ist eine Backsteinkirche der zweiten Hälfte des 13. Jahrhunderts. Veränderungen zu Ende des 14. Jahrhunderts und im Jahr 1471 bewirkten die heutige Erscheinung. Sowohl die reich mit Terrakottadekor besetzte Fensterrose als auch die Vorhalle sind Werke des 15. Jahrhunderts. Herausragend ist das neben der Westfassade angebaute kleine Oktogon, das *Oratorio del Cristo Resorto*. In Anlehnung an Bauten Bramantes entstand es im Jahr 1503 zum Dank für das Ende schwerer Seuchenzeiten. Architekt war Bernardino de Lera.

Die Gegend von Cremona war durch ihren Reichtum an guter Tonerde prädestiniert für die Entwicklung der Terrakottakunst. Rinaldo de' Stauris, der die großartigen Terrakottadekorationen der Certosa di Pavia schuf, stammte aus Cremona. Ebenso begabt waren die Meister, die für die Cremoneser Paläste Fodri und Stanga-Trecco tätig waren. Der *Palazzo Stanga-Trecco* (Via Palestro 36; Abb. 82) entstand im frühen 16. Jahrhundert, wahrscheinlich nach einem Entwurf von Bernardino de Lera. Das 18. und 19. Jahrhundert haben hier stark verändernd eingegriffen, so daß von dem Glanz der ursprünglichen Anlage nur noch die Hofseite zeugt. Der dekorative Reichtum des noch erhaltenen Traktes wird von keinem anderen Cremoneser Palast übertroffen. Die Arkaden mit ihren Zwickeln, die Biforien des Obergeschosses, die Rundfenster des darüberliegenden Halbgeschosses – alles ist mit dichtem ornamentalen Terrakottadekor überzogen. Besonders schön ist der Fries mit Kampfszenen unterhalb der Fenster des Obergeschosses. Als Ausführenden nimmt man einen Meister aus dem Umkreis des Giovanni Antonio Amadeo an. Der Palast, der heute das Instituto Agrario Stanga beherbergt, ist auch innen reich ausgestattet (18. Jahrhundert).

Der *Palazzo Affaitati* (Via Ugolani Dati 4) entstand zwischen 1561 und 1570 für die Bankiers- und Kaufmannsfamilie Affaitati, Finanziers der Feldzüge Karls V. gegen die

Holländer. Architekt des prächtigen manieristischen Palastes war vermutlich Francesco Dattaro. Heute ist das Gebäude Sitz zweier Museen, des Museo Civico und Museo Stradivariano. Prächtig ist das monumentale Treppenhaus von Antonio Arrighi (1769), das zum Piano nobile führt. Die reichhaltige Gemäldesammlung des *Museo Civico* gilt vor allem den Cremoneser Malern des 16. Jahrhunderts, die man auch als Ausstatter der hiesigen Kirchen antrifft: die Bembo, Gatti, Boccaccino und Campi. Die *Sezione Stradivariana* (Eingang Via Palestro 17) enthält wichtige Dokumente aus der Werkstatt des Antonio Stradivari, ergänzend zur Sammlung des Palazzo Comunale.

Der *Palazzo Fodri* (Corso Matteotti; Abb. 81) ist das wichtigste Beispiel für die Palastarchitektur der Frührenaissance in Cremona. Er entstand ab 1490 im Auftrag von Benedetto Fodri, Mitglied einer reichen Cremoneser Kaufmannsfamilie und Günstling der Sforza. Architekt war Bernardino de Lera, der den Bau 1493 vollendete. Aus diesem Jahr stammt auch das Marmorportal von Alberto Maffiolo. Die zurückhaltend mit Terrakottadekor besetzte Fassade (Kreis des Giovanni Antonio Amadeo oder Agostino de Fonduti), ist ein einfacher, wenn auch sehr nobler Auftakt zu der eigentlichen Attraktion des Palastes, dem *Cortile*. Dieser doppelgeschossige Arkadenhof, der gegenwärtig eingehenden Restaurierungsarbeiten unterzogen wird, gehört zu den schönsten der Lombardei. Der Terrakottadekor ist weniger reich als beim Palazzo Stanga-Trecco, jedoch gleichwertig in der Qualität. Auch hier ist es der Fries mit den Kampfszenen, zwischen den beiden Geschossen, der besonders fein gearbeitet ist. Der Meister war wahrscheinlich Rinaldo de' Stauris. Im Innern des Palastes sind in zwei Räumen Reste der ursprünglichen Quattrocento-Freskierung erhalten. Die Porträtmedaillons des Korridors, der zum Cortile führt, sind Reste einer ehemals aufwendigen Freskierung durch Antonio della Corna.

Die Kirche *S. Abbondio* (Piazza S. Abbondio) wurde um 1570 errichtet. Der Campanile geht noch auf eine gotische Vorgängerkirche der Benediktiner zurück. Der einschiffige Innenraum ist mit Fresken bedeutender manieristischer Maler Cremonas ausgestattet, darunter Giulio Campi und Orazio Sammacchini (mariologischer Zyklus). Der sehr reizvolle Kreuzgang geht auf Bernardino de Lera zurück. In seiner ausgewogenen Gliederung der architektonischen und dekorativen Elemente gehört er zu den besten Leistungen dieses Architekten.

Die bedeutendste Kirche von Cremona – neben dem Dom – ist *S. Sigismondo*. Sie liegt etwas außerhalb im Osten, ist jedoch über die Piazza Libertà und die Via Giuseppina mit dem Wagen in zehn Minuten zu erreichen. Schon von außen ist der langgestreckte, vielfältig gegliederte Bau bestechend, doch überwältigend ist der Innenraum: ein Bilderbuch aus großartigen Fresken Cremoneser Maler des 16. Jahrhunderts. Bianca Maria Visconti wurde hier in einer Vorgängerkirche im Jahr 1441 mit dem Condottiere Francesco Sforza getraut, denn Cremona gehörte zu ihrer Mitgift. Zur Erinnerung an diesen Tag – sie war damals erst siebzehn, Sforza jedoch schon vierzig – stiftete sie den heutigen Bau. Mit den Arbeiten wurde 1463 begonnen, Architekt war Bartolomeo Gadio. Ende des Jahrhunderts vollendete Bernardino de Lera die Kirche, nachdem er die recht anspruchslosen Entwürfe seines Vorgängers abgeändert hatte. Heute gilt S. Sigismondo als »architektonisches Juwel der Renaissance in der Lombardei vor Bramante«. Fassade und Langhaus gehen auf de Lera zurück, während Apsis, Vierung und Querhaus von Gadio stammen. Der biblische Freskenzyklus entstand erst während der Hochrenaissance durch Giulio und Bernardino Campi, Camillo Boccaccino, Bernardino Gatti und andere Cremoneser Meister. In der Vierungskuppel erscheint eine Darstellung des Paradieses (Bernardino Campi, 1570), im Westjoch des Langhauses die Szene der Ausgießung des Hl. Geistes in kühner Perspektive (Giulio Campi, 1557). Doch nicht nur die figürliche Malerei ist hier außerordentlich – ebenso erstaunlich ist der allegorisch-ornamentale Dekor der Pfeiler, Gurtbogen und Zwickel. Das großformatige Altarbild des Chores, das Maria mit Heiligen und den beiden Stiftern darstellt, ist in seinen frischen kräftigen Farben ein Glanzpunkt dieser Kirche (Giulio Campi, 1540). Das Chorgestühl enthält gute Intarsien aus dem Ende des 16. Jahrhunderts (D. Capra). Durch eine reich geschnitzte Tür von außerordentlicher Schönheit (Wappen der Sforza und Visconti, P. und G. Sacca, 1536) kommt man zu einem sehr edel proportionierten *Renaissancekreuzgang* mit Terrakottadekor.

In der Provinz Cremona

Die kleine Stadt **Crema** am rechten Ufer des Serio besitzt ein gut erhaltenes historisches Zentrum, dessen kommunaler und sakraler Mittelpunkt im Mittelalter die Piazza del Duomo war. Über die Ursprünge der Siedlung ist wenig bekannt, doch nimmt man an, daß sich die mittelalterliche Stadt um ein byzantinisches Castrum bildete. Nach der Lösung von der Gerichtsbarkeit der Bischöfe von Cremona und der Bildung einer freien Kommune verbündete man sich mit Mailand – ein verhängnisvoller Schritt, denn es hatte die völlige Zerstörung der Stadt durch Friedrich Barbarossa (1160) zur Folge. Die Kämpfe zwischen Guelfen und Ghibellinen endeten mit dem Sieg der guelfischen Benzoni, die zu Signoren der Stadt wurden. Eine kurze Zeit der Autonomie (1403–1423) endete mit der in der Lombardei fast unvermeidlichen Herrschaft der Visconti. Im Jahr 1449 fiel Crema an die Republik Venedig, der es bis 1797 angehörte. Der Mauerring, der die Altstadt umgibt, stammt aus dem Beginn der venezianischen Herrschaftszeit (1488–1509).

Der *Dom S. Maria Assunta* (Piazza del Duomo; Abb. 84) wurde nach der Zerstörung der Stadt während zweier Bauphasen errichtet (ab 1240 und 1284–1341), der Campanile erst Anfang des 17. Jahrhunderts in formaler Anlehnung an den Torrazzo von Cremona vollendet. Die extrem hohe Westfassade mit großem Radfenster und Zwerggalerie läßt das basilikale Langhaus nicht vermuten, sondern folgt einem bei Hallenkirchen üblichen Schema. Der dreischiffige Innenraum überrascht durch seine für einen Provinzbau bemerkenswerte Weiträumigkeit und Mächtigkeit. Der barocke Dekor des Jahres 1776 wurde erst 1952 entfernt, doch sind Teile noch in der Krypta erhalten. Ein Holzkruzifix des 14. Jahrhunderts und das Freskofragment einer thronenden Madonna gehören zur ursprünglichen Ausstattung. Der einheimische Meister Vincenzo Civerchio malte an der Westwand eine Verkündigungsszene und für das Nordschiff die Tafel der hll. Sebastian, Christophorus und Rochus (erste Hälfte

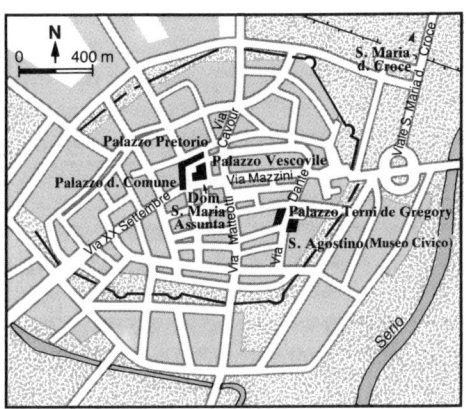

Plan der Innenstadt von Crema

des 16. Jahrhunderts). Ein Altarbild im Südschiff, »Christus erscheint dem gefangenen Evangelisten Markus«, ist ein Werk von Guido Reni (um 1630–1640).

Der *Palazzo del Comune* (1525) begrenzt die Piazza del Duomo nach Westen hin. Die feine Gliederung der Arkaden und Loggien verrät den Einfluß der venezianischen Renaissance. Der Torrazzo ist eine Zutat des 17. Jahrhunderts. Im Norden schließt sich der *Palazzo Pretorio* (1547–1554), der ehemalige Sitz des Bürgermeisters, an. Dem Dom selbst ist im Osten der *Palazzo Vescovile* angefügt (1548). In einem der Säle sind Bilder von Palma il Vecchio, Palma il Giovane und Romanino zu sehen.

S. Agostino, ein ehemaliges Augustinerkloster (Via Dante 49), ist ein Bau der Spätgotik (ab 1439). Es sind noch zwei Kreuzgänge erhalten, auch ein *Refektorium*, das 1498–1507 von Pietro da Cemmo freskiert wurde. Leider ist die an sich sehr schöne Darstellung des Abendmahls nicht mehr gut erhalten. In den Klosterbauten ist das *Museo Civico* untergebracht mit einem guten Bestand lokaler Dokumente zur Kunstgeschichte und Archäologie. Ganz in der Nähe (Via Dante 20–22) finden wir den *Palazzo Terni de Gregory*. Die Hufeisenanlage aus Backstein entstand 1698 durch Giuseppe Cozzi aus Piacenza. Sehr reizvoll ist die den Hof der dreiflügeligen Anlage begrenzende Mauer mit ihren bewegten Barockstatuen.

Meist kommt der Kunstliebhaber nicht wegen der genannten Bauten nach Crema. Ihn lockt ein anderes Ziel, etwas außerhalb im Norden gelegen, die herrliche Wallfahrtskirche *S. Maria della Croce* (Abb. 83). Der reichgegliederte Backsteinbau entstand zwischen 1490 und 1500 nach dem Entwurf von Giovanni Battagio aus Lodi, der jedoch nur bis 1493 Bauleiter war. Er wurde von Giovanni Antonio Montanaro aus Crema abgelöst. Ein Zentralbau ähnlicher Struktur, Bramantes Ostbau von S. Maria delle Grazie in Mailand, entstand zur gleichen Zeit und hat Battagio wahrscheinlich als Vorbild gedient. Der Innenraum – ein Oktogon mit vier in der Form eines griechischen Kreuzes angelegten Kapellen – ist sehr reich ausgestattet. Die Quadraturmalerei geht auf die Brüder Girolamo und Giovanni Battista Grandi aus Varese zurück (1702), die biblischen Szenen und Heiligendarstellungen auf Giacomo Pallavicini aus dem Veltlin. Großartig ist das Kuppelfresko, das den Triumph des Kreuzes darstellt. Die Altarbilder sind zum Teil Arbeiten von Antonio und Bernardino Campi aus Cremona. Wie viele Wallfahrtskirchen geht auch diese auf eine Marienvision zurück, an die der Altar des Scurolo erinnert. Caterina degli Uberti, kaum ein Jahr verheiratet, erregte aus unbekannten Gründen den Zorn ihres Mannes Bartolomeo, der daraufhin versuchte, sie umzubringen. Blutüberströmt betete sie zur Madonna und bat um die Gnade, vor ihrem Tod wenigstens noch die heiligen Sakramente empfangen zu dürfen. Die Ange-

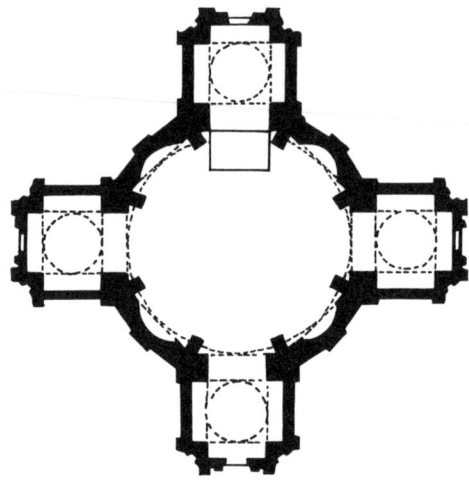

Crema, Grundriß der Kirche S. Maria della Croce

flehte erschien ihr, wies ihr den Weg zu einer rettenden Behausung und so konnte noch ein Priester gerufen werden, der ihren letzten Wunsch erfüllte. Diese Vision und einige darauf folgende Wundererscheinungen führten dann zum Bau einer Kapelle, der schließlich die großartige S. Maria della Croce folgte.

Die einstigen Rivalen **Soncino** und Orzinuovi, durch den Fluß Oglio voneinander getrennt, haben heute mehr Gemeinsames als Trennendes. Beide sind kleinere Zentren der Landwirtschaft und des Handels, gehören allerdings zwei verschiedenen Provinzen an: Soncino gehört zu Cremona und Orzinuovi zu Brescia. Während Orzinuovi sich einiger tausend Einwohner mehr rühmen kann, ist Soncino der kulturhistorisch bedeutend interessantere Ort. Die mächtige *Rocca* der Visconti (Abb. 85) – einer der intaktesten Wehrbauten der Lombardei – zeugt von der einstigen Funktion Soncinos als Festung gegen das venezianische Orzinuovi. Die imponierende quadratische Anlage mit vier Ecktürmen und einem Wehrgang hinter Schwalbenschwanzzinnen entstand ab 1473 im Auftrag von Galeazzo Maria Visconti. Architekt war der Mailänder Bartolomeo Gadio. Der gesamte Komplex ist von einem Wassergraben umgeben. Die Rocca blieb bis 1499 im Besitz der Sforza, ging dann in schneller Folge an die Venezianer, die Franzosen, die Spanier über, bis Karl V. sie dem Marchese Massimiliano Stampa übergab, der sie in der Mitte des 16. Jahrhunderts zur Residenz umbaute.

Von dem Reichtum des ortsansässigen Adels zeugt die attraktive Front der *Casa degli Azzanelli* am südlichen Ortsrand. Der Backsteinbau aus dem Ende des 15. Jahrhunderts ist mit feinstem Terrakottadekor besetzt, der dem Cremoneser Rinaldo de' Stauris zugeschrieben wird.

Etwa 1 km südlich des Ortes liegt der Backsteinbau der ehemaligen Karmeliterkirche *S. Maria delle Grazie*. Die Saalkirche entstand ab 1492 und wurde 1528 in Gegenwart des Herzogs von Mailand, Francesco II. Sforza, geweiht. Der Innenraum ist reich mit Fresken ausgestattet, die erfreulicherweise sehr gut erhalten sind. Die Szenen zur Geschichte des Karmeliterordens im Chor werden dem Cremoneser Giulio Campi zugeschrieben, während die mariologischen Fresken und das Jüngste Gericht mit Schülern der Campi aus Cremona, den einheimischen Brüdern Scanzi in Verbindung gebracht werden. Die hübschen laubenartigen Motive des Tonnengewölbes erinnern an die Villa Cicogna in Bisuschio (Provinz Varese), für deren malerische Ausstattung auch die Campi im Gespräch sind. Interessant ist die Architekturgliederung durch farbige Terrakotta. Die Kirche wird wegen ihrer einsamen

Lage wenig besucht, und es gehört zu den schönsten Eindrücken einer Fahrt durch die Provinz Cremona, daß man sie lange und eingehend betrachten kann und von niemand gestört wird.

Rivolta d'Adda liegt schon sehr nahe an Mailand, und diesem Umstand hat man auch den großartigen Bau von *S. Maria e S. Sigismondo* (Abb. 86) zu verdanken. Die Ursprünge der Kirche sind nicht geklärt, doch nimmt man an, daß sie von Gaiardo, einem Neffen des Mailänder Erzbischofs Ariberto d'Intimiano, gestiftet wurde. Ariberto wird die Initiative zum romanischen Wiederaufbau der Schiffe von S. Ambrogio in Mailand zugeschrieben, woraus sich Ähnlichkeiten mit diesem Bau erklären lassen. Die Weihe der wohl damals noch nicht vollendeten Kirche fand 1086 durch Papst Urban II. statt. Das Territorium von Rivolta, das 1030 von Gaiardo für Mailand erobert worden war, fiel 1168 wieder an Cremona. Im 17. Jahrhundert wurde S. Maria Kollegiatskirche, was barocke Veränderungen zur Folge hatte. Die Restauratoren schreckten zu Anfang unseres Jahrhunderts nicht vor gewagten Rekonstruktionen zurück. So ist z. B. der Narthex der Westfassade ein Werk der Jahre 1903–1915. Auch die Hauptapsis mit der schönen Zwerggalerie ist zum Teil rekonstruiert. Der dreischiffige Innenraum ist wegen seiner unterschiedlichen Bedachungen bemerkenswert. Die ersten beiden Joche des Mittelschiffes werden von Kreuzrippengewölben abgeschlossen, das dritte Joch – in Fortsetzung der Hauptapsiskalotte – mit einer Tonne. Ursprünglich sollte hier eine Stufenhalle entstehen, doch entschied man sich letztlich für den basilikalen Aufriß. Auch die Seitenschiffe enthalten Kreuzgewölbe, jedoch ohne Rippen. Die Breitenproportion der drei Schiffe folgt dem Vorbild von S. Ambrogio, und auch die Kapitellplastik ist der Mailänder Kirche ähnlich. Allerdings hat die neuere Forschung hier auch Eingriffe unseres Jahrhunderts erkannt. In den Nebenapsiden sind noch Reste der spätromanischen Ausmalung erhalten.

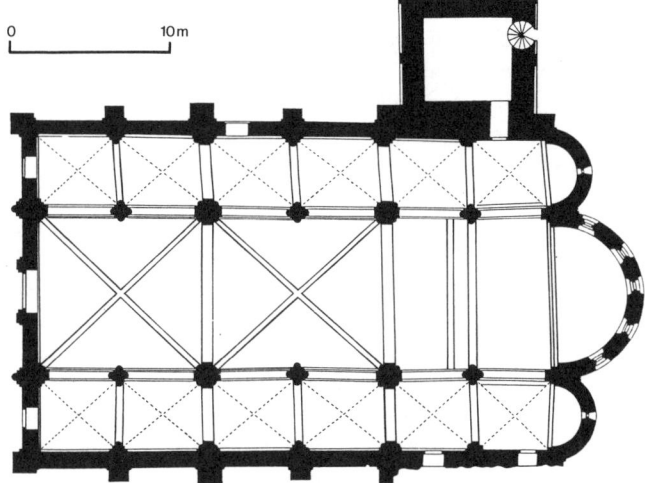

0   10 m

Rivolta d'Adda, Grundriß der Kirche S. Sigismondo

327

Die Provinz Mantua

>»Bembo, Bandello, Ariosto und Bernardo Tasso sandten ihre Arbeiten an diesen Hof, obschon derselbe klein und machtlos und die Kasse oft leer war; einen feineren, geselligeren Kreis als diesen gab es seit der Auflösung des alten urbinatischen doch nirgends mehr, und auch der ferraresische war wohl hier im wesentlichen übertroffen, nämlich in der Freiheit der Bewegung. Spezielle Kennerin war Isabella in der Kunst, und das Verzeichnis ihrer kleinen, höchst ausgesuchten Sammlung wird kein Kunstfreund ohne Bewegung lesen.«
>
> *Jacob Burckhardt, Die Kultur der Renaissance in Italien*

Die Stadt Mantua

Die Einfahrt in die Stadt der Gonzaga – wenn man sich ihr von Norden her nähert – könnte nicht eindrucksvoller sein: Zwischen zwei Seen führt eine lange Brücke auf die Altstadt zu, deren Silhouette von der mächtigen Kuppel der Kirche S. Andrea beherrscht wird. Dem Lago di Mezzo, den die Brücke vom Lago Superiore trennt, schließt sich im Süden der Lago Inferiore an. Einst gab es hier noch einen vierten See, den Lago Paiolo, doch er wurde im 18. Jahrhundert trockengelegt. Auf alten Stichen ist die strategisch günstige Insellage von Mantua, die allerdings nicht ausschließlich Werk der Natur war, deutlich zu erkennen. Das Mündungsgebiet des Mincio in den Po war seit jeher Sumpf- und Überschwemmungsgebiet. Regulierungsarbeiten, die von der ständig bedrohten Kommune schon im 12. Jahrhundert unternommen wurden, führten zu der Schaffung der vier durch Schleusenbrücken trennbaren Seen.

Mantua – heute eine provinzielle Agrar- und Industriestadt von beträchtlicher Nüchternheit – ist durch die Bauten der kunstsinnigen Gonzaga zwar weltberühmt geworden, doch sind es nicht sie allein, die hier den Ruhm der Geschichte verdienen. Gründerin der Stadt war nach alter Überlieferung Manto, die Tochter des Sehers Teiresias aus Theben. Dantes Verse in der »Göttlichen Komödie« (Inferno, 20. Gesang), die sich auf diese Gründung beziehen, sind zu schön, um ausgelassen zu werden:

>»Sobald dies Wasser dort beginnt zu strömen,
>Heißt es nicht mehr Benacus, sondern Mincio,
>Bis nach Governo, wo zum Po es mündet.
>Zum Flachland kommt es dann nach kurzem Laufe,
>In dem es sich zum Sumpfe ausgebreitet
>Und oft im Sommer schon viel Schaden brachte.
>Dorthin ist jenes wilde Weib gekommen
>Und fand ein Land inmitten jener Sümpfe,
>Noch unbebaut und fern von Menschensiedlung.

Dort blieb sie, jedem Umgang zu entfliehen,
Und trieb mit ihren Dienern ihre Künste;
Dort lebte sie, und dort ward sie begraben.
Dann haben Leute, die zerstreut erst wohnten,
Sich dort versammelt an dem sichern Orte,
Der rings umgeben war von jenem Sumpfe.
Sie bauten ihre Stadt auf den Gebeinen,
Und ihr zulieb, die diesen Ort gefunden,
Ward ohne Zauber Mantua ihr Name.«

Grabungen an der heutigen Piazza Sordello im Stadtzentrum haben ergeben, daß dieser höchste Punkt inmitten des einstigen Sumpfgebietes schon in der Bronze- und Eisenzeit besiedelt war und auch von den Etruskern bewohnt wurde. Zwischen dem Ersten und Zweiten Punischen Krieg (um 220 v. Chr.) fiel Mantua an die Römer, doch scheinen die Ausmaße der einstigen römischen Siedlung nicht über die heutige Piazza Sordello hinausgegangen zu sein. Durch Besiedlung mit römischen Veteranen in der Zeit Octavians (41

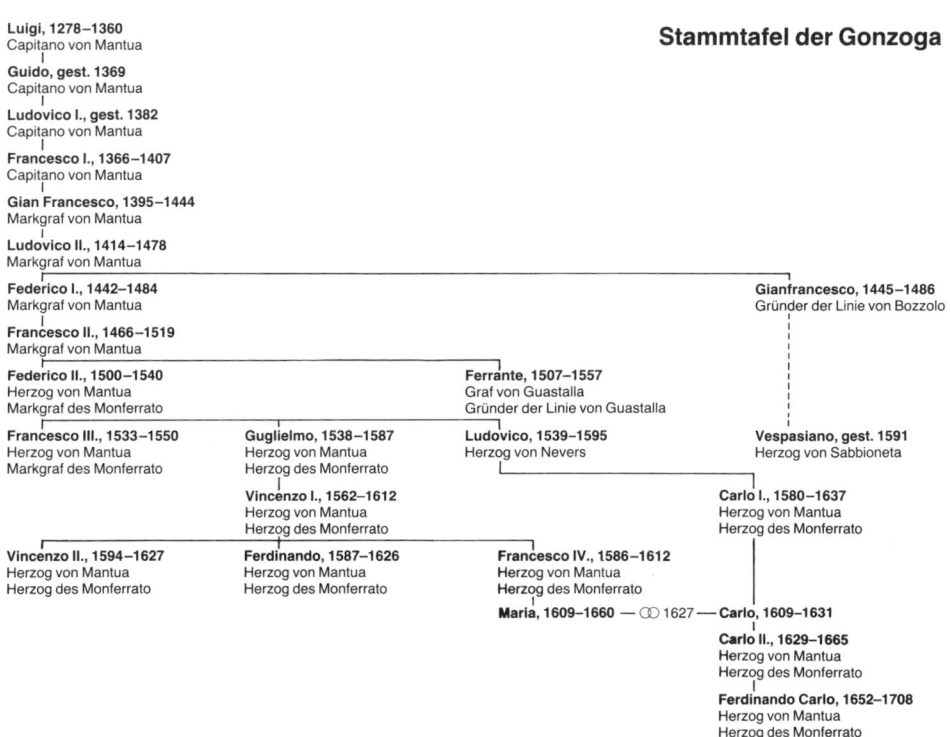

Stammtafel der Gonzoga

Luigi, 1278–1360
Capitano von Mantua

Guido, gest. 1369
Capitano von Mantua

Ludovico I., gest. 1382
Capitano von Mantua

Francesco I., 1366–1407
Capitano von Mantua

Gian Francesco, 1395–1444
Markgraf von Mantua

Ludovico II., 1414–1478
Markgraf von Mantua

Federico I., 1442–1484
Markgraf von Mantua

Gianfrancesco, 1445–1486
Gründer der Linie von Bozzolo

Francesco II., 1466–1519
Markgraf von Mantua

Federico II., 1500–1540
Herzog von Mantua
Markgraf des Monferrato

Ferrante, 1507–1557
Graf von Guastalla
Gründer der Linie von Guastalla

Francesco III., 1533–1550
Herzog von Mantua
Markgraf des Monferrato

Guglielmo, 1538–1587
Herzog von Mantua
Herzog des Monferrato

Ludovico, 1539–1595
Herzog von Nevers

Vespasiano, gest. 1591
Herzog von Sabbioneta

Vincenzo I., 1562–1612
Herzog von Mantua
Herzog des Monferrato

Carlo I., 1580–1637
Herzog von Mantua
Herzog des Monferrato

Vincenzo II., 1594–1627
Herzog von Mantua
Herzog des Monferrato

Ferdinando, 1587–1626
Herzog von Mantua
Herzog des Monferrato

Francesco IV., 1586–1612
Herzog von Mantua
Herzog des Monferrato

Maria, 1609–1660 — ⚭ 1627 — Carlo, 1609–1631

Carlo II., 1629–1665
Herzog von Mantua
Herzog des Monferrato

Ferdinando Carlo, 1652–1708
Herzog von Mantua
Herzog des Monferrato

329

v. Chr.) entstand eine ausgedehntere Kolonie. Ganz in der Nähe, in Andes – dem heutigen Pietole – wurde am 15. Oktober des Jahres 70 v. Chr. Publius Vergilius Maro geboren, der Dichter der »Aeneis«. Auch das kleine Gut seines Vaters wurde Opfer der Neubesiedlungspolitik durch Octavian, doch gab man es Vergil später zurück. Seinem Dank gab er in der ersten seiner berühmten »Eklogen« Ausdruck: »Meinem Gesuche gab er als erster die Antwort: ›Weidet, Kinder, wie vordem das Vieh, laßt die Zuchtbullen springen.‹« Zu Ehren des Dichters heißt die Landschaft im Süden von Mantua, um Pietole herum, heute Virgilio.

Westgoten, Hunnen, Langobarden und Franken brachten schwere Zerstörungen und Bedrohungen zwischen dem 5. und 8. Jahrhundert. Ende des 10. Jahrhunderts gehörte Mantua zum Besitz der Attoni von Canossa, deren bedeutendstes Mitglied Markgräfin Mathilde war (1046–1115), vor deren Burg Kaiser Heinrich IV. 1077 Abbitte vor Papst Gregor VII. tat. Die Entwicklung zur freien Kommune im 12. und 13. Jahrhundert endete mit schweren internen Parteikämpfen zwischen Guelfen und Ghibellinen. Im Jahr 1273 setzte sich Pinamonte Bonacolsi als Capitano del Popolo in den Besitz der Regierungsgewalt. Mit dem Sturz der Bonacolsi durch Luigi Gonzaga im Jahr 1328 begann die 300jährige Herrschaft dieses Geschlechts, das langlebigste unter den italienischen Signorenfamilien. Geschickte Heirats- und Bündnispolitik brachte den Gonzaga Macht und Ruhm. Das steigende Repräsentationsbedürfnis zeitigte eine rege Bautätigkeit, die sich mitunter zur Bauwut steigerte. Franceso I. (1366–1407) berief Bartolino da Novara nach Mantua, der für ihn das Kastell S. Giorgio baute. Gian Francesco, der erste Markgraf (1395–1444), holte Vittorino da Feltre nach Mantua, der dort die Casa Gioiosa begründete, eine berühmte Humanistenschule. Zur gleichen Zeit wurde auch Pisanello zum Hofmaler der Gonzaga berufen. Ludovico II. (1414–1478) – von Vittorino da Feltre erzogen – besaß nicht nur viel politisches Geschick, sondern auch großes Interesse an der Kunst. Nach dem Beitritt zum Bund zwischen Florenz und Venedig gegen die Mailänder Visconti wurde er zum Oberbefehlshaber des Heeres ernannt. Während seiner Regierungszeit stattete Pisanello den heute nach ihm benannten Saal des Palastes aus; Hofmaler wurde Andrea Mantegna (1460), und Leon Battista Alberti erhielt den Auftrag für den Bau der Kirchen S. Andrea und S. Sebastiano. Francesco II., der vierte Markgraf (1466–1519), war mit Isabella d'Este verheiratet, einer hochgebildeten Frau, die den Hof der Gonzaga den größten Künstlern Italiens öffnete und Mantua zum kulturellen Zentrum machte. Ihr Sohn Federico II. (1500–1540), erster Herzog von Mantua, berief Giulio Romano, der für ihn den Palazzo del Tè baute und den Herzogspalast verschwenderisch ausstattete. Durch eine Heirat mit Margherita Paleologa (1531) setzte sich Federico in den Besitz der Markgrafschaft Montferrat. Vincenzo I. (1562–1612) holte den manieristischen Architekten Antonio Maria Viani an den Hof, der sich schon in

Stadtplan von Mantua 1 Palazzo Ducale (Museum), Palazzo del Capitano, Castello S. Giorgio ▷
2 Palazzo Bonacolsi-Castiglioni 3 Palazzo Bianchi (Vescovado) 4 Dom S. Pietro 5 Broletto
(Palazzo Vecchio), Torre Civica, Arengario, Torre d. Gabbia 6 Palazzo della Ragione (Palazzo
Nuovo), Torre d. Orologio 7 S. Lorenzo 8 Casa Boniforte 9 S. Andrea 10 Palazzo d. Accade-
mia Virgiliana; Teatro Scientifico 11 Palazzo Canossa 12 Palazzo d'Arco 13 S. Francesco
14 Casa Romano 15 Casa Mantegna 16 S. Sebastiano 17 Palazzo del Tè

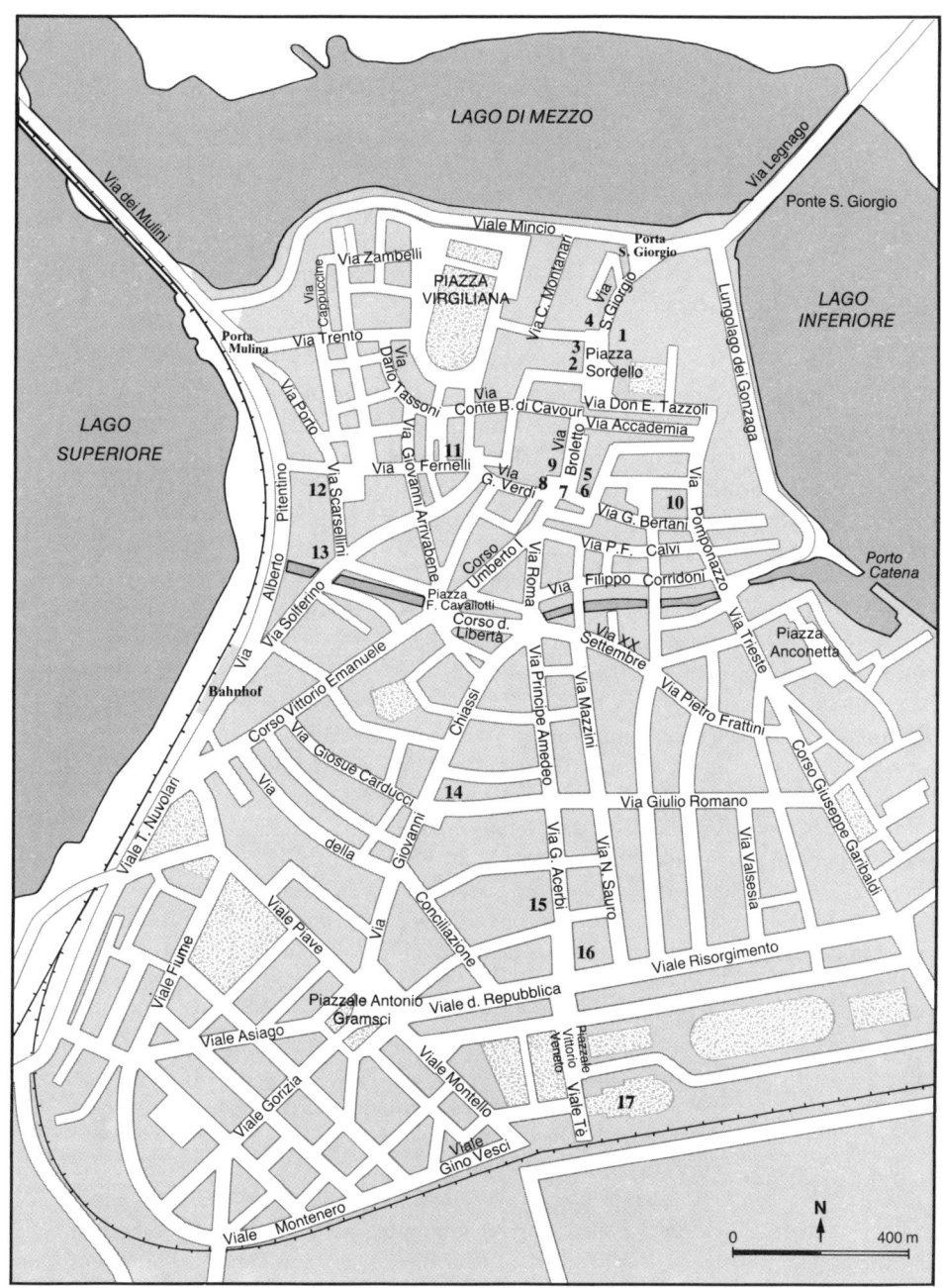

LAGO DI MEZZO

Via dei Mulini

Via Legnago

Ponte S. Giorgio

Viale Mincio

Porta
S. Giorgio

LAGO
INFERIORE

Via Zambelli

PIAZZA
VIRGILIANA

Porta
Mulina

Via Trento

4 **1**

3 Piazza
2 Sordello

Via
Conte B. di Cavour

Via Don E. Tazzoli

Via Accademia

Via Giovanni Arrivabene

Via Giovanni Fernelli

11

Via
G. Verdi

9 **5**
8 **6**
7

10

Via G. Bertani

Via Scarsellini

12

Via P.F. Calvi

13

Piazza
F. Cavallotti

Corso
Umberto I

Via Roma

Filippo Corridoni

Porto
Catena

Corso d.
Libertà

Via

Piazza
Ancohetta

Chiassi

Via XX
Settembre

Piazza
Trieste

Bahnhof

Corso Vittorio Emanuele

Via Giosuè Carducci

Via Principe Amedeo

Via Mazzini

Via Pietro Frattini

Corso Giuseppe Garibaldi

14

Via Giulio Romano

Via N. Sauro

Via Valsesia

Via
della
Giovanni

Via Conciliazione

15

Via G. Acerbi

16

Viale Risorgimento

Piazzale Antonio
Gramsci

Viale d. Repubblica

Viale Piave

Viale Fiume

Viale Asiago

Viale Montello

Piazzale
Vittorio
Veneto

17

Viale Gonzia

Viale
Gino Vesci

Viale Te

Viale Montenero

LAGO
SUPERIORE

Via Porto

Via Pitentino

Via Alberto

Via Solferino

Via Dario Tassoni

Via C. Montanari

Via S. Giorgio

Via Broletto

Via Pomponazzo

Lungolago di Gonzaga

Viale T. Nuvolari

N

0   400 m

331

München bei Herzog Wilhelm V. bewährt hatte. In seine Regierungszeit fällt die kurze Tätigkeit von Peter Paul Rubens in Mantua. Claudio Monteverdi wurde 1603 zum Hofkapellmeister ernannt und komponierte hier die Opern »L'Orfeo« und »L'Arianna«. Herzog Vincenzos Verdienst war es, Torquato Tasso, den er in Ferrara kennengelernt hatte, aus dem Irrenhaus zu befreien und ihn als Gast in Mantua aufzunehmen. Unter Vincenzo II. (1594–1627) setzte der Niedergang des Hauses Gonzaga ein, was sich äußerlich in dem Verkauf der berühmten Kunstsammlungen (1627) dokumentiert. Mit ihm starb die Hauptlinie der Familie aus. Bis 1708 regierte die Nebenlinie Gonzaga-Nevers, dann folgten die Österreicher, die für das ehemalige Herzogtum eine friedliche und auch kulturell fruchtbare Entwicklung in Gang setzten.

Die Piazza Sordello ist der geeignetste Ausgangspunkt für einen Rundgang durch Mantua, denn hier finden wir den *Palazzo Ducale,* das politische und kulturelle Zentrum der Stadt während mehrerer Jahrhunderte. Der gewaltige Gebäudekomplex auf einer Fläche von etwa 34000 m² entstand vom 13. bis zum 18. Jahrhundert zwischen dem Ufer des Mincio und der heutigen Piazza Sordello. Die ältesten Teile, *Domus Magna* und *Palazzo del Capitano* gehen noch auf die Bonacolsi zurück (1299 und 1308), wurden dann aber 1328 von den Gonzaga umgebaut und im 16. Jahrhundert zur *Corte Vecchia* zusammengefaßt. 1395 erteilte Francesco I. Gonzaga dem Architekten Bartolino da Novara den Auftrag, am Ufer des Sees das *Castello S. Giorgio* (Abb. 87) zum Schutz der Zufahrtstraße zu bauen. Der kraftvolle Festungsbau, mit Ecktürmen und von einem Graben umgeben, ist eines der hervorragendsten Beispiele spätgotischer Militärarchitektur. In der Mitte des 15. Jahrhunderts wurde der Bau grundlegend verändert, da Markgraf Ludovico Gonzaga die Innenräume für eigene Wohnungen ausbauen ließ. Damals malte Mantegna die berühmte Camera degli Sposi aus. Eine weitere Veränderung erfolgte dann in der Mitte des 16. Jahrhunderts durch Giulio Romano, um Wohnungen für den Herzog Federico und Margherita Paleologa einzurichten.

Hinter der Corte Vecchia liegt die *Domus Nuova,* die Luca Fancelli 1480–1484 baute; gegen Osten folgt dann die *Rustica* von Giulio Romano (um 1538–1539) und die *Corte Nuova* (1536–1539), verbunden durch die *Cavallerizza* von Battista Bertani (um 1565). Das Zentrum des ganzen Komplexes bildet die Schloßkirche *S. Barbara* (1562–1565) von Bertani. Einige Gebäude, wie die Palazzina della Paleologa von Giulio Romano und mehrere Theater wurden im Laufe der Zeit abgerissen. Die verschiedenen Bauteile sind durch ein System von Gängen und Galerien miteinander verbunden, so daß man, wenn man der Führung folgt, meist gar nicht weiß, in welchem Bau man sich gerade befindet. Bei den Führungen, die obligatorisch sind, werden nicht alle Räume gezeigt, oft sogar – je nach Jahreszeit – nur wenige. Auf unserem Grundriß wurden alle Räume durchnumeriert. Wir nennen die wichtigsten, die auch bei den ausführlicheren Führungen gezeigt werden.

Sala dei Principi (Fürstensaal; 11). 1969 wurden hier Reste eines einst umfangreichen *Freskenzyklus zum Leben der Artusritter von Antonio Pisanello* aufgedeckt. Sie werden auf ca. 1447 datiert. Auch die Rötelentwurfzeichnungen sind erhalten und ausgestellt. Die Turnierszenen gehörten wahrscheinlich zu dem Fresko, das den Taten Tristans gewidmet

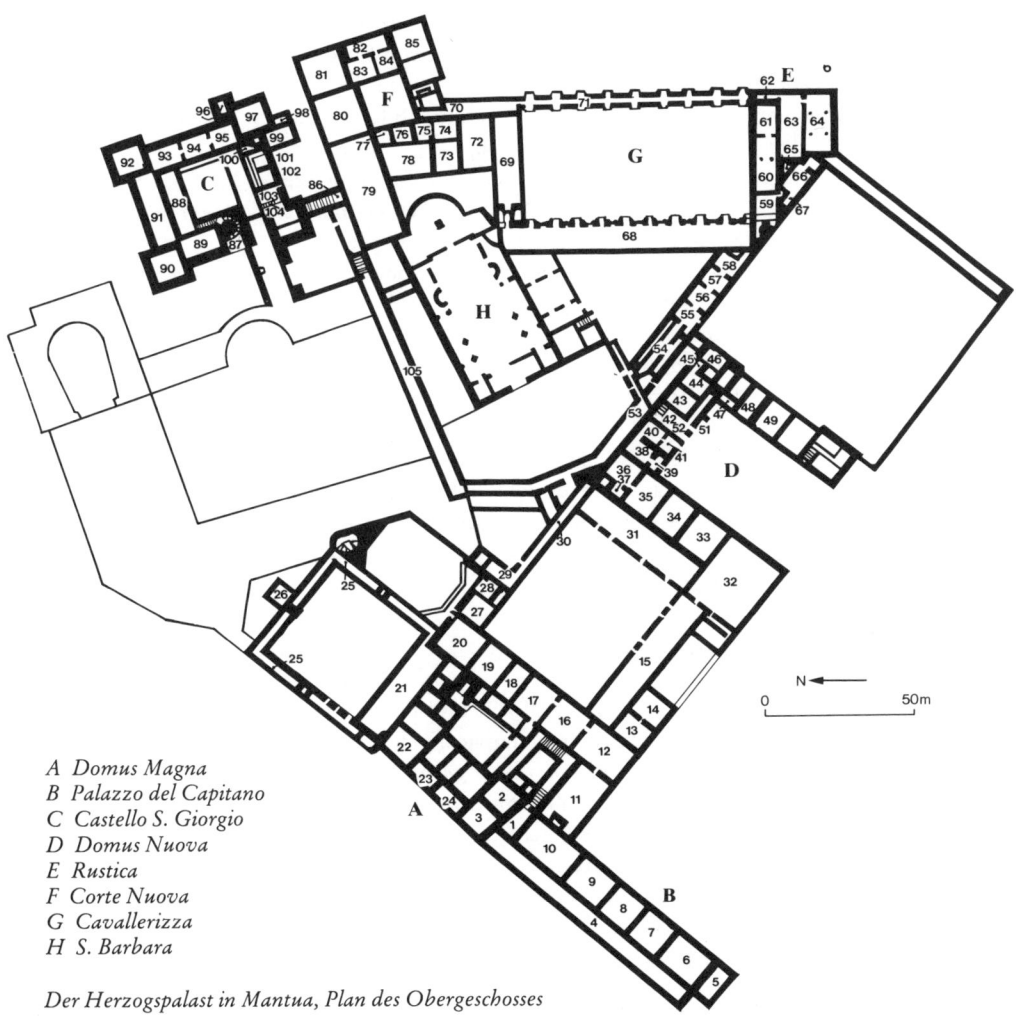

A Domus Magna
B Palazzo del Capitano
C Castello S. Giorgio
D Domus Nuova
E Rustica
F Corte Nuova
G Cavallerizza
H S. Barbara

Der Herzogspalast in Mantua, Plan des Obergeschosses

war. Die Dame unter einem Baldachin, die von mehreren Rittern umgeben ist, wird als Isolde gedeutet. In den Glasschränken sieht man Reproduktionen von Zeichnungen Pisanellos aus dem Louvre, die in Zusammenhang mit diesen Fresken stehen.

Säle des Alkovens (13, 14). Gemälde des 15. und 16. Jahrhunderts, darunter die »Verjagung der Bonacolsi« von Domenico Morone, interessant wegen der Darstellung der heutigen Piazza Sordello vor ihrer barocken Veränderung; außerdem Medaillen nach Entwürfen des Pisanello und anderer Mantuaner Künstler.

Appartamento degli Arazzi (Appartement der Wandteppiche; 16–19). Brüsseler Gobelins (um 1550) nach Entwürfen Raffaels für Papst Leo X., von Kardinal Ercole Gonzaga für die Hofkirche S. Barbara vorgesehen.

Sala dello Zodiaco (Saal des Tierkreises; 20). Deckenbild von Lorenzo Costa il Giovane, Diana zwischen den Tierkreiszeichen (um 1579).

Sala dei Fiumi (Saal der Flüsse; 21). Allegorien der größten Flüsse des Mantuaner Territoriums von Giorgio Anselmi (1775). Ausblick auf den Terrassengarten des Architekten Pompeo Pedemonte (1579/80) mit einem Kiosk des 18. Jahrhunderts.

Sala degli Specchi (Spiegelsaal; 31). Decken- und Lünettenfresken von manieristischen Mantuaner Malern vom Ende des 16. Jahrhunderts (Olymp, Parnaß und Allegorien der Künste und Wissenschaften); Wanddekorationen des Jahres 1779 (Farbt. 26).

Sala degli Arcieri (Saal der Bogenschützen; 32). Einst Vorhalle zu den Gemächern des Herzogs Guglielmo (1538–1587) für dessen Leibgarde. Zwischen den Konsolen freskierte Draperien, die den Blick auf Pferde, Ritter und Landschaftshintergründe freigeben (um 1600); darunter Gemälde des 17. Jahrhunderts (P. P. Rubens, Die Familie Gonzaga in Anbetung der Hl. Dreifaltigkeit, 1605 für die Kirche SS. Trinità gemalt und für den Transport in den Palast Ende des 18. Jahrhunderts zerschnitten; Bozzetto der hl. Ursula von P. P. Rubens; J. Tintoretto, Geburt Mariä; Domenico Fetti, Speisung der 5000, um 1620; Jacob Jordaens, Marienverlöbnis).

Appartamento Ducale (Herzogliche Gemächer; 33–35). Der Saal des Labyrinths hat seinen Namen von der als Labyrinth gestalteten Holzdecke des Raumes. Die Devise »Forse che si, forse che no« – Vielleicht ja, vielleicht nein – bezieht sich auf eine Schlacht, die Vincenzo I. in den Türkenkriegen in Ungarn ausfocht und deren Ausgang lange ungewiß war; darunter gemalter Fries mit der Darstellung der vier Weltalter.

Appartamento dei Nani (Appartement der Zwerge; 50–51). Die kleinen Räume sind nicht, wie lange angenommen, als Wohnung für die Hofzwerge bestimmt gewesen, sondern es sind Nachbildungen der Scala Santa in der Kirche S. Giovanni in Laterano, Rom, und dienten kultischen Zwecken. Mit der Gestaltung wurde der Architekt Viani 1614 von Kardinal Francesco Gonzaga beauftragt. Durch eine Tür gelangt man von hier aus auf den Vorplatz zur Hofkirche *S. Barbara,* die Giovanni Battista Bertani 1562–1565 für Herzog Guglielmo baute. Der Innenraum wurde durch manieristische Künstler ausgestattet.

Appartamento delle Metamorfosi (Appartement der Metamorphosen; 55–58). In den Räumen war einst die kostbare Bibliothek der Gonzaga untergebracht; Dekoration zu Ovids »Metamorphosen« von Viani und seinen Schülern (ab 1616), die jedoch unvollendet blieben.

Um den *Hof der Reitschule (Cavallerizza),* auf dem Pferde des berühmten Gonzaga-Gestüts vorgeführt wurden, gruppieren sich mehrere Gebäude, denen im Westen die *Galleria della Mostra (68)* eingegliedert ist. Sie wurde ab 1590 im Auftrag von Herzog Vincenzo I. erbaut und sollte die Antikensammlung des Fürsten aufnehmen.

Sala di Troia (Trojasaal; 72). Fresken zu Szenen aus dem Trojanischen Krieg, nach Entwürfen von Giulio Romano, ausgeführt 1538 und 1539 von seinen Gehilfen Rinaldo Mantovano, Fermo da Caravaggio und Luca da Faenza.

Selbstbildnis Andrea Mantegnas in der Camera degli Sposi

Sala di Giove (Jupitersaal; 73). Deckenbild des thronenden Jupiter vielleicht von Giulio Romano; zwölf Büsten berühmter Condottieri von Alfonso Cittadella; malerische Ausstattung durch Anselmo de Ganis.

Gabinetto dei Cesari (Kabinett der Cäsaren; 74). Für die Kaiserbildnisse geschaffen, die Herzog Federico bei Tizian in Auftrag gab. Die 1536–1538 gemalten Bilder wurden 1627 nach England verkauft, gerieten dann nach Spanien und sind im Escorial verbrannt. Heute durch Kopien vom Ende des 16. Jahrhunderts ersetzt.

Sala di Manto (Saal der Manto; 79). Wandbilder zum Mythos der Stadtgründung durch die Seherin Manto; Kassettendecke von Bertani (1572), Stuckarbeiten von Jacopo Ughetto (1576).

Sala dei Capitani (Saal der Stadthauptleute; 80). Fresko des 16. Jahrhunderts, das den Treueschwur Luigi Gonzagas vor dem Volk Mantuas darstellt. Kassettendecke und Kamin aus der letzten Schaffenszeit Giulio Romanos. Stuckbüsten der Capitani von Mantua von Francesco Segala.

Sala dei Marchesi und Sala dei Duchi (Saal der Markgrafen, Saal der Herzöge; 81, 85). Hier waren einst Gemälde von Tintoretto zu den Ruhmestaten der Gonzaga untergebracht. Die acht Bilder, die sich noch 1665 im Herzogspalast befanden, werden heute in der Neuen Pinakothek in München aufbewahrt. Durch die *Sala del Sole* mit gemalten Sonnenemblemen und Darstellungen der Taten der Gonzaga im Erdgeschoß des Castello S. Giorgio gelangt man über eine Wendeltreppe, die auch für Pferde benutzbar war, in das erste Obergeschoß. Im *Salone d'Ingresso (Empfangssaal; 88)* Kopien des 16. Jahrhunderts nach dem Gemäldezyklus zu den Triumphen Cäsars von Andrea Mantegna, heute in Schloß Hampton Court. *Camera degli Sposi (92).* Von Andrea Mantegna 1465–1474 in Fresko und Tempera illusionistisch ausgemalt (Abb. 91). Der Raum ist als offener Pavillon vorzustellen. Malweise und Darstellungsform wurden von größter Wichtigkeit für die Malerei des 16. bis 18. Jahrhunderts. Die Szenen der Hauptwände: Treffen des Markgrafen Ludovico mit seinem zum Kardinal ernannten Sohn Francesco; Markgraf Ludovico und seine Gemahlin Barbara von Brandenburg mit ihren Kindern und dem Hofstaat. Die Putten über der Eingangstür tragen eine Widmungskartusche, der ornamentale Fries eines Pilasters enthält ein Selbstbildnis von Mantegna. Auch das Deckengewölbe ist in die Illusionsarchitektur miteinbezogen: Eine Balustrade, über die Frauen und Putten in den unteren Raum hineinschauen, gibt den Blick frei auf einen gemalten Himmel.

Von der *Sala delle Cappe (95)* führt eine Treppe in die ehemaligen Gemächer der Isabella d'Este, bevor sie als Witwe in das Erdgeschoß der Corte Vecchia umzog (unter den Räumen 14–19). Dort ist von der einst kostbaren Ausstattung des *Studiolo* nur noch die Kassettendecke (1522) und das skulpierte Marmorportal des Tullio Lombardo zu sehen; in der Grotte das intarsierte Paneel der Brüder Mola (Stadtveduten und Musikinstrumente). Von der berühmten Kunstsammlung ist nur noch die römische Büste der Faustina an ihrem ursprünglichen Platz. In dem kleinen geometrisch angelegten Garten sieht man auf dem Architrav die Inschrift: »Isabella Estensis Regum Aragonum Nepotis Docum Ferrariensum Filia et Soror Marchionum Gonzagarum Coniunx et Mater Fecit a Partu Virginis MDXXII« (Isabella d'Este, Nichte des Königs von Aragon, Tochter und Schwester der Herzöge von Ferrara, Gemahlin und Mutter der Markgrafen Gonzaga, errichtete es im Jahre 1522 nach Christi Geburt.)

Ebenso wie der Palazzo del Capitano geht auch der *Palazzo Bonacolsi-Castiglioni* (Piazza Sordello 10–12) auf die Bautätigkeit der Bonacolsi zurück. Der langgestreckte Backsteinbau aus sieben Achsen mit dekorativen Schwalbenschwanzzinnen, entstand im Jahr 1281. Nach mehrfachem Besitzerwechsel kam der Palast 1808 in den Besitz der Familie Castiglioni – Nachfahren des Baldassare Castiglione, der in seinem Werk »Il Cortegiano« zu Beginn des 16. Jahrhunderts das Lebens- und Bildungsideal des vollendeten Renaissancemenschen fixierte.

Einen gewichtigen barocken Akzent setzt der *Palazzo Bianchi,* der heutige Bischofspalast (Piazza Sordello 15). Er entstand in den Jahren 1756 bis 1768. Der monumentale elfachsige Bau mit Mittelrisalit wird von einer eleganten Dachbalustrade mit allegorischen Statuen bekrönt.

Das Gemälde von Morone im Palazzo Ducale, das die Vertreibung der Bonacolsi darstellt, beweist, wie schön sich einst die spätgotische Fassade des *Doms S. Pietro* in das Ensemble mittelalterlicher Bauten der Piazza Sordello einfügte. Die heutige, sehr prunkvolle

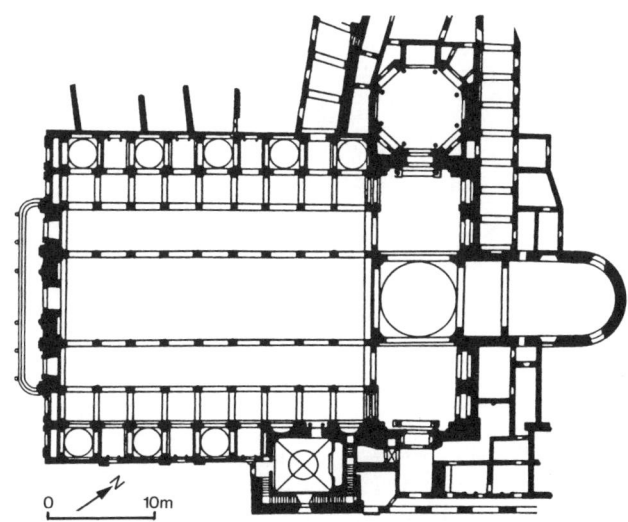

Mantua, Grundriß des Domes 0   10m

Barockfassade, die dem Bau 1756–1761 vorgeblendet wurde, wirkt dagegen recht störend. Der Dom geht in seinem Kern auf das 12. Jahrhundert zurück. Die dreischiffige romanische Basilika (ab 1131), nach dem Vorbild der Abteikirche von S. Bendetto Po errichtet, wurde Ende des 14. Jahrhunderts im Auftrag von Francesco I. Gonzaga umgebaut. Damals entstand die spätgotische Fassade und die rechte Kirchenflanke mit ihren dekorativen Dreiecksgiebeln und Fialen. Von der romanischen Bautätigkeit zeugt noch der wuchtige Campanile.

Giulio Romano lieferte die Entwürfe für die Neugestaltung des Innenraums im Sinne der Renaissance, bei dessen Konzeption er sich an frühchristlichen Basiliken orientierte (Abb. 90). Dafür sprechen vor allem die vier Reihen kannelierter Säulen, die die fünf Schiffe voneinander trennen. Die Ausstattung geht größtenteils auf das 17. und 18. Jahrhundert zurück. Die Vierung und die Querarme wurden von Ippolito Andreasi 1605 freskiert, die Gemälde der Apsiskalotte, die Verherrlichung der Trinität, hat Domenico Fetti ausgeführt. In der Taufkapelle im Turm sind noch Freskenreste des 13. Jahrhunderts erhalten. Prächtig ist die Sakramentskapelle im Nordwesten (Querarm) – ein Kuppeloktogon, das 1784 klassizistisch dekoriert wurde. Von hier führt ein Korridor zur *Incoronata-Kapelle*, die möglicherweise auf einen Entwurf von Leon Battista Alberti zurückgeht (1480–1482). Der überkuppelte Quadratraum orientiert sich an Brunelleschis Pazzi-Kapelle in Florenz. Die Fresken stammen von Ippolito Andreasi (Ende des 16. Jahrhunderts). Das Gnadenbild mit der Madonna und dem hl. Leonhard ist eine Arbeit des 15. Jahrhunderts.

Während der Machtkämpfe der guelfischen und ghibellinischen Adelsfamilien entstanden in Mantua eine Reihe von Wehrtürmen, von denen jedoch nur noch wenige erhalten sind. Wohl der eindrucksvollste ist die *Torre della Gabbia* an der Ecke der Via Cavour, neben dem kleinen Palazzo Acerbi, dessen Fassade der Piazza Sordello zugekehrt ist. Der Turm wurde um 1300 während der Herrschaft der Bonacolsi zum Schutz der ihn umgebenden Familien-

Mantua, die Piazza Sordello nach einem Stich des 19. Jahrhunderts

paläste erbaut. Seinen Namen (*gabbia* = Käfig) bekam er durch einen grausamen Einfall des Herzogs Guglielmo Gonzaga, dem es gefiel, dort an der Außenmauer einen Käfig anzubringen und Verbrecher darin schmachten zu lassen, eine Strafe, die übrigens keineswegs nur von den Gonzaga verhängt wurde: Bereits im Jahr 1277 ließ Ottone Visconti seinen Konkurrenten Napo Torriani in einem Käfig verhungern, der am Castello Bardello bei Como aufgehängt worden war.

Der *Palazzo del Broletto*, der Amtssitz des Podestà (Bürgermeister), wurde 1190 von der Piazza Sordello an seinen heutigen Standort verlegt. 1277 vollendet, ist seine Erscheinung infolge einer Erweiterung des 15. Jahrhunderts heute nicht mehr mittelalterlich. In einer Nische neben dem Nordportal sieht man das Relief eines schreibenden Mannes – eine Darstellung des Dichters Vergil, die ein unbekannter Meister 1227 schuf. In der Nordwestecke erhebt sich die mächtige *Torre Civica*, der mittelalterliche Stadtturm, mit einem kleinen Anbau des 16. Jahrhunderts. Am Nordosteck steht der *Arengario* (um 1300), das einstige Versammlungshaus, daneben die *Masseria*, ein ehemaliges Verwaltungsgebäude. Dort hat man bei Restaurierungsarbeiten kürzlich sehr interessante Fresken aufgedeckt, darunter eine Darstellung von Mantua aus dem 15. Jahrhundert.

Auf der *Piazza delle Erbe* findet man auch heute noch reichbestückte Gemüse- und Obststände, doch geht der Name des Platzes (*erbe* = Kräuter) nicht auf einen Markt zurück, sondern auf den alten Gemüsegarten der Stadt, der hier im 12. Jahrhundert bestand. Der Platz wird beherrscht von dem langgestreckten, zinnenbekrönten *Palazzo della Ragione*, dem ehemaligen Rathaus, das um 1250 errichtet wurde. Die Kolonnaden gehen auf die Renaissancezeit zurück. Im ehemaligen Senatssaal des Hauptgeschosses sind noch Fresken aus romanischer Zeit erhalten. Die stämmige *Torre dell' Orologio*, der Uhrturm, ist ein Werk der Renaissance. Luca Fancelli hat ihn 1473 gebaut, die große astronomische Uhr war ein Meisterwerk von Bartolomeo Manfredi. Neben der Uhrzeit sagte sie den Bewohnern von Mantua auch die für den Aderlaß geeigneten Tage, die Daten für die Einnahme von Medizinen, den Besuch beim Arzt, den Beschnitt der Reben, den Beginn von Reisen und sogar das Zuschneiden von Kleidungsstücken. Offenbar war der nützliche Mechanismus zu kompliziert, denn er war bereits 1547 reparaturbedürftig.

Neben den großen Mantuaner Sehenswürdigkeiten, dem Palazzo Ducale und der Kirche S. Andrea, kommt der kleine, in seiner äußeren Erscheinung sehr viel bescheidenere Bau von *S. Lorenzo* bei den Besuchern meist zu kurz – sehr zu Unrecht, denn diese kleine Rotunde ist ein wichtiges Zeugnis romanischer Baukunst in der Lombardei. Erst zu Beginn des 20. Jahrhunderts wurden die Außenmauern dieser Kirche entdeckt, als angebaute Häuser abgerissen wurden. Man legte sie frei und rekonstruierte die fehlenden Teile, z. B. das Dach nach dem Vorbild der ähnlich angelegten kleinen Rundkirche S. Tomè in Almenno S. Bartolomeo. Der Bau entstand wahrscheinlich im Jahr 1082 im Auftrag der Markgräfin Mathilde von Tuscien. Von seinem langobardischen Vorgänger fand man einige Reste. Der Grundriß von S. Lorenzo ist kreisförmig, im Osten schließt sich eine halbkreisförmige Apsis an. Die Umgangsarkaden des doppelgeschossigen Innenraums ruhen auf Säulen mit Würfelkapitellen. Die Wandgliederung im Obergeschoß erfolgt durch gestufte Lisenen. Die Reste romanischer Wandmalerei sind spärlich, besser erhalten sind Freskenreste des 15. Jahrhunderts.

Mantua, Grundriß der Kirche S. Lorenzo

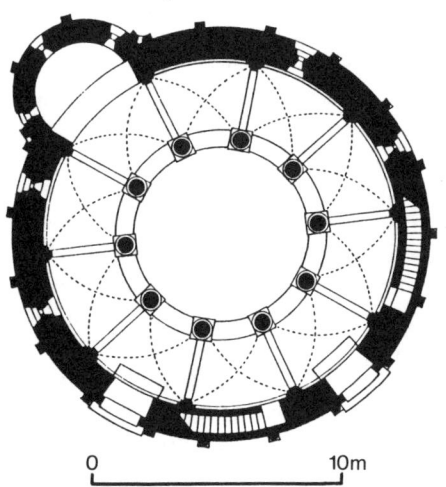

0   10m

Einer der anmutigsten kleinen Bauten in Mantua ist die *Casa Boniforte* an der Ecke der Piazza delle Erbe/Piazza A. Mantegna. Terrakottadekorationen wie an diesem Haus sind in Mantua selten. Man findet sie häufig in der Umgebung von Cremona, einer an Tonerde reichen Landschaft. Der Dekor aus Maßwerkbogen und gedrehten Säulchen, vor allem aber die Kielbogen der Fenster, wirken sehr orientalisch und schei-

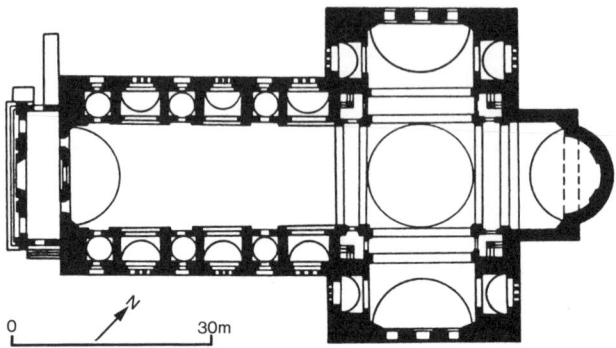

0   30m

Mantua, Grundriß der Kirche
S. Andrea

nen von der venezianischen Baukunst beeinflußt. Der Bau entstand im Jahr 1455 im Auftrag des reichen Kaufmanns Giovanni Boniforte da Concorezzo.

Nur der mächtige spätgotische Campanile (1413–1414) der Kirche S. *Andrea* erinnert noch an die Planungen des Benediktinerabtes Antonio Nerli, der beschloß, die romanische Vorgängerkirche und die Klosterbauten durch Neubauten zu ersetzen. Mit dem Bau der Konventsgebäude wurde dann 1450 begonnen, die Grundsteinlegung zum Neubau der Kirche erfolgte erst im Jahr 1472. Fast 400 Jahre dauerte es, bis mit der Errichtung der Vierungskuppel – nach einem Entwurf des Turiners Filippo Juvarra – die Bauarbeiten abgeschlossen werden konnten (1733–1765). Markgraf Ludovico II. Gonzaga hatte im Jahr 1460, als auch Mantegna nach Mantua kam, den Florentiner Leon Battista Alberti mit dem Entwurf für die Kirche S. Sebastiano beauftragt. Zehn Jahre später, als Andrea Mantegna die Camera degli Sposi ausmalte, lieferte Alberti auch den Entwurf für S. Andrea. Ausführender Baumeister war in beiden Fällen der Mantuaner Hofarchitekt Luca Fancelli.

Die *Fassade* von S. Andrea (Abb. 89) greift formal auf den Motivkanon römischer Tempelfronten und Triumphbogen zurück, wie ihn Alberti beispielsweise bereits im Tempio Malatestiano in Rimini (1446) genutzt hatte, in einer christlichen Kirche ein Symbol für den Triumph über den Tod. Im Innern bevorzugte Alberti statt des üblichen basilikalen Schemas einen tonnengewölbten Raum mit angrenzenden Seitenkapellen. Der Wandaufriß nimmt das Gliederungsschema der Fassade wieder auf: Weite Bogenöffnungen wechseln sich ab mit pilastergerahmten Wandfeldern, in deren unterem Drittel sich Rechteckportale zu den kleineren Seitenkapellen öffnen. Der Wechsel von kleinen und großen Kapellen war nötig, weil das enorme Tonnengewölbe von 18 m Spannweite mächtige Stützpfeiler erforderte. Von antik-römischen Vorbildern ausgehend, entstand so der Prototyp der Wandpfeilerkirche, der für den Kirchenbau des Barock vorbildlich wurde. Das Langhaus wurde in der Mitte des 16. Jahrhunderts nach Entwürfen von Giulio Romano mit Fresken ausgestattet. In der ersten Kapelle links findet man das Grab von Andrea Mantegna, der 1506 in Mantua starb. Gian Marco Cavalli, ein einheimischer Bildhauer, wird allgemein als Schöpfer der Bronzebüste des Malers angesehen, doch gibt es auch Wissenschaftler, die die ausdrucksvolle Büste für ein Selbstporträt Mantegnas halten.

Der Ostteil der Kirche mit Querarmen und einem Chorjoch von gleicher Tiefe folgt dem Schema eines Zentralbaues auf griechischem Kreuz. Auch diese Art der Verbindung von Longitudinal- und Zentralbau wurde für spätere Kirchen vorbildlich, z. B. Il Gesù in Rom, und beeinflußte die Baukunst des 17. und 18. Jahrhunderts maßgeblich. Die *Krypta* wurde im Jahr 1598 durch Antonio Maria Viani angelegt, um die Blutreliquie aufzunehmen, die einer Legende zufolge der hl. Longinus nach Mantua gebracht haben soll.

Auf die insgesamt segensreiche Herrschaft der Österreicher in der Lombardei, der man einige interessante Architekturen zu verdanken hat, geht der *Palazzo dell'Accademia Virgiliana* (Via Accademia 47) zurück. Kaiserin Maria Theresia förderte die Gründung der Mantuaner Akademie für Dichtung und Kunst (1767). Bereits 1773–1775 wurde das Gebäude – eine Vierflügelanlage – durch klassizistische Eingriffe verändert. Original erhalten ist noch der Theaterraum, das *Teatro Scientifico*, 1767–1769 nach Entwürfen von Antonio Galli Bibiena errichtet. In einer Zeit, als im übrigen Europa das Rokoko blühte, entschloß man sich hier noch für die schweren Formen des Hochbarock. Selbst manieristische Elemente sind enthalten – vielleicht eine Reverenz gegenüber den architektonischen Traditionen der Stadt und dem großen Namen von Giulio Romano. Trotz der Strenge und Schwere der Einzelformen wirkt dieser Raum sehr intim. Weder Stuck noch Marmor wurden als Material für die Verkleidungen gewählt, sondern Holz, in gedämpften, zurückhaltenden Farben bemalt. Der Eindruck dieses Raumes auf die Zeitgenossen muß sehr stark gewesen sein. Das Eröffnungskonzert gab Wolfgang Amadeus Mozart – damals ein Jugendlicher von knapp 14 Jahren. Vater Leopold Mozart äußerte sich in einem Brief an seine Frau begeistert: »Du hättest das Theaterchen dieser Akademie sehen sollen. In meinem ganzen Leben habe ich noch nichts so Schönes dieser Art gesehen.«

Der *Palazzo Canossa* (Piazza Canossa), 1560 nach einem Entwurf von Giovanni Battista Bertani als Stadtpalast der Markgrafen von Canossa errichtet, gehört zu den schönsten manieristischen Bauten der Stadt. Die rustizierte Fassade des langgestreckten Baues beherrscht den kleinen, intimen Platz. Außerordentlich ist der *Treppenaufgang* im Innern – eine doppelläufige Anlage, effektvoll mit barocken Statuen geschmückt (1750; Abb. 92).

Der *Palazzo d'Arco* (Piazza d'Arco), ein außerordentlich repräsentativer Bau, steht bezüglich seiner Erhaltung an der Spitze der Mantuaner Paläste. Von der letzten Besitzerin, Giovanna Guidi di Bagno d'Arco, für die Öffentlichkeit als Museum bestimmt, eröffnet der Besuch einen Einblick in die aristokratische Mantuaner Wohnkultur des 18. und 19. Jahrhunderts. Die monumentale klassizistische Dreiflügelanlage entstand 1784 durch den Mailänder Architekten Antonio Colonna. Eine arkatierte Exedra grenzt den Innenhof von einer großzügigen Gartenanlage vom Ende des 19. Jahrhunderts ab. In der ehemaligen Casa della Valle ist ein reich freskierter Saal des frühen 16. Jahrhunderts zu sehen, die *Sala dello Zodiaco*. Die Ausmalung stammt wahrscheinlich von Giovanni Maria Falconetto, der hier neben den Sternzeichen auch die dazugehörigen antiken Mythen darstellte.

Die ehemalige Klosterkirche *S. Francesco d'Assisi* – der bedeutendste mittelalterliche Sakralbau in Mantua – wurde 1304 durch einen Baumeister Germano vollendet. Die ersten Bettelorden hatten sich bereits zur Zeit der Bonacolsi in der ersten Hälfte des 13. Jahrhunderts hier niedergelassen. Im 15. Jahrhundert entstanden spätgotische Konventsgebäude, zudem Veränderungen am Kirchenbau, der 1455 neu geweiht wurde. Die Gonzaga hatten fast ein Jahrhundert lang in S.Francesco ihre Begräbnisstätte. Eine Bombardierung im Jahr 1945 zerstörte den Komplex fast vollständig. Was wir heute sehen, ist größtenteils eine Rekonstruktion der Jahre bis 1952. Original erhalten ist die Cappella di S.Bernardino vor dem Turm, als Grablege der Gonzaga auch *Cappella Gonzaga* genannt. Die Fresken zum Leben des hl. Ludwig von Toulouse gehören dem 14. Jahrhundert an und werden Serafino Serafini zugeschrieben.

Das prächtige *Haus des Giulio Romano* (Via Carlo Poma 18; Abb. 88) dokumentiert den hohen sozialen Rang dieses Mannes, des Lieblingsarchitekten Herzog Federicos II. Gonzaga. Romano entwarf sein Wohnhaus um 1538, doch wurde es erst 1544 vollendet, zwei Jahre vor seinem Tod. Die kraftvolle Rustikafassade, über dem Portal bekrönt durch die Figur eines antiken Merkur, ist nicht mehr ganz original erhalten. Im Jahr 1800 wurde der Bau durch den klassizistischen Architekten Paolo Pozzo von fünf auf acht Achsen verbreitert. Ein großer Saal im Obergeschoß ist mit Fresken von Giulio Romano und seinen Schülern ausgestattet. Der Bau ist noch heute in Privatbesitz.

Sehr viel bescheidener nimmt sich dagegen das Haus des zweiten großen Mantuaner Hofkünstlers aus, die *Casa Mantegna* (Via Acerbi 47). Ludovico II. Gonzaga schenkte dem Maler das Grundstück und 1476 begannen die Bauarbeiten, die 1496 noch nicht abgeschlossen waren. Nach den architektonischen Vorstellungen der Frührenaissance entstand der Bau als kubische Vierflügelanlage. Von der einst reichen Wandbemalung der Innenräume sind nur noch Reste erhalten.

Die ehemalige Kirche *S.Sebastiano* (Largo XXIV Maggio) geht auf einen Entwurf von Leon Battista Alberti zurück. Der Bau entstand ab 1460 als Votivkirche für Ludovico II. Gonzaga. Alberti entschied sich für einen Grundriß in Form des griechischen Kreuzes, vielleicht in Anlehnung an frühchristliche ravennatische Bauten. Die Fassade, die nach dem Schema einer antiken Tempelfront gestaltet ist, entspricht nicht mehr in allen Einzelheiten dem Entwurf Albertis. S.Sebastiano wurde 1783 säkularisiert und dient heute als Gefallenenmahnmal.

Die Stadt Mantua, die sich als breite Landzunge in die drei umgebenden Seen hineinschiebt, ist in ihrem ursprünglichen Inselcharakter kaum mehr zu erkennen. Nach der Regulierung des Mincio Ende des 12. Jahrhunderts vollzog sich die Entwicklung der Stadt auf zwei größeren Inseln, die von einem Kanal, dem Rio, getrennt wurden. Daneben gab es noch eine kleine Insel, Tejeto genannt, die Jahrhunderte hindurch

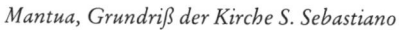

Mantua, Grundriß der Kirche S. Sebastiano

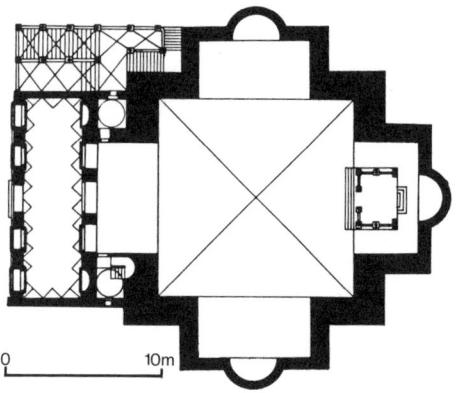

0   10m

Mantua, Fassadendetail vom Palazzo del Tè

nur unwegsames Sumpfland war. Erst unter den Gonzaga wurde sie trockengelegt, und Ludovico II. begann dort mit der Zucht seiner Pferde, die bald in ganz Europa berühmt wurden. Auch Feste wurden dort gefeiert und Isabella d'Este befahl, daß man »lebende Hasen draußen auf der Tè aussetzte, einem von Wasser umgebenen und außerhalb von Mantua gelegenen Ort, wo Wir uns zuweilen zu unserem Vergnügen hinbegeben wollen.«

Isabellas Sohn Federico II., der sich mit den Räumlichkeiten des Palazzo Ducale nicht mehr begnügen wollte, gab im Jahr 1524 den Auftrag zur Planung einer Sommerresidenz auf der Insel Tè. Als Architekten gewann er Giulio Romano, der ihm zwischen 1525 und 1535 den *Palazzo del Tè* baute. Der Raffael-Schüler Giulio Romano orientierte sich an der Villa Madama in Rom, die sein Lehrer dort 1517 begonnen hatte, doch brachte er verschiedene neue revolutionäre Ideen ein, ganz besonders bei der Fassadengestaltung. Die Stilprinzipien dieses manieristischen Palastes wurden vor allem nördlich der Alpen übernommen. In seiner »Architektur der Renaissance in Italien« gibt Peter Murray eine Analyse dieses Baues, der wir einige Abschnitte entnehmen: »Der Grundriß zeigt die typische Anlage einer römischen Villa, das heißt, vier lange, niedrige Bauzüge, die einen quadratischen Mittelhof einfassen. Auf den ersten Blick wird das durch das Äußere der Eingangsfassade bestätigt, aber gerade hier wird dem Betrachter klar, daß der Palazzo del Tè alles andere ist als ein einfaches Gebäude und daß die scheinbar klar überschaubare Villa ein höchst raffiniertes Bauwerk ist. Wenn wir beim Grundriß beginnen, so zeigt sich, daß das Prinzip der symmetrischen Anlage durchbrochen ist, denn das Gebäude hat vier verschiedene Flügel, und die Achse des Gartens und der Gartenhauptfront führt zu einem Nebeneingang, während die Achse des Haupteingangs rechtwinklig zum Garten liegt. Man könnte einwenden, das Terrain habe diese Lösung notwendig gemacht, aber eine genaue Prüfung zeigt, daß der Bau als Ganzes voll von Überraschungen und Widersprüchen ist, die offensichtlich beabsichtigt sind und einen überaus raffinierten Geschmack ansprechen sollen. Die meisten konventionellen architektonischen Regeln nämlich sind ganz bewußt ignoriert, und hinter alledem steht die Absicht, den Betrachter in ein mit Gruseln gemischtes Entzücken zu versetzen. Man erkennt das sofort an der Haupteingangsseite, die man mit der Westseite vergleichen muß, um dann beide Seiten mit der Gartenseite zu vergleichen. Stets wiederholen sich Elemente einer Seite in den anderen, doch sind sie dort umgestaltet ... Die

Seiten des Innenhofs entsprechen nicht genau den Außenseiten, sondern sie haben ihren eigenen Rhythmus und ihre eigenen Komplikationen. Noch merkwürdiger ist die Behandlung einiger Details, die für unser Auge nicht allzu auffällig sind, den Zeitgenossen aber seltsam vorgekommen sein müssen; sie stellen wesentliche Elemente des Manierismus dar. Einige Schlußsteine an den Fensterbogen scheinen in den eigentlichen Fensterraum hinabgerutscht zu sein und widersprechen so dem Eindruck der Stabilität, der dem Schlußstein eines Bogens üblicherweise zugedacht ist. Dieses Gefühl der Unsicherheit wird noch deutlicher am Gebälk des Innenhofes, wo Giulio tatsächlich eine Anzahl von Triglyphen scheinbar in den darunterliegenden Wandraum hat abrutschen lassen, was beim Betrachter ein ausgesprochenes Unbehagen hervorruft. Dieses beabsichtigte ungute Gefühl wird wegen seiner Gegensätzlichkeit zu der heiteren Gelassenheit der Architektur Bramantes oder der Leidenschaft und Selbstsicherheit des Barocks allgemein als Kennzeichen der manieristischen Kunst angesehen.«

Die Ausstattung der Innenräume stammt von Giulio Romano und einigen Schülern. In der *Sala dei Cavalli*, die für Empfänge bestimmt war, sieht man die edelsten Pferde aus dem Gestüt des Herzogs Federico II. vor offener Landschaft porträtähnlich dargestellt. Darüber erscheinen die Taten des Herakles unter einem Rankenfries mit Putten. Hier und in einigen anderen Räumen fallen innerhalb der bemalten Kassettendecke die merkwürdigen Wappenmotive des Herzogs, Olymp und Salamander, auf, begleitet von dem Wappenspruch »Quod huic deest me torquet« (Was jenem fehlt, quält mich). Der Salamander, der vom Feuer nicht verzehrt wird, schien dem heißblütigen Gonzaga, der diesen Palast auch für seine Geliebte Isabella Boschetto bauen ließ, ein geeignetes Symbol. Der Verherrlichung dieser Liebe ist vor allem die *Sala di Psiche* (Farbt. 25) gewidmet, wo in Anlehnung an Apuleius »Goldenen Esel« die Geschichte von Amor und Psyche erzählt wird. Hauptattraktion aber ist die *Sala dei Giganti*, wo in dichter Bildfolge der Aufstand der Titanen gegen die Götter des Olymp dargestellt wird. Der malerische Illusionismus, der von Mantegna in der Camera degli Sposi mit zarten lyrischen Mitteln in die Kunstgeschichte Mantuas eingeführt wurde, findet hier seine dramatische Fortsetzung. Giorgio Vasari hat dieses malerische Wunderwerk, das zwischen 1532 und 1534 entstand, bewundernd kommentiert: »Außerdem kann man durch eine Öffnung im Dunkel einer Grotte, die den Blick in eine mit wunderbarer Könnerschaft gemalte ferne Landschaft freigibt, viele fliehende Giganten sehen, die alle von den Blitzen Jupiters getroffen sind und gewissermaßen im nächsten Augenblick von den Felsstücken der Gebirge erschlagen werden wie die übrigen. An einer anderen Stelle bildete Giulio weitere Giganten ab, über welche Tempel, Säulen und andere Gebäudeteile herabstürzen und ein unermeßliches Blutbad und große Verheerungen unter diesen übermütigen Geschöpfen anrichten. Und hier, unter den fallenden Gebäudetrümmern, befindet sich der Kamin des Zimmers, der, wenn ein Feuer in ihm brennt, die Illusion hervorruft, daß die Riesen in Flammen stehen, denn hier ist Pluto abgebildet, der in seinem von dürren Pferden gezogenen Wagen und von Furien begleitet auf die Mitte zustürmt; so hat Giulio, ohne sich vom Thema der Sage von der Erfindung des Feuers zu entfernen, eine überaus schöne Verzierung des Kamins geschaffen. Außerdem hat Giulio, um sein Kunstwerk noch fürchterlicher und

schrecklicher zu gestalten, die Riesen, die gewaltig und phantastisch anzusehen sind, dargestellt, wie sie – auf verschiedene Weise von Blitz und Donner getroffen – auf die Erde
niederfallen, manche im Vordergrund und andere im Hintergrund, manche tot, andere
verwundet, und wieder andere bedeckt von Felsen und Gebäudetrümmern. Deshalb soll
niemand glauben, er könne irgendwo ein Werk des Pinsels sehen, daß gräßlicher und schrek-
kenerregender oder naturgetreuer ist als dieses hier; und wer auch immer diesen Raum
betritt und die Fenster, Türen und anderes derartige überall schief und gewissermaßen im
Augenblick des Zusammensturzes erblickt und die Berge und Bauten heransausen sieht,
muß notwendig fürchten, daß alles über ihn hereinbricht, zumal außerdem noch die Götter
im Himmel hastig hierhin und dorthin eilen und alles in der Flucht begriffen ist. Und das
Erstaunlichste an der Arbeit ist, daß die gesamte Malerei weder Anfang noch Ende hat,
sondern so geschickt ineinandergefügt und
ohne Trennungen miteinander verbunden
ist, daß alles, was sich in der Nähe des Gebäudes befindet, sehr groß erscheint, und
was fern ist, wo die Landschaft zu sehen ist,
sich ins Unendliche verliert; daraus ergibt
sich, daß der Raum, obwohl er weniger als
zehn Meter lang ist, wie ein offenes Gelände
wirkt. Überdies ist der Fußboden mit kleinen runden Steinen ausgelegt, die auf eine
Kante gestellt sind, und auf den unteren Teil
der Wände sind ähnliche Steine gemalt, so
daß kein scharfer Winkel zu sehen ist und
diese Oberfläche wie eine ungeheure Weite
wirkt, was Giulio mit viel Verstand und
wunderbarem Können ausgeführt hat, so
daß ihm unsere Künstler dieser Erfindungen
wegen zu großem Dank verpflichtet sind.«

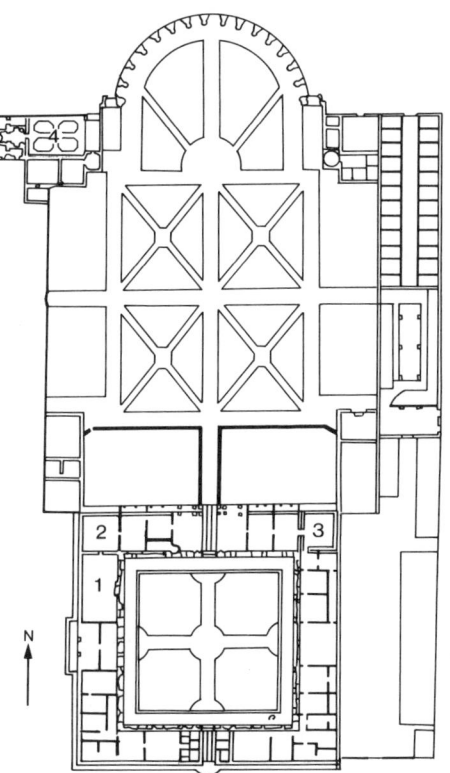

*Mantua, Grundriß des Palazzo del Tè 1 Sala dei
Cavalli 2 Sala di Psiche 3 Sala dei Giganti
4 Appartamento della Grotta*

Der Hof der Villa öffnet sich zum Garten
hin mit einem Atrium. Im Nordosteck des
Gartens, neben einer Exedra, finden wir das
Appartamento della Grotta, das als kleines
Refugium für den Herzog 1532–1534 von
Giulio Romano angelegt wurde. Die klei-
nen, kaum 2 m hohen Räume und die Loggia
sind von Schülern Romanos ausgemalt wor-
den, z. T. mit Grotesken nach römischem
Vorbild. Die Grotte selbst – ein achteckiger
Raum – diente als Bad und entstand nach
dem Vorbild römischer Thermen.

In der Provinz Mantua

Am äußersten Ende des Lago Superiore, der Mantua im Westen begrenzt, liegt **Curtatone.** Nördlich des Ortes, am Ende einer langen Allee, steht die Wallfahrtskirche *S.Maria delle Grazie.* Francesco I. Gonzaga stiftete den Bau aufgrund eines Gelöbnisses während des Pestjahres 1399. Als Baumeister wird Bartolino da Novara angenommen, der auch das Castello S.Giorgio in Mantua baute. Die Kirche wurde 1406 geweiht, die Konventsgebäude jedoch erst in der Mitte des 16. Jahrhunderts vollendet. Durch eine Vorhalle der Renaissance kommt man in den einschiffigen, weiten Innenraum. Die Rippengewölbe des Langhauses sind sehr schön mit vegetabilem Ornament bemalt (15. Jahrhundert). Merkwürdig sind die Figuren der holzvertäfelten Nischen (Abb. 93) – Votivgaben aus Holz, Stuck und Wachs, die im 16. und 17. Jahrhundert entstanden. In der ersten Kapelle rechts vom Eingang findet man das edle, einfache Grabmal des Baldassare Castiglione – Verfasser des »Cortegiano« – das von Giulio Romano entworfen wurde. In der zweiten Kapelle sieht man ein Martyrium des hl. Laurentius von Lorenzo Costa il Giovane (um 1570). Das Gnadenbild des Hochaltars stammt von einem unbekannten venezianischen Maler aus der ersten Hälfte des 15. Jahrhunderts.

Ganz in der Nähe von Curtatone, in **Casatico** bei Marcaria, steht das Schloß, in dem Baldassare Castiglione im Jahr 1478 geboren wurde. Sein Vater, ein Mailänder Edelmann, ließ es 1445 als befestigtes Landschloß erbauen. Der Sohn des Baldassare, Camillo, veranlaßte 1546 die Umgestaltung des Hauptbaus nach einem Entwurf von Giulio Romano. Leider ist der gesamte Komplex, der zum Teil von Bauern bewohnt wird, sehr verfallen.

Etwa 4 km nördlich von Mantua, an der Hauptstraße in Richtung Gardasee, liegt **Marmirolo.** Hier, innerhalb eines Waldes, der sich einst bis nach Goito erstreckte, ließ Herzog Vincenzo I.Gonzaga im Jahr 1592 ein Jagdschlößchen bauen, das heutige *Castello dei Gonzaga (Palazzo Bosco della Fontana).* Der Bau – rechteckig, mit zylindrischen Ecktürmen, übergiebelter Pfeilerhalle und manieristischer Bossenquaderung – ist gut erhalten und wurde erst kürzlich restauriert. Architekt war der Cremoneser Giuseppe Dattaro. 1595 fügte Antonio Maria Viani die vier Ecktürme hinzu. Eine Anlehnung an die Mantuaner Bauten von Giulio Romano ist unverkennbar. In der Loggia und einigen Sälen sind noch illusionistische Freskenreste erhalten. Der Rest des einstigen Jagdwaldes der Gonzaga ist mit seinen 233 Hektar immer noch groß genug, um am Wochenende die Mantuaner zum Picknick zu verlocken. Der Wald ist Naturreservat und mit 650 Pflanzenarten und -varietäten für Botaniker interessant.

Großartige Natureindrücke sind in der Provinz Mantua selten, doch findet man sie zwischen Viadana und Ostiglia Revere in so geballter Form, daß man für manche Öde in anderen Gebieten voll entschädigt wird. Eine Kunstfahrt von Mantua nach **S.Benedetto Po** führt durch die weite, epische Flußlandschaft des Po, dessen große Schleife, die er vor diesem Ort zieht, von majestätischer Schönheit ist (Farbt. 23). Die Bauten der ehemals sehr bedeutenden Benediktinerabtei Polirone, die im 11. Jahrhundert durch Stiftung der Markgrafen von Canossa entstand, sind nur noch in geringen Resten erhalten.

Die *Basilika S. Benedetto* geht im wesentlichen auf das 16. Jahrhundert zurück. Einer ersten Kapelle des 10. Jahrhunderts folgte im 11. Jahrhundert ein romanischer Bau, schließlich bis 1447 ein Umbau in den Formen der Spätgotik. 1539 begann Giulio Romano mit einer Umgestaltung im Sinne der Renaissance. Die Weihe erfolgte 1547. Die breite monumentale Fassade verrät vor allem in ihrem unteren, antikisierenden Teil – drei gewaltige Rundbogen zwischen kannelierten Pilastern – die Hand von Giulio Romano. An der Südseite erscheint gliedernd das Triumphbogenmotiv, wie man es auch an den Bauten Albertis in Mantua sehen kann. Der Turm stammt noch aus der spätgotischen Zeit, doch datieren die Schallarkaden im obersten Geschoß um 1540. Auch der Bezug von Südflanke und innerem Wandaufriß verweist auf S. Andrea in Mantua. Dem Wechsel von Blendarkaden und genischten Wandfeldern entspricht im Innern derjenige von Kuppelkapellen und genischten Wandpfeilern. Die Ausstattung der Basilika geht größtenteils auf das 16. Jahrhundert zurück. Langhaus, Chor und Chorumgang säumen 32 Terrakottastatuen von Antonio Begarelli, der auch die Figuren der Benediktionsloggia (Fassade) schuf. Die biblischen Bilder im Hauptschiff werden Palma il Giovane zugeschrieben, nach Kartons von Giulio Romano. Die Schnitzarbeit des Chorgestühls (1557) und der Schränke in der *Sakristei* (um 1540 von Giulio Romano entworfen und ausgestattet) geht auf Giovanni Piantavigna zurück. Im Vorraum der Sakristei (südlich des Chores) steht der Sarkophag der Markgräfin Mathilde, der Nichte des Gründers Markgraf Tedald von Canossa (gest. 1115; die Gebeine wurden 1635 in die Peterskirche nach Rom übergeführt). Die einstige Bedeutung des Klosters ist den weitläufigen Konventsanlagen abzulesen, die sich um drei Kreuzgänge gruppieren. Sie stammen aus verschiedenen Bauphasen und enthalten zum Teil Freskenreste der Renaissance, die allerdings in beklagenswertem Zustand sind.

Landschaftlich weniger reizvoll, dafür kulturhistorisch von größter Bedeutung, ist der kleine Ort **Sabbioneta,** ehemals Residenz einer Nebenlinie der Mantuaner Gonzaga. Kurz bevor man Sabbioneta erreicht, das an der Hauptstraße Mantua-Parma liegt, kommt man nach **Villa Pasquali,** wo die prächtige Pfarrkirche *S. Antonio* besucht werden sollte (Abb. 95). Der Bau entstand zwischen 1765 und 1784, wurde jedoch nie vollendet. Es fehlt ein zweiter Turm, ebenso Statuen und Verkleidung der Fassade. Baumeister war Antonio Galli Bibiena aus der berühmten Familie der Galli aus Bibiena bei Arezzo, die halb Europa mit ihren revolutionierenden Theaterbauten und Bühnenbildern belieferten. Antonio, der für Mantua das herrliche Teatro Scientifico entwarf, sorgte auch hier für einen bühnenmäßigen Effekt bei der Gestaltung der durchbrochenen, raffiniert indirekt beleuchteten Kuppelschalen.

Die einstmals sumpfige und sandige Landschaft zwischen Po und Oglio gab dem Ort Sabbioneta den Namen (*sabbia* = Sand). Seine Ursprünge liegen im dunkeln, doch weiß man, daß im 9. Jahrhundert bereits eine Burg und ein christliches Oratorium existierten und daß die Herren des Gebietes um Sabbioneta der Familie Persico aus Cremona entstammten. 1426 wurde der Ort von Gian Francesco Gonzaga, dem ersten Markgrafen von Mantua, erobert und der Herr der Burg, Cristoforo Persico, gefangengenommen. 1446 kam das

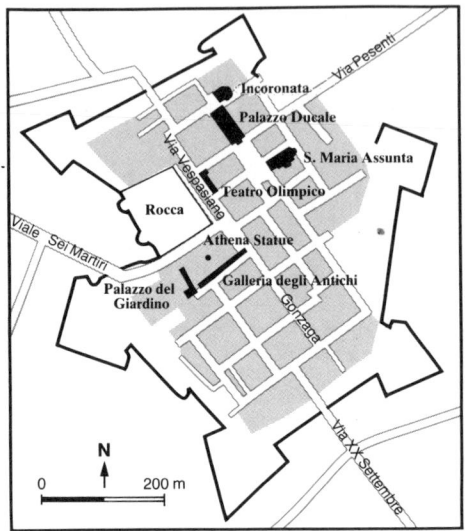

Stadtplan von Sabbioneta

Gebiet in Besitz einer Nebenlinie der Gonzaga. Erst in der Mitte des 16. Jahrhunderts entstand dann die Stadt Sabbioneta, wie wir sie heute vor uns sehen. Vespasiano Gonzaga, wegen seiner Verdienste als Heerführer im Dienst der Spanier von Rudolf II. zum Herzog ernannt, beschloß, seine kleine ländliche Residenz auszubauen und dabei seinen Mantuaner Verwandten nicht nachzustehen. Wie Pienza (Toskana) wurde sie nach einem Idealplan auf Grundlage der Architekturlehre Vitruvs entworfen. Nach Abriß der alten Häuser legte man einen Stadtkern auf geometrischem Straßenraster an, umgeben von einer Befestigung mit sechs Eckbastionen. Der glanzvolle Hof, mit dem sich der humanistisch erzogene Vespasiano umgab, erhielt den Ehrennamen eines ›Klein-Athen‹ (Piccola Atene). Wenn diese Residenzstadt sich auch keiner so großen Namen wie Pisanello, Mantegna oder Giulio Romano rühmen kann, ist das, was hier in wenigen Jahren geschaffen wurde, doch erstaunlich. Vespasiano gründete eine Druckerei, eine Münze, eine Bibliothek und ein Museum, er ließ seine Bauten von Meistern ersten Ranges ausstatten und war dabei, sein kleines Theater zu einem Zentrum der Schauspielkunst zu machen. Von Künstlern und Dichtern seiner Zeit wurde er gepriesen, darunter auch von Torquato Tasso, der bekannte: »Ein Schloßherr, größerer Ehren würdig als des kleinen Territoriums, das er beherrscht.«

Der Glanz Sabbionetas währte nur eine einzige Generation lang. Mit Vespasianos Tod im Jahr 1591 geriet die eben erst geschaffene Residenz in Verfall. Die Jahre der Pest, der Abtransport der Kunstsammlungen nach Mantua, die Plünderungen napoleonischer Soldaten sind die schlimmsten Stationen auf dem Weg bergab. Das Sabbioneta von heute ist ein verlassener, öder kleiner Ort, eine fast gespenstische Szenerie. Eine Antiquitätenmesse, die einmal im Jahr in den Palästen der Gonzaga stattfindet, bringt zwar Leben in die verfallenden Mauern, unterstreicht durch den Glanz der Exponate jedoch auch die desolate Wirklichkeit. Der Ort hätte besseres verdient, und es ließe sich denken, daß durch eine planmäßige Ansiedlung von Künstlern der Anschluß an die ruhmvolle Vergangenheit dieses Musenortes wiedergewonnen werden könnte.

Seine einst beherrschende Funktion als herzogliche Residenz bringt der *Palazzo Ducale* (Piazza Ducale) heute nicht mehr zum Ausdruck. Die fünfachsige, sehr schlichte Fassade war einst durch illusionistische Fresken zusätzlich gegliedert und über den Fenstergiebeln waren schmückende Büsten angebracht. Nur die Innenräume können noch in manchen

Teilen eine Ahnung einstiger Großartigkeit vermitteln. Der Bau war im wesentlichen bis 1568 vollendet, doch zog sich die Innenausstattung bis 1591 hin. Einige Räume sind reich dekoriert, unter anderem durch den Maler Bernardino Campi aus Cremona und den Bildhauer Alberto Cavalli. Die Sala degli Antenati (Ahnensaal) enthält mythologische und ornamentale Fresken, Reliefs zur römischen Geschichte und 21 Stuckbüsten der Gonzaga. In der Sala delle Aquile (Saal der Adler) sind vier prächtige Reiterstandbilder aus Holz und Stuck aus dem Umkreis des Bildhauers Lorenzo Bregno zu sehen – Ludovico, Gian Francesco, Luigi und Vespasiano Gonzaga. Sie sind die einzig erhaltenen aus einer Serie von ursprünglich zwölf, die einst zur Ausstattung des Salone del Duca d'Alba gehörten. Ein Fries aus Adlern, Wappen, Blumen- und Früchtefestons gab dem Raum den Namen.

Die kleine überkuppelte Saalkirche *S. Maria Assunta*, schräg gegenüber vom Palazzo Ducale, entstand von 1580 bis 1582 nach einem Entwurf des einheimischen Pietro Martire Pesenti. Das Kuppelfresko stellt die Himmelfahrt Mariä dar. Interessant ist die Sakramentskapelle, ein achteckiger Raum, der im 18. Jahrhundert nach einem Entwurf von Ferdinando Galli Bibiena geschaffen wurde. Das Motiv der durchbrochenen Kuppelschale, die den Blick zum Himmel freigibt, wurde hier von dem älteren Galli Bibiena erprobt und später von seinem Sohn in Villa Pasquali abgeändert verwendet.

Nur wenige Jahre später (1586–1588) datiert die *Incoronata-Kirche* nördlich des Palazzo Ducale. Das Kuppeloktogon mit acht Kapellennischen wurde im 18. Jahrhundert illusionistisch ausgemalt (Abb. 94). Es war der Wunsch Vespasiano Gonzagas, hier begraben zu werden. Die großartige *Sitzfigur des Herzogs* (Leone Leoni, 1588; Abb. 97) entstand in Anlehnung an Michelangelos Mediceergräber in Florenz (S. Lorenzo). Das Bronzedenkmal war schon zu Lebzeiten Vespasianos geschaffen worden und wurde zunächst in der Vorhalle des Palazzo Ducale aufgestellt. Erst nach dem Tod des Herzogs im Jahr 1591 kam es an seinen heutigen Platz als zentrale Figur des Grabmals von Giovanni Battista della Porta. Nicht nur Leone Leoni arbeitete hier in Anlehnung an ein großes Vorbild, auch die Kirche selbst ist keine wirkliche Neuschöpfung, denn sie wiederholt im Innern das Motiv der gleichnamigen Kirche in Lodi.

Eine weitere Nachschöpfung ist das kleine *Teatro Olimpico* (Abb. 96) südwestlich des Palazzo Ducale. Vincenzo Scamozzi, der 1583 in Vicenza das Teatro Olimpico von Palladio vollendet hatte, wurde von Herzog Vespasiano 1588 beauftragt, in Sabbioneta etwas ähnli-

Sabbioneta, Querschnitt und Grundriß des Teatro Olimpico

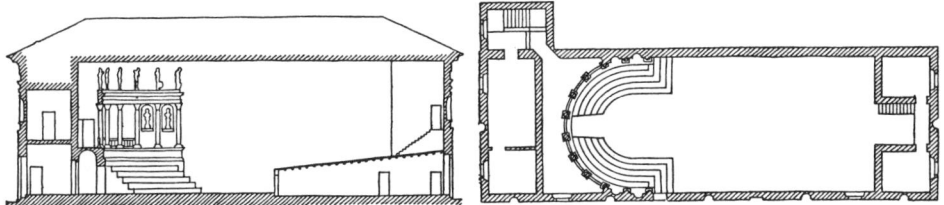

ches zu schaffen. Zwei Jahre später war der Bau vollendet, doch bis auf einige Aufführungen in den Jahren 1590 und 1591 blieb das Theater unbespielt. Im 17. Jahrhundert wurde der Raum als Lazarett genutzt und vor 20 Jahren konnte man hier noch Kinofilme sehen. Über dem Halboval der Sitzreihen und der Balustrade der Herzogsloge erscheinen auf hohen korinthischen Säulen zwölf Statuen olympischer Götter. Die Wände sind illusionistisch freskiert (römische Veduten: Kapitolsplatz, Engelsburg; römische Imperatoren; höfisches Theaterpublikum), zum Teil nach dem Vorbild von Veroneses Dekorationen in der Villa Maser (Treviso). Die ehemalige Kulissendekoration von Scamozzi ist nicht erhalten, doch gibt es dazu Entwürfe in den Uffizien von Florenz.

Eine *Statue der Pallas Athene* ist in einer Stadt, die sich als ›Klein Athen‹ verstand, wohl unentbehrlich. Wir finden sie – auf hoher Säule – an der Piazza Castello. Der weite, etwas öde Platz wird an der Westseite flankiert von den Ruinen der gotischen *Festung,* an der Südseite vom Palazzo del Giardino und der Galleria degli Antichi.

Der *Palazzo del Giardino* (Gartenpalast), entstand ab 1580 als Privatpalast des Herzogs. Wie beim Palazzo Ducale wurden auch hier die Fassadendekorationen zerstört, bis auf den hölzernen Fries mit den geschnitzten Löwenköpfen. Die Räume des Palastes – es sind etwa 15 – sind mit Fresken zur antiken Mythologie und römischen Geschichte ausgestattet. Maler war in erster Linie der Cremonese Bernardino Campi, als Stukkator wird Alberto Cavalli genannt. Besonders reizvoll sind die locker gepinselten Landschaftsszenerien der Sala degli Specchi (Spiegelsaal) im venezianisch-flämischen Geschmack, ebenso auch der Grotesken-dekor des kleinen Gabinetto delle Grazie.

Der langgestreckte Bau der *Galleria degli Antichi* mit seinen schönen Arkaden im Erdge-schoß wurde 1583/84 errichtet. Die Galerie – ein Korridor von über 90 m Länge – enthielt einst die kostbaren Kunstsammlungen des Herzogs, die 1771 auf Befehl der Österreicher nach Mantua gebracht wurden. Die Wände des langen Saales im Obergeschoß sind mit reichem allegorischem Ornamentdekor (Pietro Martire Pesenti) und originellen Schein-architekturen versehen (Cherubino und Giovanni Alberti). Hier und in einigen Räumen des Palazzo del Giardino und des Palazzo Ducale findet jedes Jahr die aufwendige Antiquitäten-messe statt.

Literaturhinweise

Anderes, Bernhard: *Kunstführer Kanton Tessin*, Bern 1977
Bagatti Valsecchi, Pier Fausto: *Ville della Brianza*, Mailand 1978
Bagnoli, Raffaele: *Ville, Castelli, Cascinali in Lombardia*, Mailand 1979
Bascapè, Giacomo Carlo: *Il duomo di Milano*, Mailand 1965
Bascapè, Giacomo Carlo: *Palazzi privati di Lombardia*, Mailand 1965
Bassilana, Francesco: *Il Parco del Ticino*, Florenz 1984
Berenson, Bernard: *Die italienischen Maler der Renaissance*, Zürich 1952
Bernardi, Paola: *La Certosa di Pavia*, Novara 1981
Bersezio, Lorenzo: *I parchi delle Alpi*, Novara 1985
Binni, Lanfranco: *Guida ai Castelli della Lombardia*, Mailand 1982
Binni, Lanfranco: *Guida ai Musei della Lombardia*, Mailand 1980
Bognetti, Gian Piero: *Castelseprio*, Vicenza 1968
Braunfels, Wolfgang: *Abendländische Klosterbaukunst*, Köln 1985
Brivio, Ernesto: *Guida del Duomo di Milano*, Mailand 1980
Brucher, Günter: *Die sakrale Baukunst Italiens im 11. und 12. Jahrhundert*, Köln 1987
Burckhardt, Jacob: *Der Cicerone*, Stuttgart 1978 (Neudruck der Urausgabe)
Burckhardt, Jacob: *Die Kultur der Renaissance in Italien*, Stuttgart 1966 (Neudruck)
Cavalieri Manasse, Giuliana (u. a.): *Piemonte, Valle d'Aosta, Liguria, Lombardia* (Guide archeologice Laterza), Rom 1982
Caccin, Angelo Maria: *Santa Maria delle Grazie e il Cenacolo Vinciano*, Mailand 1985
Chierici, Sandro: *Romanische Lombardei*, Würzburg 1978
Clifford, Derek: *Gartenkunst*, München 1966
Cunsolo, Felice: *Italien tafelt. Ein kulinarischer Führer*, München 1971
Erbesato, Gian Maria: *Il Palazzo Te di Mantova*, Novara 1981
Fabiani, Enzo: *Abbazie di Lombardia*, Como 1980
Franscini, Stefano: *Gemälde der Schweitz/Der Canton Tessin*, St. Gallen und Bern 1835 (Neudruck, Ascona 1980)
Freedberg, Sydney Joseph: *Painting in Italy 1500–1600*, New York 1983
Gilardoni, Virgilio: *I Monumenti d'Arte e di Storia del Canton Ticino*, 3 Bde., Basel 1972, 1979, 1983
Grassi, Liliana: *Province del Barocco e del Rococò* (Lessico bibliografico di architetti in Lombardia), Mailand 1966
Guida d'Italia, Lombardia, Mailand 1970
Guida d'Italia, Milano e Laghi, Mailand 1967
Guida d'Italia, Milano, Mailand 1985
Hesse, Hermann: *Italien*, Frankfurt/M. 1983
Kingsley Porter, Arthur: *Lombard Architecture*, 4 Bde., New Haven 1915–1917
Keller, Harald: *Die Kunstlandschaften Italiens*, München 1960
Lange, Santino: *Ville delle provincie di Como, Sondrio e Varese*, Mailand 1968
Matalon, Stella: *Affreschi lombardi del Trecento*, Mailand 1964
Mazzini, F.: *Affreschi lombardi del Quattrocento*, Mailand 1965

LITERATUR

Menghin, Wilfried: *Die Langobarden,* Stuttgart 1985
Mioni, Alberto und Rozzi, Renato: *I centri storici della Lombardia,* 2 Bde., Mailand 1975
Murray, Peter: *Die Architektur der Renaissance in Italien,* Stuttgart 1980
Mea, Luciano della: *Conosci Bergamo,* Bergamo 1973
Obermeier, Siegfried: *Lago Maggiore,* München 1977
Paccagnini, Giovanni: *Herzogspalast von Mantua,* Mailand 1986
Perogalli, Carlo: *Burgen der Lombardei,* Frankfurt 1962
Perogalli, Carlo (u. a.): *Ville delle province di Bergamo e Brescia,* Mailand 1969
Perogalli, Carlo (u. a.): *Ville delle province di Cremona e Mantova,* Mailand 1973
Romanini, Angiola Maria: *L'architettura gotica in Lombardia,* 2 Bde., Mailand 1964
Schomann, Heinz: *Lombardei,* Stuttgart 1981
Seidlmayer, Michael: *Geschichte Italiens,* Stuttgart 1962
Spini, Giulio (u. a.): *Valtellina,* Sondrio 1984
Toesca, Pietro: *La pittura e la miniatura nella Lombardia,* Turin 1966
Vannini, Livia: *Brescia,* Brescia 1977
Venturi, Adolfo: *Storia dell'arte italiana,* Mailand 1901–1940
Wittkower, Rudolf: *Art und Architecture in Italy* 1600–1750, Harmondsworth 1972

Praktische Reisehinweise

Adressen und Informationen

Auskünfte, Prospekte und Hotelverzeichnisse sind erhältlich in den Büros des Staatlichen Italienischen Fremdenverkehrsamtes:

ENIT (Ente Nazionale Italiano per il Turismo)
Berliner Allee 26
4000 Düsseldorf
✆ (0211) 132231 und 132232

Kaiserstr. 65
6000 Frankfurt/M.
✆ (069) 231213 und 232648

Goethestr. 20
8000 München 2
✆ (089) 530369 und 533933

in Österreich:
Kärntnerring 4
1010 Wien
✆ (0222) 654374 und 651630

in der Schweiz:
Uraniastr. 32
8001 Zürich
✆ (01) 2113633 und 213634

3, rue du Marché
1204 Genève
✆ (022) 282922 und 282923

EPT (Ente Provinciale per il Turismo)
24100 **Bergamo,** Viale Vittorio Emanuele II, 4
✆ (035) 242226
25100 **Brescia,** Corso Zanardelli, 38
✆ (030) 45052
22100 **Como,** Piazza Cavour, 17
✆ (031) 262091
26100 **Cremona,** Galleria del Corso, 3
✆ (0372) 21722
46100 **Mantova,** Piazza A. Mantegna, 6
✆ (0376) 350681/2/3
20100 **Milano,** Via Marconi, 1
(Palazzo del Turismo)
✆ (02) 870016 und 809662
27100 **Pavia,** Corso Garibaldi, 1
✆ (0382) 27238 und 22156
23100 **Sondrio,** Via Cesare Battisti, 12
✆ (0342) 212269
21100 **Varese,** Piazza Monte Grappa, 5
✆ (0332) 283604

Kurverwaltungen

23031 **Aprica,** Corso Roma, 165
✆ (0342) 746647 und 746113
22040 **Barzio,** Piazza Garibaldi, 9
✆ (0341) 996255
22021 **Bellagio,** Lungolago A. Manzoni, 1
✆ (031) 950204
24100 **Bergamo,** Viale Vittorio Emanuele, 20
✆ (035) 210204

25041 **Boario Terme,** Piazza Einaudi, 2
✆ (0364) 531609 und 532280

23032 **Bormio,** Via allo Stelvio, 10
✆ (0342) 903300 und 901116

25061 **Bovegno,** Piazza Zanardelli, 1
✆ (030) 926148

22060 **Campione d'Italia,** Via Volta, 16
✆ (004191) 685051

22035 **Canzo,** Via Chiesa, 4
✆ (031) 682457

22012 **Cernobbio,** Via Regina, 33/b
✆ (031) 510198

23023 **Chiesa in Valmalenco,** Piazza
SS. Giacomo e Filippo, 1
✆ (0342) 451150

22100 **Como,** Piazza Cavour, 33
✆ (031) 272518

25015 **Desenzano del Garda,** Piazza
Matteotti, 27
✆ (030) 9141510 und 9144209

25048 **Edolo,** Piazza Martiri della Libertà, 2
✆ (0364) 71065

25083 **Gardone Riviera,** Via Roma, 8
✆ (0365) 20347

22011 **Griante,** Via Brentano, 6
✆ (0344) 40393

25049 **Iseo,** Lungolago Marconi, 2
✆ (030) 980209 und 981361

22024 **Lanzo d'Intelvi,** Piazza Novi, 1
✆ (031) 840143

22053 **Lecco,** Via Nazario Sauro, 6
✆ (0341) 269390 und 362360

25010 **Limone sul Garda,** Via Comboni, 15
✆ (0365) 954070, 954010, 954265

23030 **Livigno,** Plaza dal Comun, 8
✆ (0342) 996379 und 996402

21016 **Luino,** Viale Dante Alighieri, 6
✆ (0332) 530019

25080 **Maderno,** Lungolago Zanardelli, 18
✆ (0365) 641330

23024 **Madesimo,** Via Carducci, 29
✆ (0343) 53015

22017 **Menaggio,** Via Lusardi, 8
✆ (0344) 32147

25056 **Ponti di Legno,** Corso Milano, 41
✆ (0364) 919 49 und 91122

27056 **Salice Terme,** Via delle Terme, 81
✆ (0383) 91207

24016 **S. Pellegrino Terme,** Via B. Tasso, 1
✆ (0345) 21020

24020 **Selvino,** Corso Milano, 19
✆ (035) 761362

25019 **Sirmione,** Viale Marconi, 2
✆ (030) 916245 und 916222

23035 **Sondalo,** Via Vanoni, 32
✆ (0342) 801127

22019 **Tremezzo,** Via Regina, 3
✆ (0344) 40493

21100 **Varese,** Viale Ippodromo, 9
✆ (0332) 284624

21059 **Viggiù,** Via Roma, 4
✆ (0332) 486510

Konsularische Vertretungen

Bundesrepublik Deutschland
20100 Milano, Via Solferino, 40
✆ (02) 6554434

Österreich
20100 Milano, Via Cremona, 27
✆ (02) 4812066 und 4812937

Schweiz und Liechtenstein
20100 Milano, Via Palestro, 2
✆ (02) 795515

Für **Autoreisende** sind gute Straßenkarten unentbehrlich. Übersichtlich und empfehlenswert sind vor allem die Karten des Touring-Club Italiano (1:200000).

Pannendienste des ACI: ∅ **116** in ganz Italien.
Polizei und Unfallrettungsdienst:
∅ **113**, ebenfalls in ganz Italien.

Geldwechsel – Devisen – Zoll

Die Ein- und Ausfuhr von Devisen ist auf 400000 Lire beschränkt. Bei höheren Beträgen ist an der Grenze eine Deklaration erforderlich. Euroschecks werden fast überall angenommen. Zu einem sehr günstigen Devisenkurs ohne zusätzliche Gebühren gelangt man durch das Postsparbuch. *Öffnungszeiten der Banken:* Montag bis Freitag ca. 8.20–13.20 Uhr, oft auch nachmittags von 14.35–15.35 Uhr.

Reisende aus den Ländern der Europäischen Gemeinschaft können zum privaten Gebrauch Waren im Wert von 350 ECU (etwa DM 784) zollfrei über die Grenze nehmen, Reisende unter 15 Jahren umgerechnet etwa für DM 175.
Für die Einfuhr aus einem anderen EG-Land gelten Höchstmengen für Wein (5 l), Alkohol (1,5 l), Zigaretten (300), Zigarillos (150), Zigarren (75) oder Tabak (40 g), Parfüm und Eau de Toilette (75 g bzw. 3/8 l), Kaffee (1 kg). Reisende unter 17 Jahren sind von den Freimengen für Tabakwaren und Alkoholika ausgeschlossen, Reisende unter 15 Jahren auch von Kaffee.

Museen und Sammlungen

Provinz Bergamo

Bergamo
Museo Donizettiano
Via Arena, 9
täglich außer Dienstag 9–12, 15–18;
Sonntag 9–13
Museo del Risorgimento e della Resistenza
Piazzale della Rocca, 12
Oktober bis März: 10–12, 15–17 (geschlossen Dienstag, Donnerstag, Freitag, Samstagnachmittag); April bis September: 9–12, 15–18 (geschlossen Dienstag, Freitag, Samstagnachmittag)
Pinacoteca dell'Accademia Carrara
Piazza Carrara, 81 a
9.30–12.30, 14.30–17.30; Dienstag geschlossen

Gandino
Museo della Basilica
Piazza Emancipazione
Führung durch den Sakristan auf Anfrage

Lovere
Galleria Tadini
Palazzo Tadini, Piazza Garibaldi
Mai bis September: an Sonn- und Feiertagen 10–12, 15–18; an Werktagen 15–18

Provinz Brescia

Brescia
Museo Civico Romano
Via Musei, 57
täglich außer Montag 9–12, 14–17

Pinacoteca Tosio-Martinengo
Via Martinengo da Barco, 1
täglich außer Montag 9–12, 14–17

Capo di Ponte
Parco Nazionale delle Incisioni Rupestri
täglich außer Montag von 9 Uhr bis eine
Stunde vor Sonnenuntergang

Desenzano
Zona Archeologica della Villa Romana
täglich außer Montag von 9 Uhr bis eine
Stunde vor Sonnenuntergang

Gardone Riviera
Museo d'Annunziano del Vittoriale
Via Vittoriale
täglich außer Montag 8.30–12, 14–18

Sirmione
Zona Archeologica delle Grotte di Catullo
täglich außer Montag von 9 Uhr bis eine
Stunde vor Sonnenuntergang

Provinz Como

Como
Civico Museo Archeologico ›Giovio‹
Piazza Medaglie d'Oro
Oktober bis März: 10–12, 14–17; April bis
September: 10–12, 14.30–17.30, Sonntag:
9–12.30; Montag geschlossen
Tempio Voltiano
Viale Marconi
Oktober bis März: 10–12, 14–16; April bis
September: 10–12, 15–18; Montag ge-
schlossen

Garlate
Museo della Seta
Via Statale, 30
geöffnet auf Anfrage

Lecco
Musei Civici
Oktober bis April: Sonntag 10–12, 14–17;
Donnerstag 14–17; Mai bis September: täg-
lich außer Montag und Donnerstagnachmit-
tag 10–12, 14.30–17.30

Tremezzo
Museo Villa Carlotta
1. März bis 31. März, 1. Oktober bis 10.
November: 9–12, 14–16.30; 1. April bis 30.
September: 9–18

Provinz Cremona

Cremona
Museo Civico
Via Ugolani Dati, 4
im Sommer: 10–12, 15–18; im Winter:
10–12, 14–17; Sonntag 9–12, Montag geschlossen

Provinz Mantua

Mantua
Casa del Mantegna
Via Acerbi, 47
an Werktagen 8–13; Montag und Donners-
tag auch 15–18
Galleria e Museo del Palazzo Ducale
Piazza Sordello, 40
an Werktagen 9–14, 15–18; Sonntag 9–13;
Montag geschlossen
Palazzo d'Arco
Piazza d'Arco, 1
März bis Oktober: Dienstag, Mittwoch,
Freitag 9–12, 14.30–16.30; Donnerstag,
Samstag, Sonntag 9–12, 15–17; November
bis Februar: Donnerstag 9–12; Samstag,
Sonntag 9–12, 14.30–16.30

Palazzo del Tè
Viale Tè
Oktober bis März: 9–12.30; 14.30–17;
April bis September: 9–12.30, 14.30–17
Teatro Accademico del Bibiena
Via Accademia, 47
9–12; 15.30–18; an Sonntagen und Feiertagen geschlossen

Provinz Mailand

Lodi
Museo Civico
Corso Umberto, 63
Sonntag 15.30–18.30; sonst nach Vereinbarung

Mailand
Cenacolo Vinciano
Piazza S. Maria delle Grazie
täglich außer Montag 9–13, 14–18.30
Galleria d'Arte Moderna
Villa Reale, Via Palestro, 16
täglich außer Dienstag 9.30–12,
14.30–17.30
Musei del Castello Sforzesco
Piazza Castello
täglich außer Montag 9.30–12.15,
14.30–17.30
Museo del Duomo di Milano
Palazzo Reale, Piazza del Duomo
täglich außer Montag 9.30–12.30, 15–17.30
Museo Manzoniano
Via Morone, 1
Dienstag bis Freitag 9–12, 14–16; Mittwoch
14–17
Museo di Milano
Palazzo Morando, Via S. Andrea, 6
täglich außer Montag 9.30–12.20,
14.30–17.20

Museo Nazionale della Scienza e della Tecnica ›Leonardo da Vinci‹
Via Vittore, 21
täglich außer Montag 9–17
Museo Poldi Pezzoli
Via Manzoni, 12
Donnerstag, Freitag, Samstag und Sonntag
9.30–12.30, 14.30–17.30; Dienstag und
Mittwoch 14.30–18; Donnerstag auch
21–23; Montag geschlossen
Museo di S. Ambrogio
Piazza S. Ambrogio
täglich außer Dienstag 10–12, 15–17; Samstag und Sonntag nur 15–17
Museo Teatrale della Scala
Piazza della Scala, 2
täglich außer Sonntag 9–12, 14–18; von Mai
bis Oktober auch am Sonntag 9.30–12,
14.30–18
Pinacoteca Ambrosiana
Piazza Pio XI, 2
täglich außer Samstag 9.30–17
Pinacoteca di Brera
Via Brera, 28
täglich außer Montag 9–14, Sonntag 9–13

Monza
Museo F. Serpero Tesoro del Duomo
Piazza Duomo
werktags außer Montag 9–11.30, 15–17; an
Sonn- und Feiertagen 15–16.30

Provinz Pavia

Garlasco
Museo Archeologico Lomellino
Via Bozzoli, 40
Samstag 15–19; Sonntag 10–12, 15–19;
sonst auf Anfrage

Pavia

Musei Civici
Castello Visconteo
im Sommer: 10–12.15, 14–17; im Winter:
10–12, 14–16; Montag geschlossen

Vigevano

Museo del Tesoro del Duomo
Duomo
an Feiertagen nachmittags, werktags auf
Anfrage

Provinz Sondrio

Bormio

Museo Civico del Castello
Via Buon Consiglio
Dienstag, Mittwoch, Freitag 10–12; Donnerstag und Samstag 17–19; Sonntag 9–12

Chiavenna

Museo del Tesoro della Collegiata di S. Lorenzo
Canonica di S. Lorenzo
auf Anfrage

Sondrio

Museo Valtellinese di Storia e Arte
Villa Quadrio, Via IV Novembre
werktags 9–12, 14.30–19.30

Teglio

Palazzo Besta
im Sommer: 9–13, 14.30–17.30; an Sonn-
und Feiertagen 9–13; Montag geschlossen;
im Winter: 9–14; an Sonn- und Feiertagen
9–13; Montag geschlossen

Provinz Varese

Angera

Museo Civico Archeologico
Via Marconi, 2
Montag und Samstag 15–19; sonst auf Anfrage

Castellanza

Museo Pagani
9.30–12, 14–17.30

Castelseprio

Zona Archeologica del Castrum
täglich außer Montag von 9 Uhr bis eine
Stunde vor Sonnenuntergang

Castiglione Olona

Museo della Collegiata
Via Cardinal Branda
16. Oktober bis 15. März: 14.30–17; Samstag und an Feiertagen auch 10–12; 15. März
bis 15. Oktober: 10–12.30, 15–18; Samstag
und Sonntag 10–12, 14.30–18; Montag geschlossen

Varese

Musei Civici
Villa Mirabello, Piazza della Motta, 4
täglich außer Montag 9.30–12, 14–17;
Sonntag 14–17
Museo Baroffio
Sacro Monte
geöffnet auf Anfrage
Museo Lodovico Pogliaghi
S. Maria del Monte, Villa Pogliaghi
April bis September: täglich außer Montag
10–12, 14.30–17.30

Heilbäder

Boario Terme
221 m, Provinz Brescia
Behandlung von Leberleiden, Stoffwechselstörungen und Erkrankungen des Verdauungsapparates. Vier schwefel- und kalkhaltige Quellwässer für Trinkkuren.

Bormio
1225 m, Provinz Sondrio
Krankheiten der Atemwege, Gicht, Arthrose, Frauenleiden, Stoffwechselstörungen. Thermalhallenbad mit radioaktivem Quellwasser (schwefel- und salzhaltig, erdig).

Salice Terme
173 m, Provinz Pavia
Krankheiten der Atemwege, rheumatische Leiden, nasenhöhlenbedingte Taubheit, Frauenleiden, Hautkrankheiten. Schwefel- und salzbromjodhaltige Wässer für Inhalationen, Bäder, Fangopackungen, Spülungen.

S. Pellegrino Terme
358 m, Provinz Bergamo
Nierenleiden, Magenkrankheiten, Darm- und Lebererkrankungen. Schwefelbikarbonatsalzhaltige, erdige Wässer für Trinkkuren.

Sirmione
68 m, Provinz Brescia
Rheumatische Krankheiten und Gelenkschäden, Atemwegskrankheiten, Frauen- und Hautleiden, nasenhöhlenbedingte Taubheit. Radioaktives Schwefelwasser (salzbromjodhaltig) für Bäder, Inhalationen, Spülungen etc.

Kleinere Heilbäder: Angolo (Prov. Brescia), Bagni del Masino (Prov. Sondrio), Gaverina Terme (Prov. Bergamo), Miradolo (Prov. Pavia), S. Colombano al Lambro (Prov. Mailand), S. Omobono Imagna (Prov. Bergamo), Tartavalle (Prov. Como), Trescore Balneario (Prov. Bergamo), Vallio (Prov. Brescia).

Wintersport

Aprica (1170–2450 m)
Über 20 Abfahrten aller Schwierigkeitsgrade, Gesamtlänge 55 km. Langlauf: 1 Loipe, 10 km.

Bormio (1225–3020 m)
16 mittelschwere Abfahrten, Gesamtlänge 80 km. Langlauf: 4 Loipen, insgesamt 39 km.

Chiesa Valmalenco (960–2336 m)
8 leichte Abfahrten, Gesamtlänge 25 km. Langlauf: 4 Loipen, insgesamt 33,5 km.

Foppolo (1508–2250 m)
23 Abfahrten aller Schwierigkeitsgrade, Gesamtlänge 50 km. Langlauf: 3 Loipen, insgesamt 11 km.

Livigno (1816–2800 m)
27 mittelschwere Abfahrten, Gesamtlänge 100 km. Langlauf: mehrere Loipen, über 30 km.

Madesimo (1550–2948 m)
26 Abfahrten aller Schwierigkeitsgrade, Gesamtlänge 50 km. Langlauf: 1 Loipe, 4,4 km.

Ponte di Legno (1258–3013 m)
22 leichte bis mittelschwere Abfahrten, Gesamtlänge 80 km. Langlauf: 4 Loipen, insgesamt 17,5 km.

Presolana (1300–1900 m)
29 Abfahrten aller Schwierigkeitsgrade, Gesamtlänge 45 km. Langlauf: 1 Loipe, 5 km.

S. Caterina Valfurva (1738–2783 m)
10 Abfahrten aller Schwierigkeitsgrade, Gesamtlänge 40 km. Langlauf: mehrere Loipen, insgesamt 20 km.

Die lombardische Küche

Eine einheitliche lombardische Küche gibt es nicht, dazu ist die Region zu groß, und die Provinzen sind landschaftlich und wirtschaftlich zu verschieden. Ein gemeinsames Merkmal ist jedoch, daß nahezu alle Gerichte sehr langsam gegart werden. Typisch ist auch, daß als Bratfett kaum Öl verwandt wird, wie in anderen italienischen Regionen, sondern Butter. Einige Gerichte, die ursprünglich aus der Lombardei stammten, gehören inzwischen zur klassischen italienischen Küche. Dazu gehören die *Zuppa alla pavese* – eine Suppe aus Brot, einem Ei und Brühe, der *Risotto alla milanese,* der mit Safran gewürzt wird, und die berühmten *Costolette alla milanese,* Kalbskoteletts nach Mailänder Art, paniert und goldbraun gebacken. Schließlich ist von den Backwaren noch der *Panettone* zu nennen, ein napfkuchenartiges Gebäck aus einem besonders leichten Hefeteig mit gehackten kandierten Früchten. Früher wurde der Panettone nur zu Weihnachten gebacken, doch heute ißt man ihn das ganze Jahr über. Zu Ostern backt man ihn in Form einer Taube und nennt ihn dann *Colomba.*

Nun die kulinarischen Besonderheiten der einzelnen Provinzen:

Bergamo: Hier wird sehr viel *Polenta* (Maisbrei) gegessen, die mit Käse oder Pilzen, leider aber auch mit Vögeln serviert wird. Der typische Käse aus dem Bergamasker Land ist der *Taleggio.*

Brescia: Eine Spezialität sind die *Casonsei,* große Ravioli mit einer Füllung aus Salami, Spinat, Eiern, Sultaninen, Makronen, geriebenem Käse und Semmelbröseln, die mit zerlassener Salbei-Butter gewürzt werden. Die Seen der Provinz liefern verschiedene Fische, unter anderem Lachsforellen aus dem Iseo-See.

Como: Die Fische des Comer Sees werden frisch oder auch getrocknet und in Salz eingelegt serviert. Zu ihnen gehört der *Missoltitt* – ein Alsen, der eingesalzen, an der Sonne getrocknet und in Holzfäßchen gepreßt wird. Zu den typischen Käsesorten der Provinz gehören die *Robiola* aus dem Valsassina und die *Caprini* aus der Brianza.

Cremona: Auch hier gibt es eine besondere Variation der Ravioli, die *Marubini* – gefüllt mit zerriebenem Biskuitbrot, geriebenem Käse, Rindermark, Eidottern, Petersilie und Gewürzen. Zu den Spezialitäten von Cremona gehören die *Torrone,* Honig-Mandel-Stangen, und die *Mostarda,* Senffrüchte, die zu Fleischgerichten serviert werden.

Mantua: Die Ravioli-Spezialität von Mantua ist im Format klein, ihrem Namen nach jedoch sehr gewichtig, denn sie heißt *Agnolini dei Gonzaga.* Die Füllung besteht aus gekochtem und gehacktem Kapaun,

Rindermark, Zimt, Nelken, Pfeffer, Muskatnuß, in Brühe aufgeweichtem Brot, geriebenem Käse und ganzen Eiern. Außerdem gibt es hier die *Portelli di zucca*, deren Füllung aus gekochtem und passierten Kürbis, zerstoßenen Makronen, Zitronenschalenessenz, rohem Ei, Apfel-Senf und geriebenem Käse besteht. Sie werden mit Butter, *Grana-Käse* (eine Art Parmesan, ebenfalls eine Spezialität der Provinz Mantua) und in Würfel geschnittenem Speck serviert. Zu den charakteristischen Gebäcksorten gehört der *Sbrisolona*, ein Mandelkuchen.

Mailand: Die Poebene ist Reisanbaugebiet, und daher sind in Mailand und seiner Provinz die verschiedensten Risotto-Varianten erfunden worden. Neben dem berühmten *Risotto alla milanese* (in einem *soffritto* aus Butter und Zwiebeln angebraten und mit Weißwein gelöscht, dann mit Brühe aufgegossen und zum Schluß mit einer Prise Safran gewürzt) gibt es auch einen *Risotto alla monzese*, der mit Würstchen aus Monza serviert wird, die zuvor mit Tomaten geschmort wurden. Auch der *Ossobuco* ist hier zuhause, eine gedünstete Kalbshaxe, das berühmte *Costoletto alla milanese* (ähnlich dem Wiener Schnitzel, nur dünner) und der Schweinefleisch-Eintopf *Cassoeula*. Von den Käsesorten der Provinz ist der grüngeäderte *Gorgonzola* der bekannteste. Gorganzola wird oft mit *Mascarpone* geschichtet, einem Käse aus frischer Sahne, der unreif als Dessertkäse verkauft wird. Der *Panettone*, der leichte Hefekuchen in Napfkuchenform, wurde bereits erwähnt.

Pavia: Hier sind – leider – die *Rane in umido* sehr verbreitet, gedünstete Frösche, ebenso wie andere Frosch-Gerichte. Daneben gibt es Fische aus dem Ticino und Pilze aus dem Oltrepò Pavese, Gänsewurst aus Mortara und Salami aus Varzi. In Pavia wird die *Torta Paradiso* gebacken.

Sondrio: Eine der köstlichsten Paste sind die *Pizzoccheri* – dicke Nudeln aus einer Mischung von Weizen- und Buchweizenmehl, die zusammen mit Kartoffeln, Wirsing oder anderen Gemüsearten gekocht und mit zerlassener Butter, Knoblauch und geriebenem Käse gegessen werden. Die *Polenta Taragna* wird aus Maismehl oder Buchweizenmehl zubereitet und mit dem würzigen *Bitto-Käse* (aus einer Mischung von Kuh- und Ziegenmilch) serviert. Typisch für das Veltlin ist die *Bresàola*, eine Art Bündner Fleisch (ebenso dünn geschnitten), das mit Öl, Zitrone und Pfeffer gewürzt als Vorspeise gegessen wird. Die *Sciatt* sind kleine Pfannkuchen aus Buchweizenmehl, die mit einem Stück Käse gefüllt, dann ausgebacken und mit Salat angerichtet werden. Außerdem ißt man in dieser waldreichen Region sehr viel Pilze.

Varese: Die Gerichte dieser Gegend unterscheiden sich nicht wesentlich von denen der Provinz Mailand. Die Fische des Lago Maggiore kommen im nördlichen Teil der Provinz auf den Tisch. Aus Saronno stammen die *Amaretti*, ein Gebäck aus Bittermandeln, sowie der Likör *Amaretto*. Darüber hinaus gibt es in Cantello besonders guten Spargel und im Valganna einen typischen Risotto.

Die Weine der Lombardei

Wenn auch der Wein der Lombardei in seiner Bekanntheit nicht mit dem der Toskana konkurrieren kann, gibt es doch auch hier einige Anbaugebiete, die hervorragende

Tischweine hervorbringen. Zunächst jedoch einige Informationen zur Kontrolle der Weine. Seit 1963 gelten für alle italienischen Weinanbaugebiete folgende Klassifikationen: *Denominazione semplice* gibt nur über das Erzeugungsgebiet Auskunft, liefert jedoch keinen Maßstab bezüglich Produktion und Qualität; *Denominazione di Origine Controllata* (DOC) bedeutet, daß es sich um einen geprüften Qualitätswein handelt, der ein DOC-Etikett tragen muß; diese Weine werden regelmäßig getestet; die Bezeichnung *Denominazione di Origine Controllata e Garantita* (DOCG) dürfen nur Spitzenweine tragen; diese Weine werden abgefüllt und mit amtlichem Siegel versehen, das ihre Qualität garantiert. 33 Weine der Lombardei sind mit dem Gütezeichen DOC versehen.

Die bedeutendsten Anbaugebiete in der Lombardei sind das Veltlin, das Oltrepò Pavese und das Franciacorta-Gebiet. Wie im Piemont wird im **Veltlin** (Provinz Sondrio) der Wein aus der Nebbiolo-Traube gekeltert, die man hier Chiavennasca nennt. Die klassischen Weine des Veltlin sind *Sassella,* *Grumello, Inferno, Valtellina Rosso* und *Superiore, Valgella* und *Sforzato,* meist kräftige Rotweine mit mehrjähriger Lagerzeit. Daneben werden nur wenige Weißweine produziert, darunter der *Fracia bianco* aus Chiuro.

Im **Oltrepò Pavese** (Provinz Pavia) werden neben Rotweinen und Weißweinen auch Schaumweine und Muskateller hergestellt. Die Rotweine: *Barbera, Bonarda, Barbacarlo, Buttafuoco, Rosso dell'Oltrepò, Sangue di Giuda.* Die Weißweine: *Riesling, Pinot Bianco, Cortese.*

Das **Franciacorta-Gebiet** (Provinzen Bergamo und Brescia) ist bekannt wegen seines guten Sekts, der dem Champagner kaum nachsteht. Hinzu kommt ein Rotwein, der *Franciacorta Rosso,* und ein Weißwein, der *Franciacorta Pinot.* Zu den Weinen der Provinz Brescia gehören neben dem Franciacorta auch diejenigen des **Gardasees** wie der *Riviera del Garda* (rot und rosé) und der *Lugana* (weiß). Am Ostufer, das bereits zum Veneto gehört, keltert man den *Valpolicella* und den *Bardolino,* leichte Tischweine, die zu jedem Gericht passen.

Fachwortverzeichnis

Ambo   Erhöhter und über Stufen begehbarer Aufbau an den Chorschranken zur Lesung des Evangeliums und der Epistel; im späteren Mittelalter in die Lettner integriert oder durch Kanzeln ersetzt.

Ädikula   (lt.: kleines Haus) Nische von geringer Tiefe, die von Säulen, Pfeilern oder → Pilastern gerahmt, von → Gebälk und Giebel bekrönt wird.

Antependium   Verkleidung des Altartisches, vor allem an der Vorderseite, oft in Form von gestickten Tüchern und Treibarbeiten.

Apotropaion, apotropäisch   Unheilabwehrendes Zeichen; apotropäische Bedeutung hatten in der mittelalterlichen Kunst z. B. Knoten- und Flechtbandmotive wie sie in der Lombardei häufig anzutreffen sind.

Apsis   Halbrunder, recht- oder viereckiger Nebenraum, als Abschluß einem übergeordneten Hauptraum angebaut, zu dem er sich meist in voller Breite öffnet; in der christlichen Baukunst zumeist östlicher Abschluß einer Kirche.

Architrav   Den Oberbau tragender Hauptbalken über Säulen, Pfeilern oder → Pilastern.

Arkade   Bogenstellung über Säulen oder Pfeilern, meist in fortlaufender Reihung.

Atlant   Meist überlebensgroße männliche Steinfigur, die ein → Gebälk oder Gewölbe stützt, benannt nach Atlas, dem Träger des Himmelsgewölbes.

Atrium   Von Säulen begrenzter Innenhof des römischen Wohnhauses; in der christlichen Baukunst der von Säulenhallen umgebene westliche Vorhof einer Kirche.

Attika   Niedriges Geschoß oder freistehende Aufmauerung über dem abschließenden Gesims eines Gebäudes.

Baldachin   Dachartiger, auf Stützen ruhender Aufbau über einer geweihten Stätte oder Statue zu deren Schutz oder Hervorhebung.

Balustrade   Geländer an Treppen, Terrassen, Balkonen, das von kleinen untersetzten Stützen getragen wird.

Baptisterium   Kirchliches Bauwerk neben einer Hauptkirche zum Vollzug des Taufaktes.

Basilika   Längsgerichtetes, drei- oder mehrschiffiges Bauwerk, dessen höheres und breiteres Mittelschiff durch Fenster in den von Säulen oder Pfeilern getragenen oberen Mauerstreifen eigene Beleuchtung erhält; in der römischen Architektur Markt- und Gerichtshalle (Allzweckbau), in der christlichen Baukunst früh bevorzugter Kirchentyp.

Bergfried   Hauptturm einer mittelalterlichen Burg.

Bifore   Zweibogiges Fenster.

Bildstock   Christliches Denkmal im Freien, meist in Form einer Säule oder eines Pfeilers, mit einem religiösen Bildwerk in einer Nische; häufig mit Widmung und Sinnsprüchen.

Bogenscheitel   Höchster Punkt eines Bogens.

Broletto   Mittelalterliches Rathaus italienischer Städte; Palazzo Comunale.

Bündelpfeiler   Pfeiler, der rundum mit Dreiviertelsäulen verschiedener Stärke besetzt ist.

Campanile   (it. campana: Glocke) freistehender Glockenturm italienischer Kirchen.

Castrum   Standlager römischer Truppen; rechtwinklig umwallt und parallel zu den zwei Hauptstraßen schachbrettartig unterteilt.

Certosa   (it.) Kartause, Kartäuserkloster.

Chiaroscuro   Gestaltung von Licht und Schatten als vorherrschendes Prinzip der Malerei, wobei die Lokalfarben an Bedeutung verlieren.

Chor   Altarraum in christlichen Kirchen, zumeist deren östlicher Abschluß.

Chorgestühl   An den Längsseiten des → Chores aufgestellte Sitzreihen für die Geistlichen, meist reich verziert.

Confessio   Heiligengrab unter dem Hochaltar, Vorform der Krypta.

Crochetkapitell   Frühgotische Kapitellform, bei der das plastische Blatt- oder Blütenwerk gekrümmt ausgebildet ist.

Dreiflügelbau   Barocker Schloßtyp, bestehend aus einem Hauptgebäude und zwei kürzeren Seitenflügeln, die einen zur vierten Seite offenen U-förmigen Hof einfassen.

Dreikonchenbau   Baukörper mit drei zumeist halbrunden → Apsiden, die nach drei Richtungen weisen, so daß sich im Grundriß die Form eines regelmäßigen Kleeblatts ergibt.

Exedra   In der antiken Baukunst halbkreisförmige Erweiterung von Säulengängen und Gebäuden; auch auf die Apsis christlicher Kirchen anwendbar.

Fresko   Wandmalerei, bei der mit Kalkwasser angerührte Farben auf noch feuchten Kalkverputz aufgetragen werden; Farben und Verputz sind nach dem Trocknen untrennbar miteinander verbunden.

Fries   Glatter oder ornamentierter, meist waagerechter Streifen zum Abschluß, zur Gliederung oder zum Schmuck der Wand.

Gebälk   Oberer Teil einer → Säulenordnung, bestehend aus → Architrav, → Fries und Kranzgesims.

gekuppelt   Bezeichnet unmittelbar nebeneinanderliegende gleichartige Bauelemente, die einander betont zugeordnet sind.

Geschlechterturm   Wohnturm einer adligen Familie, meist befestigt; manchmal im Bauverband mit dem Palast errichtet.

Gesims   Waagerechter, der Außenwand vorgelegter Streifen, der die Wand gliedert oder nach oben hin abschließt.

Groteske   Ornament aus Rankenwerk mit phantastischen Figuren, Früchten, Vasen etc., vor allem während der Renaissance und des Manierismus verbreitet.

Gurtbogen   Bogen, der zwei sich im Schiff gegenüberliegende Pfeiler miteinander verbindet; Verstärkungselement, das zugleich die Gliederung des Gewölbes betont.

Hallenkirche, Hallenkrypta   Kirche oder → Krypta, deren Schiffe von gleicher oder annähernd gleicher Höhe sind, so daß die Beleuchtung nur durch die Seitenschiffe erfolgt.

Inkrustation   Verkleidung von Wänden mit verschiedenfarbigen Steinplatten, oft in Marmor.

Intarsien   Holzeinlegearbeit unter Verwendung verschiedenfarbiger Hölzer, Elfenbein, Schildpatt, Metall und anderer Materialien.

Internationale Gotik   Spätphase der Gotik zwischen 1400 und 1430, charakterisiert durch höfische Verfeinerung und Eleganz; in der deutschen Kunstgeschichte als Weicher Stil bekannt.

Joch   Gewölbefeld, das im Gegensatz zum Schiff in Längsrichtung gezählt wird.

Kanneluren Senkrechte, konkav eingeschnittene Rillen an Säulen, Pfeilern und → Pilastern.

Kapitell Ausladendes Kopfstück von Säulen, Pfeilern und → Pilastern.

Karyatide Stützglied in Form einer langgewandeten weiblichen Gestalt.

Konche Halbrunde Nische mit Halbkuppel.

Kreuzgewölbe Gewölbeform, die aus der Durchdringung zweier gleichhoher → Tonnengewölbe entsteht, wobei sich einander überkreuzende Grate bilden; sind diese durch Wulste und → Rippen verstärkt, spricht man von Kreuzrippengewölbe.

Krypta Halb unterirdischer christlicher Kultraum, meist unter dem → Chor; häufig zur Reliquienverehrung.

Laterne Kleiner Aufbau über dem Scheitel einer Kuppel.

Lavabo Becken für die Handwaschung des Priesters in der Messe.

Lettner Niedrige, durchbrochene, meist reich verzierte Mauer zwischen dem → Chorraum, der den Geistlichen vorbehalten war, und dem Gemeinderaum.

Lisene Senkrechter, nur schwach vortretender Mauerstreifen ohne → Kapitell und Basis zur Gliederung der Wand am Innen- und Außenbau.

Loggia Offene Bogenhalle, meist gewölbt, entweder freistehend oder Gebäuden vorgesetzt.

Mezzanin Niedrigeres Halb- oder Zwischengeschoß.

Narthex Westliche Vorhalle der altchristlichen → Basilika.

Oktogon Gebäude mit achteckigem Grundriß.

Palas Wohnbau der mittelalterlichen Burg.

Pendentif Wandflächen in Form sphärischer Dreiecke, die von einem quadratischen oder polygonalen Grundriß zum Fußkreis der Kuppel überleiten.

Piano nobile Hauptgeschoß italienischer Paläste.

Pietà Vesperbild; Gruppe Mariens mit dem toten Christus auf ihrem Schoß.

Pilaster Flache, pfeilerartige Wandvorlage mit Basis und → Kapitell.

Portikus Von Säulen getragener Vorbau vor der Hauptfront eines Gebäudes, zumeist von einem Giebel bekrönt.

Presbyterium Raumteil einer Kirche, der dem Klerus vorbehalten ist, meist um den Hochaltar.

Quadraturmalerei Perspektivische Architekturmalerei zur illusionistischen Erweiterung des Raumes.

Querhaus, Querschiff Quer zum Langhaus verlaufender Raum der christlichen Kirche.

Refektorium Speisesaal eines Klosters.

Rippe Schmales, vorstehendes, meist fein bearbeitetes, tragendes Konstruktionselement eines Gewölbes.

Risalit Bauteil, der aus der Hauptfluchtlinie eines Gebäudes in dessen ganzer Höhe hervortritt.

Rustika Wandstruktur, bei der das Mauerwerk aus Bossenquadern besteht, d. h. aus grob behauenen Werksteinen mit buckeliger Vorderseite.

Saal Raum, der nicht durch Stützen unterteilt oder gegliedert ist.

Säulenordnungen *Dorische Ordnung:* Säule mit kanneliertem Schaft ohne Basis, mit wulstförmigem Kapitell und quadratischer Deckplatte (Abakus). *Ionische Ordnung:* Schlanke Säule, meist nicht kanneliert und mit Basis; das Kapitell hat zur Schauseite hin spiralige Einrollungen (Voluten). *Korinthische Ordnung:* Sehr schlanke Säulen, Kapitell mit Akanthusblättern. *Toskanische (tuskische) Ord-*

nung: Variante der dorischen, mit nicht-kannelierten Säulen mit Basis. *Kompositordnung:* Verbindung ionischer und korinthischer Elemente in der Ausbildung des Kapitells.

Scagliola   Marmorimitation durch farbigen Stuck, der geglättet und nachpoliert wird.

Sgraffito   Kratzmalerei.

Stukkatur   Raumdekoration aus mit Leimwasser angerührtem Gipsmörtel, der zuerst leicht formbar ist, dann aber schnell hart wird und deshalb vielfältige plastische Möglichkeiten bietet.

Stufenportal   Portal mit von außen nach innen zurückgestuften Wangen; bei großer Mauerstärke wird so eine relativ geringe Öffnung zur Fassade hin wesentlich erweitert.

Tambour   Unterbau einer Kuppel, im Grundriß rund oder polygonal.

Tonnengewölbe   Gewölbe mit längs einer Achse gleichbleibendem Querschnitt.

Tribuna   Apsis.

Trifore   Dreibogiges Fenster.

Tympanon   Fläche über einem Portal innerhalb eines Bogenfeldes.

Vierung   Raumteil einer Kirche, der durch die Durchdringung von Mittelschiff und Querschiff entsteht.

Votivgabe   Gabe, die auf Grund eines Gelübdes oder als Dank für Gebetserhörung an Wallfahrtsorten gestiftet wird.

Ziborium   Von Säulen getragener Altarbaldachin.

Zwerggalerie   Laufgang, vor allem an Apsiden, der sich nach außen hin in Arkaden öffnet.

Abbildungsnachweis

Accademia, Venedig   S. 251
Alinari, Florenz   10, 11, 12, 13, 16, 17, 19, 20, 24, 28, 44, 49, 50, 56, 57, 59, 61, 66, 67, 69, 74, 76, 81
Bavaria Bildagentur, Gauting (Pedone)   Farbt. 7
ENIT (Ente Nazionale per il Turismo), Düsseldorf   51; S. 211
EPT (Ente Provinciale per il Turismo), Bergamo   S. 158
EPT (Ente Provinciale per il Turismo), Cremona   86
IFA-Bilderteam, München (Everts)   Farbt. 16, 18, 21
IFA-Bilderteam, München (Lecom)   Farbt. 6
IFA-Bilderteam, München (Ludwigs)   Farbt. 28
Michael Jeiter, Aachen   34
Gisela Loose, Freiburg   8
Werner Neumeister, München   26, 27, 29, 30, 32, 38, 39, 42, 47, 48, 53, 54, 55, 60, 62, 63, 64, 65, 70, 71, 75, 79, 83, 84, 87, 89, 90, 91, 93, 94; Farbt. 1, 2, 19, 20, 22, 25, 26, 27; Umschlagvorderseite, vordere Umschlagklappe; S. 16, 88, 222, 256, 292
Walter Pippke, Stuttgart   33, 35, 37
Volker Rödel, Frankfurt/M.   3, 40, 43, 45, 72, 82, 88, 92
Toni Schneiders, Lindau   Farbt. 8
Werner Stuhler, Hergensweiler   1, 4, 5, 14, 15, 18, 22, 23, 41; Farbt. 17
Zodiaque, St-Léger Vauban   25, 31, 46, 52
Alle weiteren Farb-, Schwarzweiß- und Textabbildungen stellte die Autorin zur Verfügung. Alle Grundrisse DuMont Buchverlag Köln.
Die Stadtpläne im Text und in der hinteren Umschlagklappe zeichnete Gerda Rebensburg, Köln.

Längere Textzitate wurden folgenden Quellen entnommen und mit freundlicher Genehmigung der angegebenen Verlage abgedruckt:
Bernard Berenson: Die italienischen Maler der Renaissance, Zürich 1952 (Originalausgabe: The Italien Painters of the Renaissance, PHAIDON PRESS, Oxford 1952)   S. 45, 51, 160, 317
Derek Clifford: Gartenkunst, PRESTEL VERLAG, München 1966   S. 62
A. Dante: Die Göttliche Komödie, übers. von H. Gmelin, ERNST KLETT VERLAG, Stuttgart 1949   S. 174, 288, 328
Hermann Hesse: Italien, SUHRKAMP VERLAG, Frankfurt am Main 1983   S. 7, 53, 147, 151, 155, 317
Harald Keller: Die Kunstlandschaften Italiens, PRESTEL VERLAG, München 1960   S. 24
Peter Murray: Die Architektur der Renaissance in Italien, VERLAG GERD HATJE, Stuttgart 1980   S. 343
Eckart Peterich: Fragmente aus Italien, PRESTEL VERLAG, München 1969   S. 8, 10
Mario Soldati, Vino al Vino, MONDADORI, Mailand 1969   S. 29

Raum für Reisenotizen

Anschriften neuer Freunde, Foto- u. Filmvermerke, neuentdeckte gute Restaurants, etc.

Register

Legende zum Stadtplan von Mailand in der Umschlagklappe ▷

1 Dom S. Maria Nascente   2 Pal. Reale (Museo d. Duomo und S. Gottardo)   3 Pal. Arcivescovile   4 Pal. della Ragione (Broletto Nuovo)   5 Pal. dei Giureconsulti   6 Casa Panigarola Scuole Palatine; Loggia degli Osii   7 Galleria Vittorio Emanuele II   8 Teatro della Scala   9 Pal. Marino (Rathaus)   10 Pal. Clerici   11 Casa Leoni (Casa degli Omenoni) 12 Pal. Belgioioso   13 Casa Manzoni   14 Pal. Poldi-Pezzoli (Museo Poldi-Pezzoli) 15 Caffè Cova   16 S. Giuseppe   17 Pal. di Brera (Accademia di Belle Arti, Pinacoteca di Brera)   18 S. Simpliciano   19 Castello Sforzesco (Musei Artistici)   20 S. Maurizio (Civico Museo Archeologico)   21 Pal. Litta   22 S. Maria delle Grazie   23 S. Vittore al Corpo (Museo Nazionale della Scienza e della Tecnica »Leonardo da Vinci«)   24 S. Ambrogio 25 Pal. Borromeo   26 Pal. dell'Ambrosiana (Pinacoteca u. Biblioteca Ambrosiana) 27 S. Maria presso S. Satiro   28 S. Lorenzo Maggiore   29 S. Eustorgio   30 Porta Ticinese 31 S. Maria presso S. Celso (S. Maria dei Miracoli)   32 S. Nazaro Maggiore   33 Ospedale Maggiore (Universität)   34 S. Michele   35 S. Pietro in Gessate   36 S. Maria d. Passione 37 S. Babila   38 Villa Reale (Galleria d'Arte Moderna)   39 Cimitero Monumentale 40 Grattacielo Pirelli   41 Casa di riposi per musicisti G. Verdi   42 Torre Velasca